◎中国文化传媒投资蓝皮书◎

中国文化传媒投资发展报告

（2020—2021）

China's Cultural Media Investment Development Report

谭云明／主编

中国经济出版社
CHINA ECONOMIC PUBLISHING HOUSE
·北 京·

图书在版编目（CIP）数据

中国文化传媒投资发展报告．2020—2021／谭云明主编．--北京：中国经济出版社，2022.2

ISBN 978－7－5136－6769－2

Ⅰ.①中… Ⅱ.①谭… Ⅲ.①文化产业－投资－研究报告－中国 Ⅳ.①G124

中国版本图书馆CIP数据核字（2021）第259652号

责任编辑　王西琨
责任印制　马小宾
封面设计　任燕飞设计工作室

出版发行　中国经济出版社
印 刷 者　北京艾普海德印刷有限公司
经 销 者　各地新华书店
开　　本　710mm×1000mm　1/16
印　　张　29.75
字　　数　500千字
版　　次　2022年2月第1版
印　　次　2022年2月第1次
定　　价　168.00元
广告经营许可证　京西工商广字第8179号

中国经济出版社　**网址** www.economyph.com　**社址** 北京市东城区安定门外大街58号　**邮编** 100011
本版图书如存在印装质量问题，请与本社销售中心联系调换（联系电话：010－57512564）

摘　要

第一章　中国文化类投资现状与前瞻报告

摘要：2019 年，世界经济贸易摩擦不断，全球经济复苏步伐放缓，中国也进入经济转型时期。文化产业呈现文化与科技、金融深度融合特征，不断进行其他领域成果链群传导式创新，文化产业高质量发展已经成为新命题。伴随中国金融市场的进一步改革开放，文化金融市场也迎来了新的契机。从 2019 年中国文化投资概况和重点领域现状来看：市场化模式进行专项资金配置成为财政支持文化产业的主导方式；间接融资市场机构专营化的趋势愈发明显，特色文化信贷产品和服务不断涌现；较 2018 年文化传媒板块整体市值有所回暖但仍处于历史底部，VC/PE 投资并购相对沉寂；文旅融合初年，旅游领域投融资额持续增加，文旅小镇和综合体投资趋向理性；全球艺术品市场整体下降，中国虽仍位列三甲但同比份额有所下滑。新冠肺炎疫情当下针对 2020 中国文化投资市场的健康发展，本章提出了以下前瞻展望：一是应对疫情的恢复性金融举措成为 2020 年文化产业投融资基本面；二是再融资新规变动，文旅产业将显著直接受益；三是疫情导致文化产业领域并购加剧，以规模化为导向的 CVC 引领并购投资动向愈发显著；四是疫情加速抬升数字创意产业比重，5K + 8G 等新科技与文旅结合成为投资焦点；五是 IP 内容投资转向主旋律 + 实力派，流量明星 + 大 IP 模式逐渐消退；六是新冠肺炎疫情促使居民寻求新财富管理渠道，艺术品的投资价值凸显。

关键词：文化金融；文化经济；文旅融合

第二章　中国传媒类投资现状与前瞻报告

摘要：长期来看，传媒具有强周期属性，传媒行业发展由经济发展水平和技术水平决定，其底层逻辑大体有技术、政策、产业与资本等四个层面。就资本层面看，2019 年资本寒冬之下，传媒行业投融资热度较低，但细分行业也有突出的表现。尽管传媒行业已到达估值底端，但整体特征是上行的，行业周期性拐点或将在 2020 年出现。传媒产业新周期的动力主要来自两方面，一是“5G + AI + 云”落地带来的想象空间，二是过往政策高压下催生的优质内容。随着新经济与数字创意经济的崛起，未来中国传媒投资将聚焦在云游戏、VR/AR、超高清视频领域。

关键词：传媒投资；估值底端；周期性拐点

第三章　中国报刊业投资发展报告

摘要：2019 年，中国报刊业的主要投资环境表现为：广告市场整体下滑，传统媒体降幅最大；新闻纸供大于求，价格大幅度下降；大批报刊停刊休刊，报刊业形势依然严峻；报纸纷纷改版缩版，纸质媒体转型迫切；报业融合持续推进，“报网端”融合成趋势；“广电 + 报业”跨媒体整合，运行不畅导致分分合合。当前报刊业的投资机遇有：把握技术变革，推动智媒转型；加强县级融媒体中心建设，推进地方报业转型；以数字经济为突破口，培育报业发展新业态。

关键词：报刊投资；投资环境；投资机遇

第四章　中国广播电视网络视听产业投资报告

摘要：2019 年是新中国成立 70 周年，国家广播电视总局贯彻落实新发展理念，加强行业监管，加快推进广播电视网络视听创新性高质量发展，内容产业、媒体融合、智慧广电建设、网络视听新媒体等各个方面都呈现良好发展态势。

关键词：视听产业；创新性；高质量发展

第五章　中国出版业投资报告

摘要：本章以传统新闻出版业为研究对象，重点研究在智能技术、数字技术、网络技术与移动技术背景下，新闻出版业融合发展的现状、发展战略与投资机会。通过对翔实数据的科学分析、社会背景的宏观把握、发展成绩的全面总结、发展理论的深度分析、历史方位的基本判断、未来趋势的精准预测，为政府管理部门、行业经营者及研究者提供智力支持与战略咨询。本章的数据主要来源于中国新闻出版研究院的《中国新闻出版统计资料汇编》，同时也通过互联网、调查公司、课题组问卷等多种渠道及形式获取。

关键词：中国出版业；融合发展；精准投资

第六章　中国网络媒体投资报告

摘要：互联网从最初诞生的“信息公路”“电子公告板”发展到如今的“万物互联”，网络技术的迭代更新为人类生活、生产提供了更多可能。而在过去的 2019 年，经济发展平稳，互联网人口红利逐渐远去，从增量到存量竞争日益成为业界常态。经济大环境情况下，互联网行业投融资市场回归理性，虽然市场发展减速，但新技术、新产业、新模式也为投融资市场带来了活力。2020 年，云计算、区块链、5G 技术等为行业发展带来新动能。互联网各家争夺流量并且力求变现已然成为常态，互联网发展又将演变出怎样的新风向、新路径？而互联网行业中，网络媒体依托信息技术和时代更迭从边缘性的初生媒体发展成为如今的媒体领头羊，成为传递信息与影响舆论的主要传播载体，因此研究 2019 年网络媒体投融资状况有助于理解相较于 2018 年网络媒体如何发展新方向、新趋势和新业态，未来网络媒体资金走向何方是本文将要描写的问题。

本章旨在通过对 2019 年的网络媒体投融资事件中截取较有代表性的重点事件，从显著性的部分推演整体市场的情况，梳理投融资的种类、方向、价值，以此展现网络媒体行业投融资的特点、原因、趋势，并以数据化学术化分析网络媒体投融资的底层逻辑。

关键词：网络媒体；投资；融资；互联网

第七章　中国移动媒体投资报告

摘要：伴随移动互联网技术不断创新突破，移动媒体始终是近期中国传媒投资的重要关注点。在网民人口红利逐渐消退背景下，2019 年国内移动互联网与手机在用户规模、终端数量和投资金额上回归平稳发展。伴随智能融合时代的到来，短视频、网络新零售、小程序和移动社交等成为 2019 年移动媒体投资的热点领域。2019 年作为 5G 商用元年，国内三大运营商围绕 5G 网络基础建设、多行业合作应用等加快推进投资。在技术、政策与市场共同作用下，2019年我国移动媒体投资现状与趋势较往年有所变化，但总体投资前景向好。

关键词：移动互联网；手机；移动媒体投资；三大运营商

第八章　互联网金融投资发展报告

摘要：2019年是互联网金融行业转型的必然阵痛期，全年笼罩在清盘退出、数据黑产、逃离互金等舆论中。互联网金融行业投融资规模和融资次数与往年相比均有所下降。2019年，互联网巨头持续海外扩张、刷脸支付成为行业热点、区块链再次成为热词、规范化专属经营成为常态。预计2020年，强监管趋势仍将持续、网贷行业整顿落幕、数字货币或继续获得央行重视、网络互助或许成为互金领域下一个风口。

关键词：互联网金融；投融资；合规

第九章　中国电视剧投资报告

摘要：近年来中国的电视剧行业正在发生着翻天覆地的改变，全新的政策和播出模式使得中国电视剧行业不断面临着转型发展的新挑战，电视剧的投资和制作有待进一步优化和升级，相应的监管也有待进一步的明确和加强。2019年电视剧行业投资规模急速下降，作品数量和剧集长度都进行了一定程度的削减，老一辈演员逐渐取代流量明星成为新的电视剧收视点。本章通过分析2019年中国电视剧市场的发展现状以及电视剧市场的投资环境，探究电视剧行业在转型时期难以突破的困境，并提出一定有利于未来电视剧投资市场发展的建议。

关键词：电视剧；发展现状；投资环境；未来趋势

第十章　中国电影业投资报告

摘要：据国家电影局统计数据，2019年全国票房收入达642.66亿元，较上年同期增长5.4%。当前发展阶段，影片质量取代票房高增长成为重心。2019年，主流商业大片进一步升级，实现了“主旋律和商业元素”的完美结合，社会效益和经济效益双丰收。2019年诞生了众多头部影视产品，显示了市场需求强势。2020年初，受新冠肺炎疫情影响，电影市场遭遇“黑天鹅”，但长期来看，电影市场未来仍有较大的发展空间。

关键词： 中国电影市场；票房；影片；投资；新冠肺炎疫情

第十一章　中国游戏产业投资报告

摘要： 2019 年游戏行业逐渐回暖，随着审批流程的常态化，以及相关文件和标准的制定，整个行业逐渐呈现规范化。电竞行业依旧火爆，整个产业链都呈现快速发展的趋势。国产独立游戏正面临巨大的机遇与挑战。中国整个游戏行业正在进入精品化发展的态势。

关键词： 行业规范化；电子竞技；独立游戏

第十二章　中国书店零售业投资报告

摘要： 2019 年，图书零售市场突破 1000 亿元，并继续保持两位数的增长速度，其中网店渠道的码洋占比达到了七成。从投资角度而言，2019 年书店零售行业相关的投融资活动仍不活跃。2020 年，面对新冠肺炎疫情造成的停业和客流下降，实体书店应该思考如何进行差异化定位，如何有效地将互联网技术落地、促使线上和线下融合。

关键词： 书店零售业；实体书店；盈利能力

第十三章　中国文化创意产业投资报告

摘要： 文化创意产业是一种在经济全球化背景下产生的，集知识和价值等为一体的新兴产业，它以文化为基础，以内容和创意为核心，以现代科技为技术手段，能够满足大众精神方面的需求。本章共有四部分：第一部分为文化创意产业发展现状与策略；第二部分为文化创意产业园区投资运营分析：以北京和上海为例；第三部分为文化创意产业投资机遇及风险分析；第四部分为文化创意产业投融资机制与策略分析。

关键词： 文化创意产业；融资方式；投资方向；文化创意产业园

第十四章　中国文博产业投资报告

摘要： 近年来，人们越来越注重精神文明建设，文化消费支出比重也在逐年增加，文博产业作为文化产业的重要分支，是以博物馆丰富的馆藏文物资源为基础，结合现当代消费习惯加以开发利用的一类特殊文化产业。文博产业如何在未来得到更好的发展，是国家需要重视和解决的问题。本章立足2019年中国文博产业发展概况，运用内容分析法以及个案研究法，通过论述文博产业的兴起背景以及发展现状，分析文博产业在投资过程中存在的问题和投资需要考量的因素，以期对未来文博产业发展投资方向提供借鉴之处。

关键词：文博产业；文化产业；故宫博物院；文创产品

第十五章　中国旅游房地产投资报告

摘要：作为我国房地产市场重要分支的旅游房地产依托旅游资源，是涵盖全区域、全产业链的一种超大规模、主题突出、集成开发的高级旅游地产形态。与传统的房地产相比，旅游房地产功能更加全面，经营模式更加多样，经济收益更加可观，因此备受投资者青睐。随着我国人均可支配收入的不断提升，居民的休闲度假需求不断增加，旅游房地产行业进一步完善，兼具智慧与生态性、综合性、专业性以及跨区域、跨行业的多元开发式项目成为2019年旅游房地产的主流产品。对旅游房地产项目而言，为了更好地吸引投资，旅游房地产项目在开发过程中必须把握项目本质、明确区域定位、打造地产吸引核、加强科学化运营。对投资者而言，更需要对经济政策、经济环境以及项目品质等多方面因素进行综合性考量，激发投资活力，降低投资风险。

关键词：旅游行业；地产行业；资源开发；行业投资

第十六章　中国文化主题公园投资报告

摘要：文化主题公园是旅游产业的重要组成部分，除了满足公众娱乐休闲的需求，实现投资者的商业营收以外，还承载文化继承与传播，树立文化认同感的重要功能。中国文化主题公园不仅承载着讲好中国故事、提高公众文化素养与文化自信、提升中国文化软实力的任务，还是文化产业、旅游经济的重要组成部分，对其投资需要综合考虑政治、经济、科技、文化历史等各种因素。本章围绕文化主题公园承载的文化功能与经济增长极的特性，依托文化强国的国家战略，以国际化视野分析与探讨文化主题公园发展的路径及成长空间，为2020年的文化主题公园的投资与建设提供参考。

关键词：文化主题公园；中国故事；Z世代；盈利模式；体验式消费

第十七章　中国文化旅游特色小镇投资报告

摘要：“文化是旅游的灵魂”。本章阐述了文化旅游特色小镇的缘起、发展动力以及不同阶段，介绍文化旅游特色小镇的产业链结构并分析文化旅游特色小镇投资现状、投资模式等。最后结合当下文化旅游特色小镇的发展，预测中国文化旅游特色小镇的未来发展方向。

关键词：特色小镇；文化旅游；旅游投资

第十八章　中国传媒上市报告

摘要：宏观经济调整与国际经济环境影响给传媒产业发展带来较大不确定性，但在科技研发投入加大与推进传媒融合、高质量发展政策等合力推动下，2019 年传媒上市公司整体保持增长。传媒市场实现扩容，但监管趋严。传媒产业增速持续趋缓、市场分化格局深化，出版发行、互联网、教育服务等板块情况较好，网络游戏与营销传播板块稳中有升，报刊、广电网络、影视等板块则表现不佳，创新整合是传媒上市公司实现增长、突破困局的选择。

关键词：传媒上市公司；市场扩容；增速放缓；创新整合

第十九章　中国传媒产业并购报告

摘要：2019 年中国传媒业并购继续萎缩，低迷情绪持续蔓延，并购市场迎来修复整合。具体来说，2019 年影视业持续低迷，业绩困局凸显；新闻出版业异军突起，行业链条纵向拓展；文旅市场日益壮大，精品内容价值显现；互联网结构持续优化，细分行业表现突出。由此形成了 2019 年中国传媒产业并购的四大特点：一是政策“组合拳”持续加码，资本市场难掩颓势；二是泛娱乐布局明显，商誉爆雷潮来临；三是版权产业前景广阔，MCN 表现亮眼；四是互联网头部步伐趋缓，技术红利驱动增长。未来传媒业并购将在经济波动和技术升级中等待新的拐点机会。

关键词：传媒业；并购；监管；萎缩；修复

第二十章　中国海外传媒投资报告

摘要：本章通过统计分析 2019 年海外传媒投资领域、投资区域及具体投资/收购事件，总结了 2019 年海外传媒投资呈现的特点，提出相关建议。虽然近年来由于国际贸易壁垒的增加和地缘政治的不确定性等因素，国内资本的海外投资呈下降趋势，但随着国家“一带一路”政策的稳步实施，中企与“一带一路”沿线国家的深度合作前景可期。

关键词：海外传媒投资；“一带一路”；投资建议

第二十一章　中国传媒投资舆情报告

摘要：随着全媒体不断发展，出现了全程媒体、全息媒体、全员媒体、全效媒体，为此，中国主流媒体普遍加大了资源投入。一方面，主流媒体进入各类用户终端，占领移动舆论场；另一方面，大数据推进了新闻生产与媒体融合。随着各地党委、政府扶持，县级融媒体中心建设开辟新路，同时，社会化商业新媒体投资加大，攻城略地，各领风骚。这一切表明媒体融合发展正吸引着资本不断投向传媒业，融媒投资成为传媒投资舆论关注的热点。当然，传媒投资也有值得关注的舆情问题，而如何拥抱5G时代，实现传媒产业的迭代创新发展，定将成为传媒投资的舆论热点。

关键词：媒体融合；县级融媒体；投资舆情；5G时代

第二十二章　中国文化产业园区投资报告

摘要：2019年，我国文化产业园区发展主要表现为：国家级园区发挥示范作用，省级园区数量稳步增长，结合非遗文化与工业遗产成为文化产业园建设新热点。同时，文化产业园区面临着重质不重量、精品创意园区匮乏；政府管理不到位、呈现粗放式管理；人才瓶颈突出、知识产权保护乏力等方面的困境。文化产业园区未来发展方向体现在实现数字化转型升级、搭建园区共享网络资源、增强品牌园区国际竞争力等趋势。

关键词：文化产业园；投资环境；发展方向

Abstract

Chapter 1 Present Situation and Prospect Report of China's Cultural Tourism Investment

Abstract: In 2019, world economic and trade frictions have continued, the pace of global economic recovery has slowed, and China has entered a period of economic transformation. The cultural industry presents the characteristics of deep integration of culture, technology and finance, and continuously conducts achievements in other fields to form chain group conductive innovations. The high – quality development of the cultural industry has become a new proposition. With the further reform and opening up of China's financial market, cultural industry financing markets have also ushered in new opportunities. From the overview of China's cultural investment in 2019 and the status quo in key areas: firstly, market – oriented model of special fund has become the leading way of financial support for cultural industries. Secondly, the trend of privatization of indirect financing market institutions has become more apparent, and distinctive cultural credit products and services continue to emerge. Thirdly, compared with the overall market value of the cultural media sector in 2018, but still at the bottom of history, VC / PE investment and mergers and acquisitions (M&A) are relatively quiet. Fourthly, in the first year of cultural and tourist integration, the amount of investment and financing in the tourism sector continued to increase, and cultural and tourist towns and complex investment tended to be rational. Fifthly, the overall global art market has declined, Chinese share has also declined year – on – year although China ranks among the top three. The new coronavirus CORVID – 19 is currently aimed at the healthy development of the Chinese cultural investment market in 2020. This article proposes the following prospects: firstly, affected by the CORVID－19, restorative financial measures will become the fundamentals of investment and financing of the cultural industry in 2020. Secondly, new regulations for refinancing on the cultural and tourism industry will benefit significantly from the changes. Thirdly, the CORVID－19 will lead to intensified mergers and acquisitions in the cultural industry, and large－scale CVC will lead the trend of M & A investment. Fourthly, the CORVID－19 will accelerate the rise of the proportion of digital creative industries, the combination of new technology, such as 5K + 8G, and cultural tourism industry will become the focus of investment. Fifthly, IP content investment will shift to the model of "mainstream + superstar", online celebrity + big IP model will gradually fade away. Sixthly, the CORVID－19 will prompt residents to seek new wealth management channels and the investment value of artworks is prominent.

Key words: Cultural finance; Cultural economy; Culture & tourism integration

Chapter 2 Present Situation and Prospect Report of China's Media Investment

Abstract: In the long run, the media has a strong periodic attribute, and the development of the media industry is determined by the level of economic development and technology, and its underlying logic has four levels: technology, policy, industry and capital. As far as capital is concerned, under the cold winter of capital in 2019, the investment and financing enthusiasm of media industry is low, but the sub－sectors also have outstanding performance. Although the media industry has reached the bottom of valuation, the overall characteristics are upward, and the cyclical turning point of the industry may appear in 2020. The driving force of the new cycle of the media industry mainly comes from two aspects, one is the imagination space brought by the landing of "5G + AI + Cloud", and the other is the high－quality content born under the pressure of previous policies. With the rise of new economy and digital creative economy, China's media investment will focus on cloud games, VR/AR and ultra－high definition video in the future.

Key words: Media investment; Valuation bottom; Periodic inflection point

Chapter 3 Report on Investment and Development of China's Newspaper Industry

Abstract: In 2019, the main investment environment of China's newspaper industry is as follows: the overall decline of the advertising market, the biggest decline of traditional media; the oversupply of newsprint, the sharp decline of prices; a large number of newspapers and periodicals closed, the situation of the newspaper industry is still severe; newspapers have changed their editions and reduced their editions, the transformation of paper media is urgent; the integration of newspaper industry continues to advance, and the integration of "newspaper network end" is the trend; "radio and television + newspaper industry"" Cross media integration and poor operation lead to separation, separation and combination. At present, the investment opportunities of the newspaper industry include: grasping the technological change, promoting the transformation of the intelligent media; strengthening the construction of the county - level financial media center, promoting the transformation of the local newspaper industry; taking the digital economy as the breakthrough point, cultivating a new format for the development of the newspaper industry.

Key words: Newspaper Investment; Investment Environment; Investment Opportunities

Chapter 4 China Audiovisual Industry Investment Report: Radio, Television and Internet

Abstract: 2019 was the 70th anniversary of the founding of the People's Republic of China, the National Radio and Television Administration implemented new development philosophy, strengthened the industry regulation, advanced the radio, television and the internet audio - visual industry high - quality development faster. Various domains including content industry, media convergence, smart radio & television's construction and internet audio - visual media all have shown a good momentum of development.

Key words: Audio - visual industry; Innovative; High quality development

Chapter 5 China Publishing Industry Development Investment Report

Abstract: This Chapter takes the traditional news publishing industry as the research object, focusing on the current situation, development strategy and investment opportunities of the integration of news publishing industry under the background of intelligent technology, digital technology, network technology and mobile technology. Through scientific analysis of detailed data, macroscopic grasp of social background, comprehensive summary of development achievements, in – depth analysis of development theory, basic judgment of historical orientation and accurate prediction of future trends, it provides intelligent support and strategic consultation for government management departments, industry operators and researchers. The data in this Chapter mainly comes from the Compilation of press and publication statistical Materials in China published by China Press and Publication Research Institute, and it is also obtained through various channels and forms, such as the Internet, survey companies and questionnaires of research groups.

Key words: Chinese publishing industry; Fusion Development; Precision investment

Chapter 6 China Internet Media Investment Report

Abstract: The Internet has developed from the initial "information highway" and "electronic bulletin board" to the current "Internet of everything". The iterative updating of network technology has provided more possibilities for human life and production. However, in the past 2019, the economic development is stable, the era of Internet demographic dividend is gradually gone, and the competition from increment to stock has increasingly become the norm of the industry. Under the economic environment, the investment and financing market of the Internet industry returns to rationality. Although the market development slows down, new technologies, new industries and new models also provide vitality for the investment and financing market. It is predicted that cloud computing, block chain and 5G technology will bring new drivers to the development of the industry in 2020. Internet each fight for traffic and strive for realization has become a constant trend, the development of the Internet will evolve out of what kind of new wind direction, new path? Relying on information technology and Internet industry, network media and time change from the borderline of the primary media developed into today's leading media way, become a passing information and influence the spread of public opinion is the main carrier, so the network media investment and financing conditions help understand compared with 2019 in 2018 network media how to develop a new direction, new trends and new forms, the future network media where money is the problem that this paper will describe.

This Chapter aims to capture network media investment and financing event in 2019 is more representative of the key events, from the significant part of the deduction of the total market, combing the types of investment and financing, the value orientation, to demonstrate the characteristics of the network media industry investment and financing, cause, trends and, in digital academic analysis of the underlying logic of network media investment and financing.

Key words: Network media; Investment; Financing; Internet

Chapter 7 The Investment Report of China's Mobile Media

Abstract: With the mobile Internet technology continually innovated and broken through, mobile media has always been an important focus of Chinese media investment in recent years. Domestic mobile Internet and mobile phones return to steady growth, as the demographic dividend of Internet users gradually fades in 2019. With the advent of the era of intelligent convergence, instant music video, new online retailing, applets, mobile social networking, etc. have become hot spots for mobile media investment in 2019. 2019 is the first year of 5G commercial use, the three major domestic operators accelerate investment in 5G network infrastructure and multi – industry cooperative applications. etc. Under the joint action of technology, policy and market, the current situation and trend of China's mobile media investment in 2019 have changed from previous years, but the overall investment prospect is better.

Key words: Mobile internet; Mobile phone; Mobile media Investment; Three operators

Chapter 8　The Report on Internet Finance Investment Development

Abstract: 2019 is an inevitable painful period for the transformation of the Internet finance industry. The whole year is shrouded in public opinions such as liquidation exit, data black production and escape from mutual fund. The scale of investment and financing in Internet finance industry and the number of financing have declined compared with previous years . In 2019, Internet giants continued to expand overseas, face brushing payment became a hot spot in the industry, blockchain became a hot word again, and standardized exclusive operation became the norm. It is expected that in 2020, the trend of strong regulation will continue, the rectification of the online loan industry will come to an end, digital currency will continue to be valued by the central bank, and online mutual assistance may become the next trend in the field of mutual finance.

Key words: Internet finance; Investment and financing; Compliance development

Chapter 9　China TV Drama Investment Report

Abstract: In recent years, dramatic changes have taken place in China's teleplay industry. New policies and broadcasting modes have made China's teleplay industry constantly face new challenges of transformation and development. The investment and production of teleplays need to be further optimized and upgraded, and the corresponding regulatory areas need to be further clarified and strengthened. In 2019, the investment scale of the TV drama industry dropped sharply, the number of works and the length of the drama were cut, and the older generation of actors replaced the flow stars to become the new TV drama viewing point. This paper analyzes the development of China's teleplay market in 2019 and the investment environment of the teleplay market, explores the difficulties it is difficult to break through in the transformation period, and puts forward some suggestions that will be conducive to the development of the teleplay investment market in the future.

Key words: China's teleplay; Development status; Investment environment; Future trend

Chapter 10　China Film Industry Investment Report

Abstract: According to the National Film Bureau, the national box office revenue reached 64. 266 billion yuan in 2019, an increase of 5. 4% over the same period of last year. At the current stage of development, film quality has replaced the high box office growth as the focus. In 2019, the mainstream commercial blockbusters were further upgraded, and the perfect combination of "main theme and commercial elements" was realized, resulting in a bumper harvest of social and economic benefits. In 2019, many head film and television products were born, showing strong market demand. At the beginning of 2020, affected by the novel coronavirus epidemic, the film market encountered "black swan", but in the long run, the film market still has great room for development in the future.

Key words: Chinese filmmarket; Box office; Film; Investment; COVID – 19 outbreak

Chapter 11　China Game Industry Investment Report

Abstract: With the normalization of the edition approval process and the formulation of relevant regulations and standards, the game industry witnesses a recovery in 2019, and the whole industry gradually becomes standardized. E – sports industry still preveails and the whole industrial chain presents a trend of rapid development. Independent Games made in China are facing great opportunities and challenges. The whole game industry in China is marching on a high – quality road.

Key words: Industry standardization; E – sports; Independent game

Chapter 12　Annual Report on 2019 Chinese Bookstore Retailing Industry Investment

Abstract: In 2019, the whole book retailing industry reached over 100 billion and kept rapid growth. Online channels contributed 70% sales in 2019. However, the investment and financing activities in this industry in 2019 are still not quite active. In 2020, considering the shutdown during Covid – 19 outbreak, brick – and – mortar bookstores have to work on their adoption of new technologies and social media marketing and sales of printed books in the long term are still promising.

Key words: Bookstore retailing industry; Brick – and – mortar bookstores; Profitability

Chapter 13 Investment Report of Chinese Cultural and Creative Industries

Abstract: Cultural and creative industries are produced under the background of economic globalization, following the trend of global economic and cultural development, based on culture, content and creativity as the core, and modern technology as the technical means, et knowledge and value as one. As a new emerging industry, it can meet the needs of the public spirit. This report consists of the following content. First, it gives a general overview of the concept of cultural and creative industries. Then it introduces the development status and overall operating model of China's cultural and creative industries. Then it analyzes the market direction and competitiveness pattern , and finally analyzes the problems and risks of it, so as to put forward Suggestions on the future investment mechanism and strategy innovation of China's cultural and creative industry, and forecast the development trend and investment opportunities.

Key words: Cultural and creative industries; The financing way; Investment direction; Cultural and creative industrial park

Chapter 14 Investment Report of China's Culture and Museum Industry

Abstract: In recent years, people have paid more and more attention to the construction of spiritual civilization, and the proportion of cultural consumption expenditure has also increased year by year. As an important branch of the cultural industry, the cultural industry is a special type of cultural industry that is based on the museum's rich collection of cultural relic resources and combined with modern and contemporary consumer habits. How the cultural blog industry can develop better in the future is a problem that the country needs to pay attention to and solve. Based on the general situation of the development of China's cultural industry in 2019, this chapter uses the content analysis method and case study method to discuss the rise of the cultural industry and the current status of development, and analyzes the problems and factors that need to be considered in the investment process of the cultural industry, with a view to future The cultural investment industry development investment direction provides a reference.

Key words: Cultural and expo industry; Culture industry; The palace museum; Cultural and creative products

Chapter 15 Investment Report of China Tourism Real Estate

Abstract: With the development of the tourism and leisure industry to a certain stage, tourism real estate has gradually become an important content of China's real estate development market. Relying on tourism resources, tourism real estate covers the entire region and the entire industrial chain. Advanced tourism real estate form. Compared with traditional real estate development, tourism real estate has more comprehensive functions, more diversified business models, and more objective economic returns. Therefore, it is favored by investors. With the continuous improvement of China's per capital disposable income and the increasing demand for residents' leisure and vacation, the tourism real estate industry will also be further improved. Creative, comprehensive, professional and multi – regional and multi – industry diversified development will become the future of tourism real estate Main development direction. For tourism real estate projects, in order to better attract investment, tourism real estate projects must grasp the nature of the project during the development process; define the regional positioning; create a real estate attraction core; and strengthen scientific operations. For investors, it is necessary to comprehensively consider various factors such as economic policy, economic environment and project quality, to stimulate investment vitality and reduce investment risks.

Key words: Tourism industry; Real estate industry; Resource development; Industry investment

Chapter 16 The Investment Report of China Cultural Theme Park

Abstract: Cultural theme parks are an important part of the tourism industry.

In addition to meeting the needs of public entertainment and leisure and realizing the commercial revenue of investors, the cultural theme parks also carry the important functions of cultural inheritance and communication, and fostering a sense of cultural identity. Chinese cultural theme parks not only carry the tasks of telling Chinese stories, improving public cultural literacy and cultural self – confidence, and enhancing the soft power of Chinese culture, but also play an important part of the cultural industry and tourism economy. The investment on them needs comprehensive consideration of politics, economy, and technology, cultural and historical factors. This report focuses on the cultural functions and economic growth pole of cultural theme parks, and relies on the national strategy of cultural powers to analyze and explore the development approach and growth space of cultural theme parks from an international perspective. Provide reference for future construction.

Key words: Cultural theme park; Chinese story; Gen Z; Profit model; Experience consumption

Chapter 17 Investment Report of Small Towns with Chinese Cultural Tourism Characteristics

Absrtact: "Culture is the soul of tourism." This chapter explains the origin, development momentum and different stages of cultural tourism characteristic towns, introduces the industrial chain structure of cultural tourism characteristic towns, and analyzes the investment status and investment model of cultural tourism characteristic towns. Finally, in combination with the current development of cultural tourism characteristic towns, the future development direction of Chinese cultural tourism characteristic towns is predicted.

Key words: Characteristic towns; Cultural tourism; Tourism investment

Chapter 18 China Media Listing Report

Absrtact: Macro – economic adjustment and the impact of the international economic environment have brought great uncertainty to the media Industry development. However, with the joint efforts of increasing investment in scientific and technological research and development, promoting media integration and high – quality development policies, the overall growth of listed media companies in 2019 will be maintained. The media market expanded, but the supervision became stricter. The growth rate of the media industry continues to slow down and the market differentiation pattern deepens. The publishing, internet and education services sectors are in good condition, the online games and marketing communication sectors are rising steadily, while the newspapers, radio and television networks, film and television sectors are not performing well. Innovation and integration are the choices for listed media companies to achieve growth and break through the dilemma.

Key words: Media listed companies; Market expansion; Slow growth; Innovation and integration

Chapter 19 M&A Report of Chinese Media Industry

Absrtact: In 2019, M&A in China's media industry continued to shrink, and the depressed mood continued to spread, and the M&A market ushered in restoration and integration. Specifically, in 2019, film and television continued to slump, and the performance dilemma was highlighted; Press and publication have sprung up everywhere, and the industry chain has expanded vertically; The cultural travel market is growing, and the value of fine content appears; The Internet structure has been continuously optimized, and the performance of sub – sectors has been outstanding. This has formed four characteristics of China's media industry mergers and acquisitions in 2019: First, the policy "combination boxing" continues to increase, and the capital market is difficult to hide; Second, the layout of pan – entertainment is obvious, and the tide of goodwill explosion is coming; Third, the copyright industry has broad prospects and MCN performs brilliantly; Fourth, the pace of the Internet has slowed down, and technology dividends have driven growth. In the future, M&A in the media industry will wait for a new turning point in the economic fluctuation and technological upgrading.

Key words: Media industry; Mergers and acquisitions; Supervision; Atrophy; Repair

Chapter 20　China Overseas Media Investment Report

Abstract: This report examines the characteristics of China overseas media investment in 2019 and puts forward some suggestions through statistical analysis of China's overseas media investment fields, investment destinations and specific investment/acquisition events in 2019. Though China's overseas investment has been falling due to the increase of international trade barriers and the uncertainty of geopolitics in recent years, Chinese enterprises are expected to seek deeper and broader co-operation in countries along the Belt and Road in the future.

Key words: Overseas media investment; "The Belt and Road Initiative"; Investment advice

Chapter 21　Chinese Media Investment Public Opinion Report

Abstract: With the continuous development of all – media, full – time media, holographic media, full – time media and full – effect media have emerged. For this reason, China's mainstream media have generally increased their investment in resources. On the one hand, mainstream media enter various user terminals and occupy the mobile public opinion field; on the other hand, big data promotes the integration of news production and media. With the support of local party committees and governments, the construction of county – level financial media centers has opened up a new path, and at the same time, the investment in socialized commercial new media has increased, and each city has taken the lead. All these indicate that the development of media integration is attracting capital to invest in the media industry, and the investment in media integration has become the focus of public opinion on media investment. Of course, there are also public opinion issues worthy of attention in media investment, and how to embrace the 5G era and realize the iterative innovation and development of media industry will surely become the focus of public opinion in media investment.

Key words: Media integration; County – level financial media; Investment public opinion; 5G era

Chapter 22 Investment Report of Chinese Cultural Industrial Park

Abstract: In 2019, the development of China's cultural industry parks is mainly manifested in the following: national parks play a demonstration role, the number of provincial parks has steadily increased, and non-heritage cultural and industrial heritage has become a new hotspot in the construction of cultural industry parks. At the same time, cultural industry parks are facing dilemmas in terms of quality and weight, lack of quality creative parks; inadequate government management, extensive management; prominent talent bottlenecks, and weak intellectual property protection. The future development direction of the cultural industry park is reflected in the trends of achieving digital transformation and upgrading, building parks to share network resources, and strengthening the international competitiveness of brand parks.

Key words: Cultural industry parks; Investment environment; Development direction

目录

总论篇

传媒篇

文旅篇

专题篇

总论篇

第一章　中国文化类投资现状与前瞻报告

戴俊骋　李睿玲　肖婕[①]

一、导语

2019 年，受世界金融危机余波的影响，世界经济复苏的步伐缓慢，仍处于深度调整的时期，全球经济贸易受此寒流影响增速放缓，动荡与风险并存；同样，我国经济不仅面临结构性、体制性、周期性相互交织的问题，还要应对“三期叠加”影响带来的风险，经济下行压力加大[②]。面对复杂严峻的国际环境和国内经济下行压力，我国经济运行总体平稳、稳中有进，全面建成小康社会取得新的重大进展[③]。根据国家统计局最新数据，2019 年，我国国内生产总值达到 990865 亿元，接近 100 万亿元；人均国内生产总值 70892 元，按照年平均汇率折算达到 10276 美元，首次突破 10000 美元大关。

在国内外带来的双重压力下，我国能够保持经济持续健康发展和社会大局稳定实属不易。同样，文化产业也保持平稳较快发展，在全面深化文化体制改革、不断提振文化消费需求的背景下，2019 年全国规模以上文化及相关产业企业实现营业收入 86624 亿元，比上年增长 7.0%。结构不断优化，文化核心领域营业收入 50471 亿元，比上年增长 9.8%。分行业类别看，9 个文化及相关产业的营业收入均实现增长，新闻信息服务营业收入 6800 亿元，比上年增长 23.0%；文化投资运营 221 亿元，增长 13.8%；创意设计服务 12276

---

① 戴俊骋，中央财经大学文化与传媒学院、文化经济研究院副教授，博士，主要研究方向为文化经济与文化地理；李睿玲、肖婕，中央财经大学文化与传媒学院。

② 盛来运．稳中上台阶　进中增福祉[N]．中国信息报，2020－03－02(1)．

③ 宁吉喆．中国经济再写新篇章[N]．中国信息报，2020－02－04(1)．

亿元，增长11.3%[①]。同时，文化产业的基本法——《文化产业促进法》的立法工作取得了重大进展，5G商用赋能文化创新发展，“夜间经济”点亮城市消费活力，文旅融合开端年成绩喜人。2019年，我国文化产业发展整体呈现出良好势头。

2019年，我国金融改革开放也在不断深入：一是大力推动我国金融监管体制改革；二是大力推动利率市场化改革；三是科创板正式开板试点注册制，新版《中华人民共和国证券法》出台实施，资本市场生态重塑大幕拉开。初步统计，2019年年末中国金融业机构总资产为318.69万亿元，同比增长8.6%。其中，银行业机构总资产为290万亿元，同比增长8.1%；证券业机构总资产为8.12万亿元，同比增长16.6%；保险业机构总资产为20.56万亿元，同比增长12.2%[②]。

从2019年文化金融实践来看，文化产业的高质量发展已经成为树立我国文化自信的基石，在文化产业整体发展遇冷的大背景下，文化金融的积极发展对文化产业呈现出愈发显著的支持作用、驱动作用和塑造作用。文化投融资领域直观反映了文化产业创新驱动的方向与成果，反映了社会资本尤其是风险资本投入文化产业的情况，其变化影响市场参与者对未来的预期，进而改变参与者的决策与行为，从而对文化产业发展产生影响。2020年是全面建成小康社会和“十三五”规划的收官之年，如何更好地平衡文化发展和安全的关系，发挥文化产业对资本市场的吸引力，凝聚资本对文化产业的向心力，成为本书思考的重要视角，也理应成为我们持续思考的重要课题。

二、文化投资发展宏观环境

（一）全球呈现百年未有之大变局，中国试图成为全球价值链主导者

2019年，从全球经济发展形势来看，国际化进入分化期。一方面，大国贸易摩擦及由此引发的大国之间的对峙和分化成为不可控因素；另一方面，科技变革又导致新一轮产业分工和贸易格局重塑。我国如何在机遇和危机并

---

① 国家统计局．2019年全国规模以上文化及相关产业企业营业收入增长7.0%[EB/OL].[2020－02－14].http://www.stats.gov.cn/tjsj/zxfb/202002/t20200214_1726365.html.

② 魏晞．2019年末中国金融业机构总资产318.69万亿元[EB/OL].[2020－03－23].http://www.chinanews.com/cj/2020/03－23/9134953.shtml.

存的世界大环境下突围，进而抢占全球产业发展制高点，成为新时期要解决的重要命题。当前，我国正在应对世界百年未有之大变局。国际上，美国以知识产权争端为由发起主要针对我国的“301 调查”，意在遏制我国高科技产业、文化产业的崛起，其商务部依据本国法律的六个要素，向世界贸易组织（World Trade Organization，WTO）递交了一份报告，其中包含了不承认中国市场经济地位的内容，同样，欧日也都以不同形式拒绝了中国根据《中国入世议定书》第 15 条获得市场经济地位的要求。虽然我国科技创新实力持续增强，但仍有大量核心技术依赖进口，而这也成为美国发动此次中美贸易摩擦的最大筹码。因此，2019 年博鳌亚洲论坛延续了进一步开放的主题，旨在保持高水平的开放态度，使参与全球分工的价值链结构逐步升级，提高高附加值环节在生产中所占的比重，以此树立起区域价值链中我国企业的主导地位，掌握价值链核心治理能力，这样才能实现全球价值链上我国从参与者向主导者的转变。相较于科技领域，我国在文化领域的任务更为艰巨，文化进一步从“走出去”到“卖出去”已经成为当务之急。

（二）文化科技进入深度融合期，创新呈现链群传导式的超速发展

“十四五”时期是我国创新超速和链群传导变革期。新技术的出现，促使创新速度进一步加快，以人工智能、区块链、云计算、5G 等为核心的新兴技术正在群簇涌现、交叉融合、快速渗透、加速迭代和商业化，科技、场景、产业三大变革基本同步，呈现链群传导态势，这些技术引擎将会以空前的速度取得创新进展，并加速自然科学与人文社会科学之间的交叉融合。文化科技领域正以数字化、网络化、智能化为技术基点，加速突破地域、组织、技术的界限。同时，世界各类文化交流和思想碰撞愈发频繁，加强文化自觉和文化自信刻不容缓。党的十九大报告站在时代和全局的高度，深刻阐述了文化和文化建设的地位作用，将高度的文化自信和文化繁荣上升到了关系中华民族伟大复兴的历史高度，为推动社会主义文化繁荣兴盛提供了根本遵循和行动指南。当前，我国进入了文化与科技深度融合的动力优势重塑期，亟待推动文化与科技深度融合，挖掘其中所蕴含的巨大潜能，重塑创新发展的新动力，推动文化产业在更高水平、更深层次实现新跨越。

（三）我国经济进入转型期，文化产业高质量发展成为新命题

当前我国进入产业高质量发展的冲刺期，以要素数量和规模为核心的产

业优势难以固守和保持，也无法支撑产业转型升级、迈向中高端。随着要素禀赋条件变化，我国在数量、规模、成本等方面的原有优势逐渐丧失，想要实现产业的转型升级与创新发展协同并进，就必须在人力资本、科技创新、现代金融等方面进行改革创新，提升要素的质量与效率。推动国有经济提档升级，促进中小企业发展，也成为“十四五”时期的重要命题。我国正处在由科技创新大区向科技创新强区转变的关键阶段，以往对科技成果的创新实现了量的积累，现在要向质的飞跃、点的突破发展，不断加快系统能力提升。而在我国不断深化改革与开放的进程中，文化产业发展对文化繁荣与经济增长具有双重战略价值日益成为广泛共识。在市场化和全球化的大浪潮中，高质量的文化产业是保障人民基本文化权益和实现文化繁荣发展的有效机制，也是提升我国文化国际传播力、影响力以及综合软实力的重要条件。在市场经济和全球化的语境中，文化产业尤其是高质量的文化产业是现代文化发展日益重要的支撑。高质量的文化产业可以有效弥补公共文化服务的短板和缺陷，满足人民日益个性化、差异化、多样化的高品质精神文化需求，与公共文化建设形成互补与融合互动，带动文化资源的可持续保护和传承，促进传统文化的创造性发展与创新性转化，激活文化创新的活力。

（四）中国金融市场进一步改革开放，金融服务文化产业强化脱虚就实

近年来，在党中央、国务院的领导下，金融监管当局做出了巨大努力来推动中国金融体制的进一步改革开放。2019 年，一些重要的举措相继推出，成绩斐然，关键性的举措主要有以下三项：一是大力推动我国金融监管体制改革。近年来，在党中央、国务院的领导下，以国务院金融委的成立为标志，原“一行三会”的分业监管体制出现重大变化，强化金融监管全覆盖，机构监管与功能监管并重、行为监管与宏观审慎监管共举，突出监管协调成为大趋势。二是大力推动利率市场化改革。央行于 2019 年 8 月推出了 LPR（贷款市场报价利率）机制改革，希望借此健全利率市场化机制、改善利率传导效果，将货币宽松效果更好地传导至实体经济的贷款端，至此中国利率市场化改革终于开始了最后的跨越。三是科创板正式开板并试点注册制，新版《证券法》出台实施，资本市场生态重塑大幕拉开。更为开放的金融市场环境，也给文化产业带来了发展良机。与之相称的是 2019 年 6 月，文旅部发布《文

化产业促进法（草案征求意见稿）》，公开向社会征求意见。该意见稿聚焦于文化产业发展中“谁来促进、促进什么、怎么促进”三大基本问题，发力于“文化企业、创作生产、文化市场”三个关键环节，并在人才、科技、金融财税、法律等方面提供了明确的支持与帮助。我国的文化法治建设至此迈出了突破性的一大步，对弘扬我国优秀传统文化、实现我国文化治理现代化有着极为深远的意义。伴随国家金融风控强度升级，非理性对外投资倾向受限，热钱涌入文化产业的现象得到遏制，但相对于其他经济领域，文化产业整体金融风险防控意识仍较为薄弱，如何在有效吸纳多元资本进入文化产业领域的同时谨防金融风险，是新时期文化金融发展的核心命题。

三、中国文化投资概况和重点领域现状研判

（一）财政支持文化产业方式转变，国家文化与金融合作示范区正式获批

在中国，出于历史和现实的原因，政府仍是文化产业发展的重要投融资主体。政府作为出资人的国有文化企业是在中国文化产业中占主导地位的市场主体，政府还通过直接的财政投入或政策性金融对文化产业进行支持。随着文化产业不断向市场化发展，中央文化产业发展专项资金规模有所回缩，支持方式更加科学规范。2013 年，中央财政下拨的文化产业发展专项资金比上一年度增加 41. 18%，为 48 亿元，随后 2014 年、2015 年专项资金规模维持在 50 亿元，但 2016 年略有回落，为 44. 2 亿元。到 2017 年，文化产业发展专项资金总计 32. 56 亿元，其中重大项目方面 18. 65 亿元，市场化配置方面 13. 9 亿元。项目遴选更为严格规范，且提高陪同投资比例，降低项目直接补助比例，进一步提高了资金分配的科学性、规范性和合理性。2018 年，中央文化产业发展专项资金（重大项目方面）锐减至 1. 985 亿元，更多的资金用作市场化配置。2019 年专项资金管理方式进一步完善，重点采用市场化方式运作，不断促进财政政策和文化产业政策的有机衔接，在此过程中也大幅度减少了项目的直接补助①。2019 年文化产业发展专项资金（重大项目方面）预算额度仅为 7700 万元，重点安排以下两类项目：一是推动影视产业发展，

① 信息·数字·观点[J]. 中国广播电视学刊,2018(12):125 - 126.

采取对重点影视项目直接补助方式；二是推动对外文化贸易发展，采取对文化服务出口后奖励方式①。从图 1.1 可以看出，中央文化产业发展专项资金（重大项目方面）从2016年的223413万元锐减至2019年的7700万元，2018年的预算金额19854万元约等于2017年金额的1/10。而2019年的预算金额还不到2018年预算金额的一半。另外支持的范围也在不断缩小，2016年、2017年均有36个省（自治区、直辖市、计划单列市）获得文化产业发展专项资金（重大项目方面），而2018年有23个省（自治区、直辖市、计划单列市）获得预算资金，到了2019年，只有15个省（区、市）获得预算资金。从中央到地方均开始取消或缩减文化产业发展专项资金，并加快设立和扩大文化产业投资基金，文化产业发展专项资金“资金转基金”已成潮流，应谨慎对待。

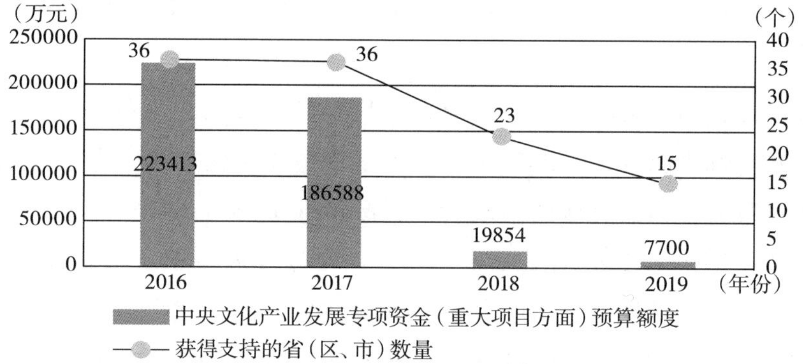

图 1.1　2016—2019 年中央文化产业发展专项资金（重大项目方面）预算额度和支持数量

资料来源：财政部。

为了探索政府与社会力量多方参与的建设模式，《中国文化投资现状报告(2019)》前瞻部门提及，2019年文化和旅游部面向全国重点城市，继续推进文化金融服务中心建设，并不断搭建各类文化金融服务平台。北京市作为全国文化中心，已经构建起覆盖“投、融、担、贷、孵、易”全链条的首都文化金融“北京模式”。2019年上半年，北京地区中资银行累计发放文化产业人民币贷款983.92亿元，同比增长28.7%；贷款户数5973户，同比增长

① 中经文化产业．2019年文化产业发展专项资金7700万元预算下达[EB/OL]．[2019－07－12]．https://www.sohu.com/a/326401176_160257.

58.1%。截至当年9月，“投贷奖”平台共计入驻企业13854家，其中文化企业12620家；受理融资申请1455笔，成功对接融资311.75亿元。北京市的文创板平台自成立以来也表现不俗，至2019年已累计受理融资金额达145亿元，累计撮合完成融资金额超过85亿元。截至2019年上半年，通过举办政策宣讲、培训沙龙、投贷联动等百余场活动，已聚集注册企业6000余家，覆盖文化产业及相关产业等九大类别，如新闻信息服务、出版发行、广播电视电影、文化艺术等。同时，还吸引了华盖资本、信中利、北京农商行等金融、投资机构500余家，大成律师、东审会计师事务所等服务机构60家，创业黑马、东方嘉诚等运营商及文化金融服务中心（园区）130余家，已上线银行、担保类金融产品106种。

2019年12月，文化和旅游部、中国人民银行、财政部正式批复，同意北京市东城区和浙江省宁波市创建国家文化与金融合作示范区，创建周期为2年，自2020年1月1日起至2021年12月31日止。国家文化与金融合作示范区可以视为当前我国进一步推进文化金融合作的一项创新举措。中央深改组、文改组将示范区纳入工作重点，通过各项金融政策落地部分条件较好的地区，发挥其优势，使政策更好地实施，建立和完善文化企业各发展阶段、间接融资和直接融资有机结合的融资服务体系，并在此基础上总结形成若干行之有效、可持续和可复制推广的文化与金融合作模式，为全国文化金融合作提供典型示范。以北京市东城区为例，至2019年12月已经注册文化企业近7000家，金融机构、投资机构600余家，雍和文创专营支行两年来累计为75家文化企业发放贷款超过12亿元。示范区的创建工作正是政府支持文化产业的重要缩影，随着文化与金融的深度融合，政府在不断完善文化金融服务体系的同时切实防范金融风险，以增强金融服务文化和旅游产业的能力，为企业营造健康良好的产业投融资环境。

（二）间接融资市场机构专营化趋势明显，特色文化信贷产品和服务不断涌现

中国文化产业投融资仍然以银行业为主导，专营化和特色化成为当前文化产业间接融资市场特点。专营化是指大型国有商业银行及中小商业银行纷纷建立专门的文化产业事业部门，或者文化产业发展较好的区划，建立分行或者支行，为文化企业提供专业化、专门化、定制化的服务。最具代表性的

如东阳农商银行，其目标是成为“最懂影视的专业银行”。东阳农商银行信贷支持方式灵活，其以银行资金流水、房屋租赁协议等作为申请资料，有效解决影视文化企业抵押物不足问题。同时，全面拓宽产业链服务圈，提供“营业执照”代办、水电费代收、工资代发等业务。为进一步推动影视产业发展，东阳农商银行还与横店镇政府签订三年乡村振兴战略合作协议，落实7家网点，因地制宜地在争创“影视主题村”的23个行政村植入影视文化产业金融服务，利用“阳光·民宿贷”“阳光·美丽家园贷”等系列产品，积极推进集聚房改进、旧房改造、民宿发展等特色产业建设。此外，东阳农商银行还推出了“横漂贷”，以横漂人在横店的工作年限，借助大数据金融网络确定贷款额度①。再如工行宁波市分行为支持宁波文化产业，着重加强对重大文化项目建设、文化发展集聚区和重点文化企业的支持，最大限度地满足企业的资金需求，并推出了信贷、债券、理财、基金、投行、租赁、表外结构化融资等多种工具结合的金融服务②。北京银行长沙分行以文化与旅游的产业融合为切入点，加大与湖南省委宣传部、湖南省文化和旅游厅的合作，先后签订战略合作协议并举办相关宣传活动。通过推出“智权贷”“创意贷”“文创普惠贷”等行业领先的文创特色产品，与湖南省文化旅游担保公司、湖南省文化产权交易所、长沙天心文化（广告）产业园、湖南省动漫协会等文创机构、产业园区建立合作关系，推动文化金融合作。在助力湖南文化和旅游产业发展的过程中，该行已累计支持了近300家小微文创企业③。

此外，2019年各大银行针对文化产业特点，继续在知识产权质押贷款、应收账款质押、未来收益权质押、文化产业供应链融资、中小文化企业联保贷、文化企业私募债券、中小文化企业集合票据等新型融资产品和服务上深耕。如华夏银行以新增的专利权、著作权、商标权等知识产权为底层资产，发布了针对文化企业的文化金融新产品——“龙盈·知识产权通”。华夏银行以承销商及出资人的身份投资此类资产证券化产品，或作为贷款人向文化企

---

① 郭俊华，蒋聪．东阳农商银行做深文化产业金融[EB/OL]．[2019-10-09]．http://dyrb.zjol.com.cn/html/2019-10/09/content_1021977.htm.

② 沈颖俊．工行宁波市分行力挺文化产业发展[EB/OL]．[2019-08-15]．https://bank.hexun.com/2019-08-15/198212877.html.

③ 胡邦建．入湘十年　北京银行长沙分行多元化助力湖南文化产业发展[EB/OL]．[2019-09-18]．https://wh.rednet.cn/content/2019/09/18/6000421.html.

业提供资金支持，提供“商行＋投行”的全面金融服务，以金融之力盘活文化企业知识产权①。

（三）文化传媒板块整体市值较2018年相对回暖，但仍处于历史底部，VC/PE投资并购相对沉寂

2019年以来，受益于大盘整体回暖，文化传媒板块结束2018年下跌行情。根据国信证券报告数据，2019年年初至11月底，传媒行业指数上涨11.1%，但跑输沪深300（28.9%）、弱于创业板表现（35.5%），如图1.2所示，在中信一级板块中排名第18位。同样用申万传媒佐证，2019年年初至12月2日，申万传媒板块累计上涨12.7%，跑输同期沪深300指数（＋29.2%）16.5%，跑输上证综指（＋16.9%）4.2%，跑输创业板指（＋37.6%）24.9%，如图1.3所示，传媒板块涨幅位列申万28个一级子行业第19名。目前传媒板块估值水平（PE－TTM）从2018年历史低位19倍（剔除负值影响）回升至2019年的26倍，主要在于2018年第四季度传媒板块上市公司大幅计提商誉以及前三季度业绩下滑导致业绩进一步降低，从市值上来看，板块整体仍处于历史底部区域。核心原因在于，2019年政策端继续加强对影视内容的导向和价值观方面的监管，并开始着手对行业运行过程中的不规范出台相关规定，如“限薪令”不断升级。政策面主基调主要分为两个方面：内容严控和市场秩序规范度提升。一方面，内容题材管控和网生内容监管并轨，强调影视内容“市场价值要服从社会价值”，鼓励现实题材剧目；网络视听内容审查与电视台内容审查制度即将并轨。另一方面，“演员薪酬”“阴阳合同”“税收问题”等行业规范性监管措施落地，行业主要参与者也发布了相关自律文件。

整体资本市场同样收紧，从一级市场来看，IT桔子的数据显示，截至2019年12月2日，当年共有283家文娱公司获得了投资，但与上年706起融资事件相比减少了59.9%。在经历了2018年的低迷之后，2019年文娱领域投资事件数仍在持续下降，并且下降幅度创历史之最。同样，新元文智—文化产业投融资大数据系统（文融通）显示，2019年前三季度我国文化产业通过债券、信托、上市首次募资、上市再融资、股权众筹、创业投资、私募股权投资、新三板融资、奖励众筹融资渠道总流入资金同比下降11.54%，新三

① 夏晖．华夏银行发布文化金融新品[N]．首都建设报,2019－08－30(3)．

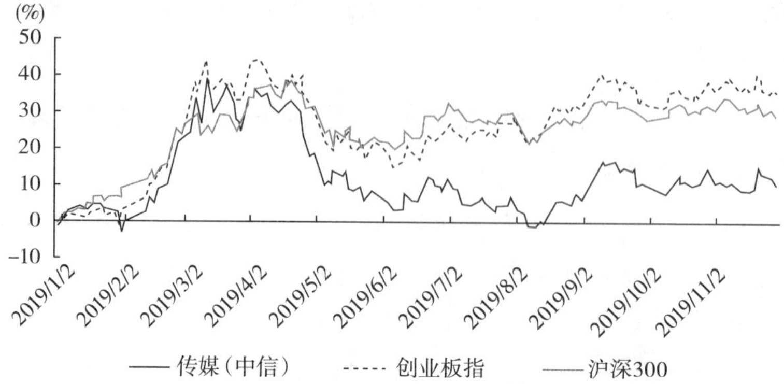

图 1.2　国信证券中信传媒板块 2019 年涨跌幅情况

资料来源：Wind，国信证券经济研究所整理（数据截至 2019 年 11 月 30 日）。

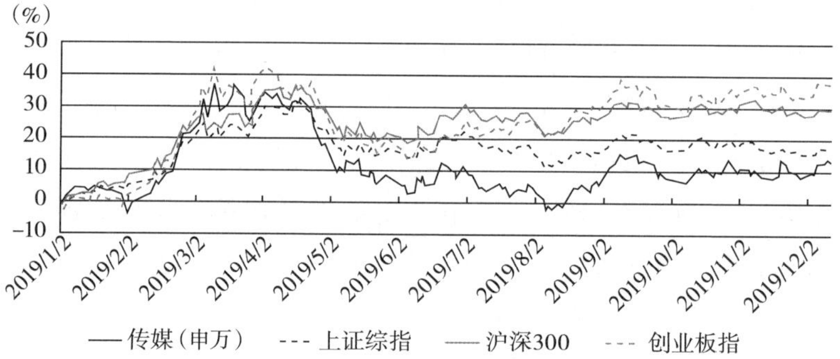

图 1.3　中信建设证券申万传媒板块 2019 年涨跌幅情况

资料来源：Wind，中信建投证券研究发展部（数据截至 2019 年 12 月 2 日）。

板挂牌企业前三季度同比下降 69.26%。

相较于 2017 年、2018 年，2019 年全年也缺乏诸如阅文集团、爱奇艺、腾讯音乐等巨头的 IPO（首次公开募股）案例，IPO 发行较为低迷。较为突出的如猫眼电影、豆盟科技等在港股 IPO。哔哩哔哩（B 站）通过可转换债券发行和后续股票发行筹资了 6 亿美元左右。再结合 2019 年度中国文体产业十大投融资案例来看，整体投资额度不大①，基本构成了 2019 年文化产业领域从 VC（风险投资）/PE（私募股权投资）直接融资市场的基本面（见表 1.1）。

① 泺尚有道．2019 年度中国文体产业十大投融资案例[EB/OL]．[2020 - 01 - 02]．http://www.lureshow.com/show - 42 - 1693 - 1.html.

表 1.1　2019 年文化领域主要投融资案例

融资方	投资方	轮次	投资额（亿美元）
哔哩哔哩（B 站）	未披露	上市后融资	6
猫眼电影	—	IPO	16
豆盟科技	—	IPO	0.82
一点资讯	未披露	E+	4.48
客路旅行（KLOOK）	软银愿景基金领投，红杉资本中国基金、经纬中国、TCV 跟投	D+	2.25
网易云音乐	阿里巴巴	B+	1
影谱科技	中国国际金融股份有限公司、建行国际控股等	D+	1
小象互娱	腾讯、刘谋 PDD	A+	0.2
优梵艺术（UVANART）	天图投资、广发信德、瀚泽资本	A	0.17
A4 漫	阅文集团	A	0.1
绿洲 VR	贝塔斯曼亚洲投资基金（BAI）、晨兴资本	A	0.1

注：在《创意中国调研报告》基础上补充整理。

直接融资市场中文化和旅游产业专项债券融资呈现部分亮点。作为文化和旅游部主抓工作之一，2019 年以扩大文化和旅游企业债券及基金融资规模为目的，文旅部牵头举办了一系列投融资交流对接活动。据统计，2019 年国家发展改革委核准发行的文化和旅游企业债券规模约 777 亿元，同比增长 5.34 倍①。地方一些金融机构也在探索用债券融资的方式进行文化金融产品和服务创新。如中国人民银行西安分行会同陕西证监局、省发改委，指导陕西旅游集团、陕西大明宫投资公司等大型非上市企业多次通过公司债、企业债直接融资。在该行动的持续推动下，延安城投公司成功探索出“革命老区 + 专项扶贫 + 旅游创收”的新模式，并且实现在上海证交所发行 10 亿元规模的扶贫债券②。陕西

① 马睿琪．2019 年文旅产业发展驶入“快车道” 数字文旅表现突出 成效显著[N]．中国产经新闻,2020-01-09(8)．

② 雷和平．陕西:金融支持文化产业发展成效显著[N]．金融时报,2019-08-16(5)．

文化产业直接融资存量169.47亿元，其中企业债券融资存量105.50亿元。中信银行西安分行也响应号召，在探索的过程中积极运用永续债券、定向债券以及含权债券等新产品为企业提供综合化定制融资服务。

（四）文旅融合年初旅游领域投融资持续增加，文旅小镇和综合体投资趋向理性

2019年是文旅融合发展开局之年，文旅部秉持“宜融则融，能融尽融，以文促旅，以旅彰文”的十六字工作方针，从顶层规划设计到具体融合举措，全方位规范政策，保障文旅融合落到实处。总体来看，对旅游公共投资和社会多元化投资依然保持热度，其中兼并收购的项目引人注目。在旅游发展基金方面，财政部明确2019年旅游发展基金补助地方项目资金预算为140076万元，虽较2018年小幅降低，但社会投资依然热度不减。从旅游的公共投资来看，2020年旅游发展基金补助地方项目资金预算降幅略大，为100900万元。从参与方来看，跨界投资和跨界产业融合是投融资增长的一个重要原因。根据新旅界研究院的数据，2019年上半年文旅行业共进行了41起资本运作事件。IPO的数据显示，2019年上半年相关主板市场上虽然没有文旅企业的身影，但青岛超逸、绿太阳和曲江制造3家文旅企业在新三板市场上挂牌。通过分析股权并购可以看出，在并购事件数量上，2019年上半年与2018年同期相比增加了13%，但并购金额下降了50%，由此可见，企业股权并购的活跃度虽有所上升，额度或体量却呈下降趋势，原因可能是部分企业的股权估值有所下降。据统计，上半年新成立的规模过亿元的文旅企业一共有4家，另外，江苏省政府和山东省政府还分别主导成立了大运河文旅产业发展基金和乡村振兴产业基金，其资金规模分别为200亿元和500亿元。分销渠道端也呈下降趋势，2019年上半年只有9起投融资事件，与同期相比减少59%，从已被披露的累计融资总额来看，同比下降了7%，只有36.1亿元，可以看出2019年上半年初创期企业的融资环境依旧艰难，成熟的成长期企业更受资本青睐。在OTA（在线旅游）领域，2019年上半年成功获得融资的企业也仅有马蜂窝一家，说明OAT领域也进入了一个相对稳固的时期。

2019年，文旅特色小镇和文旅综合体是两大投融资主体。从数量和金额来看，一方面，文旅特色小镇和文旅综合体等综合性文旅项目的投资数量占到全部投资事件数的82%；另一方面，此类项目的投资金额占目的地资源端

总投资的97.2%，为5329.09亿元。据新旅界研究院的统计报告，其追踪到开工或签约的文旅特色小镇项目49个，涉及省（区、市）22个，已披露的拟投资总额3045.23亿元，同比项目数大幅增加188%，但投资总额下降20.61%，由此可见，以往文旅特色小镇贪大求全的项目发展模式开始改变，体量都有所下降①。从文旅综合体项目的数据来看，2019年上半年累计开工或签约项目涉及22个省份，数量为42个，已披露拟投资总额为2283.86亿元。与2018年同期相比，投资事件增加25起，数量增加147%，拟投资金额增加171%，项目数量和投资金额均大幅增长，延续了上一年的趋势，说明目前目的地资源端的投资开发已经由以景区为主要开发模式升级为以综合体为主要开发模式，试图让游客的消费习惯从观光游向度假游发展，可以看出，目前供给侧改革和如何创新发展也成为文旅产业发展亟待解决的问题。

从整体投资区域来看。根据执惠公司的不完全统计，2019年全国各地文旅项目签约概算金额近2.5万亿元。其中，西部地区文旅项目签约数量高达53起，投资概算总金额超1.3万亿元，涉及康养文旅、特色小镇、主题公园、冰雪、森林旅游、影视、体育等诸多细分业态，占据全年投资的半壁江山，成为2019年投资热点区域；东北地区文旅项目投资签约金额高达3100亿元，业态涵盖冰雪、康养、文旅综合体、现代农业等多种类型；东部地区共计签约42起，概算投资金额超3200亿元；中部地区共计签约47起，概算投资金额超4700亿元，如图1.4所示。

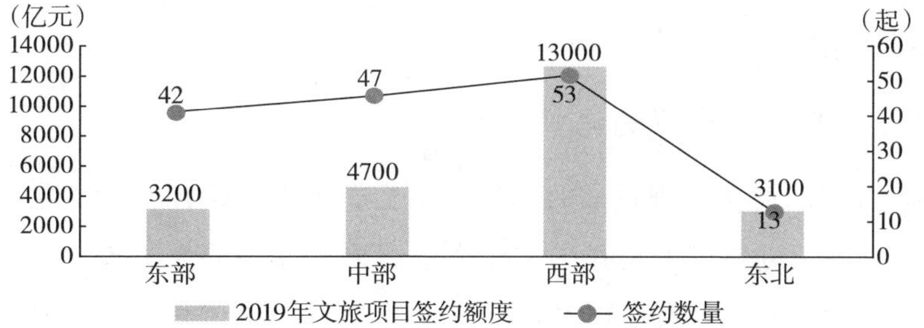

图1.4　2019年文旅项目签约情况

资料来源：执惠整理。

① 黄志远."跨界+",文旅融合大有可为[N].中国文化报,2019-08-24(5).

(五)全球艺术品市场整体下降，中国位列前三但同比份额下滑

《巴塞尔艺术展与瑞银集团环球艺术市场报告》显示，2019 年全球艺术品市场总销售额约为641 亿美元，较 2018 年下降 5%，主要由于高端产品销售萎缩，使市场回到略高于 2017 年的水平。美国继续保持全球最大市场的地位，市场占有率达44%，与2018 年相比保持稳定。尽管英国脱欧带来政治不确定性，但英国仍以 20% 的市场占有率保持其第二大市场的地位（同比下跌9%）。中国仍然是第三大艺术品市场，市场占有率为18%（同比下跌1%）[①]。

从拍卖市场来看，Artprice 公司的《2019 年度艺术市场报告》显示：2019 年全球通过拍卖行售出的艺术品数量达55 万件，创下历史新高，总成交额为 133 亿美元。年拍卖成交量为 1945 年以来的历史新高，并创造了有史以来最深入、最广泛的公众艺术市场。增长的推动力包括获取艺术市场信息的便利性、线上销售（99% 的市场参与者已联网）、市场的金融化、更年轻的艺术品消费者数量的不断增长（从“二战”后的 50 万人到 2019 年的 1.2 亿人），以及艺术市场向整个亚太地区和印度、南非、中东、南美洲等国家或地区的扩展。但就成交额而言，全球艺术品市场总额下降 14%，主要原因在于缺乏 5000 万美元以上的杰作；流拍率仍稳定在 38%，艺术品总体价格指数也保持稳定，变化率仅为 0.48%。中国在全球艺术品拍卖市场成交额排名中居于第二，为 41 亿美元，同比下降了 9%。仅次于美国的 46 亿美元，其也出现了 22% 的下滑。英国位居第三，总交易额为 22 亿美元。前三强占据了全球艺术品拍卖成交额的 82%[②]。

四、中国文化投资的建议

2020 年是具有里程碑意义的一年，是全面建成小康社会、实现第一个百年奋斗目标的关键年，也是我国文化产业高质量发展的大踏步之年。但年初新冠肺炎疫情的暴发打乱了既有的产业战略部署。总体来看，新冠肺炎疫情短期内对我国文化产业的冲击直接而强烈，改变了 2020 年我国文化产业的整

---

① 姜煜. 报告称 2019 年美英中分列全球艺术市场前三位[EB/OL]. [2020-03-08]. http://finance.sina.com.cn/roll/2020-03-08/doc-iimxxstf7448005.shtml.

② Ehrmann T. Artprice 2019 艺术市场报告：艺术市场持续增长，艺术品交易数量创新高[EB/OL]. [2020-02-26]. https://www.artprice.com.

体节奏，但不改变总体发展方向，“云经济”和“宅经济”形态获益，对注重直观体验且人流量大的电影院线、旅游景区、实体书店、演艺、会展等线下业态的冲击最为直接。

2020年2月23日，统筹推进新冠肺炎疫情防控和经济社会发展工作部署的会议在京召开，习近平总书记出席会议并发表重要讲话，恢复经济系统正常运转成为下一阶段全国经济工作的“重心”。会议透露出宏观政策“逆周期调节”力度加码的信号，其节奏和力度要能够对冲疫情影响。整体货币政策趋于宽松，财政政策也将加大支出力度，预计狭义赤字率有望重回3%，并发行特别国债。此外在资本市场政策层面，发行条件精简，再融资政策放宽，对文化传媒领域有较大利好。因此在短期内应对我国文化企业资金周转难题后，对文化产业整体发展将是一个机遇。本书认为，在对新一年文化投资进行前瞻时，不仅应考虑疫情造成的震荡和短期影响，在“十四五”规划及更长的战略和政策优化区间内，更应着眼于“扩张型”宏观形势为文化产业带来的政策和市场红利。

（一）应对疫情的恢复性金融举措成为2020年文化产业投融资基本面

新冠肺炎疫情发生后，中国人民银行、证监会等中央五部委联合印发通知，出台措施强化金融支持防控疫情，要求发挥资本市场作用，为受疫情影响的地区、企业、投资者提供资本市场专业和产品支持。截止到2020年3月，我国各省份基本出台了应对新冠肺炎疫情、支持文化产业的举措。其中，北京、上海、广东、江苏、浙江、山东、安徽、海南、江西等地出台了针对文化产业应对新冠肺炎疫情的专门举措。其他地区如河南、甘肃、湖北、新疆等则主要依托“支持中小微企业平稳健康发展”政策针对文化产业出台了相关条款。通过财政投入和金融支持为文化企业纾困，解决其生存难题，成为首要做法，其时效基本覆盖2020年全年。

从政府性资金投入来看，一是提前启动现有政府专项资金，针对疫情中受影响的领域优先安排支持方向。如“京28条”对北京宣传文化引导基金、市级电影专项资金、北京文化艺术基金、北京市实体书店项目、北京广播电视网络视听发展基金等政府专项资金予以支持方向的优先安排。二是明确安排了针对文化产业的专项资金，如江苏省《关于支持文旅企业应对疫情防控期间经营困难的若干措施》安排了1亿元的纾困资金；山东省《关于应对新冠肺炎疫情影响促进文化和旅游产业健康发展的若干意见》从宣传文化旅游发展资金中安排了1.5亿元，采用股权投资、贷款贴息、以奖代补等方式，重点用于受疫情影响较大的项目建设、集群发展、设施升级改造、宣传推介、文化惠民活动等贴补。三是从省级层面对下辖地市区进行统筹安排，如浙江省《关于积极应对疫情推动文化企业平稳健康发展的意见》中提出“支持各地出台符合本地实际的扶持政策。各市、县（市、区）委宣传部要主动与政府部门联系协调，为文化企业发展争取政策支持。20个省文化产业专项资金扶持县（市、区）可依据地方出台的针对文化企业疫情防控决策措施，适当调整专项资金用途”。山东省等也提出各市可参照省级政策执行。

从金融支持角度看，北京市除了在“京28条”中强调加大金融支持力度，还专门出台了《关于加强金融支持文化产业健康发展的若干措施》。上海市在《全力支持服务本市文化企业疫情防控平稳健康发展的若干政策措施》基础上，又出台了《关于做好中小微文化和旅游企业金融服务的通知》的专项金融支持政策。其他地区也主要从降低企业融资成本、针对疫情进行文化金融专项产品和服务创新、提供信用担保、加强融资担保、加大对流动资金困难文化企业的续贷纾困等方面进行支持。

（二）再融资新规变动，文旅产业显著直接受益

2020年2月14日晚间，证监会发布《关于修改〈上市公司证券发行管理办法〉的决定》《关于修改〈创业板上市公司证券发行管理暂行办法〉的决定》《关于修改〈上市公司非公开发行股票实施细则〉的决定》（以下简称再融资新规），自发布之日起施行。再融资新规的核心变化在于降低创业板融资门槛，优化定增机制，放松规模限制。创业板公开发行证券取消资产负债率高于45%的条件，非公开发行股票取消连续2年盈利的条件，创业板再融资的上市公司的覆盖面进一步拓宽。上市公司非公开发行在定价基准日、发行价格、锁定机制、发行对象、批文有效期、发行规模方面放松，提高投资者参与上市公司非公开发行的积极性，有利于上市公司直接融资规模的扩大。再融资新规下传媒上市公司潜在可实施的范围拓展，行业整体受益。再融资新规实施后，创业板的传媒上市公司符合公开发行证券条件的由10家扩大至41家，符合非公开发行股票条件的由41家扩大至64家。从全行业对比来看，

截至2019年第三季度，文化传媒行业的资产负债率较低，过去12个月的净利润为负数，将显著受益于再融资新规。在经历近4年的行业下行及严监管周期后，上市公司经营质量以及资产负债表风险得到充分释放，有望在新一轮成长周期中轻装上阵。

（三）疫情导致文化产业领域并购加剧，以规模化为导向的CVC引领并购投资动向愈发显著

文化产业的规模化趋势愈发显著。在数字全球化背景下，跨地域、全球化的文化市场使企业提高收益并降低投资风险，同时也导致文化产业各领域的规模门槛日益提高。以互联网传媒领域为典型，纵向整合成为其发展趋势，其内容制作、传输平台和播出平台之间都形成了不同程度的聚合。最为人所知的国际文化航母迪士尼的业务包括影视娱乐、电视媒体、新媒体传播以及迪士尼乐园及其消费品等全产业链，2019年净利润110.54亿美元，即使在全球疫情暴发的2020年年初，其第一季度的财报显示营业收入也同比增长36%，达208.6亿美元。相较于国际文化产业，我国文化产业集中度仍然不高，缺乏大型文化产业集团，文化企业规模普遍相对偏小，业务模式单一，利润率较低。随着我国居民对高质量文化休闲服务的需求日益增加，我国文化产业不可避免地发生结构性的调整。具体而言，文化企业的兼并重组将会增多，个别文化产业龙头企业与集团公司将会脱颖而出。新冠肺炎疫情暴发后，我国文化产业在短期内遭受较大冲击，文化旅游和休闲服务类企业会遭遇较为严重的危机，即便有政府的救助政策，一些企业在短时间内也难以走出困境，因此，部分优质文化企业可通过兼并重组来扩大自身的竞争优势与市场份额，对融资的需求愈发强烈。

随着金融市场监管趋紧，金融监管部门与文化行业主管部门之间形成良性的监管协调制度，为中国文化金融转型升级提供有力支撑，也倒逼VC/PE重新洗牌，头部VC/PE将继续扩大市场份额。而CVC（Corporate Venture Capital），即投资于外部创业企业的企业基金，并不包括企业内部投资以及通过第三方投资，将在一定程度上取代中小VC/PE发挥作用。根据CVSource投中数据统计，截至2019年10月，CVC投资总额为144.15亿美元，而全部VC/PE机构投资总额为789.93亿美元，CVC投资总额占到全部风险投资交易总额的15%。CVC依托母公司的业务优势，以母公司的长期战略为目标，而被投资创新企业也通过这种投资方式驱动创新和模式扩张，以获得独特的增值服务。这种增值服务不仅在于资本，而且其既有的供应链、生态链和巨大的流量入口，对文化领域创新企业无疑有更大的吸引力。因此在文化产业等赛道，以阿里、腾讯、百度、字节跳动、携程等头部企业为代表的CVC将发挥更大的作用。

（四）疫情加速抬升数字创意产业比重，5G+8K等新科技与文旅结合成为投资焦点

文化产业数字化发展势头迅猛。普华永道《中国娱乐及媒体行业展望（2019—2023年）》显示，2018年数字收入已占行业总收入的七成以上。该报告预测文化产业中由数字驱动的板块最具增长活力，其中虚拟现实和OTT（Over the Top，互联网电视）视频未来五年将分别以35.9%和20.5%的复合年均增长率领跑；播客和电子竞技也呈现出良好的增长势头，复合年均增长率将分别达34.6%和21%。数据消耗量持续上升，将以33%的速度快速增长。

2020年年初疫情导致的“禁足”在客观上繁荣了“宅经济”，进一步加速了数字化发展进程，转变了文创消费习惯，使文创企业更快转型，文创业态更加丰富。文创商业模式创新，文创商业生态更加宽广，才能使文创行业间的融合更加紧密。数字生产力的影响力也将会更大，使文化自信更加坚定。文化与科技的融合，本质上也是“文创内容+技术+模式”的融合。“宅经济”加快了文化和技术融合的步伐，使原本竞争激烈的文创行业在其他众多产业捉襟见肘时生机盎然，而后疫情时期的文创产业也将面临回落的压力，因此不仅需要文化和技术更深度的融合，而且也需要文创产业进行疫情后的“洗礼”甚至“洗牌”，产业也要“融合”。以数字技术为主导的新技术具有内容电子化、展示多样化、网络渠道多元化、文创产品智能化、商业模式系统化的特点，改变了传统的文创产品，改变了文创产业商业生态，对传统文化创意产业产生颠覆性效应。数字生产力已经显示出惊人的力量，文化与科技不断融合，而且随着新科技的不断涌现和升级换代，融合也会更深。

如果说2019年是中国5G商用元年，那2020年就是中国5G起步腾飞的前期。而人工智能、大数据、虚拟现实、区块链、3D打印等现代科技也将在文化产业领域快速推进，广播电视、新闻媒体、影视动漫、创意设计等各个

领域都出现了大量技术平台型企业。BAT、小米、华为、科大讯飞、搜狗、浪潮、影普科技等科技型企业，通过搭建人工智能技术平台、大数据平台、云计算平台、动作捕捉技术平台、云 VR 平台等公共技术平台，为文化产业领域提供技术解决方案。由科技部、中央宣传部、中央网信办、财政部、文化和旅游部、广播电视总局等六部门印发的《关于促进文化和科技深度融合的指导意见》，有助于文化与科技深度融合，促进文创产业高质量发展。一方面，金融科技的发展应用是金融行业转型的推手；另一方面，金融业务的发展变革也为金融科技的创新发展进行了反向驱动，促使新技术衍生应用，为文化金融领域的发展带来新动力。未来的文化金融领域将更关注这些最新科技与文化产业的融合，数字创意产业将为用户带来切实的体验革命。

（五）IP 内容投资转向主旋律 + 实力派，“流量明星 + 大 IP”模式逐渐消退

经典大 IP 被“魔改”之后，不少观众对“大 IP”的改编都产生了怀疑，消费者如今不再如此冲动，单纯冲着“大 IP”的名号选择观影，而是会综合考虑更多的因素。而“大 IP”也未必能成为票房的背书，例如《上海堡垒》豆瓣评分只有 2.9，且票房也并不理想。2019 年不少流量明星“无戏可拍”，爆款电影亦较少出现流量明星担当主演、带领票房的现象，许多电影制作方都明智地选择了实力派演员挑大梁、流量明星提高知名度的做法，这表明流量明星主导电影票房的现象将逐渐消失。随着流量明星的热度下降，具有实力的演技派演员获得更多的影视机会，频频出现在各大电影屏幕上，而他们的演技也成为电影成功与否的重要因素。

同时，2020 年 2 月 21 日《网络综艺节目内容审核标准细则》的发布，也倒逼一批无真正演技的流量明星退出影视市场。该细则围绕才艺表演、访谈脱口秀、真人秀、少儿亲子、文艺晚会等各种网络综艺节目类型，从主创人员选用、出镜人员言行举止，到造型舞美布设、文字语言使用、节目制作包装等不同维度，提出了 94 条具有较强实操性的标准。节目制作包装部分，细则中特别提到“以流量艺人、制作经费炒作话题，进行过度营销和夸大宣传”的情况。“使用消音或哔音掩盖节目中低俗语言，制造强调和突出效果”等在一些语言类节目中较为常见的包装方式，都将得到有力制止。

主旋律电影将成为替代流量电影的重要产品。总体来看，随着文化消费

市场规模的快速扩大，电影媒介融合发展已经成为一种趋势，上乘电影产品供给数量和质量不足的短板问题突出，现在已经到了转型升级的关键时期。积极扩大并提升主流电影文化产品的供给规模与质量，不仅对中国文化市场的可持续繁荣具有显著的促进作用，而且对提升中国文化发展品质、带动文化与经济的高水平增长同样意义深远。而讲好“中国故事”，传播中国声音，将成为新时期电影市场内容价值投资方面的侧重点。

（六）新冠肺炎疫情促使居民寻求新财富管理渠道，艺术品投资价值凸显

2019年是民营企业难熬的一年，由于投资者投资逐渐趋于理性，且股票市场处于低迷状态，资金链断裂成为不少民营企业面临的困难。在这样的宏观形势下，经济增速放缓也对艺术品市场产生了较大的负面影响。各大艺术机构在这样的市场环境下及时采取应对措施。目前许多非精品的艺术品无人问津，但艺术精品和孤品在市场中水涨船高，各大拍卖公司都据此采取了“减量提质”的策略，这也使相当数量的古玩城、画廊、艺术品电商和拍卖行因无精品而难以生存。2020年年初的新冠肺炎疫情加剧了企业经营困境，也为一般投资者在股市、基金等方面的财富管理带来了机遇和挑战。国内外统计数据表明，有5%～10%的高净值人群会对古董、艺术品、红酒、珠宝等资产进行投资。艺术品财富管理的渠道和路径呈现多元化特点，艺术品私人银行业务、艺术品家族信托、艺术基金会、艺术品保管与保险等成为可供选择的投资渠道，国内艺术品财富管理尚处于起步阶段，无法满足消费者对专业化服务的要求，但是从国外先进经验来看，专业化的管理可以有效地帮助客户保值增值、避免纠纷、合法节税等，新冠肺炎疫情也促使高净值人群寻找相对安全的投资渠道，所以国内的艺术品财富管理发展前景依旧广阔。当前，中国正处于文化与金融领域的深度融合时期，中国艺术品收藏投资市场的资产化、金融化的进程也在加快，投资和收藏艺术品越来越成为资产性的运营手段，跨界融合成为推动市场发展的重要基础性、引领性力量，艺术品投资市场前景广阔。

总之，当前中央层面已经充分释放应对新冠肺炎疫情的“逆周期调节”力度加码的信号，并出台了《关于促进消费扩容提质　加快形成强大国内市场的实施意见》。此外，在资本市场政策层面，发行条件精简，再融资政策放

宽，对文旅、传媒、娱乐、艺术产业都是重大的利好。2020 年是党和国家全面实现小康社会的决胜年，面对新形势、新阶段，文化产业也正向规模化、标准化、品牌化、资本化、国际化“五化”转型升级。在应对疫情造成的短期震荡影响后，在更长的战略和政策优化区间内，应着眼于“扩张型”宏观形势为文化产业带来的政策和市场红利，以“内容 + 科技”创新推动文化产业的高质量发展。

第二章　中国传媒类投资现状与前瞻报告

陈端①

一、总体观点：综合把握好新形势新周期下传媒产业发展新逻辑

（一）多维度吃透“新形势”的整体特征与政策指向

传媒板块从2016年起持续下行，2016年1月1日至2019年12月31日，传媒申万板块指数下跌58.46%，在所有行业指数中跌幅最大。长期来看，传媒具有强周期属性，传媒行业的发展由经济发展水平和技术水平决定，进一步可以解构为技术逻辑、政策逻辑、产业逻辑与资本逻辑。技术层面，从过往的2G—3G—4G时代变革来看，每一次技术变革都会带来传媒行业的变革；政策层面，不同的激励与限制政策是行业发展的风向标，在全行业“供给侧改革”的背景下，传媒行业需度过政策高压期；产业层面，随着我国经济发展进入“新常态”，下沉红利逐渐减少，头部集中度继续提升，产业互联成为传媒行业新的发展方向，抖音等短视频平台异军突起，但并未带来行业结构性调整；资本层面，2019年“资本寒冬”之下，传媒行业投融资热度较低，但细分行业亦有突出表现。传媒行业目前已到达估值底端，整体特征是上行，综合考虑技术、政策、产业、资本四大因素，行业周期性拐点或在2020年出现。

（二）切实把握新周期的动力因素更迭及其影响

传媒产业新周期的动力因素一方面是“5G + AI + 云”落地带来的想象空间，在技术更迭期，各细分行业将产生新的增长点；另一方面是过往政策高压下催生优质内容，内容产业完成“供给侧改革”，内容优劣已经成为文娱产

① 陈端：中央财经大学新闻传播系副教授、博士、硕士研究生导师。

品的重要判断标准。

（三）精准识别新逻辑下的增量发展空间与投资新赛道

2020 年新逻辑下增量发展空间一是来自新经济与数字创意经济的崛起；二是来自以用户为本，IP 为引擎，“融媒 + 智媒”多入口导流；三是来自“内容 + 情感 + 场景 + 中后台支撑”多层次变现。

二、2019 年中国传媒资本市场态势回顾

（一）总览：回暖趋势初步确立，5G 助推向上空间

传媒板块从 2016 年起持续下行，2016 年 1 月 1 日至 2019 年 12 月 31 日，传媒板块指数下跌 58.46%，在所有行业指数中跌幅最高。2019 年第一季度板块短期回升后，监管趋严，4 月开始下行，到 8 月企稳。全年来看，2019 年初至 12 月 31 日传媒板块指数上涨 21.84%，在 27 个行业中位于第 15 位，全年涨幅中偏后，但已经开始呈现向上态势（如图 2.1、图 2.2、图 2.3 所示）。

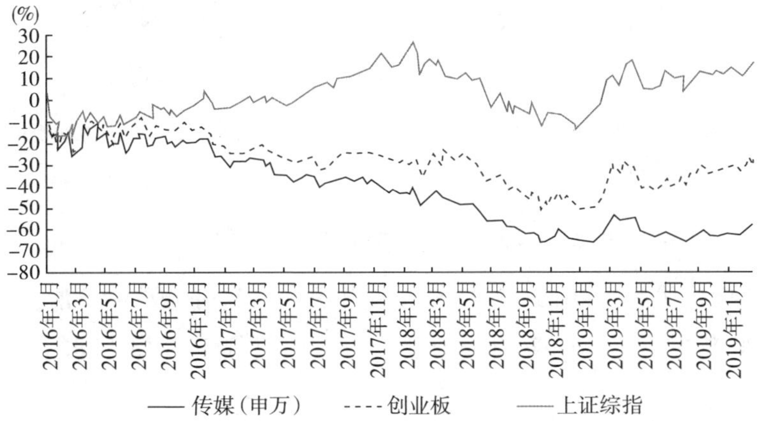

图 2.1　2016—2019 年传媒（申万）板块相对于沪深 300 指数与创业板涨跌幅

资料来源：Wind，采用申万一级行业。

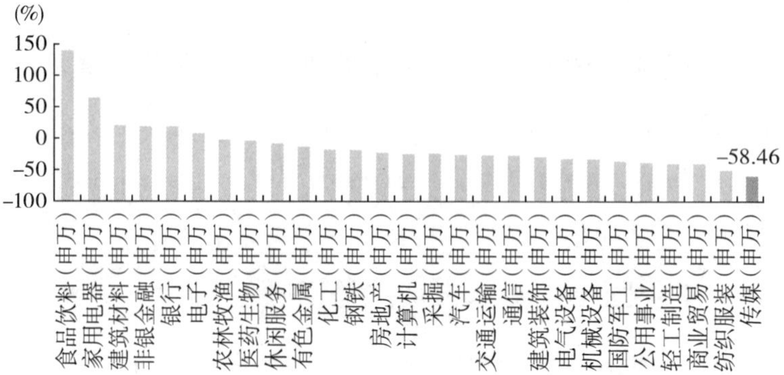

图 2.2　2016—2019 年各行业指数涨跌幅

资料来源：Wind，采用申万一级行业。

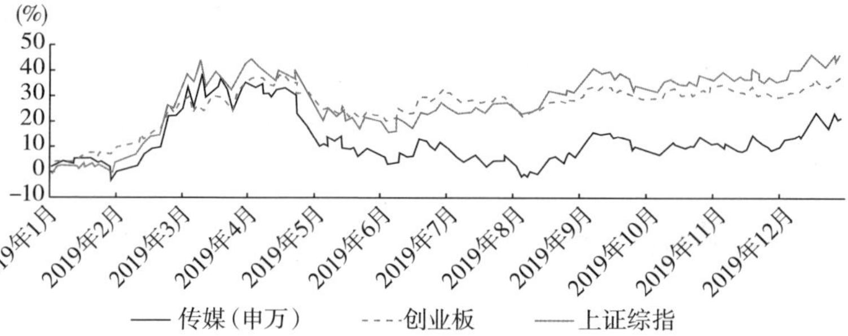

图 2.3　2019 年传媒（申万）板块相对于沪深 300 指数与创业板涨跌幅

资料来源：Wind，采用申万一级行业。

（二）估值：传媒行业处于估值底端

传媒板块估值从 2012—2015 年一路攀升，此后开始持续下滑，2018 年底回落到 20 倍左右，2019 年开始有所回升，但仍低于 2013 年水平，如图 2.4

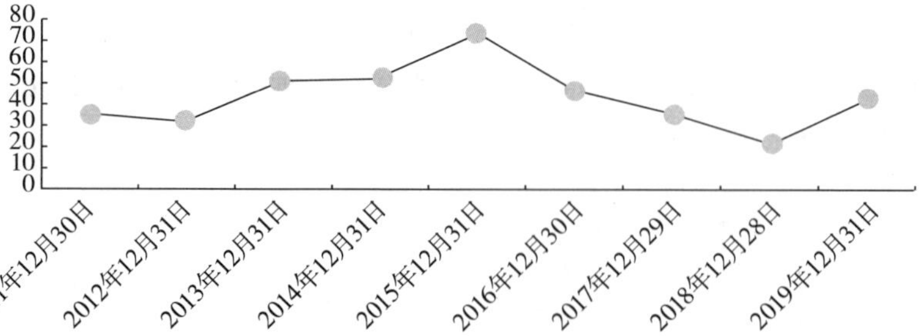

图 2.4　2011—2019 年传媒行业板块市盈率情况

资料来源：Wind，采用申万一级行业。

所示。2019 年 12 月 31 日各行业市盈率情况如图 2.5 所示。

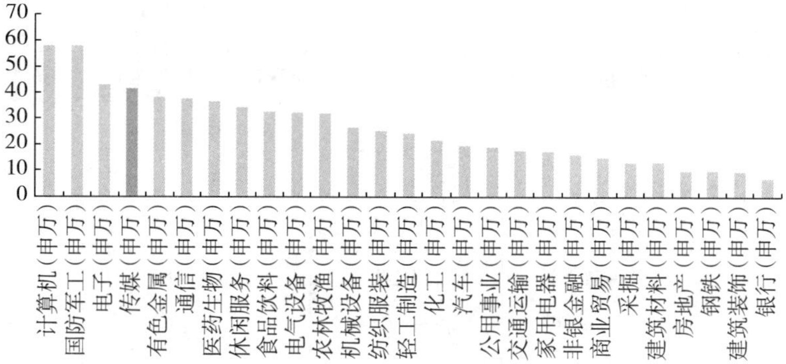

图 2.5　2019 年 12 月 31 日各行业市盈率情况

资料来源：Wind，采用申万一级行业。

（三）子行业：教育行业领跑，院线表现最差

从子行业的行情走势来看，2019 年下半年互联网和游戏板块领涨。截至 2019 年 12 月 31 日，对应子行业的累计涨幅上，教育行业领跑，其次为游戏行业，电影院线行业表现最差，值得关注的是 11 月开始对影视制作板块市场的关注度有所提升，如图 2.6 所示。

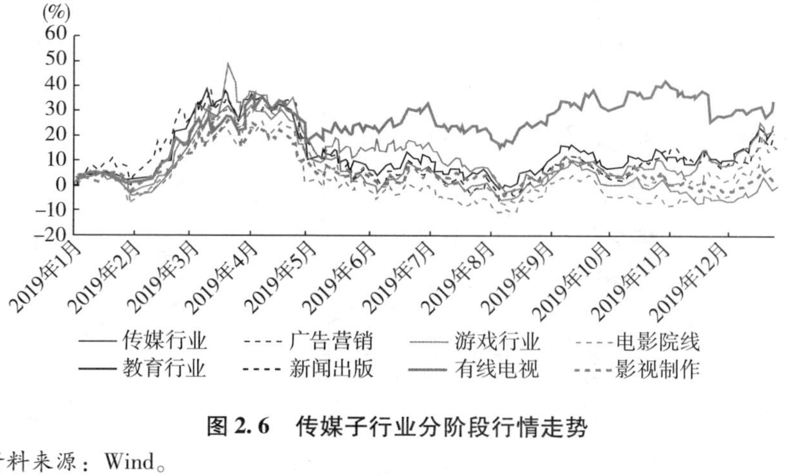

图 2.6　传媒子行业分阶段行情走势

资料来源：Wind。

在市场关注度较高的重点公司中，受 8 月版号限制放开的影响，游戏板块出现较多“黑马股”，在政策高压下，内容制作及院线行业多家公司的股价较年初出现下滑，受益于“5G + 超高清视频”，广电行业多家公司股价上涨

(见表 2.1)。

表 2.1　2019 年传媒各子板块重点公司股价涨幅及年底市值

子板块	证券代码	证券简称	年初至今涨幅（%）	市值（亿元）
游戏板块	002624. SZ	完美世界	58. 49	570. 60
	300418. SZ	昆仑万维	30. 25	192. 35
	002555. SZ	三七互娱	185. 28	568. 83
	603444. SH	吉比特	101. 68	214. 56
	002174. SZ	游族网络	25. 17	206. 75
新媒体平台	300770. SZ	新媒股份	149. 62	166. 88
	300413. SZ	芒果超媒	-5. 54	622. 42
广告营销	002027. SZ	分众传媒	19. 47	918. 84
2B 板块	300766. SZ	每日互动	74. 15	131. 27
	300058. SZ	蓝色光标	30. 18	140. 74
电商产业链	300792. SZ	壹网壹创	220. 34	141. 34
	300785. SZ	值得买	251. 96	76. 81
大众出版	603096. SH	新经典	-10. 40	74. 83
	300788. SZ	中信出版	116. 84	96. 98
影视板块	300251. SZ	光线传媒	55. 26	346. 17
	300027. SZ	华谊兄弟	-1. 28	129. 08
	300133. SZ	华策影视	-17. 41	129. 92
	000802. SZ	北京文化	-16. 08	66. 51
	002343. SZ	慈文传媒	34. 26	57. 52
院线板块	603103. SH	横店影视	-15. 65	119. 29
	600977. SH	中国电影	6. 28	284. 16
	002739. SZ	万达电影	-16. 86	377. 23
	601595. SH	上海电影	18. 64	54. 19
图片	000681. SZ	视觉中国	-26. 07	120. 78
新闻网站	603000. SH	人民网	171. 10	218. 82
	603888. SH	新华网	64. 33	109. 52
教育出版	600229. SH	城市传媒	5. 65	49. 85

续表

子板块	证券代码	证券简称	年初至今涨幅（%）	市值（亿元）
教育出版	601019. SH	山东出版	-11. 13	145. 04
	600757. SH	长江传媒	-5. 52	74. 76
	601928. SH	凤凰传媒	-4. 16	193. 67
	601098. SH	中南传媒	-4. 48	214. 44
广电	000917. SZ	电广传媒	-2. 60	95. 54
	600831. SH	广电网络	36. 78	65. 64
	600996. SH	贵广网络	26. 57	84. 66
	600637. SH	东方明珠	-8. 59	319. 60
	000156. SZ	华数传媒	31. 65	149. 64

资料来源：Wind。

（四）投资端：资本荒来临

从投资端来看，IT 桔子显示，IPO 前投融资数额，包括文娱传媒、游戏、教育、广告营销在内的传媒行业上市前投融资数量在 2016 年后逐年下降，总体投融资金额在 2018 年后下降，资本向头部企业集中，2019 年除教育行业，其他行业的投融资数量与总额都大幅收窄，上交所、深交所传媒行业 IPO 数量和融资额度在 2016 年后都开始下行，传媒行业面临资本荒，如图 2. 7 至图 2. 10 所示。

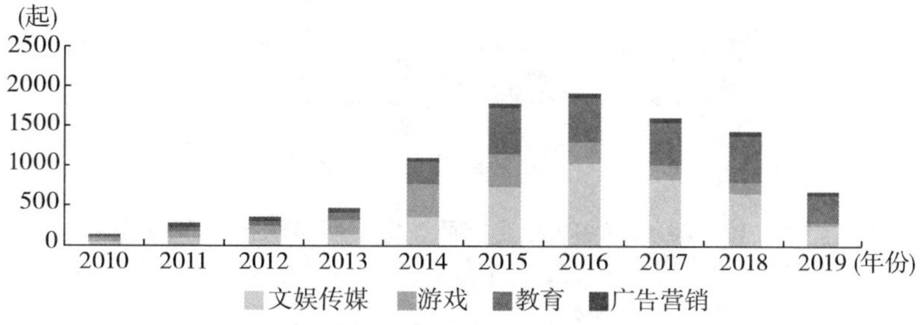

图 2. 7　2010—2019 年传媒行业投融资数量（包括种子轮、天使轮、Pre-A 至 F 轮、战略投资）

资料来源：IT 桔子。

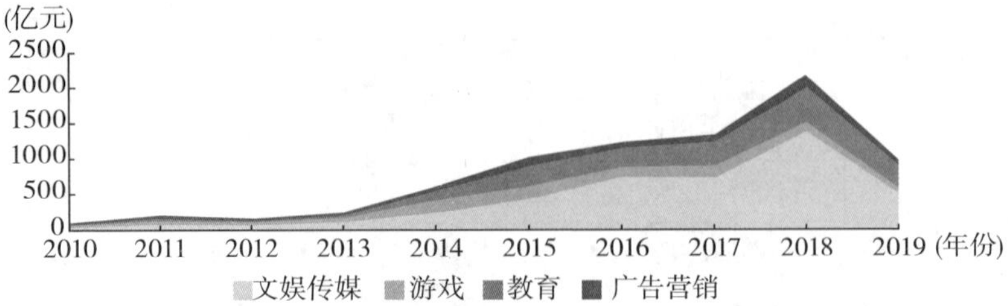

图 2.8　2010—2019 年传媒行业投融资金额（包括种子轮、天使轮、Pre－A 至 F 轮、战略投资）

资料来源：IT 桔子。

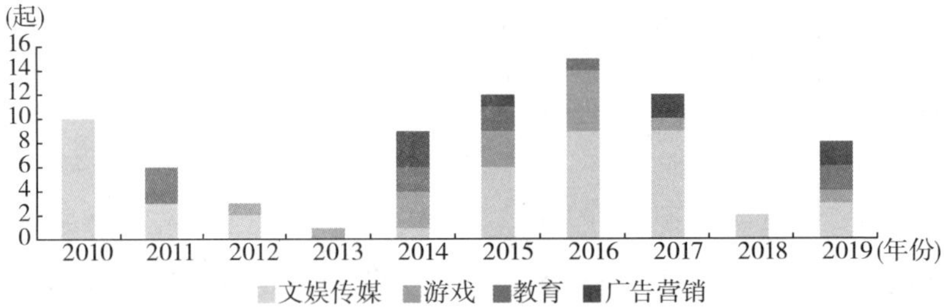

图 2.9　2010—2019 年上交所、深交所传媒行业 IPO 数量

资料来源：IT 桔子。

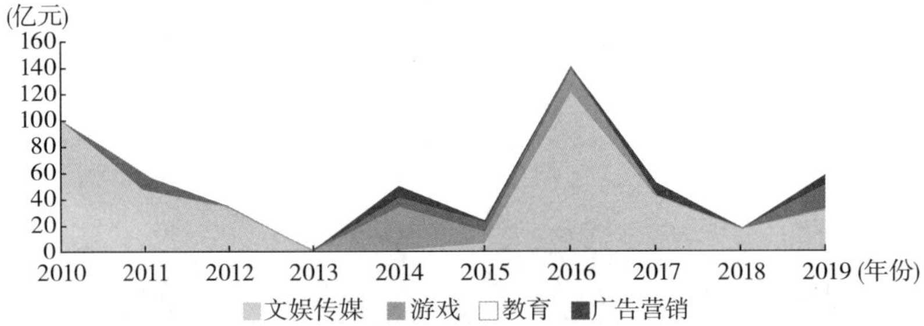

图 2.10　2010—2019 年上交所、深交所传媒行业 IPO 金额

资料来源：IT 桔子。

三、2019 年传媒投资底层逻辑：政策、技术、产业、资本四大要素为行业核心驱动力

影响传媒行业发展的四大要素可以解构为技术逻辑、政策逻辑、产业逻辑与资本逻辑，每个阶段传媒行业的发展均与这四大要素的变化息息相关。

政策层面，2019 年政策环境及技术领域均开始呈现新变化：政策监管经历极严阶段，至第四季度出现边际放松。技术层面，5G 时代开启，有望打开新应用场景，产生新内容需求，“5G + AI + 云”催生新的商业模式，区块链技术则带来版权解决方案。产业层面，互联网普及率进一步提升，下沉红利逐渐减少，用户使用时长触及天花板，“马太效应”持续显现，头部集中度继续提升，监管趋严激发了优质内容潜力，叫好又叫座成为 2019 年内容产业常态，私域流量价值挖掘孕育新机，产业数字化打开万亿空间，未来创新红利驱动数字化升级，产业互联为传媒行业带来巨大想象空间。资本层面，行业估值处于底端修复期，基金持仓占比整体仍然维持低配，头部效应显著，市场对部分个股偏好较强。

（一）政策逻辑：产业严监管陆续落地，资本政策已有缓和

2013—2015 年并购重组环境宽松，“互联网 +”带动传媒牛市。自 2016 年开始，资本政策收紧，并购重组红利被打破，成为传媒板块下行的重要拐点；产业层面也进入从严周期，影视、游戏、艺人等各层面均有政策调控。

2018 年年底游戏版号恢复，板块政策有所企稳，2019 年国庆后，内容监管边际放松，前期积存的古装剧陆续上线；同时资本层面也放宽并购重组及再融资。政策边际改善带来了 2019 年年初及年底传媒板块的两次回暖，如图 2.11所示。

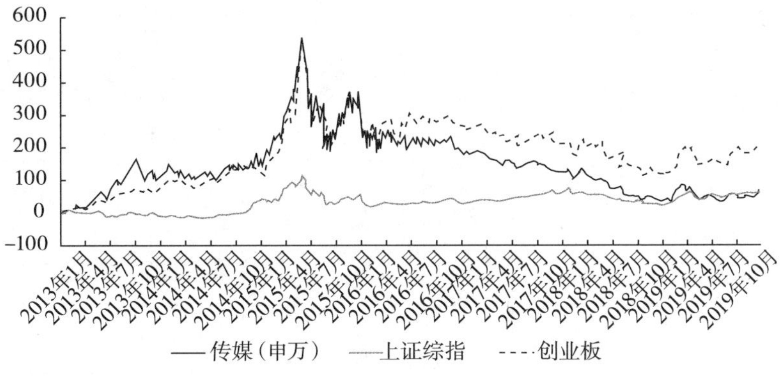

图 2.11　2013—2019 年政策阶段性变化与传媒板块走势

资料来源：Wind，天风证券研究所。

2013—2019 年，传媒产业政策大致经历了三个阶段：①红利期：2013—

2015 年 4G 推进实施；推动社会主义文化发展；提出“互联网 +”行动计划。②严格期：2016—2018 年，国家加强对影视内容的监管、对游戏产业的监督以及对影视业税收、演员薪酬、合同的规范，并相继出台了规定举措。③边际改善期：2018 年年底游戏版号恢复审批；2019 年下半年，政策鼓励影视高质量内容发展，推动科技与产业融合；2019 年年底古装剧恢复播出（见表 2.2）。

与产业政策相对应，2013—2019 年资本市场政策也大致可分为三个阶段：①红利期：2013—2015 年，政策进一步优化市场兼并重组条件，鼓励依法设立的并购基金参与上市企业并购重组，并给予产业投融资支持。②严格期：2016—2018 年，资本市场持续收紧，互联网、影视、游戏等行业跨界并购重组监管趋严，跨界定增叫停。③边际改善期：2019 年下半年，证监会放松创业板“借壳上市”，发文简化信披要求，明确影视公司 IPO 原则，等等，政策开始有所缓和（见表 2.3）。

表 2.2　2013—2019 年传媒产业相关政策变化

日期	发布机构/会议	文件/政策名称	相关内容
2013 年 7 月	国务院常务会议	—	促进信息消费，要把握好市场导向、改革推进、需求引领、有序安全发展的原则，推进工业化和信息化深度融合
2013 年 7 月	广电总局	—	明确“三定”方案，这也为网络与传媒公司今后的发展打下了基础
2013 年 9 月	原文化部	《文化部信息化发展纲要》（2013—2020 年）	明确原文化部 2013—2020 年的发展目标和业务重点，以全面推进原文化部信息化建设
2013 年 9 月	发展改革委	《关于组织实施 2013 年移动互联网及第四代移动通信（TD－LTE）产业化专项的通知》	组织实施移动互联网及 4G 产业化专项，加快移动互联网关键技术研发及应用，培育能整合产业链上下游资源、具备一定规模的移动互联网骨干企业

续表

日期	发布机构/会议	文件/政策名称	相关内容
2013年11月	党的十八届三中全会	—	提出紧紧围绕建设社会主义核心价值体系、社会主义文化强国，深化文化体制改革，加快完善文化管理体制和文化生产经营机制，建立健全现代公共文化服务体系、现代文化市场体系，推动社会主义文化大发展大繁荣
2014年4月	广电总局	一剧两星	自2015年1月1日开始，同部电视剧每晚黄金时段联播的综合频道不得超过两家，同部电视剧在卫视综合频道每晚黄金时段播出不得超过两集
2014年4月	国务院办公厅	《关于印发文化体制改革中经营性文化事业单位转制为企业和进一步支持文化企业发展两个规定的通知》	深化文化体制改革，促进文化企业发展；落实和完善有利于文化内容创意生产、非物质文化遗产项目经营的税收优惠政策；促进传媒行业体制机制改革
2015年3月	国务院	《政府工作报告》	首次提出“互联网+”行动计划
2016年2月	广电总局、工信部	《网络出版服务管理规定》	网络游戏上网出版前，必须报广电总局审批
2016年3月	广电总局	《电视剧内容制作通知》	明确规定电视剧不能出现如“宣扬灵魂附体、轮回转世等封建迷信”等内容
2016年11月	国务院	《电影产业促进法》	确定了促进电影产业发展的基本制度、措施

续表

日期	发布机构/会议	文件/政策名称	相关内容
2017年9月	广电总局	《新闻出版广播影视“十三五”发展规划》	提出到2020年争取实现舆论传播力、引导力、影响力、公信力大幅提升，公共文化服务全面升级
2018年3月	广电总局	《游戏申报审批重要事项通知》	由于监管部门调整，全面暂停所有游戏版号的发放
2018年6月	中宣部、原文化部等	通知	要求加强对影视行业天价片酬、“阴阳合同”、偷税漏税等问题的治理
2018年7月	国税总局	通知	终止影视工作室定期定额征收方式，改为查账征收
2018年9月	教育部	《综合防控儿童青少年近视实施方案》	对网络游戏总量实施调控，控制新增网游上网运营数量
2018年12月	中宣部	—	首批游戏版号已经完成审批，版号审批正常化
2019年4月	广电总局	《未成年人节目管理规定》	完善内容监管，加强对青少年的保护
2019年6月	工信部	—	中国广电获工信部5G商用牌照，推动广电网络技术革新与转型升级
2019年8月	广电总局	《关于推动广播电视和网络视听产业高质量发展的意见》	鼓励高质量内容发展，推动科技创新与产业融合

资料来源：各部委官网，天风证券研究所。

表 2.3　2013—2019 年资本市场相关政策变化

日期	单位	文件/政策名称	相关内容
2014 年 3 月	国务院	《关于进一步优化企业兼并重组市场环境的意见》	企业兼并重组相关行政审批事项逐步减少，审批效率不断提高，有利于企业兼并重组的市场体系进一步完善，市场壁垒逐步消除；政策环境更加优化，兼并重组服务体系不断健全
2014 年 10 月	国务院	《上市公司重大资产重组管理办法》	大幅取消了上市公司重大购买、出售、置换资产行为的审批，对于现金支付的非借壳上市并购重组，完全取消事前审批；明确提出鼓励依法设立的并购基金参与上市公司并购重组
2015 年 6 月	证监会	《证券公司融资融券业务管理办法》修订版征求意见	新两融管理办法征求意见出台，政策杠杆意图明显
2016 年 5 月	证监会等	—	互联网金融、游戏、影视、VR 四行业跨界并购重组监管趋严；证监会叫停跨界定增；出台并购重组监管政策最新方向，包括：借壳上市趋严；并购重组完成后，老股也承诺锁定 12 个月
2017 年 2 月	证监会	《上市公司非公开发行股票实施细则》	再融资新规落地，拟发行股份数量不得超过本次发行前总股本的 20%；增发董事会决议日距离前次募集资金到位日原则上不得少于 18 个月
2017 年 5 月	证监会	《上市公司股东、董监高减持股份的若干规定》	完善对大股东、董监高减持股份的约束机制，督促上市公司大股东、董监高合法、有序减持

续表

日期	单位	文件/政策名称	相关内容
2017 年 11 月	证监会	—	互联网游戏企业成 IPO 核查重点，重点核查信息披露，对开发模式和运营模式、授权运营模式、联合运营模式等描述严格要求，并细化披露游戏运行绩效指标
2018 年 11 月	证监会	—	发文简化信披要求，鼓励上市公司并购重组；证监会发文提示商誉减值风险
2019 年 1 月	财政部	—	同意随着企业合并利益的消耗将外购商誉的账面价值减记至零的后续会计处理方法
2019 年 3 月	证监会	《首发业务若干问题解答》	首次公开解答影视公司 IPO 发审问题，明确影视公司 IPO 原则，提供权威指引
2019 年 8 月	证监会	《关于重大资产重组行政许可申请材料规范性的说明》	规范了重大重组申报文件，并提出标的资产为游戏公司的，财务顾问须对其业绩真实性进行专项核查
2019 年 10 月	证监会	《关于修改〈上市公司重大资产重组管理办法〉的决定》	允许符合国家战略的高新技术产业和战略性新兴产业相关资产在创业板重组上市，放松创业板借壳限制，明确科创板公司并购重组监管规则衔接安排，简化指定媒体披露要求

资料来源：各部委官网、天风证券研究所。

（二）技术逻辑："5G + AI + 云"催生新的商业模式，区块链带来版权解决方案

1. "5G + AI + 云"：沉浸式应用催生新的商业模式

5G 为消费者带来的最重要的好处是提升移动视频流的质量。消费者追求沉浸式媒体体验，VR、AR 等新兴技术的发展使增强型体验成为可能。人工智能和机器学习技术可以从多个角度分析观看模式，并将个性化的推荐融入消费者的数字互动。

IBM 商业价值研究院的访谈表明，消费者最受重视的 5G 支持 AR 应用主要集中在音乐会、赛事直播等沉浸式视频中，而游戏或是受期待应用中最具商业前景的项目，如图 2.12 所示。从体育赛事的高清视频流到沉浸式的云游戏，5G 网络的推出将加速传媒行业众多子行业的发展，如图 2.13 所示。

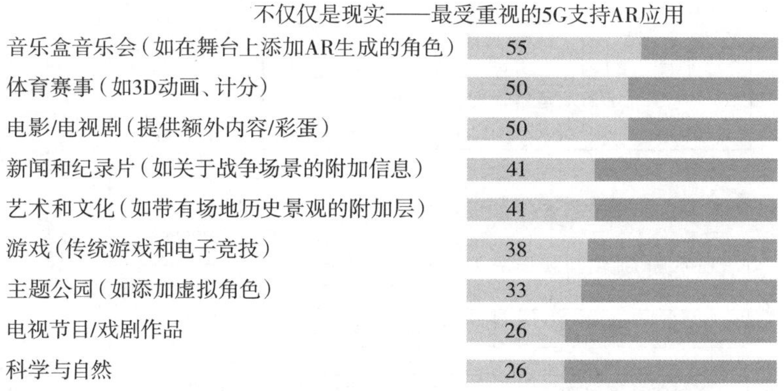

图 2.12　最受重视的 5G 支持 AR 应用（%）

资料来源：IBM 商业价值研究院。

5G 对体育赛事转播的促进不仅体现在 4K、8K 的清晰度上，还体现在结合 VR 技术可以收获"身临其境"的观看体验。5G 对云游戏的促进体现在：①更快的传输速度降低传输中的时延；②更大的数据量使高分辨率的图像传输和解析成为可能。其中最为重要的是时延问题，网络传输时延占总时延的 70% 以上，时延较高将会破坏玩家的游戏体验，5G + 边缘计算节点的技术方案能够有效降低网络传输时延，如图 2.14 所示。根据艾瑞数据的分析，5G 时代 ToC 端的核心应用有望在云游戏最先爆发，这或许是消费级应用当中最具前景的方向之一。

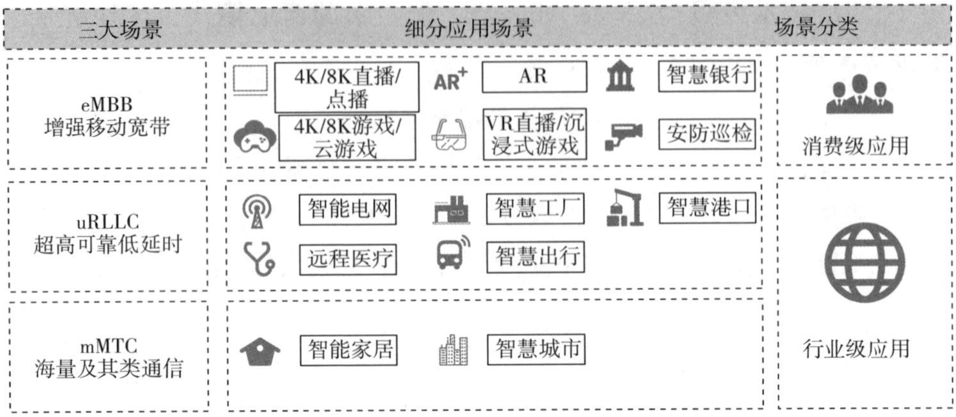

图 2.13　5G 支持场景

资料来源：广发证券发展研究中心。

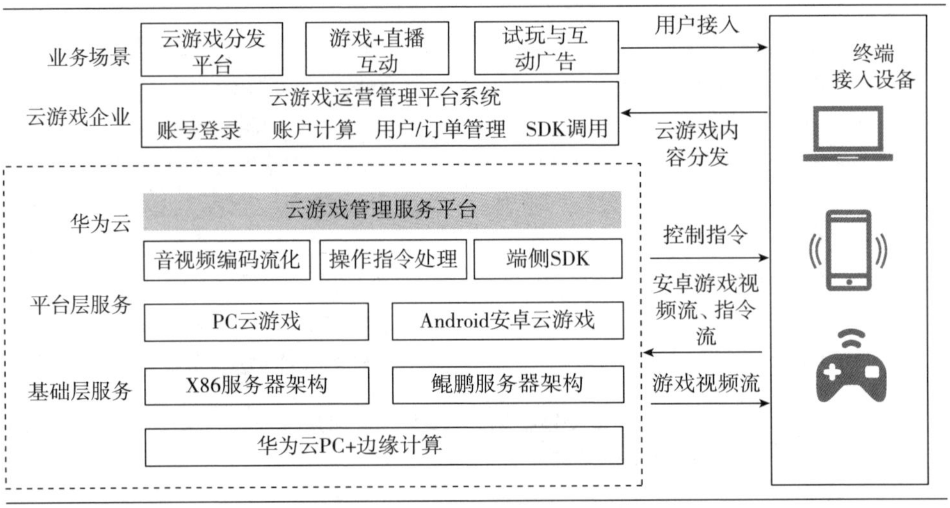

图 2.14　云游戏主要应用场景

资料来源：华为开发者大会。

2. 区块链：带来数字版权问题解决方案

版权交易是数字经济价值实现的重要方式，通过版权许可或转让，版权所有者能够将版权转化为经济价值。因为虚拟产品的边际成本趋近于零，在这一转换过程中，版权保护就显得尤为重要，一直以来虽然内容生产方、分发方、版权保护机构消耗了大量资源，但盗版现象仍屡禁不止。基于区块链构建可信网络，版权所有人可以实现与消费者“面对面交易”，既节省了中间分发环节、版权保护支出，又可以实现溯源，追踪到“盗版者”。

基于区块链的版权区块链平台实现版权确权、存证和维权，降低了“侵权损失”，通过透明化版权交易增加了“原创收入”，维护了数字版权作品的价值和版权创作人的权益，帮助了数字版权更好变现和最大化版权人收益，激发了版权创作人的创作热情，有助于其生产出更加优质的作品。

当前，基于区块链技术实现版权保护已经有多个落地应用。

百度超级链版权解决方案主要依托区块链、人工智能以及大数据三种核心技术。基于区块链技术，构建了版权存证系统，为内容作品提供具有明确时间标记的“存在性证明”。基于人工智能和大数据技术，研发了版权侵权监测系统，支持全天候版权侵权实时监测，如图 2. 15 所示。

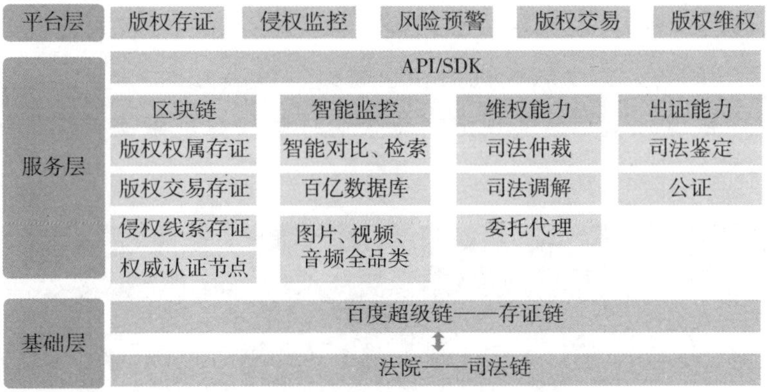

图 2. 15　百度超级链版权解决方案

资料来源：赛迪区块链数字版权应用白皮书。

版权家以区块链技术和大数据技术为支撑，以版权的保护、管理、交易、运营为主线，构建了以区块链版权保护服务、版权大数据、版权授权交易、IP 孵化开发为核心的业务体系，形成了软件产品、互联网平台、线上线下服务、解决方案实施的版权综合服务能力，如图 2. 16 所示。版权家基于区块链、可信时间服务和数字身份认证等技术，为海量数字作品提供即时、快速的原创性证明、授权证明和侵权证据，全方位保障各类数字作品在生产、消费、流通环节的版权安全，实现“创作即确权”“使用即授权”“发现即维权”。

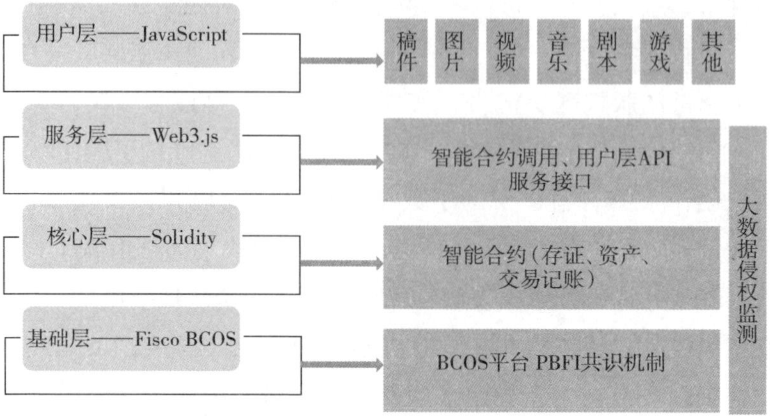

图 2.16　版权家解决方案

资料来源：赛迪区块链数字版权应用白皮书。

纸贵版权借助区块链解决原创确权、版权存证、侵权取证、归属流转、权益增值等问题，为个人、机构和联盟提供解决方案，同时通过提供 API（应用程序接口）端口，实现定制化企业级版权存证解决方案，如图 2.17 所示。

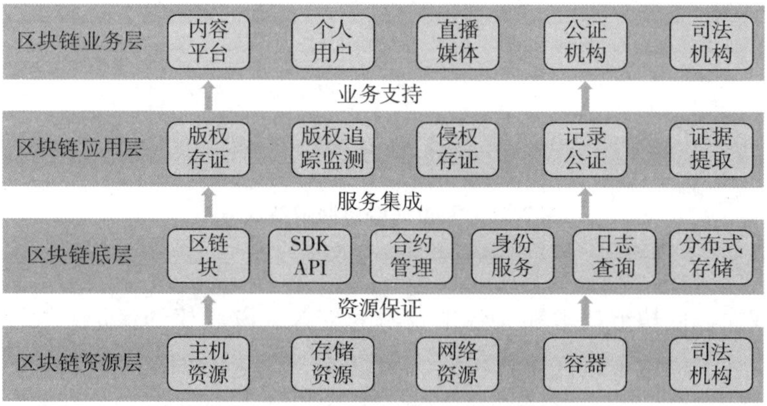

图 2.17　纸贵版权区块链解决方案

资料来源：赛迪区块链数字版权应用白皮书。

（三）产业逻辑：流量增长与价值仍可挖掘，产业数字化腾飞打开空间

1. 用户：互联网普及率进一步提升，下沉红利逐渐减少

中国互联网发展起步于1996年，2006年互联网渗透率突破10%，此后进入十年黄金发展期，2015年渗透率突破50%，同时人口红利逐渐减少，中国互联网用户增速逐年放缓，如图2.18所示。

2018年中国互联网用户增长加快，互联网用户规模突破8亿人，同比增长7.3%，至8.29亿人，年度新增互联网用户约5700万人，为近8年最高，互联网渗透率达到59.6%（同期全球互联网渗透率为51%），显著领先于全球第二大市场印度，如图2.19所示。2019年上半年，中国互联网用户规模进一步增长至8.54亿人，互联网渗透率提高至61.2%。

从上网终端来看，移动互联网接近全面普及，互联网电视的快速发展推动电视成为更加主流的入口。2019年上半年，手机作为上网终端的使用率已达到99.1%，移动互联网用户规模达到8.47亿人；电视的使用率自2017年起持续高于平板电脑，截至2019年上半年已达到33.1%，相较2018年年底提高了2个百分点，电视的使用率仅低于笔记本电脑3个百分点，如图2.20所示。

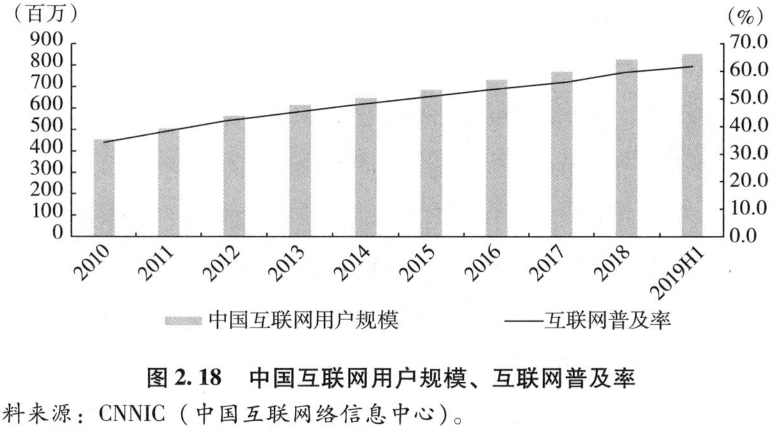

图2.18　中国互联网用户规模、互联网普及率

资料来源：CNNIC（中国互联网络信息中心）。

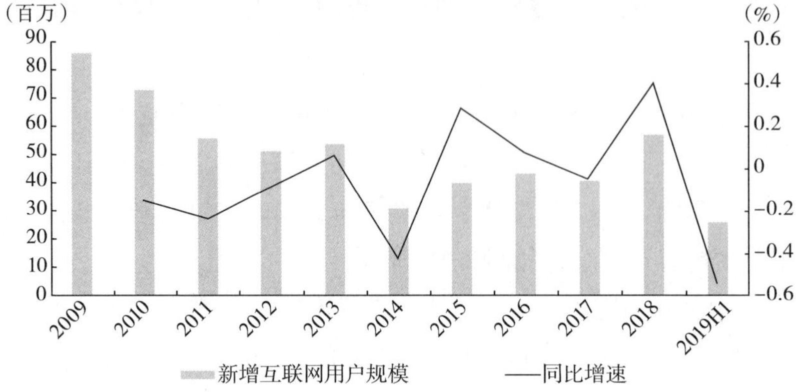

图 2.19　中国新增互联网用户规模及同比增速

资料来源：CNNIC。

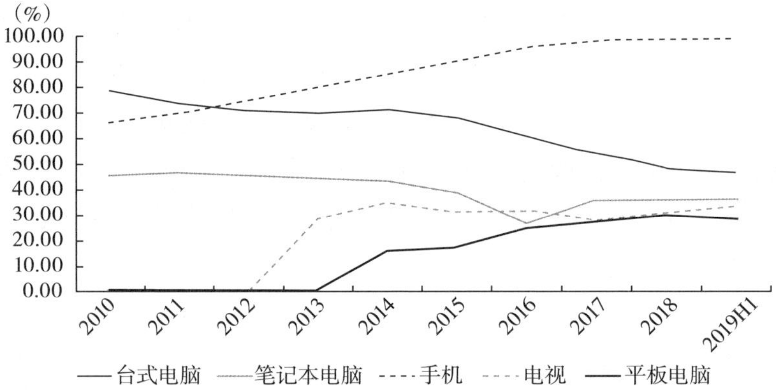

图 2.20　中国互联网用户上网设备使用率

资料来源：CNNIC。

分年龄段看，90/00 后网生一代与 80 后已被互联网充分渗透，以 70 后为代表的中年人群是新增用户的主要来源。截至 2019 年上半年，90 后人群（20～29岁）已实现互联网的全面渗透，00 后（10～19 岁）的互联网渗透率接近 95%，基本是目前新应用抢夺最为激烈的年龄层，而 80 后（30～39 岁）的渗透率自 2018 年超过 90%，2019 年上半年进一步提升至 94.2%，已经面临饱和的压力；此外，以 70 后（40～49 岁）为代表的中年人群互联网渗透率明显提升，渗透率达到 69.1%，相较于 2017 年年底提升 24.4 个百分点，中老年人群（40 岁以上）贡献了超过 90% 的新增互联网用户，其中 70 后目前已有1.5亿网民，但仍有约7000万未触网人口，未来有望继续提高渗透率，而50岁以上人群受学习能力等制约，渗透率提升空间有限，如图2.21所示。

从互联网用户的年龄结构来看，10～39岁的互联网核心用户层（即00/90/80后）在2019年上半年占总体互联网用户的65.1%，自2012年起占比持续下降；而以40～59岁（70/60后）为代表的中老年用户的占比逐步攀升，2019年上半年首次超过30%，达到30.9%，如图2.22所示。

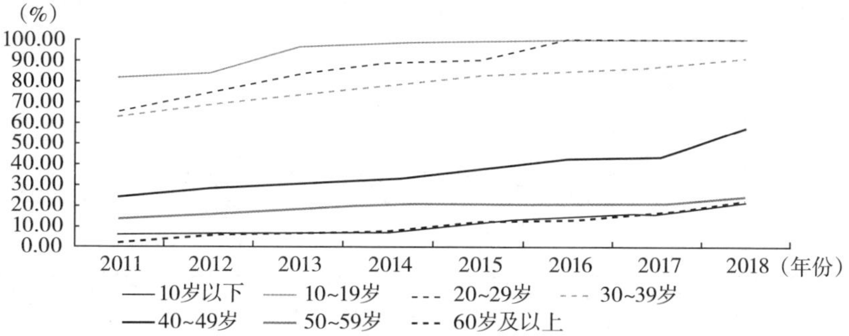

图2.21　中国分年龄段人口互联网渗透率对比

资料来源：CNNIC、国家统计局。

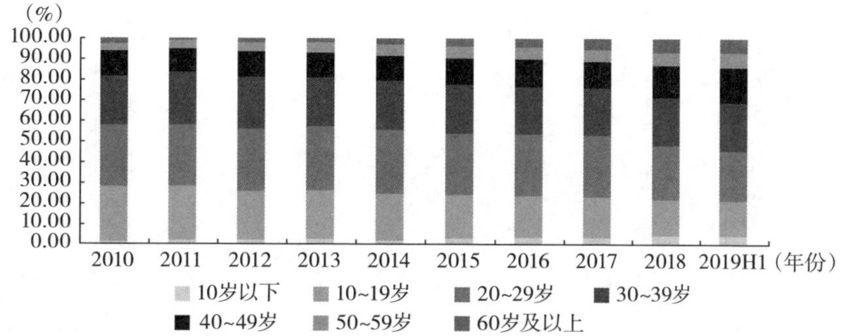

图2.22　中国互联网用户年龄结构

资料来源：CNNIC。

城乡二元分化形成显著的数字化鸿沟，城镇互联网渗透率向美国追赶，农村渗透率尚低于城镇十年前水平。2018年中国城镇互联网渗透率达到73.0%，同比提升3.8个百分点，接近美国2011—2012年水平；农村互联网用户仅有2.2亿，仍有3.4亿未触网人口，互联网渗透率为39.2%，同比提升3.1个百分点，尚低于城镇在2009年的渗透率（43.0%）。城镇与农村的互联网渗透率差距自2011年起基本稳定在32～34个百分点，城乡二元分化形成显著的数字化鸿沟，如图2.23所示。

从下沉市场来看，下沉红利已明显减少，互联网用户增长有限。根据QuestMobile（北京贵士信息科技有限公司）数据，2019年下沉市场移动MAU（月活跃用户人数）几无增长，基本稳定在6.1亿～6.2亿人，相比2018年新增MAU超过2000万人，2019年下沉市场流量红利基本消退，如图2.24所示。

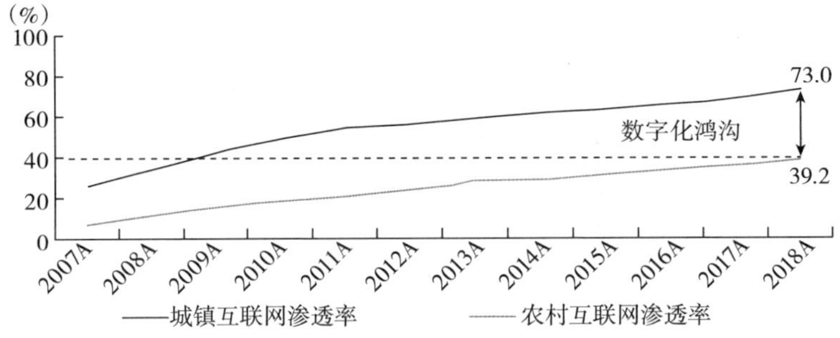

图2.23　中国城镇与农村互联网渗透率对比（2007A—2018A）

资料来源：CNNIC。

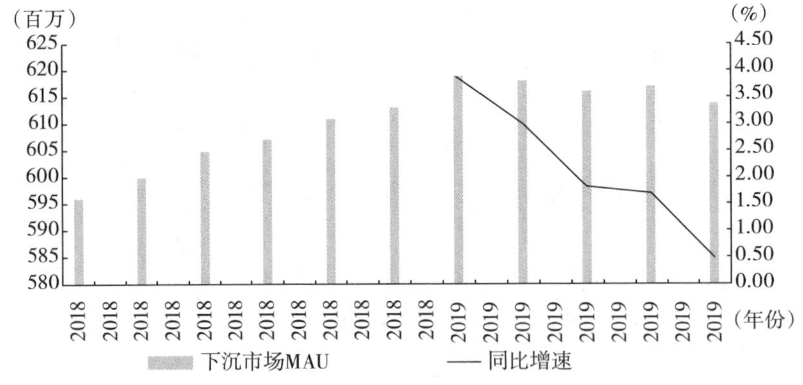

图2.24　中国移动互联网下沉市场MAU及同比增速

资料来源：QuestMobile。

2. 时长：互联网人均使用时长面临饱和，短视频贡献最多增长时长

互联网用户人均使用时长继续提升，但面临饱和的压力。中国互联网用

户人均单日使用时长在2013年取得同比22%的高增长后，2014年起增长趋于平缓。2018年互联网用户人均单日时长达到3.94小时，同比增长2.2%，2019年上半年进一步增长至3.99小时/天。

具体来看移动互联网的时长趋势，2018—2019年移动互联网人均单日使用时长逐年攀升，从2017年的不到4小时增长至2018年年底的5.7小时，到2019年9月移动互联网人均单日时长已经达到6.0小时。考虑QuestMobile的MAU定义为设备数，而平均每个移动互联网用户拥有约1.34台设备（基于CNNIC 2019年6月移动网民数据计算），移动互联网实际人均单日时长已达到8.0小时，面临饱和的压力。

短视频贡献了互联网时长的主要增量，同时电商内容化、社交化趋势亦推动时长增长。从互联网时长的细分行业结构来看，根据QuestMobile数据，2019年9月互联网主要细分行业中时长占比提升的仅有移动视频和移动购物。其中，移动视频受短视频驱动，时长占比提升幅度最大，同比提升2.3个百分点，至22.1%；而移动购物则受益于内容化、社交化，时长进一步提升，占到移动互联网时长的4.2%，如图2.25所示。

从增量时长的结构来看，短视频贡献了近2/3的移动互联网时长新增量，综合电商带来约8%的增量时长。根据QuestMobile数据，2019年9月移动互联网时长同比增量Top2的细分行业为短视频和综合电商，分别占增量时长的64.1%和7.8%，短视频和综合电商合计带来约72%的新增时长，如图2.26所示。

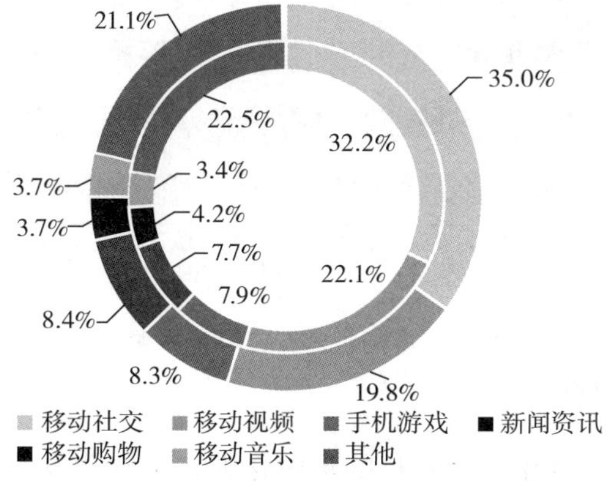

图2.25　中国移动互联网典型行业月总使用时长占比（已剔除工具类行业）

资料来源：QuestMobile 2019年移动互联网秋季大报告。

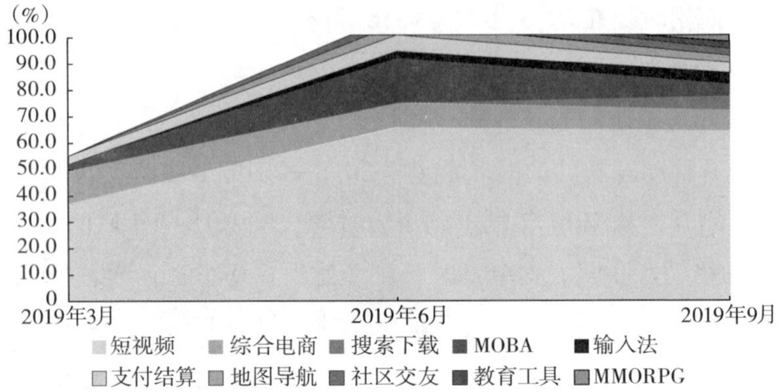

图 2.26　2019 年 3 月、6 月、9 月中国移动互联网分领域使用时长占比

资料来源：QuestMobile。

3. 行业格局："马太效应"持续，头部集中度继续提升

互联网"马太效应"持续，流量格局高度集中化。BAT 经过 20 年的发展已经实现对全网用户的高度覆盖，腾讯围绕社交及泛娱乐核心扩张业务版图，流量优势最为突出，截至 2019 年 9 月已覆盖 97.3% 的移动互联网用户；阿里巴巴基于电商业务打造数字经济体，用户覆盖率达到 95.2%，仅次于腾讯；百度通过以搜索为核心的多产品矩阵合计覆盖 88.4% 的互联网用户；而字节跳动得益于在新闻资讯和短视频两条细分赛道接连取得成功，同时持续延展多产品矩阵，目前已渗透 63.7% 的移动互联网用户，成为又一个流量巨头，如图 2.27 所示。

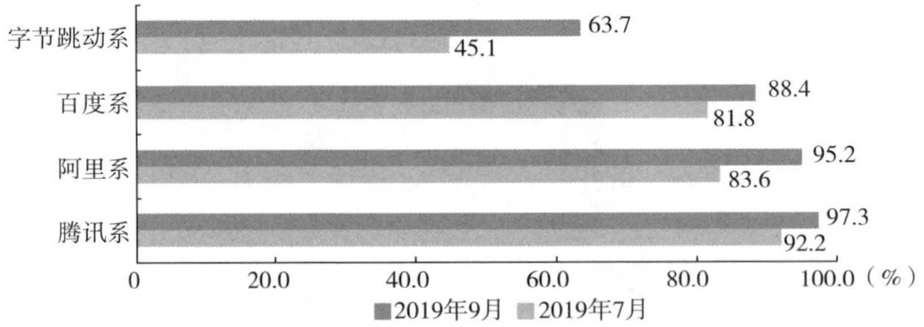

图 2.27　中国移动互联网用户覆盖率

资料来源：QuestMobile。

流量的集中还体现在用户时长的集中化上。2019 年 9 月，腾讯、阿里巴巴和百度占据中国移动互联网 60.1% 的使用时长，相比 2018 年 3 月超过 65% 的时长份额有所下降；字节跳动受益于抖音带来的短视频时长增量，2018 年 6 月即

赶超阿里巴巴，2019 年 9 月时长份额达到 12.5%，仅次于腾讯；BAT&B（ByteDance）四家合计占据 72.6% 的移动互联网时长份额，如图 2.28 所示。

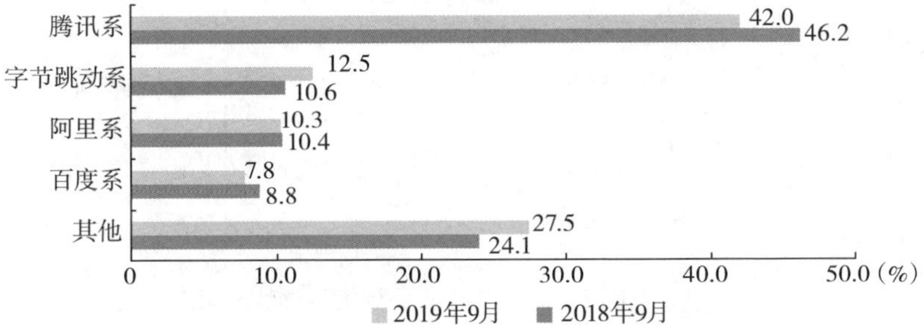

图 2.28　中国互联网巨头的移动互联网时长份额

资料来源：QuestMobile。

4. 内容：文娱产业全面规范化，优质内容成绩突出

以移动互联网为依托的文化产业发展强劲，全国人均教育文化娱乐消费支出增长比例领先 GDP 增速 2 倍以上，如图 2.29 所示。2019 年，文化产业将在 4 万亿元产业增量的加持下，进一步扩大其在 GDP 的占比。《文化部“十三五”时期文化产业发展规划》显示，到 2020 年文化产业将成为国民经济支柱性产业。

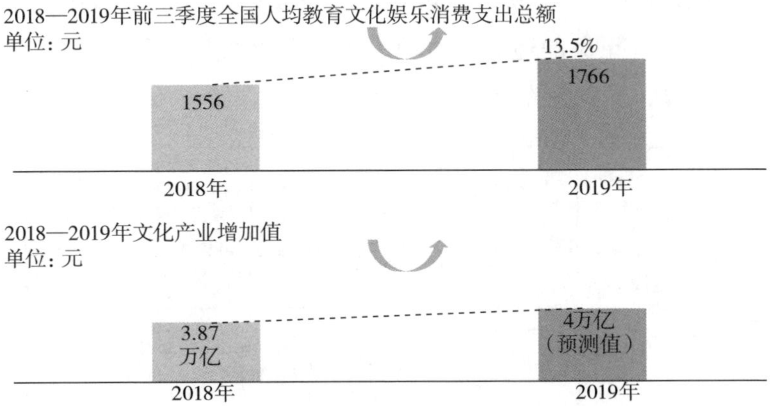

图 2.29　2018—2019 年前三季度全国人均教育文化娱乐消费支出总额、文化产业增加值

资料来源：国家统计局。

2019 年是文娱产业走向全面规范化发展的一年。这一年，政策聚焦内容生产与产业体系优化，扶持与规范并举，为文娱产业构建了清爽健康的市场生态环境，推动产业高质量发展，如图 2.30 所示。

2018年12月	鼓励影院建设，2020年城市院线银幕总量达8万块以上
2019年1月	加强短视频审核，加大对短视频平台管理力度
2019年2月	争取每年过亿的票房超过100部
2019年2月	鼓励现实主义电影创作，弘扬爱国主义精神
2019年4月	围绕国庆70周年宣传，在各行业形成声势，营造礼赞新中国、奋斗新时代的社会氛围
2019年6月	开展网络空间治理，加强网络内容建设管理和新技术新应用安全评估，推动互联网企业履行主体责任
2019年6月	对泛娱乐化、影视业高片酬、阴阳合同和偷逃税等突出问题开展专项整治
2019年7月	对注水剧、翻拍剧、宫斗剧、演员高片酬问题，深挖症结，保持高压

图 2.30　2019 年文娱产业相关政策和会议发言概览

资料来源：根据公开资料整理、抖音 2019 年数据报告。

2019 年文娱用户稳步增长，“Z 世代”娱乐消费活跃，“银发族”需求逐渐被关注，娱乐内容所要面对的客户群前所未有地细分多元。随着娱乐与用户的距离全方位贴近，用户也不再是被动消费者，而是成为娱乐内容的深度参与者，更有数以亿计高潜力人群的用户能量在逐步释放。

2019 年，文娱产业保持创新常态，给用户带来更多新鲜、多元的娱乐消费内容和体验，如图 2.31 所示，内容题材越发多元，营销新玩法不断涌现：国产电影突破固有想象的边界，电视剧现实题材大放异彩，短、平、快微综艺行业潜力渐显，新颖宣发互动引发用户强烈参与感……

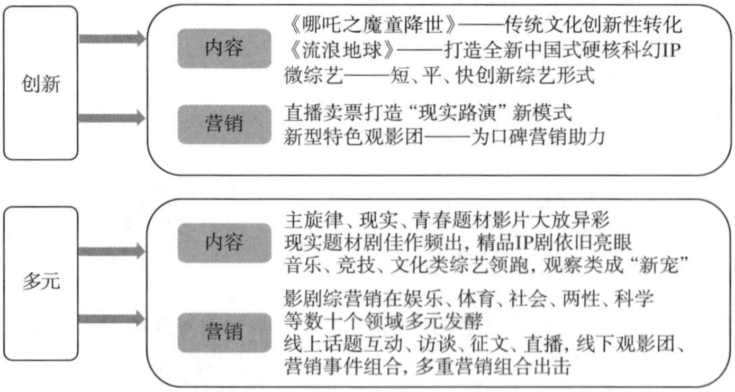

图 2.31　2019 年文娱产业内容、营销发展

资料来源：艺恩、抖音 2019 年数据报告。

2019 年，中国电影市场票房达到 642.66 亿元，同比提升 5.4%。国产影片表现强劲，票房贡献率超六成，如图 2. 32 所示，其中四部国产新片跻身中国影史票房 Top10。至此，影史票房 Top10 中只剩一部进口片（见表 2. 4）。

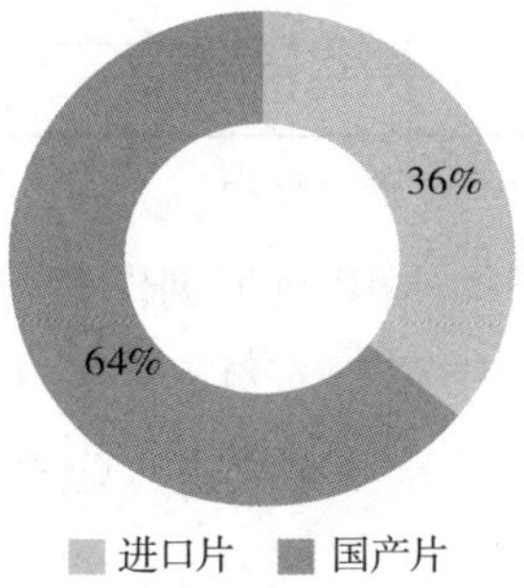

图 2. 32　2019 年中国电影票房大盘分布

资料来源：艺恩、抖音 2019 年数据报告。

表 2. 4　中国影史电影票房 Top10

排名	影片名称	总票房（亿元）
1	战狼 2	56. 8
2	哪吒之魔童降世	50. 0
3	流浪地球	46. 7
4	复仇者联盟 4：终局之战	42. 5
5	红海行动	36. 5
6	唐人街探案 2	34. 0
7	美人鱼	33. 9
8	我和我的祖国	31. 2
9	我不是药神	31. 0
10	中国机长	29. 0

资料来源：艺恩、抖音 2019 年数据报告。

2019 年票房 Top4 电影头条文章数量见表 2. 5。

表 2. 5　2019 年票房 Top4 电影头条文章数量

影片名称	文章篇数（万）	阅读量（亿）
哪吒之魔童降世	91. 1	9. 00 +
流浪地球	54. 9	5. 40 +

续表

影片名称	文章篇数（万）	阅读量（亿）
我和我的祖国	43.5	3.95+
中国机长	44.5	1.58+

资料来源：巨量算数、抖音2019年数据报告。

2019年的电影市场，国产优质IP改编创作获得新突破，多元化题材类型不断突围。《流浪地球》开创国产科幻元年，《哪吒之魔童降世》大幅打破动画电影票房天花板，科幻、动画等类型片进入国产主流商业大片的行列，如图2.33所示。

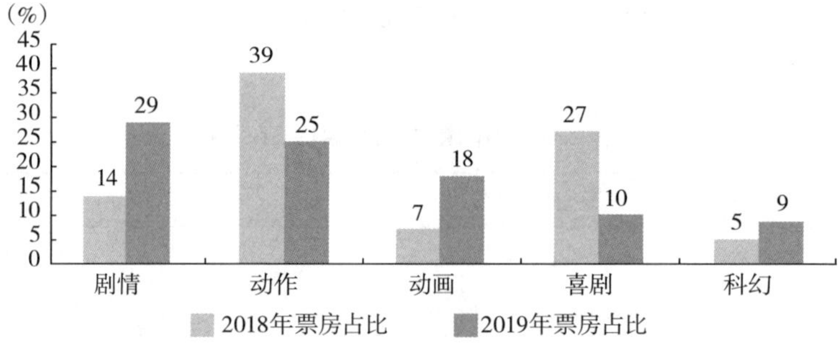

图2.33　2018—2019年五大类型影片票房占比

资料来源：艺恩、抖音2019年数据报告。

2019年，与中国电影市场发展与时俱进的，还有观众的观影审美。口碑成为票房成功至关重要的因素，口碑成就票房逐渐成为市场铁律。近三年来，票房Top10的国产影片口碑也在逐步提升。2019年，口碑前五的国产影片中有四部冲进了国产票房前五名（见表2.6）。

表2.6　2019年国产电影票房Top10相关数据

票房排名	影片名称	当前票房（亿元）	口碑	头条综合热度
1	哪吒之魔童降世	50.0	9.23	417866903
2	流浪地球	46.7	8.68	426954678
3	我和我的祖国	31.2	8.96	253916005
4	中国机长	29.0	8.41	88663339
5	疯狂的外星人	22.1	7.57	95023024
6	飞驰人生	17.2	8.02	95280077

续表

票房排名	影片名称	当前票房（亿元）	口碑	头条综合热度
7	烈火英雄	17.0	8.32	64883612
8	少年的你	15.6	9.00	30414472
9	扫毒2：天地对决	13.1	7.70	56742207
10	攀登者	10.9	8.23	111255216

资料来源：抖音2019年数据报告。

5. 未来空间在哪儿？私域流量价值挖掘孕育新机，产业数字化打开万亿空间

（1）私域流量价值挖掘孕育新机

在互联网C端流量红利消退、获客成本日益上涨的背景下，私域流量的沉淀与转化带来新的机会。私域流量是指由品牌、商家或个人【头部KOL（关键意见领袖）、中长尾KOC（关键意见消费者）】自主拥有，可反复多次、随时触达的流量，且无须额外支付成本（相比之下，公域流量的额外倾斜通常需要付费且多为一次性导流），是对传统流量获取与交互方式的重构，实现流量的私域化、资产化沉淀，可减少对平台的流量依赖，提高流量效率。常见的私域流量运营方式包括公众号/商家号、社群、官方/个人社交账号（如微博）等。

流量私域化的基础一般是用户（流量）与品牌、商家或达人建立的信任关系，因此私域流量具有高黏性、高转化、高复购等特点。通过将公域流量转化沉淀为私域流量，流量价值的天花板得到进一步抬升。典型代表如微信生态（包括公众号+小程序、企业微信）、快手“老铁经济”以及淘宝直播等，商家和达人通过产品/服务或内容筛选并持续吸引，进而沉淀自有的流量资产，再通过直播、电商、广告等模式进行变现，如图2.34～图2.36所示。

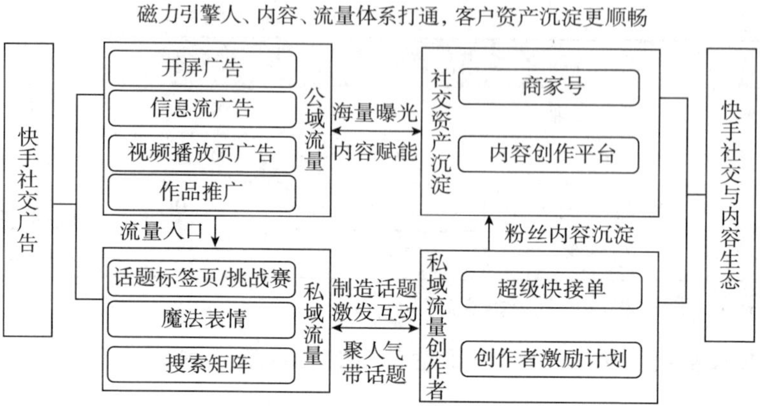

图 2.34　快手磁力引擎

资料来源：快手官网。

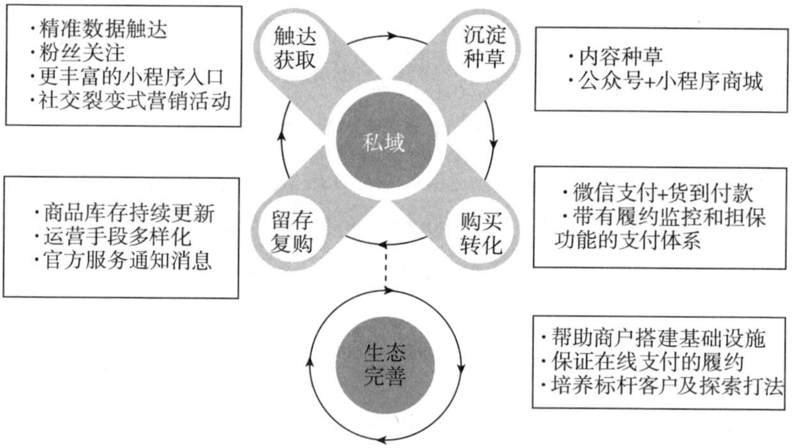

图 2.35　微信生态私域流量电商 SaaS 解决方案

资料来源：微信官方公众号。

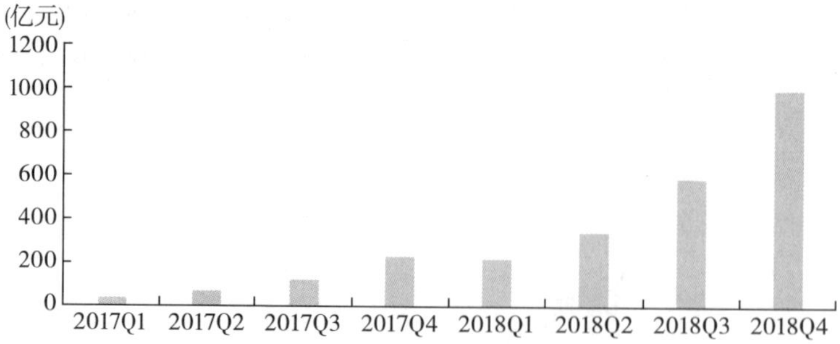

图 2.36　淘宝直播带货交易规模

资料来源：CBNData。

(2) 产业数字化：创新红利驱动数字化升级，产业互联网打开万亿空间

中国数字经济占比超1/3，产业数字化升级仍待深化。根据网信办的报告，2018年中国数字经济规模已经达到31.3万亿元，占GDP的比重达到34.8%，数字化进程持续推进，如图2.37所示。具体来看消费端与产业端，中国的消费互联网目前已经高度发达，数字化程度全球领先，但产业端的数字化、智能化仍处于较初期的阶段，相较美国存在明显差距，如图2.38所示，且各行业普遍存在数字化鸿沟，即率先实施数字化转型的领军企业已与行业整体拉开较大差距，实现更快速的增长（根据腾讯研究院的研究数据，数字化转型领军企业过去三年收入复合增长率是其他企业的5.5倍）。未来基于创新红利驱动的产业数字化升级将为互联网行业带来更大的发展空间。

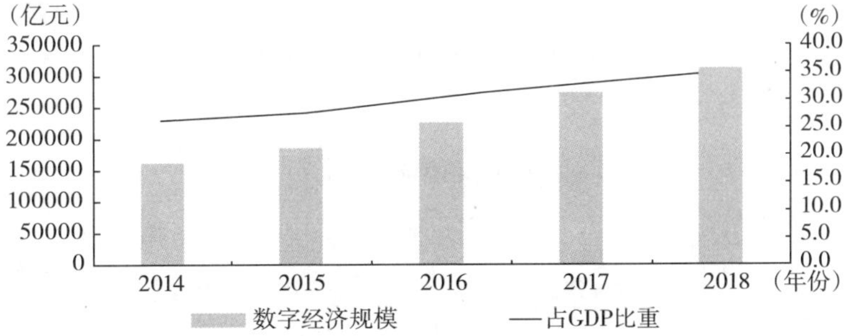

图2.37 中国数字经济规模及占GDP比重

资料来源：中国信通院《中国数字经济发展与就业白皮书》。

	举例	中国	美国		举例	中国	美国
衣	年均新推服装款式数量	3万 韩都衣舍	3千 传统线下品牌	智能互联	工业智能传感器净渗透率	4.6% 2016年	12% 2016年
食	连锁咖啡达到1500家门店用时	10个月 瑞幸咖啡	10个月 星巴克中国	信息整合	制造业企业上云率	约30% 2017年	约80% 2017年
住	智能音箱季度复合增长率	200% 2018Q1—2018Q2	50% 2018Q1—2018Q2	数据决策	智能数据分析和决策上云率	933% 2007—2018年	5203% 2007—2018年
行	共享出行日单量	2000万 滴滴中国	1500万 Uber全球	人机协作	工业机器人使用密度	68台/万产业工人 2016年	189台/万产业工人 2016年

图2.38 中国消费互联网和产业互联网数字化程度与美国对比

资料来源：BCG（波士顿咨询公司）、阿里研究院、百度发展研究中心。

以阿里巴巴、腾讯为代表的互联网巨头持续加大产业互联网投入，有望加快产业数字化进程。阿里巴巴基于电商、零售等业务领域的丰富B端服务经验和技术沉淀，构建阿里商业操作系统，并对外输出数字化能力，如图2.39和图2.40所示。而腾讯立足C端的经验积累与优势，以C2B模式发展产业互联网，帮助企业实现生产制造与消费服务的价值链打通，如图2.41所示。在互联网巨头的技术、数据等的全面赋能下，产业数字化升级有望进一步加快。

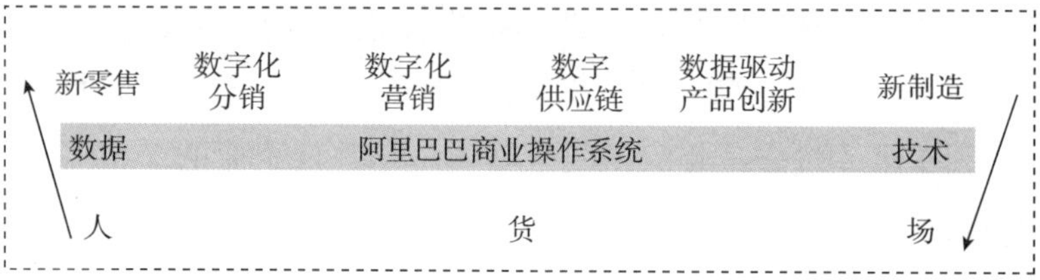

图2.39　阿里巴巴商业操作系统

资料来源：阿里巴巴公司公告。

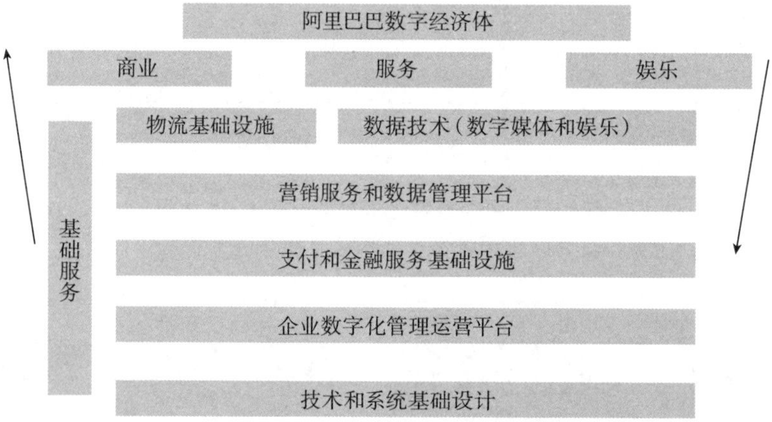

图2.40　阿里巴巴数字经济体

资料来源：阿里巴巴公司公告。

云计算、人工智能、大数据等数字化技术，对生产制造环节进行数字化、智能化升级，提升了生产效率，降低了成本。典型模式如C2M，通过数字化技术缩短生产者与消费者之间的链条，将需求侧洞察传递给供给侧以指导生产，即基于确定的需求进行反向定制，实现更加柔性、高效、定制化的生产，提高供需匹配效率，从而大幅减少库存。

根据BCG和阿里研究院的研究数据，中国制造业的数字化目前在智能互

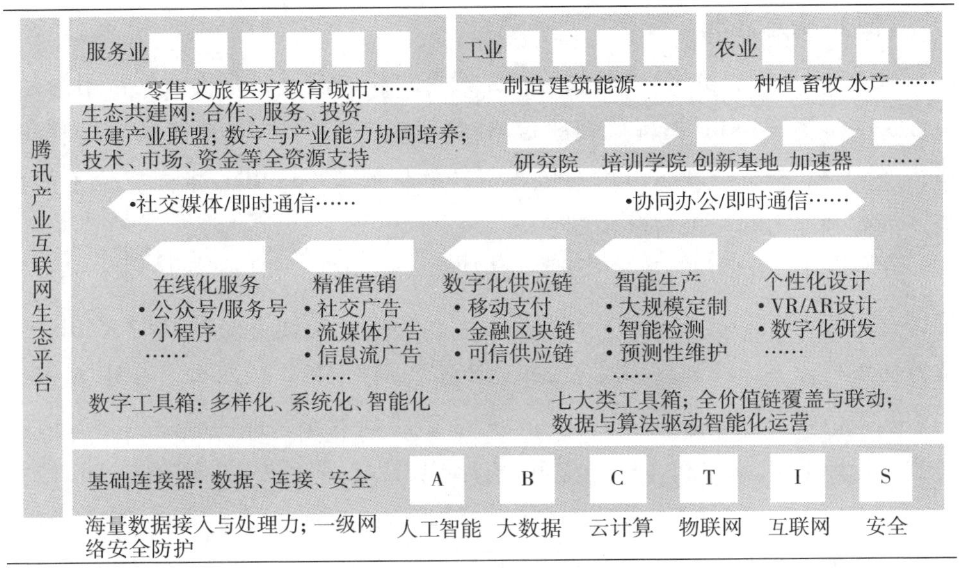

图 2.41　腾讯产业互联网生态平台

资料来源：腾讯研究院。

联、信息整合、数据决策以及人机协作等方面仍有较大发展空间。未来随着生产制造环节的全面数字化、智能化，智能制造行业规模有望大幅增长，且产业链生态将更加丰富。根据腾讯研究院的研究数据，预计到 2025 年智能制造产业规模将达到 7200 亿美元，相比 2016 年的 1200 亿美元，复合年均增长率超过 25%，其中制造云、制造业物联网等细分领域的占比将明显提升，利好具备相应技术能力储备的头部公司，如图 2.42 所示。

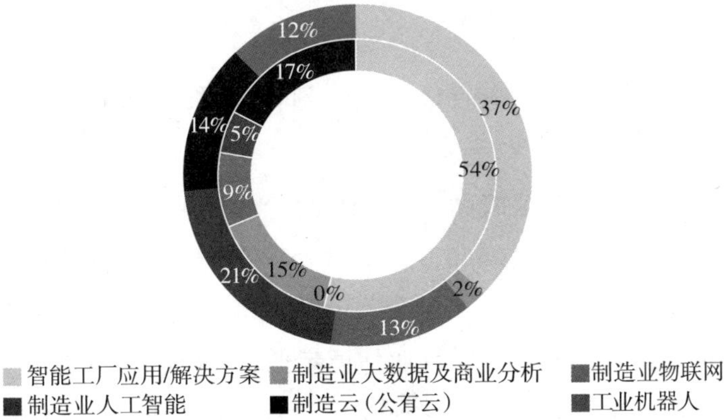

图 2.42　中国智能制造产业结构变化趋势（2016A VS. 2025E）

资料来源：腾讯研究院。

（四）资本逻辑

PE 指标（每股价格/每股收益）是投资过程中衡量股票价值的常用指标，可以进一步拆解为 PB 指标（每股价格/每股净资产）与 ROE 指标（净利润/净资产）。PB 指标反映了市场对传媒资产的估值水平，ROE 指标反映了传媒资产的盈利能力和未来盈利预期。

从过去几年的历史来看，2015 年传媒行业市盈率达到高位 362.34 倍，2016—2017 年，利润增长消化高估值，在 PE 指标快速下滑的同时，2017 年申万传媒行业平均净利润相对于2015 年仍有小幅增长。2018 年，ROE 指标大幅下跌，传媒资产的盈利能力下滑，产生戴维斯双杀，即便剔除商誉减值的影响，行业 ROE 水平仍位于历史低位，如图 2.43 至图 2.45 所示。ROE 指标下降幅度远大于净利润下降幅度，传媒行业估值驱动大于盈利驱动，市场对传媒资产盈利能力的下滑产生了放大作用，2019 年传媒行业 ROE 水平已经回归正常，因此未来传媒行业市盈率也将逐步回升。

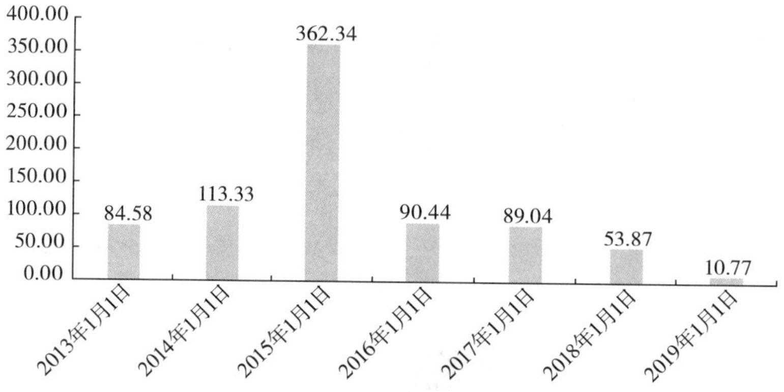

图 2.43　传媒行业（申万，剔除 ST 股）市盈率

资料来源：Wind。

基金配置回暖。主动偏股型基金传媒持仓比例可以反映出市场上资金对传媒股票的配置偏好，如图 2.46 所示，2015 年传媒行业估值高企，资金对传媒股票的配置偏好也较高，2015 年全年超配比例一直维持在 3% 以上。与 PE 指标反映的情况相似，随着传媒行业估值走低，2017 年以来整个传媒行业都维持较低的资产配置比例，如上文所述，随着传媒行业 ROE 水平回归正常，2019 年第三、第四季度传媒行业资产配置比例逐步提升。从个股情况来看，

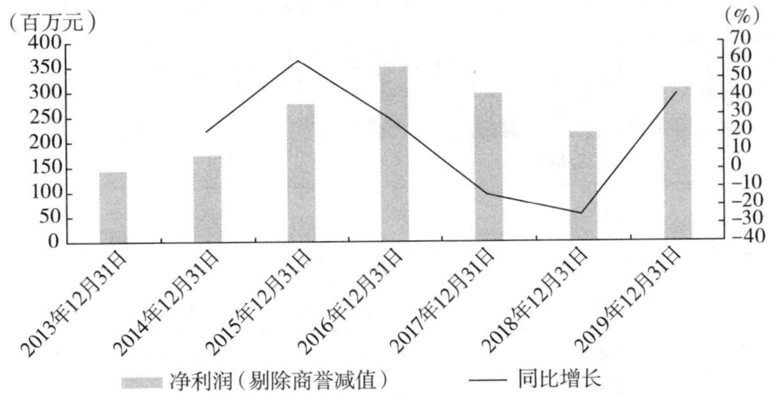

图 2.44　传媒行业（申万，剔除 ST 股）净利润变化

资料来源：Wind。

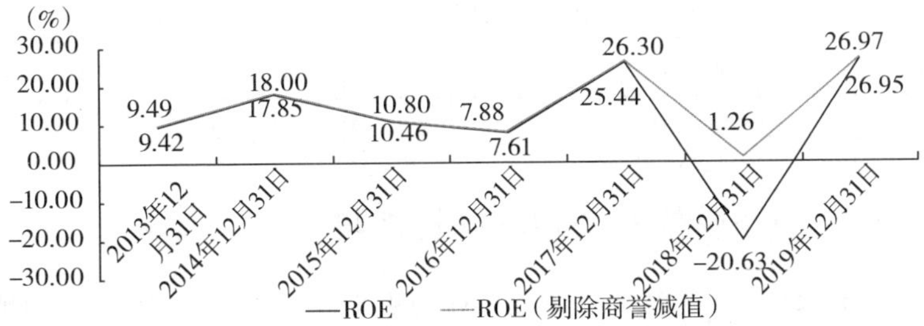

图 2.45　传媒行业（申万，剔除 ST 股）剔除商誉减值 ROE 变化

资料来源：Wind。

主动偏股型基金重仓传媒板块企业配置集中，市场关注度较高的企业有芒果超媒、分众传媒、完美世界等（见表 2.7）。

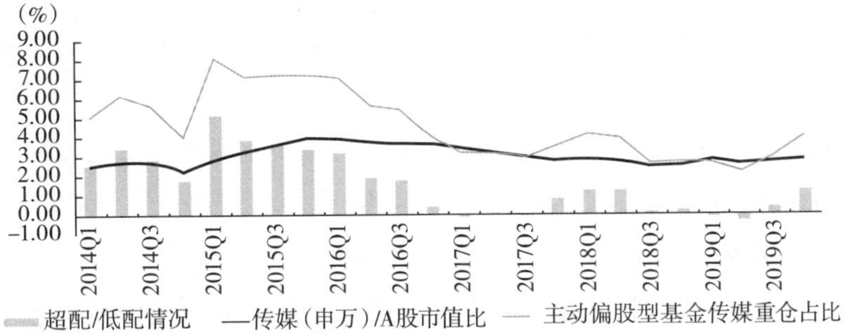

图 2.46　主动偏股型基金传媒持仓比例

资料来源：Wind。

表 2.7　2019 年第四季度传媒（申万）板块基金重仓持股 Top10 标的

公司简称	持股总量（万股）	季报持仓变动（万股）	持股占流通股比重（%）	持股总市值（万元）
芒果超媒	18926.86	9744.82	22.69	656079.39
分众传媒	96824.00	28892.09	6.60	606071.87
完美世界	9274.86	2333.57	8.00	409392.27
三七互娱	12349.18	-1392.95	8.71	332260.96
东方财富	12466.31	-7007.84	2.29	196593.78
顺网科技	7090.43	6140.87	14.84	182153.19
吉比特	514.23	33.17	12.38	153493.65
掌趣科技	19570.22	17911.25	7.53	120748.27
中公教育	6743.77	-6195.11	10.11	120578.59
万达电影	5646.36	4007.58	3.21	102481.40

资料来源：Wind。

四、5G 背景下传媒投资逻辑的转换与升级

5G 将带来长达 3~5 年的，从硬件、内容到平台的行业性长期成长投资机会。2019 年 6 月，工信部正式发放 5G 商用牌照，标志着中国正式进入 5G 商用阶段。10 月 31 日，在中国国际信息通信展览会上，工信部与三大运营商举行了 5G 商用启动仪式。截至 11 月，全国已经开通 5G 基站 11.3 万个。三家运营商 5G 进程显示：2019 年中国移动已在全国范围内建设超过 5 万个 5G 基站，在 50 个城市实现 5G 商用服务；中国联通发布“7+33+n”5G 网络部署，在 7 个城市城区连续覆盖，在 33 个城市实现热点区域覆盖；中国电信已开展规模及预商用试验。

目前市场对 5G 时代传媒板块的投资疑问主要有两个，一是现象级应用落地的时间在什么时候，二是业绩上的体现需要多久，通过重温 2013 年 4G 发展以及资本市场的复盘，可以发现以下几点。

（1）4G 网络的建设并不是一蹴而就的，早期流量以及资费仍然限制了部分应用的发展，直达提速降费时代，应用端才完全迎来爆发。

（2）智能手机的普及率在 3G 时代已经维持在高位，4G 手机渗透率提速

迅速，4G 手机之后在屏幕尺寸、显示清晰度、操作方式（如全触屏等）等方面的变革，为应用内容的新形势奠定基础。

（3）政策上十分重视内容产业发展，传媒行业发展受益于并购重组政策环境的宽松，形成了市场并购重组的浪潮。

（4）移动互联网广泛赋能，“移动互联网 +”推动传媒行业攀登历史顶峰。因此，5G 时代传媒行业将迎来再次重构的机遇：一是文化政策重点从严监管转向扶持发展，资本市场政策再迎宽松，政策板块重现 4G 初期利好；二是随着 5G 商用的推出，应用内容端将会迅速兴起，多家公司早有布局，早期应用内容目前仍然较为稀缺；三是应用内容的成熟需要时间，在 4G 时代，也经历了硬件设备的多次更新升级、4G 网络的提速降费，才出现极为成熟的应用类型和商业模式；四是未来 5G 时期关键性应用已经逐渐清晰，主要将在超高清领域、VR/AR 以及云应用展开。

中国移动、中国电信、中国联通纷纷公布自家的 5G 套餐，2019 年 11 月 1 日正式推出。中国 5G 硬件的发展在 2019 年正式起步，预计到 2022 年左右，基于 5G 大带宽、低延迟的特性产生的新的娱乐内容形式或迎来繁荣（见表 2.8和表 2.9）。

表 2.8　工信部5G 推进计划

部门	发布时间	发布内容
工信部、国资委	2019 年 6 月	发布《关于 2019 年推进电信基础设施共建共享的实施意见》，加快 5G 基站站址规划，推动 5G 基站和各类信息基础设施纳入城乡规划和土地利用总体规划
工信部	2019 年 6 月	工信部正式向中国电信、中国移动、中国联通和中国广电发放 5G 商用牌照
	2019 年 11 月	全国已经建设 5G 基站 11.3 万个，预计到 2019 年年底将达到 13 万个，5G 套餐签约用户已有 87 万个
	2019 年 11 月	发布《关于印发“5G + 工业互联网”512 工程推进方案的通知》，明确到 2022 年，突破一批面向工业互联网特定需求的 5G 关键技术

资料来源：工信部，天风证券研究所。

表 2.9　三大运营商 5G 推进计划

运营商	计划时间	推进计划
中国移动	2017 年	完成 5G 外场测试
	2018 年	积极参与 5G 技术研发第三阶段测试，率先在五大城市开展 5G 试验网建设，进行关键技术应用和商用性验证，开始业务示范网建设
	2019 年	中国移动将在全国范围内建设超过 5 万个 5G 基站，在超过 50 个城市实现 5G 商用服务
	2020 年	将在全国 340 个城市全面进行 5G 的商用；发展 7000 万 5G 客户，销售 1 亿部 5G 手机、3 亿笔 5G 新业务和 5000 万台家庭泛智能终端
中国联通	2017 年	完成实验室环境建设
	2018 年	将在 16 个城市开展 5G 规模试验，并进行业务应用和典型示范
	2019 年	发布“7 + 33 + n”5G 网络部署，即在北京、上海、广州、深圳、南京、杭州、雄安 7 个城市城区连续覆盖，在 33 个城市实现热点区域覆盖
	2020 年	正式实现 5G 商用
中国电信	2017—2018 年	开展小规模外场试验，重点进行无线组网方案与能力试验，结合终端原型机进行系统试验和业务演示
	2018—2019 年	进行规模及预商用试验，对多厂商设备进行组网，实施 4G/5G 互操作，并重点考察终端和网络兼容性，以及针对垂直行业进行业务创新
	2020 年	在重点城市、重点区域规模部署 5G 并开展商用

资料来源：三大运营商，天风证券研究所。

基本逻辑：5G 网络的建设需要国际技术标准的统一、边缘计算和网络切片技术的发展与成熟，通信运营商还需要获得国家发布的 5G 牌照。在基础设施普及与完善之后，5G 手机、5GTV 等娱乐设备将随之出现并大规模量产；AR/VR/全息投影设备将成为 5G 时代的消费级娱乐硬件，超高清视频/云游戏将成为主流的娱乐内容。

产业触发点：我国5G商用已经正式启动，北京、上海、广州、杭州等城市已实现连片覆盖。三大运营商推出5G套餐，中国移动套餐包含5G购机优惠、5G超高清体验，中国电信套餐包含天翼云系列应用（超高清、云VR、云游戏、云盘、云电脑），中国联通套餐包含VR、4K超高清、AR、5G阅读、5G游戏等应用。5G娱乐的硬件设备，如5G手机已在2019年推出，VR、AR将在2021—2022年成为大众娱乐产品，推动新一轮的娱乐革命。

（一）资本市场政策宽松

1. 各级政策推进5G落地发展

2019年6月，工信部正式发布5G商用牌照；5G商用开启后，各地政府对于5G落地也发布了相应的支持政策，如深圳市政府发布了《深圳市人民政府印发关于率先实现5G基础设施全覆盖及促进5G产业高质量发展若干措施的通知》，鼓励推进5G基础设施全覆盖及5G相关产业高质量发展。

2. 文化产业政策宽松

宏观政策持扶持态度，2019年6月以来，《文化产业促进法（草案征求意见稿）》《关于促进文化和科技深度融合的指导意见》《北京市服务业扩大开放综合试点文化旅游领域开放改革三年行动计划》《互联网信息领域开放改革三年行动计划》等政策意见陆续出炉。超高清、VR/AR、电竞、广电、体育等板块迎来发展机遇，如《关于促进文化和科技深度融合的指导意见》中提到，推动超高清内容制作、交易、版权保护全链条体系建设，利用VR/AR技术实现内容传播精细化与沉浸化，明确鼓励超高清、VR/AR板块的发展；广电方面，《关于推动广播电视和网络视听产业高质量发展的意见》等提出，加快建设广电5G网络，加快实现全国“一张网”，鼓励有条件的广电企业参与并购重组与上市融资；体育板块，《体育强国建设纲要》等一系列文件，从政策规划层面肯定了体育产业未来的发展空间。

3. 资本市场政策宽松

2019年10月，证监会正式发布实施《关于修改〈上市公司重大资产重组管理办法〉的决定》，重点聚焦降低重大重组事件触发条件、恢复配套融资、允许创业板借壳上市等方面，和2016年相比，有明显的边际改善：第一，降低条件支持上市公司资源整合；第二，适度调整活跃重组上市功能。

（二）回顾2G到4G时代：技术迭代创造新机遇

回顾2G到4G时代，每一次技术的迭代都推动了产业革新，创造全新机遇，相应地，也给巨头企业带来了不同兴衰，如图2.47所示。

1.2G时代

2000年左右，运营商推出数据功能，手机上网初步实现，但由于手机网速较慢，内容以图文为主，PC互联网仍为主流，门户网站（如网易、搜狐等）、网上购物平台（如淘宝、京东等）以及即时通信QQ等为主流互联网应用。

2.3G时代

2007年第一代iPhone正式发布，2008年iPhone3G发布，2009年国内3G开始商用，开启了移动互联网新时代。2009年前后新浪进入微博市场，2011年高德推出移动版导航地图，微信上线；此外随着网速提升，游戏、音乐等娱乐模式从PC端向移动端进发，QQ音乐移动端、网易云音乐等上线；单机游戏《神庙逃亡》成为爆款。

3.4G时代

2014年，4G正式商用，移动互联网全面发展，智能手机进一步普及并且性能得到提升。长视频类流媒体平台逐渐从PC端转移到移动端，直播、小视频获得大量用户时长，更为重度的手游进入市场，生活服务类应用如外卖、滴滴等的用户强劲增长，以今日头条为代表的信息流模式迅猛发展。

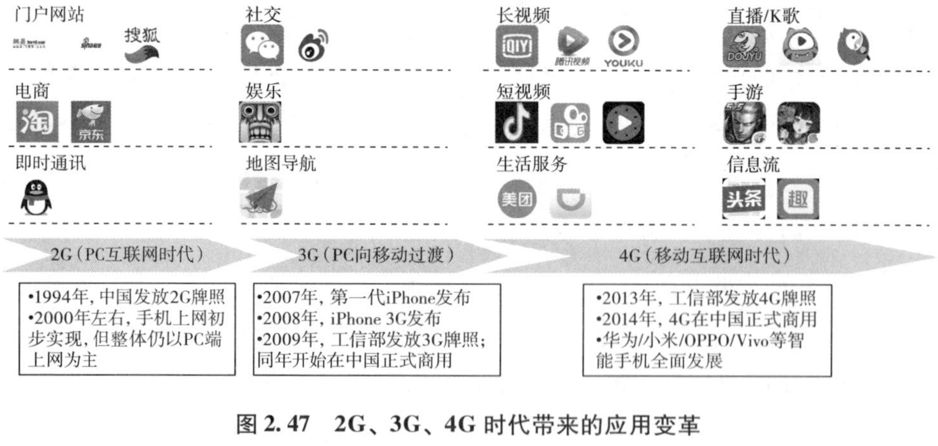

图2.47　2G、3G、4G时代带来的应用变革

资料来源：根据公开网络整理。

（三）5G 背景下传媒投资逻辑的转换与升级

参照 2G、3G、4G 的发展历程，随着 5G 的到来，数字经济生态将迎来新一轮变革。基于 5G 超高速、超低时延、大容量的特性，新一轮移动互联网应用迎来发展机遇，如云游戏、VR/AR、超高清视频等，同时在相应硬件不断成熟的过程中，新形式的内容需求也将应运而生，为传媒互联网打开全新空间。通信技术在奇数代是革命性创新，相较 3G 到 4G 的“升级”，4G 向 5G 则是“质变”，将给内容行业带来更大的想象和创新空间。5G 统治级平台或在 2021 年出现，2022 年 5G 娱乐内容也或将达到繁荣期（见表 2. 10）。

表 2. 10　5G 三大技术场景加速数字技术产业应用方向

5G 三大技术场景	产业应用示例			
增强移动宽带（eMBB）	下一代通信/社交/AI 助手	超清视频/语音	云游戏	云办公
超高可靠超低延时通信（URLLC）	虚拟现实（VR）/增强现实（AR）	云游戏	机器人/自动化	无人驾驶/车联网
大规模物联网（mMTC）	智慧城市、智慧场馆	无人机	大规模无限传感器网络	

资料来源：埃森哲。

（1）拥有海量用户、市场占有率高的 5G 时代统治级平台（智能手机 OS 之于 4G 时代）有望在 2021 年出现，平台生态或将于 2022 年完善。

（2）5G 应用的兴起需要爆款应用的引领，5G 爆款的应用或将开启 5G 对传媒行业的重构；2022 年左右，5G 娱乐内容或将达到繁荣期。

1. 5G 应用的两种成长路径：从无到有和从有到优

回顾 2013—2015 年 3G 到 4G 时代传媒行业的变化，5G 时代传媒领域应用的变化主要有两个方向。

（1）出现新场景，即从无到有。在 4G 时代，随着网速提升、流量费下降、智能终端普及，移动互联网飞速发展，互联网视频、手游、直播等行业应运而生，出现新的蓝海市场，细分行业成长性高。

（2）优化原有场景，即从有到优。在 5G 时代，伴随着终端和传输两方面性能的提升，已有应用的用户体验更优，典型例子如从高清视频到超高清视频。

2. 传媒投资逻辑的转换与升级

不同成长路径应用的投资逻辑：从无到有更侧重量的变化；从有到优更侧重价的变化。对应以上两种不同方向，投资的逻辑也有所不同。

（1）从无到有的应用，也就是新的应用场景，新应用场景发展初期主要在量上有明显的变化，即用户数量和用户使用时长两方面的高增长，这种增长会同时驱动硬件、内容、平台等多维度的成长。由于成长空间大，投资的弹性也将更大，更容易跑出超额收益。

（2）从有到优的应用，即技术进步提升用户体验，发展主要在价格上有明显的变化，体验越优质，用户黏性和支付意愿也就越高，付费率、ARPU（每用户平均收入）也会随之提高，从而在一定程度上带动行业内收入结构变化，分成比例有望向内容方倾斜。从有到优的应用对于投资而言弹性较小，同时需要重点关注营收在不同环节的结构变化，借此来寻求重点投资机会。

五、2020 中国传媒投资趋势前瞻

（一）新经济与数字创意经济崛起

数字化进程正逐渐从消费互联网向产业互联网的方向演进，新经济与数字创意经济崛起，主体由消费端用户向供给端企业转变。为顺应趋势和迎接挑战，很多企业开始实施中台战略。

艾瑞认为，数字中台是将企业的共性需求进行抽象，并打造为平台化、组件化的系统能力，以接口、组件等形式共享给各业务单元使用。使企业可以针对特定问题，快速灵活地调用资源构建解决方案，为业务的创新和迭代赋能。数字中台是企业数字能力共享平台，是平台的平台。作为企业 IT 资源的综合指挥和调度平台，它以统一的标准和流程规范，帮助企业实现业务互联互通、资源协调和信息共享。

互联网流量红利消失，企业对增长的需求驱动精细化运作变革。中国互联网已经逐步进入存量时代，流量红利逐渐消失，企业的营销战略也从过去粗放式的流量扩张向精细化运营方向迁移。零售端企业以消费者为核心，以数据为驱动，希望通过技术和数据实现供给端和需求端的协同，利用数据优化各环节，建立客户洞察，降低获取顾客的边际成本，精益化运营，以此打造满足消费者需求的产品和服务，提升企业业绩，提高消费者的忠诚度。

数字创意经济推动产业互联网的发展，企业利用数字化解决方案，打通线上线下，重构数字化价值链，达到降本提效、提升企业竞争力的目的。因此，数字化转型是企业适应宏观环境和用户需求并更好生存的必由之路。合理的数字化转型路径应从源头入手，完成企业决策、运营、生产、服务、盈利全链条端到端的数字化升级。

继阿里巴巴、腾讯、百度、网易、京东等互联网头部厂商先后调整组织架构、实施“中台战略”后，国内不少行业的领先企业开始投资建设自己的数字中台。这些企业数字中台的落地，使得中台的价值得以显化，对其他仍处在观望阶段的企业起到了应用示范作用，进一步沉淀了数字中台在各领域建设中的方法论和工具集。随着解决方案和工具的完善成熟，数字中台将从中大型企业向中小型企业下沉，服务于腰部乃至长尾企业的数字化转型。未来，数字中台将成为企业 IT 的必备基础组件，成为几乎所有企业的 IT“基础设施”之一。同时，企业建设数字中台的决策周期缩短、建设成本逐步降低，进一步降低了企业建设数字中台的门槛。

随着云计算、大数据、物联网、人工智能技术的指数级发展和壁垒的形成，企业欲通过自身培养这些领域的能力变得不切实际，但整个行业的价值链生态因技术和需求侧的变化，变得更加多元。未来企业不再是单独的价值个体，而是处于多个行业生态中的价值节点。数字中台应用从行业巨头向下渗透的过程，也就是在企业云化背景下的生态争夺，数字创意经济竞争愈演愈烈。云服务商、不同领域的软件服务商等都需要链接更多的资源和能力，通过合作打破产业边界，彼此赋能，构建全新价值链，共同抢占标杆型市场，形成新的数字生态，寻求新的商业模式，以创造更丰富的市场。云时代围绕连接前后端的数字中台等数字创意经济形态进行的生态角力会越发激烈。

（二）用户为本，IP 为擎，“融媒 + 智媒”多入口导流

用户为本，就是把用户当朋友。长期坚持“用户为本”思想的产品团队通常有几个特点：第一，产品本身是好产品，诞生在一个合适的时机，有很独特的价值主张，有产品的灵魂；第二，产品领军人有洞见和担当，拿得起放得下，其产品追求被所在团队信任；第三，团队成员内心热爱这款产品，认同产品的价值主张，能激发出团队的智慧。具备这三个特点的团队，才可以在长期打磨产品的过程中打造优秀产品，从而具有较强的竞争力。

当下环境中，用户对 IP 衍生的消费习惯正在从商品消费转向体验消费。“渠道”概念的界定突破单一销售平台，被定义为一切可以触达用户的路径，空间授权则将 IP 衍生从商品化的概念扩大到线下体验场景中。随着消费者更加注重获得了怎样的深刻体验，多元线下体验场景营造出 IP 化的生活方式，将促进消费者对 IP 衍生进行进一步的体验消费。空间授权一旦标准化、产品化，即高质高效的复制，将催生商业体泛娱乐场景的多样性，同时 IP 衍生市场将进一步扩容。

IP 版权可以依附于多种内容形态，并在各内容之间流转。如果说 IP 价值的前端经济是内容之间的流转，那么 IP 价值的后端经济可以解释为 IP 向商品化衍生（商品授权）和向空间化衍生（空间授权）。

全球空间授权产业发展概况：截至 2018 年，如果不算主题公园产业，全球沉浸式娱乐产业规模已超 45 亿美元，其余的产业形态包括体验式营销展、真人角色扮演游戏、密室逃脱、主题餐饮、线下 VR/AR 实景娱乐、沉浸式鬼屋等。根据沉浸式设计峰会（Immersive Design Summit）的调研数据，被调研样本中 2018 年公司营收数据呈现两极分化；单人票价最多集中在 25 ~ 49 美元；用户最大容量分布主要集中在 5000 人以内。

在商品授权领域，IP 源以影视、游戏、动漫三类为主。究其原因，主要有：①影视类。受众基础广泛，其中古装玄幻类国风、历史等传统文化元素较为丰富，便于软周边提取相关元素用于产品开发。同时明星效应明显，可直接带动粉丝经济。②游戏类。用户付费习惯已经养成，具有高黏性。衍生品与虚拟道具捆绑销售可达到 1 + 1 > 2 的效果。③动漫类。形象与衍生品开发要素关联度最高，高品质手办较易对二次元粉丝形成“不可抗力”的吸引。且邻国产业珠玉在前，随着国漫崛起，其未来想象空间较大。

内容情感溢价激励用户衍生品消费需求。除了电影、剧集，特别动画（漫）新播出数量以及播放量都有明显提升，触达的用户群体规模也不断攀升。这保障了上游 IP 内容的丰富度和触达下游用户的广度，而用户对内容的情感溢价则会对其衍生品消费需求产生正向激励作用。

近年一级资本市场整体募资速度趋缓，且溢价差逐渐缩小，使其更加珍惜流动性储备。这在一定程度上导致了 2016—2018 年资本对 IP 衍生品产业的投资数量下滑。但与此同时，投资金额不断上涨，即单标的估值水涨船高。

通过横向对比测算中国未来市场空间，对标美、日，中国未来市场空间有望发展为当前的3倍。从定性方面来讲，随着诸多动画电影及小说漫改的火爆，国漫已打破了低幼层定位，真正实现更广维度的出圈。同时以院线电影为主的内容生产方逐渐重视起系列片单的规划，这将持续丰富国产核心IP数量，带动用户对娱乐/人物的商品消费。从定量方面来讲，如果用中、日、美三国娱乐IP衍生品人均销售额除以人均GDP（即剔除经济发展水平因素）来衡量更为纯粹的、受消费意愿导向的市场空间，2018年日本娱乐IP衍生品人均销售额为中国的3倍以上，美国为4.5倍左右。值得注意的是，此倍数呈下降趋势，进一步反映出中国娱乐IP衍生品市场发展逐渐向美、日等成熟市场趋近。

在媒体融汇总趋势的大背景下，实现多入口导流，目前正在发生三个重要的趋势性变化：第一，视频化，视频产品呈现爆发式增长，未来将出现无视频不传播、无视频不生意、无视频不生活的景象，同时在人类的传播习惯中，原来大量“写”出来的传播，会变为“说”出来的传播；第二，MCN（多渠道网络）化，在视频化趋势下，MCN将成为整个视频行业生态链条中连接平台、内容生产者、品牌主以及投资人等各方的重要环节，更是多入口导流的关键路径；第三，Tech（科技）化，Media+Tech（媒体+科技）是未来媒体的普遍存在形式，将科学家、工程师的基因注入媒体行业和组织中，科技能力将是各入口必须具备的基本特点。

（三）“内容+情感+场景+中后台支撑”多层次变现

广告主+交易平台，KOC的商业价值得到释放。关键意见消费者被称为KOC，他们虽然不像KOL那般一呼百应，但能够深刻影响周围的人群。KOC一直存在，他们繁多而分散，虽然精准但投放沟通成本太高。KOC的商业价值直到近年才得到明显释放，一是因为广告主预算调整，二是因为头部内容App和第三方公司提供了标准化的自助交易平台，让广告主与KOC的双选变得更便捷、更顺畅、更规范。KOC具有成本低廉、损耗低、接近精准用户的优点。大批量KOC同时发声，不仅能够为产品形成曝光声量、获取销售线索，而且经过精细的策划和导流，KOC甚至还可以聚沙成塔，实现不俗的销售转化。在品牌营销活动中KOC可以作为KOL以外的流量补充，像毛细血管一样，覆盖目标渠道的最末端，营造全民参与的氛围，进一步扩大“自来水”

效应，有效扩大品牌活动的覆盖面和提升互动性，未来，要通过“内容＋情感＋场景＋中后台支撑”实现多层次变现。

内容和情感成全“新品牌”，重视内容思维和情感诉求。中国的新一代消费势力正在崛起，新兴消费者选购商品时远不止消费“功能”，而是更加重视“情感诉求”。各种形态的内容构成的商品文化内涵是对“情感诉求”最有效的回应。拥有内容基因的产品本身就可以自然诱发社交谈资，具有自传播能力。内容基因深入产品中，可以从品牌故事、品牌理念、产品创意、产品包装等角度体现出来，实现产品增值，从而变现。头部 KOL 具有原创性和影响力，头部 KOL 和品牌合作进行内容营销、联合出品，让普通产品溢价，溢出的价值就是内容的价值。

内容和场景成就“新货架”，内容打破实体货架，虚拟场景变现能力增强。2019 年，短视频和直播继图文后成为不能忽视的新红利渠道。新榜调研显示，短视频带货和直播电商是催化非计划性消费增长的因子，多媒体全方位的商品展示、融合消费场景的种草内容、深谙人性的销售套路、诱人的价格和促销，激起手机前消费者的购买欲望，一指购天下，拔草买不停。短视频带货和直播电商，这些新货架即场景，既是广告也是卖场，不仅占领用户心智，而且即时驱动购买行为。无论是短视频带货还是直播电商，人、货、场缺一不可，不同点是前者更多是内容力的较量，后者则更多依赖商品力的比拼。根据新榜调研和“双十一”抖音官方数据，美妆、服饰、美食三类商品通过短视频带货的转化效果较好。这三类商品单价低、佣金高，且决策成本低、消费频率高，符合消费者和创作者双方诉求，更容易在短视频平台成为爆品。目前高转化的带货短视频可以归纳为种草类、评测类和剧情类三类。一般情况下，当商品销售净收入大于各项成本之和（制作、流量、税费等）时，就可以进行规模投放，从而获得稳健收益。随着短视频带货更加规范，创作者需要将重心偏向内容制作，而不是钻空子、薅流量。大 KOL 也不能百发百中，规模化的 KOC 矩阵是品效合一的保障。2019 年被称为直播电商元年，淘宝直播 2019 年实现 GMV（网站成交金额）2500 亿元，抖音直播、快手直播分别实现 GMV 400 亿元和 250 亿元。淘宝直播生态的头部主播已经具备突破全网的内容力和影响力，主播出圈也意味着直播电商的形式正在被消费者广泛熟知和接纳。直播间作为线上卖场场景，其高性价比的商品是用户消费的首要原因。主播的控场和销售能力以及直播时长是促成销售的直接动力。此外，商品的选择、品牌及供应链对接、直播策划与执行，都需要有强大的运营保证。

内容成为“新工具”，中后台支撑，运营私域，塑造更广更深的用户链接。2019 年上半年，中国广告市场同比下降 8.8%，线上广告遭遇第一次下跌。企业在客户体验和 CRM（客户关系管理）软件方面的支出却猛增 15.6%，企业预算流向以内容池建设为重要构成的 CRM。内容作用于企业 CRM 的各个链条。新榜内容云的客户服务案例证明，企业通过在微信生态/App 上不断更新优质内容获取用户关注并与之建立持续沟通，在运营的过程中，企业通过用户的内容偏好建立标签，细化用户画像，根据用户偏好精准分发，中后台支撑，实现销售转化。2019 年 12 月，企业微信公布了 3.0 版本相关情况，新版本带来更加完善的私域运营方案，主要分为三方面：客户联系、客户群和朋友圈。此外，企业微信继承了微信的支付、小程序等功能，让企业通过内容和运营，直接触达消费市场，实现用户细分、数字管理和精准转化。新榜推出搭载在企业微信环境下的客户管理工具——企微通，帮助建立和管理最宝贵的私域流量池，配合小程序等，有效提升用户留存和交易数量，实现变现。

（四）2020 年中国传媒投资聚焦云游戏、VR/AR、超高清视频领域

2019 年 5G 已经正式商用，但生态还未完全建立，未来依托于 5G、云计算和人工智能、区块链等基层技术以及硬件技术的共同发展，更多应用场景将出现。例如云 VR/AR 的实现则需要传输量更高的移动宽带、更成熟的边缘云技术以及算法的进步，这些技术的实现都将推动传媒行业的变革。

根据华为 2018 年年底出版的《5G 时代：时代应用场景白皮书》，传媒领域相关的云 VR/AR、无线家庭娱乐（云游戏和超高清视频）、全景直播均被列入了十大应用场景。尽管未给出具体的未来市场测算数据，但无线家庭娱乐和云 VR/AR 仍然被认为是最具有市场潜力的 5G 时代应用场景，两者的市场潜力分别被列为十大应用场景的第一和第二。

紧密关注 5G、区块链、云计算、大数据和 AI 等新技术应用的新场景和新机会对现有移动互联网生态的升级和革新。用户平均每天花在移动互联网的时间已接近 6 小时，增长进入瓶颈期。5G 等新技术有望进一步提升触网时

长，比如在云游戏、VR/AR、超高清视频等领域。

1. 游戏：期待云游戏到来，精品内容厂商估值中枢有望提升

云游戏（Cloud Gaming），是指脱离终端限制，直接在云端服务器运行游戏的一种新形式，特点是免配置、免下载、跨终端。云游戏从2000年萌芽，经过了20年的发展，随着技术进步和5G逐步落地，其巨大的潜力已逐渐显现，2018年开始，国内外的头部企业竞相公布云游戏布局，资本的运作也更加频繁。这一波浪潮得益于GPU（图形处理器）、5G、虚拟化等关键性技术的突破。在未来的3~5年，云游戏的发展可能会对传统游戏产业产生巨大的影响：固有的产业链面临重构，游戏厂商、发行商和硬件商重新进入新一轮的比拼，云供应商也不甘示弱加入其中，企图争夺游戏市场的话语权，战火愈加浓烈。

（1）5G将推动云游戏发展进入快车道，提升重度游戏用户的规模

5G将推动游戏方式发生革命性的变化，其中代表性的变革就是云游戏的发展。其实早在2009年下半年，OnLive就已推出体验性的云游戏服务，将大型FPS（第一人称射击）游戏《孤岛危机》上云，但是游戏上云对网络要求较高，在当时的网络条件下，云端《孤岛危机》的画质无法与PC端相比，且高额云端运算费用让OnLive入不敷出，OnLive在运营5年后停止服务并被索尼收购，转为为PlayStation Now提供支持。

2019年5G时代到来，推动云游戏迎来高速发展时期。5G数据的低延时和高速的特性能够实现云游戏将服务器和画面分离，降低用户门槛，提升用户体验。目前全球已经有十多家主要厂商参与竞争（见表2.11）。

表2.11　全球已投入运营的云游戏/订阅服务厂商基本信息

厂商	云游戏平台	订阅费	操作平台	进度
SONY	PlayStation Now	\$9.99/月，\$24.99季，\$59.99/年	PlayStation4、Windows	800+游戏
NVDIA	GeForce NOW	\$7.99/月	Shield、Windows、MacOS	1000+游戏

续表

厂商	云游戏平台	订阅费	操作平台	进度
Google	Stadia	$9.99/月	通过手机、PC、电视等终端打开Chrome浏览器跨平台游戏	2019年11月正式向14个国家推出，游戏列表共有约30款游戏
微软	Project xCloud	—	PC、consoles、手机	2019年8月首次公开测试
腾讯	腾讯即玩	—	Android等多种设备	广东、上海等地区开启内测
PlayCloud	PLAYCLOUD	$2.25/天	Windows、MacOS、Android、Linux	已覆盖10+国家
Loudplay	LOUDPLAY	€0.2/小时	Windows、MacOS、Android、Linux	已覆盖10+国家
RemoteMyApp	Vortex Cloud	$9.99/月	Windows、MacOS、Android、Xbox等	已覆盖11个国家
EA	Project Atlas	—	—	—

资料来源：各厂商官网。

云游戏模式有助于提升重度用户规模，重度用户转化率不再受限。在游戏整体用户规模增长空间有限的情况下，云游戏模式实现了数据处理和画面显示的分离，对物理硬件没有任何要求，不需要玩家在本地储存文件。这样的特性将使得受限于硬件配置的玩家不被排除在外。云游戏模式下的产品可以为轻度休闲玩家免除下载安装的烦琐，也无须面对配置门槛，可以吸引这部分玩家为目标用户，并有机会将其进一步转化成重度用户。

（2）VR、AR游戏有望加速发展

云游戏将催生新的游戏玩法模式，未来更看好VR、AR技术的应用。VR、AR技术重沉浸感和真实感，与游戏的情感体验目标相一致，速度、画质均有大幅提升的云游戏将使其得到更为贴合的应用。

VR 游戏利用计算机生成模拟环境，通过设备实时渲染画面，包含更多体感操作方式，提供多种人称视角，有更多方向的开发空间。目前，国外主流厂商都在 VR、AR 游戏制作领域发力，大 IP 游戏多推出 VR 版本，而我国在 VR、AR 游戏领域实力尚弱，但也在努力追赶中。如由网易打造的 PC 及 VR 双平台开放世界游戏 *Nostos*（中文名《故土》）即是一次有益的尝试。*Nostos* 在 2018 年 11 月 24 日的 2018VRCORE Awards 中荣获最佳游戏奖，一些业内人士将其视为网易 VR 游戏战略布局的里程碑。该游戏已于 2019 年 9 月 5 日开启 Beta 测试，在游戏测评网站 Taptap 上评分 9. 2 分。

（3）云游戏时代商业模式的革新

1）订阅制为主流付费模式，有望增加平台的用户时长。

就国外云游戏的商业机制来看，现行主流的付费模式为订阅制，如游戏大厂 EA 的 EAAccess、育碧的 UPlayPlus 以及谷歌 2019 年 11 月 20 日上线的云游戏平台 Stadia。据 Broadband Genie 于 2019 年 7 月公布的调查结果，国外约有 74% 的玩家更倾向于在云游戏付费上采用订阅制；尽管中国玩家更为习惯游戏免费、道具收费的付费模式，但我们认为国内视频、音乐等内容订阅服务的普及已证明游戏订阅的可行性。

产业数字化进程加快、成本降低，促使游戏订阅服务方式可行性提高。订阅服务本质是在不损害销量的基础上推广游戏平台、增加用户黏性、提高单个游戏的游玩次数，未来云游戏订阅服务还将进一步增加平台的用户时长。

除以上优势，订阅服务的市场表现也十分可观，根据 SuperData 在 2018 年第三季度的调研报告，整体上订阅玩家比非订阅玩家的付费意愿更强，就一次付费游戏来说，购买游戏本体的订阅玩家数量比非订阅玩家高 45%；若存在游戏内付费【包括 DLC（可下载内容）及其他内购内容等】，订阅玩家的付费金额也在非订阅玩家的 2 倍以上，如图 2. 48 所示。

云游戏时代，订阅制的出现有其自身的合理性，但平台与研发商按何种标准进行分成以及分成比例，都需要产业内各环节进行博弈和摸索，当前这种商业模式还并不成熟，需要一定的探索。

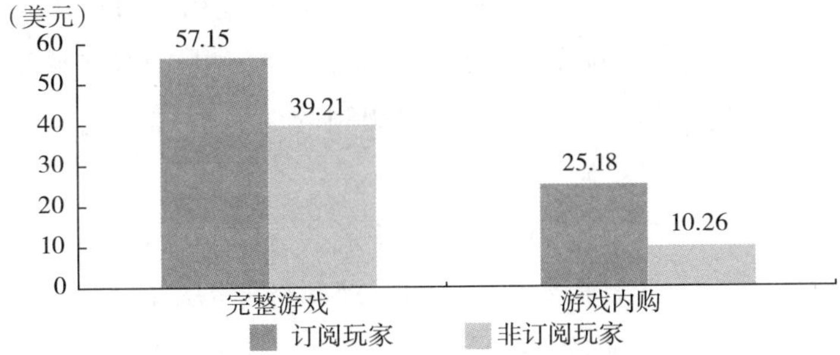

图 2.48　订阅玩家与非订阅玩家平均付费意愿对比

资料来源：SuperData。

2）分成比例有望向上游内容方倾斜，提升头部研发商估值中枢。

当前的移动游戏市场中，利益分成向渠道端倾斜明显。一般来说，渠道商基本可获得 40% ~60% 甚至更高的游戏流水分成，发行商分得 20% ~30%，而研发商仅能分得 20% ~30%，若发行商较强势，这个比例可能更少。因此在这种分配机制下，“高质量、长寿命”的策略成为伪命题，更多短期市场投机者出现，对产品质量并不重视，而是通过其他方式来获取利益。

在 5G 技术即将全面落地的大背景下，云游戏时代的到来将改变传统的游戏分发方式，云游戏的易接入性以及跨平台、跨终端的特性也将倒逼游戏质量提升，渠道的强势地位也将被削弱，平台用户多栖的策略将使得研发商具有更强的话语权，从这个角度看，技术突破不仅是游戏产业的整体风口，亦可能成为行业格局重新洗牌的契机。

云游戏时代，分发渠道将更为多元，渠道的地位将相对弱化，同时平台天然需要大量游戏产品尤其是具有排他性的游戏，以维持其可续活力，故而收入分成比例将向上游内容生产商倾斜，带动研发商毛利率提升，这意味着精品游戏内容厂商的估值中枢也会随之提升。

竞争格局上，传统研发大厂因其精品游戏和品牌溢价而更具有平台间的议价能力，市场地位稳固甚至有所提升；对中小厂商来说，竞争机遇在于走差异化的道路。大游戏厂商由于研发成本与周期等因素，在游戏内容上进行创新的灵活性相对较弱，而游戏向云平台转移的同时伴有玩法变革的需求，尽管存在风险和不确定性，但这也将给新兴创业公司、独立游戏开发者以较大发挥余地。

2020 年，具备端游、主机游戏研发能力的大型游戏公司将优先受益。云游戏及 VR 游戏平台均需要优质内容支持，平台方将对具有高品质游戏研发能力的游戏厂商给予更多的扶持。同时，订阅制的商业模式变化也有望提升独立游戏的商业化水平，利好独立游戏研发商。

2. AR/VR：借力 5G，云 VR 一体机将成为大众消费品

从全球市场来看，受益于成熟产品的拉动和行业需求的增长，VR/AR 头显设备出货量在经历 2018 年的下滑之后开始恢复增长。VR/AR 硬件升级明显。目前 VR 头显产品进入硬件升级迭代期，轻便与舒适性得到明显提高。

5G 时代网速提升解决 VR/AR 瓶颈，预计将迎来大规模爆发。5G 时代网速提升解决了 VR 设备过去由于网速延迟严重引起的玩家游戏眩晕、体验较差的瓶颈，中国 VR 市场规模 2020 年达到 301 亿元。用户如果要拥有 VR/AR 的完美体验，需要满足高带宽、低时延、高移动性等条件。前期 VR 设备没有大规模商用落地的主要原因是之前网速较慢，使用 VR 设备延迟严重，导致玩家在游戏中眩晕，体验较差。5G 时代，网速提升将解决 VR 发展瓶颈，预计将迎来全面爆发。

解决用户体验与终端成本平衡问题，潜力巨大。2012 年 Google 推出 AR 眼镜，同年 VR 头盔 Oculus Rift 问世。2016 年是 VR 产业元年，大厂 Sony、HTC 和 Oculus 面向大众消费市场分别推出了自己的 VR 终端（PSVR、Vive、Rift），同年 Microsoft 推出面向垂直行业市场的 AR 终端 Hololens。2014—2016 年，整个 VR/AR 领域受到了资本市场的高度关注，然而 2016 年后由于各方的性能表现低于预期以及内容应用匮乏等，VR/AR 市场骤然遇冷。

云 VR/AR 低成本、轻量化，解决了 VR 行业的核心痛点。目前 VR 设备主要有三类：轻量级 VR、PCVR 和 VR 一体机。其中轻量级 VR 无独立的计算、存储及显示设备，需要与手机等移动设备配套使用，移动性好但用户体验较差。PCVR 是将 PC 作为计算和存储的有线连接设备，体验性较好，但便携性差且价格过高。VR/AR 用户体验和终端成本的平衡是目前影响虚拟现实产业发展的关键，云 VR 具有低成本、轻量化的特点，有望解决核心痛点。VR 一体机是确定的行业方向。

VR/AR 对带宽需求巨大，是最有潜力的大流量业务之一，5G 丰富了 VR 网络接入方式，可帮助 VR 实现更多元的业务场景，特别是对移动性和强交互

要求更高的业务场景。

（1）VR 一体机是确定的行业方向

VR 终端经过手机盒子、PC 头显的演进，最终将头戴式一体机确定为行业发展方向。

1）手机盒子嵌入机（Screenless Viewer）：体验级 VR 眼镜产品；用户的手机担任了“处理器 + 显示器 + 陀螺仪”的角色，而 VR 眼镜本身只提供了一个凸透镜；这类眼镜成本及售价低，但仅适用于视频类的入门级体验场景。

2）VR 头戴显示器（PCVR，Tethered HMD）：高端 VR 眼镜；通过连接 PC/主机，使用 PC 的 CPU 和显卡来进行运算，从而获得极优秀的显示效果；但由于对本地硬件的要求较高，整套设备的配置价格昂贵，且有线连接限制了移动性和体验场景。

3）一体机（Standalone HMD，All in one HMD）：自带显示器、陀螺仪、计算模块，无须外部硬件支持；由于无须有线连接，其移动性和便携性获得质的提升，真正具备了大众消费品属性。

IDC（国际数据公司）预计，VR 一体机在整体 VR 市场的份额将从 2018 年的 26.6% 增长至 2019 年的 38.2%。

Facebook（脸书）于 2019 年年中推出的 Oculus Quest 定义了一体机的行业标准，推动 VR 从硬核玩家走向普通消费者，是行业发展的风向标。①价格：Oculus Quest 将 VR 一体机的入门门槛降至 399 美元，相较于 PCVR 1000 美元起步的配置成本大幅降低；②操作与体验：移动硬件性能的发展使得 Quest 拥有可与 PCVR 媲美的优秀体验，且即开即用的特性降低了用户的学习成本，使得用户群体从“硬核玩家”向大众消费者扩散。

（2）5G 带来云 VR，进一步赋能 VR 一体机

云 VR 是千兆家宽的主力应用场景，也是业内公认的 5G 典型应用。云 VR（Cloud VR），是指云计算、云渲染与 VR 相结合，借助高速网络将云端的显示、声音等传输到终端设备，实现 VR 的内容上云，如图 2.49 所示。

云 VR 将解决现有一体机的体积和性能矛盾。①移动设备始终面临着体积和性能的平衡难题：优秀的用户体验对 CPU（中央处理器）/GPU 的计算速度、存储空间、续航能力和散热性能均提出了较高的要求，而这些性能均需要相应的硬件空间来满足；因此，现有的 VR 设备体积仍然较大，对用户的体

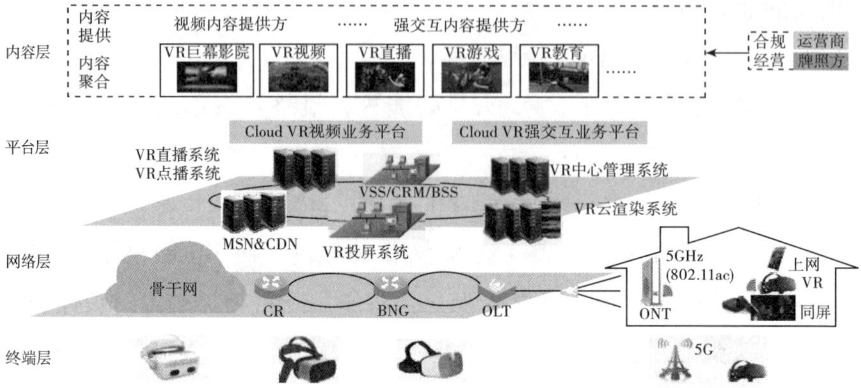

图 2.49　云 VR 解决方案

资料来源：华为《Cloud VR 解决方案白皮书》。

验造成一定影响。②云 VR 将计算和储存环节上移至云端，将进一步驱动 VR 一体机的小型化；VR 设备有望从“大哥大”向“手机”持续演进，产品力将不断提升，带来消费需求。

千兆家宽和5G 的普及是云 VR 成为现实的必要基础条件。①千兆带宽为 VR 业务的开通提供大带宽基础。根据华为测算，多屏并发场景（VR 视频/游戏、上网、投屏）对带宽的需求将超过 100Mbps；2018 年工信部开始推动大容量光纤宽带部署，当时已在超过 100 个城市开通千兆宽带业务。②高性能 5G Wi－Fi 提供低时延基础。VR 视频业务对 Wi－Fi 的要求与传统视频差别不大，但强交互业务（如游戏）对无线连接的时延有较为严苛的要求，而 5GHz 的 Wi－Fi 及蜂窝网络在时延方面将有明显的体验提升。

（3）云 VR 带来运营商战略机遇，运营商是云 VR 发展的重要推动力量

Cloud VR 为运营商带来重要战略机遇。①在网络端：Cloud VR 可以拉动用户网络升级，有助于提升用户 ARPU 值；②在内容端：运营商在 4G 时代面临着被“管道化”的危机，5G 时代 VR 新内容带来新的业务机遇。凭借网络优势，运营商可以率先将原有的大量视频用户升级为 VR 用户，活跃度和内容付费都有较大的提升空间。

2018 年起，国内三大运营商已在不遗余力地进行“5G＋VR”创新业务的布局。2018 年上半年至今，“5G＋VR＋4K/8K”直播是应用最广泛的内容，此外在教育、医疗、旅游等领域都有创新业务落地。

运营商5G套餐推动云VR落地。中国电信推出了涵盖“基础通信+5G应用+5G权益”的套餐体系，套餐价格169元至599元不等，各种价位均享有云VR权益。中国联通推出沃家云游戏平台。中国移动开展“5G+云VR”线下体验活动。随着5G商用落地，后续我们看好运营商进一步推出“5G+云VR”套餐，推进云VR业务落地。

3. 超高清视频：5G为超高清视频落地提供支持，广电在其中扮演重要角色

5G的高网速、低延时将会给内容端带来更多的场景应用和商业服务模式，其中之一就是超高清视频，不仅带来超高清，更带来传输场景到内容的全面提升。

（1）5G满足超高清视频传输的刚性需求

4K/8K视频数据传输量是1080p的8~16倍。①超高清视频指4K/8K分辨率的视频。以16:9屏幕为例，1080p每帧图像207万像素，4K每帧图像829万像素，8K每帧图像3318万像素。②超高清视频要求更大的数据传输量。在相同色彩深度和分辨率的条件下，4K/8K视频的单位时间数据传输量分别是1080p的8倍和16倍，如图2.50所示。

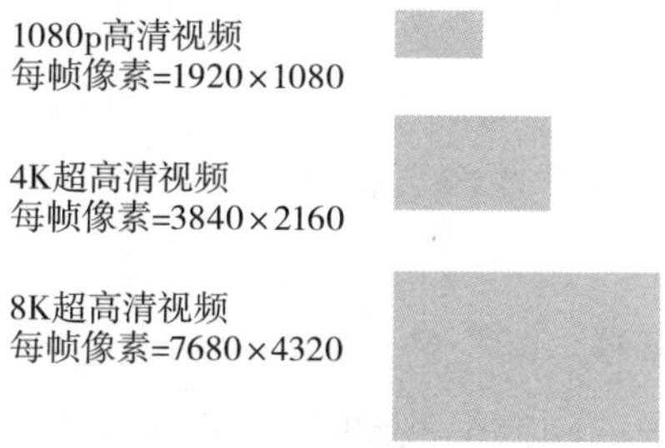

图2.50 1080p、4K、8K高清视频每帧像素

资料来源：中国通信标准化协会。

5G满足超高清视频传输的刚需。①4K/8K传输带宽需求。在常用的H.265编码方式下，4K视频需要60~75Mbps的传输带宽，8K视频需要135Mbps以上的传输带宽。②4G网络不能满足传输要求。4G FDD（频分双工）制式下行峰速最高150Mbps，TDD（时分双工）制式下行峰速最高100Mbps，用户体验速率在20~65Mbps，低于4K视频需求。③5G提供符合的移动网络环境。5G下行峰速理论上可达10Gbps，用户体验速率可稳定在

100Mbps 以上（甚至高达 1.7Gbps）。5G 条件下可以实现 4K/8K 视频的高码率传输，满足超高清视频对移动网络的需求。

（2）5G 拓展超高清视频传输场景和内容

5G 拓展超高清视频应用场景。2019 年 5 月 11 日，国家大剧院原创民族舞剧《天路》实现了全球首次“4K+5G”影院直播，直播采用中国移动 5G 网络加上咪咕公司 4K 超高清技术，直播画幕为 14 米宽，LED 电影屏更清晰，并保持 50 帧的高帧率。应用 5G 技术，超高清视频的传输可以延伸至有线网络难以触达的地点，增加超高清视频的可落地场景。

超高清视频实现组播传输形式。①4G 网络条件下，视频直播以单播为主，即用户在屏幕上只能观看播出方提供的单一视角。②5G 大带宽、高速率、广连接、低时延特性，可以实现从 4G 单播到 5G“单播+组播+广播”。在 2019 国际乒联世界杯中，华为与中国联通合作，实现多视角、全景 4K 场景，观众可以同时观看多个视角，也可以清楚感受现场每一处细微画面。5G 使得超高清传输由单播向组播转变，拓展直播内容。

（3）政策：5G+4K/8K 高清视频协同发展

《超高清视频产业发展行动计划（2019—2022 年）》明确，按照“4K 先行、兼顾 8K”的总体技术路线，大力推进超高清视频产业发展和相关领域的应用。2022 年，我国超高清视频产业总体规模预计超过 4 万亿元，4K 产业生态体系基本完善，8K 关键技术产品研发和产业化取得突破，形成一批具有国际竞争力的企业。

多省市跟进“5G+4K/8K”的超高清视频行业建设。2019 年 4 月，广东省人民政府颁布《广东省超高清视频产业发展行动计划（2019—2022 年）》。同年 5 月，北京市广播电视局与北京市经信局联合发布《北京市超高清视频产业发展行动计划（2019—2022 年）》，指出联合“5G+4K/8K”产业链核心企业和资源开展 4K/8K 技术研究。同年 7 月，安徽广播电视台举行 5G+4K 融合发展战略合作联合签约仪式，以“5G+智慧广电+智慧旅游+超高清视频”为战略目标。

（4）超高清视频拥有众多应用场景，且提升空间大

1）从 B 端看，超高清视频拥有众多的应用场景。

5G 网络对视频传输带宽能力所带来的突破将革新旧有场景，增强可实践

性，赋予超高清视频更多的现实意义，如大型赛事和演出直播、远程安防监控、远程超清医疗救治等。同时，科技产品的不断进步，也为超高清视频的制作提供了新的助力，如机器人、无人机等设备协助制作的视频，将提供更为丰富的景象角度，提高信息的充裕度。

2）从 C 端看，超高清视频渗透率较低，提升空间大。

目前，在 C 端，超高清视频内容的渗透率较低，且有硬件先行的特点。据中国电子视像行业协会发布的数据，2019 年第一季度 4K 电视的渗透率已接近 70%。而 4K 视频点播用户仅占视频点播用户的 24%，显著落后于硬件渗透率，如图 2.51 所示。

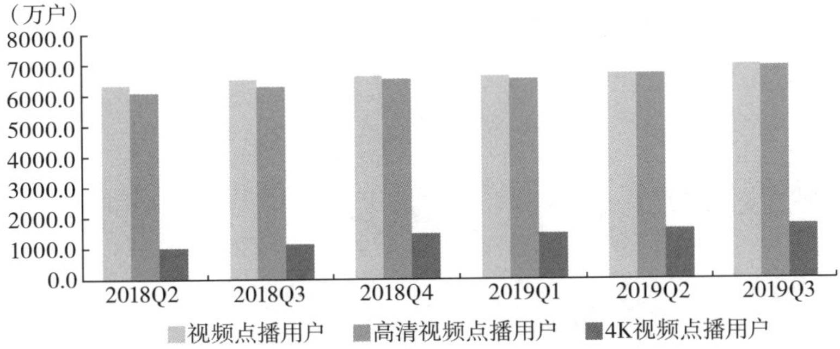

图 2.51　2018 年第二季度至 2019 年第三季度视频点播用户情况

资料来源：中国通信标准化协会、国网发布。

（5）广电行业将在超高清视频产业链中发挥重要作用

2019 年 3 月，《超高清视频产业发展行动计划（2019—2022）》在各方面都为行业发展做出了规划。为达到超高清行业产值目标提出了几个重点任务，其中包括以下几点。

1）推进超高清电视切换台及其系统、总控和播出系统、视音频矩阵、专业调音台、专业监视器等重点制播设备产业化。

2）推进有线网络 IP 化、光纤化进程。

3）持续推进 4K 超高清电视内容建设，创新内容生产，支持超高清电视节目制作。

4）加大超高清电视采集制作、总控播出、互动分发、数据中心、管理平台等系统建设投入，强化平台建设，构建相关业务平台。推动超高清电视在有线电视和 IPTV 等方面的应用。

由此可见，广电企业将在未来几年的超高清视频产业发展中扮演重要的角色，从有线电视网络的升级改造到高清视频制播设备的研发，再到超高清内容的制作和生产，广电企业均是推动行业发展的重要力量。

随着广电5G在2020年的商用，以及全国广电一网整合的推进，广电行业将迎来众多新的发展机遇，如个人用户业务和垂直行业应用等，为行业培育新的增长动能，行业基本面有望好转。

传媒篇

第三章　中国报刊业投资发展报告

周根红[1]

一、当前报刊业投资环境分析

（一）广告市场整体下滑，传统媒体降幅最大

2019年，我国经济的总体运行特征是“稳中有变、变中有忧”。受经济环境的影响，广告主对2019年整体经济市场的信心有波动，致使中国广告市场重新进入调整期。截至2019年第三季度，中国广告市场整体下滑8.0%，传统媒体同比降幅达到11.4%。传统媒体中，电视和广播媒体的刊例花费同比下滑10.8%和10.7%。平面媒体中，杂志媒体的刊例花费降幅有所收窄，同比减少7.0%，报纸媒体的广告花费同比下滑27.4%（见表3.1）[2]。与此同时，2019年12月我国订销报纸份数145228.8万份，同比下降0.7%；1—12月我国订销报纸份数1682803.6万份，累计下降2.7%。

表3.1　2018—2019年前三季度各媒介广告刊例花费变化　　单位:%

年份	电视	报纸	杂志	广播	传统户外	电梯电视	电梯海报	影院视频	互联网
2018	3.6	-31.9	-8.1	8.3	-12.0	24.8	25.5	22.6	7.1
2019	-10.8	-27.4	-7.0	-10.7	-19.8	2.8	4.5	3.6	-4.2

资料来源：CTR媒介智讯。

（二）新闻纸供大于求，价格大幅度下降

2019年1—6月全国新闻纸产量约为70.58万吨，销售62.19万吨，库存

① 周根红，山东大学文学院教授、博士生导师。

② CTR. 2019年前三季度中国广告市场回顾报告[EB/OL].[2019-11-15].http://www.199it.com/archives/966704.html.

8.39万吨。由于2018年国产新闻纸价格快速上涨，国内各进口商觉得有利可图，纷纷加大新闻纸进口量，2019年上半年共计进口约22.6万吨。由此可见，2019年上半年新闻纸供应量为93.18万吨。从中国报业协会最近对全国108家用纸量大的报社2018年、2019年上半年用纸量统计数据来看，2019年上半年比上年同期用纸量增加的报社有15家，增长比例为13.9%，主要为中央级报社和部分省级、地市级党报；用纸量减少的报社有87家，减少比例为80.6%；持平的报社6家。这108家报社2018年上半年总用纸量为45.8万吨，2019年上半年总用纸量为41.4万吨，2019年上半年比2018年上半年总用纸量减少了4.4万吨，下降了9.6%。由于供大于求，2019年国产新闻纸全国平均价格为5050元/吨，比2018年的6300元/吨下降1250元/吨，进口新闻纸2019年平均价格为4600元/吨左右。新闻纸供应充足且价格大幅度下降，各报社纷纷增加库存，2019年，全国报业新闻纸库存约为2.3个月，远大于2018年同期1.2个月的库存量。根据中国报业协会预测数据，108家报社2019年总的用纸量约为84.3万吨，比2018年实际用纸量92.9万吨减少了8.6吨，降幅为9.3%①。

（三）大批报刊停刊休刊，报刊业形势依然严峻

据不完全统计，2019年有30余家报刊停刊、休刊，如《郴州新报》《黄山日报·黄山晨刊》《新知讯报》《人民公安报·消防周刊》《京郊日报》《黑龙江晨报》《今晨6点》《辽沈晚报·铁岭版》《法制晚报》《北京文摘》《生活周刊》《哈密广播电视报》《春城地铁报》《赣州晚报》《亳州新报》《新商报》《中国技术市场报》《华商晨报》《安阳晚报》《重庆时报》《北京晨报》等（见表3.2）。

表3.2　2019年停刊休刊报刊一览表

序号	报刊名	出版地	类型	停休刊时间
1	京郊日报	北京	都市报	2018年12月29日
2	黄山日报·黄山晨刊	安徽	都市报	2018年12月29日

① 中国纸业网．中国报业2019年新闻纸市场信息交流会召开[EB/OL].[2019－08－02]. http://www.chinapaper.net/news/show－39042.html.

续表

序号	报刊名	出版地	类型	停休刊时间
3	黑龙江晨报	黑龙江	都市报	2018 年 12 月 29 日
4	郴州新报	湖南	都市报	2019 年 1 月 1 日
5	新商报	辽宁	都市报	2019 年 1 月 1 日
6	赣州晚报	江西	都市报	2019 年 1 月 1 日
7	春城地铁报	云南	都市报	2019 年 1 月 1 日
8	亳州新报	安徽	都市报	2019 年 1 月 1 日
9	新知讯报	宁夏	都市报	2019 年 1 月 1 日
10	人民公安报·消防周刊	北京	行业报	2018 年 12 月 28 日
11	法制晚报	北京	都市报	2019 年 1 月 1 日
12	北京文摘	北京	文摘报	2019 年 1 月 1 日
13	华商晨报	辽宁	都市报	2019 年 1 月 1 日
14	生活周刊	上海	都市报	2019 年 1 月 1 日
15	北京晨报	北京	都市报	2019 年 1 月 1 日
16	今晨 6 点	山东	都市报	2019 年 1 月 1 日
17	辽沈晚报·铁岭版	辽宁	都市报	2019 年 1 月 1 日
18	哈密广播电视报	新疆	—	2019 年 1 月 1 日
19	中国技术市场报	北京	行业报	2019 年 1 月 1 日
20	安阳晚报	河南	都市报	2019 年 1 月 1 日
21	重庆时报	重庆	都市报	2019 年 1 月 1 日
22	成都晚报	四川	都市报	2019 年 3 月 30 日
23	绍兴广播电视·生活周报	浙江	都市报	2019 年 7 月 5 日
24	三晋都市报	山西	都市报	2019 年 7 月 27 日
25	发展导报	山西	都市报	2019 年 7 月 27 日
26	城市信报	山东	都市报	2019 年 8 月 1 日
27	人民日报海外版中东刊	北京	机关报	2019 年 11 月
28	青少年日记	山西	青少类杂志	2019 年 9 月
29	健康之路	广东	生活类杂志	2019 年 1 月
30	IT 经理世界	北京	行业类杂志	2019 年 1 月

(四) 报纸纷纷改版缩版，纸质媒体转型迫切

互联网的兴盛，尤其是移动互联时代的到来，重塑着媒体的格局，深刻改变了传统媒体生态。传统媒体的生存空间不断受到挤压，纷纷做出必要的调整。改版缩版、数字化转型成为传统媒体的一种常态。2019 年，以《人民日报》为代表的 20 余家纸媒纷纷从版面、版式和专题内容等方面着手，对报纸进行改版。这次的改版，正是纸媒顺应新时代发展趋势主动作为、推动改革发展的新举措，蕴含着纸质媒体迫切转型的需求。人民日报编辑部在 2019 年 1 月 1 日头版刊登的《致读者》中表示，从 2019 年元旦起，《人民日报》实行改版，工作日从 24 块版调整为 20 块版，周末从 12 块版调整为 8 块版，节假日仍为 8 块版，全部版面彩色印刷。《文汇报》提出要“改进提升报纸品质，精准定位‘全国人文大报’”。《南方日报》则以政治的高度、思想的深度、理论的厚度、人文的温度、文字的精度取胜，着力打造“政经纸”“观点纸”“深度纸”。《浙江日报》在致读者中对此次改版中新增加的版块进行定位，即全新打造深度版块，“深读”“人物”“亲历”带你领略新时代万千气象，带来前瞻视角，回应你的所思所盼。《今晚报》再次加大字号，版面求精、求新，通过留白设计使版面清朗透气，增加阅读的舒适度。《法制日报》注重各种版面元素合理调配运用，图表、照片等视觉元素轮番使用，增强视觉冲击力；稿件之间更多留白，使得版面编排疏密有致，飘逸俊朗①。

值得关注的是，《第一财经日报》宣布 2019 年进行创刊以来最重大的一次转型和改版，全面转向深度报道和优质观点。除了每天前四个版报道重大事件，后八个版将发挥第一财经全球布局以及国内最大规模原创采编团队的优势，围绕当前财经领域重要新闻和话题，提供富有前瞻性和洞察力的深度报道，包括独家调查、专业分析和重磅研究成果。这个转变首先和内容需求有关，移动互联网时代人们获取快速资讯已经易如反掌，机构媒体的内容优势已经不再是日常新闻的采集和刊发，而是利用规模化的原创团队，提供更多独家新闻、深度调查报道以及专业的解读文章。此外，财经新闻阅读场景发生了深刻变化，移动终端满足了人们随时随地阅读的需求，在这种背景下，

---

① 人民网．迈进 2019　中国报业在改革融合中展现新气象[EB/OL]．[2019 - 01 - 11]．http://media. people. com. cn/n1/2019/0111/c14677 - 30520157 - 8. html.

纸质读本可以构架的是一个适合于安静阅读的场景，可以从容思考的场景，不再困扰于“碎片”，回到整洁的书桌旁，还有图文并茂的纸媒版式提供的“悦读感”①。

（五）报业融合持续推进，“报网端”融合成趋势

媒体融合是当前传统媒体发展的重要趋势。进一步深化媒体融合，“报网端”齐头并进，也是纸媒发展的重点。

2019年9月19日，“人民日报+”正式亮相，由普通用户、专业用户生产内容，以“人民问政”为主要特点，致力构建兼具主流价值和创新活力的短视频内容生态，为主流媒体建立自主可控的短视频平台迈出创新探索的第一步。《经济日报》推进报纸与经济日报移动新闻客户端、中国经济网网站同步改版，并推动全员转型，工作重心逐步转移到移动传播领域，加快新闻生产“主力军”挺进互联网“主阵地”。《广州日报》致力打造城市融媒平台，不断做强《广州日报》客户端、官方微博微信影响力，继续提升融媒产品质量。《长沙晚报》则立足“一报一端两微”，推动立体传播，一线记者全都升级为“全媒体记者”，力争在第一时间、第一现场，以“多种平台、多样话语”把最实用、最长沙、最鲜活的信息送到读者指尖②。

南方报业在智慧转型的进程中亮点纷呈:既有媒体融合转型技术探索,又有融媒技术项目实践,如“南方报业智能化管理平台小南2.0”“基于南方党媒算法的南方+大数据平台”“集团采编数据采集系统”“聚焦上市公司的机器写作平台”“报网端产品内容智能风控系统”“集团大数据可视化分析平台”“南方报业安全罩”;集团技术发展紧扣“移动优先、数据优先、用户优先”战略指引,技术赋能推动“内容智库化,传播智能化”,助力集团由“融媒”向“智媒”提升,为建设智慧型文化传媒集团提供行之有效的技术解决方案③。

传统报刊经营收入也逐渐下降，新媒体收入成为主导。2019年上报集团在内容聚合分发、资讯影音一体化平台、区级融媒体下沉服务、智能翻译和播报、智能审核和标签体系、智能金融数据六个领域集中发力，打造了八大

---

① 蓝鲸财经.《第一财经日报》创刊以来最大一次改版:全面转向深度报道[EB/OL].[2019-01-02].https://baijiahao.baidu.com/s?id=1621506490306785848&wfr=spider&for=pc.

②③ 南方报业获2019中国报业技术多个重量级技术奖项_广东精选_南方网[EB/OL].http://news.southcn.com/gd/content/2019-12/04/content_189711090.htm.

智媒体重点项目。上报集团主业收入结构发生根本性变化：核心主业已经不是传统的报刊经营收入，新媒体收入唱起了主角，2019 年达到 58.39%；媒体主业收入中已经不完全是传统的广告收入唱独角戏，新媒体创新服务收入成为后起之秀，占该集团媒体业务总收入的比重达到 31.68%①。

（六）“广电 + 报业”跨媒体整合，运行不畅导致分分合合

“广电 + 报业”跨媒体整合最早可追溯到 2004 年。2004 年 5 月，牡丹江市委决定将资不抵债、难以维系的牡丹江报业集团与牡丹江广电集团合并，成立牡丹江新闻传媒集团。牡丹江广电集团与报业集团重组，也在国内第一个实现了区域内跨媒体整合。自牡丹江报业集团与牡丹江广电集团合并后，2004 年到 2010 年，佛山、成都、滨州等地也掀起“广电 + 报业”整合潮。2010 年之后，“广电 + 报业”这种模式整合案例相对较少，直到 2016 年银川市将“报业 + 广电”进行整合，组建银川市新闻传媒集团，该集团也成为全国省会级城市率先实现跨媒体整合并运营的传媒集团。2018 年以来，“报业 + 广电”整合模式开始不断涌现，其中 2018 年，芜湖和大连媒体先后进行整合，2019 年，张家口、鄂州、绍兴、珠海等地市级媒体进行了整合。值得一提的是，从单纯的“报业 + 广电”跨媒体、“报业 + 广电”跨其他媒介再到“报业 + 广电”跨文宣系统或文化产业，“报业 + 广电”整合新业态新模式不断涌现，从地域层面上讲，“报业 + 广电”这种整合模式也从全国首个、首个地级市、首个副省级城市伸展开来。

2019 年，一些报业和广电合并的传媒相继出现了重新分立的现象。2019 年 4 月 12 日，大庆日报社、大庆广播电视台成立，这两家单位都为市委直属事业单位，回归事业序列；而债务以及不良资产都剥离给新闻传媒集团，由国资委接手。大庆日报社、大庆广播电视台、大庆新闻传媒集团三家单位互不隶属，各自依法独立运行。之前成都传媒集团，也在整合几年后与广电报纸分道扬镳；此外，牡丹江新闻传媒集团也正酝酿分立。这种现象表明，“报业 + 广电”的整合，不是传统媒体与传统媒体的媒介整合，而应是体制、机制、内容和平台的化学融合（见表 3.3）。

---

① 曹玲娟．上海报业集团新媒体收入唱起主角　2019 年达到 58.39% [EB/OL]. [2020 - 02 - 28]. http://sh.people.com.cn/n2/2020/0228/c134768 - 33837465.html.

表 3.3 地级市"广电+报业"合并案例

2004 年	牡丹江报业集团与牡丹江广电集团合并	成立牡丹江新闻传媒集团	在国内第一个实现了区域内跨媒体整合
2005 年	佛山电台、佛山电视台并入佛山传媒集团	佛山日报传媒集团更名为佛山传媒集团	开创国内第一个整合平面媒介和广电媒体、文化团体的传媒集团先河
2006 年	成都日报报业集团和成都广播电视台合并	组建成都传媒集团	全国中心城市第一家综合性地方传媒集团
2008 年	滨州市委、市政府整合广播电视和报业资源	组建滨州传媒集团	山东首家跨媒体传媒集团
2010 年	将电视、广播、报纸、网络等市属媒体整合	建立大庆新闻传媒集团	大庆传媒史上第三次重大改革
2016 年	银川整合银川日报社、银川市广播电视台	组建银川市新闻传媒集团	全国省会级城市率先实现跨媒体整合并运营
2018 年	芜湖日报报业集团、芜湖广播电视台整合	成立安徽芜湖传媒集团	安徽首个市级传媒集团
2018 年	大连报业集团、大连广播电视台等 11 家单位整合	成立大连新闻传媒集团	全国副省级城市率先提出并实施
2019 年	张家口日报社与张家口广播电视台融合改革	张家口市新闻中心临时党委成立	河北首个媒体改革城市
2019 年	整合鄂州日报社、鄂州广播电视台	组建鄂州市融媒体中心	湖北首家地级市融媒体中心
2019 年	整合绍兴日报社、绍兴广播电视总台	组建绍兴市新闻传媒中心	全省率先组建地级市新闻传媒中心
2019 年	以原珠海报业集团和珠海广电集团为基础进行整合	组建珠海传媒集团	国内首家全媒体国有文化传媒企业集团

资料来源：传媒独家。

二、当前报刊业的投资机遇

(一) 把握技术变革，推动智媒转型

2019 年，各大媒体在中宣部的带领下，纷纷深入学习贯彻习近平总书记关于推动媒体融合发展、做大做强主流舆论的重要论述，积极适应全媒体时代发展大势，并迈出坚毅步伐，依托自身优势与特色，展开不同程度、不同方式的实践。可以说，媒体融合是媒体的一次自我革命，更是一场必须赢得的战役。这一年里，各大媒体已取得阶段性胜利，成绩显著。作为媒体融合的“领头羊”，人民日报社坚持移动优先战略，加快拓展移动传播阵地，形成以人民日报“两微两端”为代表的移动传播新格局。2019 年 12 月 20 日，人民日报数字联播网职教频道上线暨人民日报数字职教频道媒体融合与传播联盟成立，这是人民日报数字传播有限公司在推进媒体融合发展方面的又一重要举措。

科技仍然是推动媒体智能化发展的生产力。2019 年，5G 技术逐步试点商用，随着这项技术的不断成熟，将深刻变革大数据、云计算、人机交互和人工智能的使用场景及范围，也将帮助智媒体在海量的信息与用户之间建立精准、高效的一对一连接关系。区块链技术也成为引发媒体变革的新高地。2018 年 11 月 23 日，人民创投区块链研究院传媒实验室首份研究成果《传媒行业区块链应用发展研究报告》发布。从该报告中不难看出，随着区块链行业的逐渐成熟，互联网、移动智能设备市场将迎来高速发展。电子媒介行业蒸蒸日上，人口流量红利面临枯竭，诸多媒体也将从区块链角度寻求新的发展路径。这也说明，在科技的快速变革中，智媒体的发展形态也将发生多样性变化，多样性将成为智媒体发展的常态。

5G 网络的商业化、区块链技术的应用，将再次重塑中国传媒产业格局。报业的发展应该积极把握技术的变革，顺应时代的发展，积极抓住发展机遇，培育新的产业增长点。城市主流媒体要顺应市场发挥优势，将新闻客户端升级为智慧城市平台应用，参与城市智慧决策、智慧政务、智慧交通、智慧民生等项目。

(二) 加强县级融媒体中心建设，推进地方报刊转型

2018 年 8 月 21 日，习近平总书记在全国宣传思想工作会议上明确提出，

要“扎实抓好县级融媒体中心建设，更好引导群众、服务群众”。这一论断深刻体现出党中央对媒体融合发展的全新判断与深刻洞察，为基层媒体转型发展擘画了改革方略，正式吹响了县级融媒体中心建设的“冲锋号”。之后，全国各地县级融媒体中心建设有条不紊地推进。2018 年 9 月，中宣部召开县级融媒体中心建设现场推进会，要求 2020 年年底基本实现在全国的全覆盖，2018 年先行启动 600 个县级融媒体中心建设。2019 年 1 月 15 日，中宣部和国家广播电视总局联合发布《县级融媒体中心建设规范》和《县级融媒体中心省级技术平台规范要求》。4 月 11 日，总局再次发布《县级融媒体中心网络安全规范》《县级融媒体中心运行维护规范》《县级融媒体中心监测监管规范》。至此，县级融媒体中心 5 项标准规范全部发布实施，县级融媒体中心标准体系基本建立，为指导全国县级融媒体中心建设提供了关键性、基础性技术支撑。

目前，县级融媒体中心建设已经形成了多种模式：延庆模式、玉门模式、长兴模式等。延庆融媒体中心以服务国家发展建设为首要任务，探索出国内首家“广电 + 报业”的融媒体模式，在中央和地方相关部门的支持下，延庆从对内和对外两个方面实施媒体融合：对内层面，整合《延庆报》、延庆电视台、延庆广播中心和新媒体（微博、微信、抖音）等传播资源；对外层面，延庆融媒体中心与人民网、光明网等中央媒体合作，借鉴其媒体融合经验，发挥其在人才、技术、资源等方面的优势，推动自身融媒体中心的建设。基于县域经济基础薄弱、人口数量较少、传媒市场有限等问题，玉门市广播电视台在中央媒体融合专项资金的支持下建设“一中心四系统 + 爱玉门 App”的融合媒体共享平台，构建广播、电视、微博、微信、Web、App、户外大屏、全城免费 Wi - Fi 的传播矩阵。长兴传媒目前已经初步形成全域融合的中央厨房，移动优先，推出短视频、掌心传媒、掌心音频、微直播、微游戏、VR 等多种类型的融媒体产品。在产品创新上，长兴传媒基于长兴帮频道和长兴帮 App 推出“电视看单、手机下单”的“电视 + 电商”模式，同时长兴帮 App 还提供吃、喝、玩、乐、购等 O2O 服务，本地资讯服务及政务公共服务。

2019 年，作为地方媒体代表，甘肃县级融媒体中心省级技术平台“新甘肃云”正式上线运行，3 个月后，首批 25 个试点县成功入驻；江苏省太仓日报社在全国率先建成“媒体 + 政务”融合模式的乡村振兴大数据中心；瑞安日报社在构建“新闻+服务”区域中心的战略目标下，从报纸业务范畴拓展到城市生活服务和产业服务，经营收入和营收能力大幅度增长，激发了媒体融合向纵深发展的动力与活力……县级融媒体中心建设，是地方报业发展的重要机遇。

（三）以数字经济为突破口，培育报刊发展新业态

习近平总书记在给首届中国国际智能产业博览会的贺信中指出，“促进数字经济和实体经济融合发展，加快新旧发展动能接续转换，打造新产业新业态，是各国面临的共同任务”。以数字经济作为转型突破口，做优做强做大传媒产业，不仅能够为建设全媒体传播体系提供必要的技术支撑，同时也为建设全媒体传播体系提供坚实的物质保障。近年来，我国数字经济呈现快速增长、规模庞大、潜力巨大的发展趋势，我国已成为全球第二数字经济大国。数字经济已经成为推动我国经济增长和高质量发展的重要动力。媒体发展数字经济是顺势而为，既是媒体融合的需要和转型发展的需要，也是自身优势的彰显。当前，数字经济正开启一个构筑转型发展新格局、重塑未来发展新动力的崭新时代。促进数字经济和实体经济融合发展，加快新旧发展动能接续转换，打造新产业、新业态和新的商业模式，是当前和今后一个时期的重要转型方向，是高质量发展的时代要求。在数字经济新时代，传统媒体需因时而动、乘势而上，紧紧抓住数字经济发展机遇，推动数字经济与传统产业融合，深入实施“互联网+”“文化+”，打造新产业新业态，建立起可持续的数字化商业模式和运营模式，以高质量数字产业推动传统媒体高质量发展①。

《关于推动传统媒体和新兴媒体融合发展的指导意见》中指出要提高技术研发水平，打破小而全、大而全的观念，积极通过多种方式吸收借鉴、善加利用先进传播技术和渠道，为推进媒体融合发展提供便利条件和坚实保障。不论是推动媒体融合，建立全媒体传播体系，还是发展数字经济，壮大媒体产业实力，仅仅依靠传统媒体自身力量都难以实现，必须以开放、连接、共赢的理念，以媒体资源为优势，以自有技术能力为支撑，与互联网公司开展合作，发挥各自优势，共同做大做强数字产业。近年来，各主流媒体纷纷加

---

① 张光辉．以数字经济为突破口做强媒体产业[N]．学习时报，2020-01-03.

强与互联网巨头的战略合作，共同探索数字经济创新模式，实现了共赢发展。借助先进技术、理念和强大渠道，共同打造高质量数字产业项目，对合作发展数字经济进行了有益探索。在数字经济时代，主流媒体集团应从顶层设计上将数字经济作为转型发展方向，制定适应新的媒体传播格局和数字经济发展趋势的战略规划，真正从数字化转型、科技赋能、构筑生态等方面规划传统媒体的战略发展方向。构建资源集约、结构合理、差异发展、协同高效的全媒体生产体系、传播体系、商业体系，重构互联网内容生态，强化开发数字经济产业能力①。

① 张光辉．以数字经济为突破口做强媒体产业[N]．学习时报，2020－01－03.

第四章　中国广播电视网络视听产业投资报告

朱新梅　卢凯[①]

2019年是中华人民共和国成立70周年，国家广播电视总局贯彻落实新发展理念，加强行业监管，加快推进广播电视网络视听创新性高质量发展，内容产业、媒体融合、智慧广电建设、网络视听新媒体等各个方面都呈现出良好发展态势。

一、加强政策保障与行业监管，营造良好发展环境

2019年，国家广播电视总局积极贯彻落实党中央国务院关于推动高质量发展的决策部署，制定出台了《关于推动广播电视和网络视听产业高质量发展的意见》，发布了一系列行业规范性政策文件，有效推动了广播电视和网络视听行业持续健康发展。

（一）出台系列推动产业高质量发展政策，为产业发展保驾护航

1. 出台综合性产业政策，促进产业发展

为落实《关于深化影视业综合改革促进我国影视业健康发展的意见》，2019年8月19日，国家广播电视总局发布了《关于推动广播电视和网络视听产业高质量发展的意见》。该意见首次明确了广播电视网络视听的产业定位，明确提出要健全现代产业体系和市场体系，提出形成新时代大视听产业全产业链市场发展格局，支持上市企业积极稳妥地开展跨地区、跨行业、跨所有制并购重组，打造综合性产业集团。这是国家广播电视总局第一次全面提出促进广播电视和网络视听产业发展的综合性政策，极大地解放了广播电视和网络视听生产力，促进了产业繁荣发展。

---

① 朱新梅，国家广播电视总局发展研究中心研究员，国际所副所长；卢凯，湖北大学新闻传播学院。

2. 出台超高清视频产业行动计划，促进高清产业发展

2019 年 2 月 28 日，工业和信息化部、国家广播电视总局、中央广播电视总台印发了《超高清视频产业发展行动计划（2019—2022 年）》，提出按照“4K 先行、兼顾 8K”的总体技术路线，推进超高清视频产业发展。为贯彻落实该计划，工业和信息化部、国家广播电视总局共同组织制订了《超高清视频标准体系建设指南（2019 年版）》。2020 年 3 月，国家广播电视总局科技司召开视频会议，与工业和信息化部电子信息司共商高新视频产业支撑事宜，共同推进高新视频端到端器件、产品、系统研发，并将其纳入超高清视频产业发展工作方案，为尽快补齐中国高新视频产业短板、丰富 5G 业务应用提供产业支撑。

3. 加快推进有线网络整合，促进全国有线网络统一运营体系建设

2019 年 3 月 21 日，中国广播电视有线网络公司（以下简称中国广电）与中信集团、阿里巴巴举行全国有线电视网络融合发展战略签约活动，通过整合改造和优化升级，将全国有线电视网络打造成为多功能的主流媒体融合传播网和数字文化传播网，打造成为建设网络强国的重要基础设施和骨干力量。《关于推动广播电视和网络视听产业高质量发展的意见》强调指出，建立全国有线电视网络统一运营体系，拓展综合信息服务和智能化应用等新业态，满足用户对跨屏、跨域、跨网、跨终端的收视和信息需求。2020 年 2 月，中宣部等九部委联合印发《全国有线电视网络整合发展实施方案》，明确以中国广电为主导，联合各省网和战略投资者，按现代企业管理模式组建“全国一网”股份公司，加快推进全国广电网络整合。

（二）加强内容创作扶持，推动精品生产与传播

2019 年，国家广播电视总局继续加强支持精品节目内容的生产制作。通过资金扶持、宏观调控播出、加强评论推介展播等方式，推动内容产业创新性高质量发展。

1. 加强创作扶持引导

2019 年，国家广播电视总局充分发挥专项资金扶持引导作用，继续做好百部重点电视剧选题规划和剧本评审，确定《老酒馆》等 25 部电视剧为 2019 年度电视剧，引导扶持专项资金剧本扶持项目。继续加强对各类电视节目形态的指导，策划指导并推出了大型电视理论节目《思想的田野》，组织扶持拍

摄了《彩色新中国》等21部重点纪录片、文献片。有序推进“中国经典民间故事动漫创作工程”，2019年，扶持启动了《女娲补天》等5个新项目。继续实施网络视听节目精品创作传播工程等项目，推动优秀网络视听节目生产，对《智慧中国（第三季）》等60部网络视听节目给予扶持。

2. 加强展播宣传

2019年，国家广播电视总局对《小欢喜》等年度优秀剧集进行集结推荐；向全国电视上星综合频道、动画和少儿频道、“学习强国”平台推介播出《致敬英雄》等3部电视节目、《可爱的中国》等9部动画片；对《毛驴上树》等67部“弘扬社会主义核心价值观　共筑中国梦”主题原创网络视听节目进行展播。总局推荐的优秀国产纪录片是地方卫视频道播出纪录片的重要来源。2019年6月地方卫视频道纪录片收视排名前100位中，播出总局推荐的优秀国产纪录片约36部，达到1/3以上①。

3. 开展优秀作品研评

为总结经验，加强对优秀节目内容的传播，扩大其示范作用，总局对一批立意好、质量高、反响佳的电视剧、纪录片、网络视听等优秀节目进行创作研评。2019年，总局召开18次优秀电视剧研评会议，举办多场网络视听优秀作品研评会，有力地提升了优秀作品的传播力和影响力。

（三）加大内容监管力度，规范行业发展秩序

加强内容监管是保障产业发展的重要举措。2019年，国家广播电视总局加大监管力度，出台多项措施，规范行业发展秩序。

1. 加强未成年人节目管理

为保护、尊重未成年人的隐私和人格尊严等合法权益，防止未成年人节目出现商业化、成人化和过度娱乐化倾向，2019年，国家广播电视总局发布了《未成年人节目管理规定》（国家广播电视总局令第3号），对未成年人广播电视和网络视听节目加强监管，包括不得制作、传播利用未成年人或者未成年人角色进行商业宣传的非广告类节目等内容，为未成年人节目内容健康有序发展提供了重要法律保障。

---

① 石平．总局收视大数据系统首发纪录片收视报告:定量分析出四个特点[EB/OL].[2019－09－25].“广电时评”微信公众号.

2. 加强对剧集的调控与监管

2019 年，国家广播电视总局加强对电视剧的监管，严控宫斗剧等题材的立项备案，“老剧翻拍”作品一般不予备案公示；已经播出过的玄幻、武打、武侠、情爱类作品一般不允许翻拍。2020 年 2 月，国家广播电视总局下发《关于进一步加强电视剧网络剧创作生产管理有关工作的通知》，进一步加强对电视剧网络剧的监管，规范集数长度，防止内容“注水”，提倡电视剧网络剧拍摄制作不超过 40 集，鼓励 30 集以内的短剧创作。

3. 加强网络视听监管

一是加强对节目评价的引导与规范，建立综合评价体系。2019 年 1 月，国家广播电视总局规范节目评价指标，指导监督各网络视听节目服务机构建立综合评价体系。二是加强对信息发布的规范。2019 年 11 月，国家互联网信息办公室、文化和旅游部、国家广播电视总局联合印发了《网络音视频信息服务管理规定》，明确各平台在发布具有媒体属性或社会动员功能的服务时，要开展安全评估；非真实的音视频信息应当以显著方式进行标识。三是细化短视频内容审核。2019 年 1 月，在国家广播电视总局指导下，中国网络视听节目服务协会发布了《网络短视频平台管理规范》和《网络短视频内容审核标准细则》，推出包括网络短视频的标题、名称、弹幕、评论、表情包等在内的网络短视频内容 100 条审核细则。

4. 加强广告监管

2019 年，国家广播电视总局严格落实“三倡导三抵制”“广告宣传也要讲导向”的要求，加强广告监管，对低俗、违规广告加大清查和惩罚力度。同年 3 月，某椰汁广告因为低俗问题受到社会广泛关注，国家广播电视总局全面叫停相关广告。4 月，国家广播电视总局发布《总局办公厅关于停止播出影视剧项目非法集资类广告的通知》，叫停以投资影视剧项目名义进行非法集资的广告。

5. 加强对电视上星综合频道节目的结构化管理和宏观调控

2019 年，国家广播电视总局以抵制追星炒星、过度娱乐化、高价片酬为重点，进一步加强卫视黄金时段节目管理，严禁偶像养成类节目、影视明星子女参与的真人秀节目在电视上播出，严格控制影视明星参与的娱乐游戏、真人秀、歌唱选拔等节目的播出量；鼓励各级广播电视播出机构积极扩大新闻、文化、科技、生活服务、道德建设、纪录片、动画片等公益节目播出量。

二、广播电视台加强集约化高清化融合化发展，打造新型主流媒体

广播电视台是广播电视事业产业发展的主体。在视听传媒竞争加剧、媒介融合深入推进背景下，全国各级广播电视台加快体制机制创新，精简精办频率频道，向集约化、高清化、融合化发展，努力打造广电新型主流媒体。

（一）精简精办频道

在视听产业竞争加剧、媒体深度融合背景下，精简精办频率频道已是大势所趋。2019 年，多家省级广播电视台精简精办频道，地市级频道数量大幅减少。其中，上海台对 8 个频道进行整合，关停 4 个频道。北京广播电视台整合原体育频道和纪实频道，上星播出北京冬奥纪实频道，同步停播体育频道。天津电视台关闭了国际频道等 6 个电视频道。

（二）加快推进高清化

2019 年，全国各地广播电视台加快高清、超高清频道建设。截至 2020 年 2 月底，全国各级播出机构经批准高清播出的电视频道共 431 个，其中付费频道 52 个，4K 频道 3 个。其中，中央广播电视总台已完成标清制作系统全面下线的转换工作。海南、新疆、浙江、内蒙古四省（区）的省级电视频道全部实现高清化，上海、天津、重庆 3 个直辖市电视频道高清化率超过 85%，湖北、四川、广东、内蒙古、湖南等地级电视频道高清化率超过 50%①。

（三）强力推进媒体深度融合

媒体融合是广播电视网络视听产业一体化发展的基础，是建立新型主流媒体的要求，是强化竞争力的必然选择。2019 年，全国各级广电媒体强力推进媒体融合，取得显著成效。

1. 中央广播电视总台积极打造新型主流媒体

2019 年，中央广播电视总台加强对外合作，全面推进机构改革；加强对外开放，有效推动媒体融合发展，在打造新型主流媒体方面实现有益探索。

---

① 国家广播电视总局．全国各地电视频道高清化发展速度进一步加快[EB/OL]．[2020-02-28]．http://www.nrta.gov.cn/art/2020/2/28/art_114_50125.html.

同年9月26日，总台全面启动改版工作，涉及19个电视频道、17套对内广播频率、44种语言对外广播和主要新媒体平台等，以央视频、央视新闻客户端两款App双核驱动，双向开放办新媒体，同步提升大小屏竞争力。例如《新闻联播》，已成功在快手短视频平台实现从“跨屏”到“霸屏”的传播升级。2019年，“新闻联播”快手号全部86条短视频的播放量均超过500万次，平均每条短视频播放量超过700万次，获赞88万次，评论量1.6万次①。

2. 省级广电媒体融合实现新突破

省级广播电视台是媒体融合的主力军。经过多年探索，一些省级广播电视台媒体融合取得新的突破。湖北广播电视台旗下的长江云平台，纵向垂直到县级，横向服务全省各类政务业务。到2020年3月，湖北长江云平台已有省市县三级2220个党政部门入驻，打通市政、水务、公积金等58类152项民生服务接口。2019年，湖北长江云新媒体集团收入是2015年的7.2倍②。湖南广播电视台已构建起湖南卫视、芒果TV双平台驱动，由传统广播电视和芒果云等自有新媒体平台及“芒果都市”等“两微一端”公号类新媒体平台组成的立体传播矩阵，媒体融合成果显著。截至2019年年底，芒果TV手机App下载安装激活量已超8.59亿，全平台日活量近8000万，同比增长53%；有效会员数突破1800万，同比增长112%。娱乐频道探索组建短视频MCN机构“湖南娱乐”，运营独立ID的短视频账号210多个，抖音单平台总粉丝1.1亿③。

3. 县级融媒体中心加快推进

2019年，中央和地方财政加大对县级融媒体建设的支持力度。中央财政预算147.1亿元用于地方公共文化服务体系建设，比2018年增长了14%，主要用于支持县级融媒体中心及深度贫困县应急广播体系建设④。北京、湖南、河北、山东、兰州等地已将县级融媒体中心建设纳入财政预算，加大支持力

---

① CTR媒体融合研究院.《新闻联播》为什么在短视频平台这样红[EB/OL].[2020-02-22].“广电独家”微信公众号.

② 于秀娟.2019年媒体融合先导单位有哪些成功经验[EB/OL].[2020-03-19].“国家广电智库”微信公众号.

③ 资料来源:湖南台。

④ 中华人民共和国财政部.关于2019年中央对地方转移支付预算的说明[EB/OL].[2019-03-29].http://yss.mof.gov.cn/2019zyczys/201903/t20190329_3209194.htm.

度。截至2019年12月，北京、天津、江西、福建、新疆等地已经完成下辖县（区）融媒体中心建设的全覆盖。全国县级融媒体中心形成多样化发展格局，成为基层治理体系和治理能力现代化的重要组成部分。如浏阳市融媒体中心充分发挥媒体优势，以“掌上浏阳”为载体，大力推进“媒体+政务”行动，下载用户42万，日均访问38万人次①，成为全国县级融媒体中心的先进典型。

三、加快智慧广电与5G一体化发展，形成生态化发展态势

2019年年初，国家广播电视总局等18个部门联合印发《加大力度推动社会领域公共服务补短板强弱项提质量　促进形成强大国内市场的行动方案》，提出要加快智慧广电发展，为用户提供集多功能于一体的智慧广电数字生活服务。2020年1月，在全国广播电视工作会议上，国家广播电视总局提出实施“智慧广电”建设工程，推动媒体深度融合发展、全国有线电视网络整合和5G建设一体化发展。

2020年3月，国家发展改革委、中宣部、国家广电总局等23个部门联合印发《关于促进消费扩容提质　加快形成强大国内市场的实施意见》，明确提出“大力推进‘智慧广电’建设，推动居民家庭文化消费升级”“加快5G网络等信息基础设施建设和商用步伐。支持利用5G技术对有线电视网络进行改造升级，实现居民家庭有线无线交互，大屏小屏互动”。

（一）提速推进广电5G建设

新冠肺炎疫情的暴发推动了广电5G建设提速。2020年1月29日晚，中国广电、湖北广播电视台、湖北省通管局、湖北广电网络、长江云、华为6家单位召开视频会议，一致同意推动全球首例广电5G应用在湖北落地，为湖北疫情防控宣传提供直播技术支持。2020年2月13日，西安版“小汤山医院”西安市公共卫生服务中心的通信基础设施项目正式完工交付，国内首次实现中国广电5G与原有三大运营商5G网络部署的同步覆盖。2020年2月20日，中国广电联手歌华有线在北京“小汤山医院”的广电5G网络和有线电视网络规划建设项目完成，实现了对院区内部分区域的5G转Wi－Fi6的覆盖，

---

① 王桃文．湖南浏阳市融媒体中心：“媒体＋政务”赋能基层治理[EB/OL].[2019－12－17].“国家广电智库”微信公众号．

具备远程会诊、远程手术、远程指挥和高清视频等 5G + 医疗类业务应用能力，可满足多终端、多制式的应用场景需求。

（二）智慧广电形成生态化发展

在 2020 年疫情防控期间，全国有线电视运营商积极推进智慧广电建设，推出在线教育、在线问诊、购物等应用与服务，形成生态化发展态势。华数集团依托 4K 智能电视大屏拓展“互联网 + 新闻”“ + 医疗”“ + 科普”“ + 影院”“ + 教育”等应用，为广大用户提供新闻报道、在线问诊、科普答题、远程教育等“宅家”服务。广西广电网络公司积极与教育部门共同搭建“空中课堂”，每个年级一个专用频道，通过电视播出小学一年级至高中三年级优秀课例，供有需求的学生和家长点播回看，没有机顶盒的学生也可通过手机“小象嗨 TV”客户端收看，学生可根据需要随时随地在线学习。

四、内容产业守正创新，各类型节目实现高质量融合发展

2019 年，在加强内容监管的同时，国家广播电视总局积极引导扶持内容产业健康可持续发展，各类型节目以现实题材、主旋律为主，并实现节目形态和表达方式的创新，通过融合传播，提高传播力、影响力，实现社会效益和经济效益双丰收。

（一）电视剧：主旋律现实题材占主导地位，网台传播效果良好

2019 年，全国制作完成并获批发行的电视剧共有 254 部[①]，现实题材电视剧共 177 部 7004 集，占比 69. 69%[②]。2019 年 1—11 月，央视、省级卫视综合频道黄金时段播出电视剧 518 部次 21914 集，当代现实题材 320 部次 14139 集，占比达到播出总量的 62%。现实题材创作呈现出题材广泛、类型多样、制作精良、传播广泛、影响力大的特点。其中，重大革命题材的剧集有《可爱的中国》《外交风云》，当代都市题材有《小欢喜》《遇见幸福》《在远方》，当代农村题材有《在桃花盛开的日子》《欢喜盈门》，当代军旅题材有《陆战之王》《空降利刃》等。一些剧目一经播出，就在各大平台形成观剧热

① 国家广播电视总局．国家广电总局办公厅关于 2019 年第四季度暨全年全国国产电视剧发行许可情况的通告［EB/OL］.［2020 - 01 - 19］. http://www. nrta. gov. cn/art/2020/2/6/art_113_49820. html.

② 中国新闻网．广电总局公布 2019 国产电视剧产量　现实题材占近 7 成［EB/OL］.［2020 - 02 - 06］. http://www. chinanews. com/gn/2020/02 - 06/9081216. shtml.

潮，引发大量关注和讨论。腾讯视频数据显示，《都挺好》的总播放量达71.6亿次，最高单日播放量超过2.9亿次①。

（二）综艺节目："文化+"推动节目内容与形态创新，线上线下融合传播，推动产业发展

2019年，共有201档电视综艺播出，其中一线卫视近百档，占比近半②。一是通过"文化+"实现自我迭代与可持续发展。其中，文化+"国潮"用更接地气的方式阐释中国传统文化，并开发自身的商业属性，让"连看带买"成为消费新时尚。如《我在颐和园等你》采取"明星+手艺人+带货达人"的"种草"新模式，升级改造苏州街传统店铺，让颐和园的历史文化成为新的流行文化。二是融合传播，线上带动线下。《一本好书》收官时，在腾讯视频的播放量将近4.75亿，在微博主话题阅读量达1.8亿人次，节目中演绎的不少书在网店和线下书店的销售排名明显提升③。三是打造现象级产品，推动多种艺术的融合传承与创新。《声临其境》《声入人心》《舞蹈风暴》等现象级节目，实现了综艺节目的全面升级，有力地推动了广播电视艺术与传统艺术的传承与发展。

（三）纪录片：主旋律现实题材广受欢迎，融合传播，推动产业良性发展

2019年，纪录片整体收视势头强劲，呈现出主流化、精品化、年轻化、融合化发展态势。一是主旋律现实题材广受欢迎。央视相关频道播出的纪录片每集平均收视率为0.216%，收视情况明显优于其他频道。《瞬间中国》《手创中国》《传承》《稻米之路》等11部纪录片收视率破0.5%，超过多数晚间黄金时段综艺节目。二是短片类纪录片脱颖而出。时长短、叙事节奏紧凑、视觉冲击力强的短片类纪录片异军突起，《瞬间中国》《手创中国》都是平均时长仅为90秒的短片类纪录片，收视率超过传统纪录片。三是融合传播助推产业发展。互联网平台成为推动纪录片繁荣发展的重要力量。《城市24小时》通过社交媒体、网站评论、UGC（用户生产内容）视频征集、弹幕留

---

① 数据来自腾讯视频官方网站。

② 迟彤彤. 2019年电视综艺行业调研报告 以变制变,跨屏运营[J]. 电视指南,2020,341(1):18-23.

③ 刘阳. 强化共情与互动 文化类综艺找到新"密钥"[EB/OL]. [2019-04-22]. "广电时评"微信公众号.

言等方式，实现广泛传播。截至2019年5月31日，与网易云音乐在新浪微博联合推出话题#我与这座城市共处的1小时#，微博话题阅读量超过692.3万，以#城市24小时#为话题的微博阅读量达1605万①。

五、网络视听业务业态不断创新，产业发展进入新阶段

截至2019年6月，中国网络视频用户已达7.59亿，占网民整体的88.8%②。各大在线视频强化内容建设，加强技术创新与业务创新，提高平台变现能力，产业发展进入新阶段。

（一）“直播+”构建融合发展新生态

截至2019年6月，中国网络直播用户已达4.33亿，占网民总数的50.7%，直播使用时长占网民整体应用使用时长的4.3%③。“直播+”推动直播业务与其他行业深度融合。以李佳琦为代表的“直播带货”大军展现着惊人的销售能力，李佳琦更是创造了“三分钟带货600万元”的纪录。短视频平台“快手”通过直播等形式，为全国贫困县销售农产品等商品193亿元，参与直播卖货的人数约115万④。2019年“双十一”当天，“淘宝直播”的用户数达到4133万，由其带动的成交额近200亿元。2020年，中国直播电商市场规模将达9610亿⑤。直播正在与教育、医疗、健身、旅游等行业加强融合，呈现出更加广阔的发展前景。

（二）短视频业务呈现繁荣态势

截至2019年6月，中国短视频用户规模已达6.48亿，占网民总数的75.8%；月人均使用时长超过22小时，同比上涨8.6%⑥。一是市场主体活

① 高星．城市24小时：融媒体时代的城市纪录片爆款[EB/OL]．[2019-06-10]．“国家广电智库”微信公众号．

② QuestMobile研究院．QuestMobile 2019年流量增长盘点[EB/OL]．[2020-01-13]．http://www.questmobile.com.cn/research/report-new/78.

③ 中国互联网络信息中心．第44次中国互联网络发展状况统计报告[EB/OL]．[2019-08-30]．http://www.cac.gov.cn/2019-08/30/c_1124938750.htm.

④ 陈静．互联网“下半场”：新红利待深掘[N]．经济日报，2019-10-23(12)．

⑤ 艾媒网．中国直播电商报告：2020年市场规模将达9610亿，档口直播将成重要发展趋势[EB/OL]．[2020-02-17]．https://www.iimedia.cn/c460/69068.html.

⑥ QuestMobile研究院．短视频行业半年洞察报告[EB/OL]．[2019-08-06]．http://www.questmobile.com.cn/research/report-new/58.

跃。头部平台“领跑”市场，打造流量矩阵，形成生态流量。截至2019年年末，抖音日活用户破4亿，快手日活用户破3亿。头部平台抖音的4.86亿月活用户中，西瓜视频贡献了1.31亿、火山小视频贡献了1.06亿[①]。主流媒体、长视频机构积极进入市场。2019年11月，中央广播电视总台短视频平台“央视频”上线，兼顾长视频和移动直播。截至2020年3月13日，央视频在安卓和苹果应用平台的下载总量达到6282万次[②]。二是5~10分钟的中长视频成为市场焦点。2019年3月，抖音知识科普类内容开放5分钟时长权限；2019年8月，抖音宣布将逐步开放15分钟视频的发布权限。2019年7月，快手小规模测试57秒到10分钟的中长视频功能。爱奇艺推出竖屏微剧《生活对我下手了2》，单集时长在10分钟以内；腾讯视频推出“火锅剧”，时长不超过10分钟。三是竖屏互动视频成为新形态。短视频市场涌现出竖屏微剧、互动视频等一系列新形态。抖音、爱奇艺、B站等平台纷纷推出Vlog支持计划，奖励优秀Vlog创作者[③]。

（三）内容生产进入提质增效新阶段

2019年，全国共有3400部重点网络影视剧通过了拍摄规划立项备案，其中网络剧808部、网络电影2393部、网络动画片199部[④]。各大平台加强内容建设，各种节目类型都涌现出一批精品力作，内容生产进入提质增效新阶段。

1. 网剧品质不断提升，是网络视听主打产品

2019年，网络剧涌现出不少故事精彩、制作精良的现象级网剧。其中，《陈情令》、《长安十二时辰》、《破冰行动》、《庆余年》、新版《倚天屠龙记》等剧集从开始播出到完结始终保持着高热度，在微博、微信等社交媒体平台引发大量讨论。《长安十二时辰》深度还原“盛唐气象”，带火了“火晶柿子”和“水盆羊肉”，也让古都西安迎来客流高峰。改编自网络小说《蜜汁炖鱿鱼》的“甜宠剧”《亲爱的，热爱的》，在腾讯视频的播放量达76.3亿

---

① QuestMobile研究院．短视频行业半年洞察报告[EB/OL]．[2019－08－06]．http://www.questmobile.com.cn/research/report－new/58.

② 笔者根据苹果和安卓应用市场公开数据统计。

③ 温梦华，毕媛媛．B站入局Vlog视频 社交会是下个风口[EB/OL]．[2019－06－04]．http://www.nbd.com.cn/articles/2019－06－04/1339299.html.

④ 资料来源：国家广播电视总局网络司。

次，《陈情令》和新版《倚天屠龙记》播放量也分别达到69.7亿和64.5亿。

2. 网络综艺类型日趋多元，微综艺快速发展

2019年，网络综艺节目在各垂直领域发力，形成多元化发展态势。有面向乐队爱好者的《乐队的夏天》、面向电音爱好者的《即刻电音》、面向街舞爱好者的《这就是街舞》第二季等。同时，以低成本、短周期、快节奏、轻体量为特点的微综艺日渐受到用户的欢迎，爱奇艺、腾讯视频、优酷、芒果TV、抖音等头部平台均已入局。

3. 网络动画进入爆发期，头部平台推动国产网络动画生产

2019年，网络动画产业进入爆发期。泛二次元用户规模已达3.9亿人，腾讯视频动漫频道月活用户已达1.5亿①，根据同名小说改编的动画《斗罗大陆》2019年单年播放量达80.5亿②。网络动画用户数量和需求快速增长，促使市场主体开始布局。2019年1月，腾讯视频发布了2019年青春国漫导视，公布了41部国产原创动画，并表示2019年将在该平台动漫频道播出20部国产动画。2019年11月，B站举办了国创动画作品发布会，推出40部国创动画，包括28部新作品和12部旧作更新③。

4. 网络电影提质增效，整体盈利能力提升

2019年，网络电影部均有效播放量为598万，较2018年提高了58%。网络电影整体盈利能力提升。2019年，投资在300万元以上的网络电影占比达48%，较2018年提高了29个百分点。其中，投资在1000万元以上的影片有18部。截至2019年11月底，共有40部影片的票房分账破千万。

5. 网络纪录片繁荣发展，探索多元化盈利模式

2019年，网络纪录片产业进入良性发展阶段。一是主流平台持续发力，生产制作优秀主旋律作品。由国家广播电视总局指导，芒果TV、优酷、爱奇艺、腾讯视频四家平台联合出品的微纪录片《见证初心和使命的十一书》、芒果TV自制纪录片《石榴花开》等主旋律作品深受网民欢迎。二是节目形态丰富多元，选材日益宽泛。如爱奇艺推出短纪录片《原声中国》，在国内采集

---

① 陈晨. 腾讯视频创新用户体验　将启动首部动漫互动剧《紫川》[EB/OL]. [2019-07-08]. http://www.kejixun.com/article/190708/467107.shtml.

② 骨朵数据. 骨朵热度指数排行榜(2019动漫篇)[EB/OL]. [2020-03-13]. http://d.guduodata.com/.

③ 资料来源:B站官网,截止日期为2020年3月13日。

各地民歌，以歌者视角讲述人生变迁；抖音推出非遗纪实类短视频进行产业扶贫，依托平台红人推出人物纪实短视频《每个我》。三是“破壁出圈”，有效孵化线下业务。腾讯播出的美食微纪录片《早餐中国》，单集片长仅 5 分钟，引发“晒早餐”热潮；爱奇艺的《此食此客》《中国宴》获得了维他奶和劲酒的支持；《人生一串》开发了手办盲盒和线下体验店，创下了单天排队时长 8 小时的纪录①。

六、加强国际市场开发与渠道平台建设，广播电视网络视听“走出去”进入新阶段

广播电视网络视听是最具国际传播力的文化形态，也是提升国家文化软实力的重要载体，是世界认识中国、读懂中国的重要窗口。2019 年，各类市场主体加快开拓国际市场，广播电视网络视听“走出去”再上新台阶。

（一）“走出去”主体实现全产业链化，新媒体平台成为重要生力军

经过多年培育发展，中国广播电视视听产业“走出去”的主体不断发展壮大，形成全产业链“走出去”态势，包括产业链上游的节目制作机构、中游的节目译制机构及下游的海外发行机构，有传统广播电视台、新媒体平台以及海外运营机构等。一些节目制作机构已发展出海外发行机构，一些译制机构也开始参与节目的海外销售发行，一些海外电视网络运营机构参与节目译制。一些机构已建立协作体或出口联盟，形成集群化的“出海”格局。2019 年，除中央广播电视总台，上海台、江苏台、湖南台等实力较强的省级台以及边境地区广播电视台，也继续加强“走出去”工作，其中，湖南国际频道已在全球 230 个国家及地区落地，海外用户数近 4000 万②；截至 2020 年 2 月，芒果 TV 国际版 App 已覆盖了全球 195 个国家和地区，海外用户达 2600 万③。

新媒体已成为“走出去”主力军。2017 年 8 月，字节跳动公司正式启动国际化战略，TikTok 在多个国家的应用商店同步上线，并迅速实现国际扩张。

---

① 纪录片商业价值年度盘点:真实的价值[EB/OL].[2020－01－20].“广州纪录片节”微信公众号.

② 湖南国际频道负责人汤集安:旗帜鲜明讲政治,文化自信强外宣[EB/OL].[2019－12－13].“广电独家”微信公众号.

③ 苏芙.芒果 TV 国际融媒传播获肯定　项目责任书签约在长举行[EB/OL].[2020－02－28].https://baijiahao.baidu.com/s?id=1659773608134339275&wfr=spider&for=pc.

截至2019年10月，TikTok的75个语种产品已经覆盖全球超过150个国家和地区，全球下载量已超过12亿人次①。2019年6月，腾讯在泰国推出在线视频平台WeTV。2019年11月，爱奇艺面向全球推出国际版“iQIYI”，重点在东南亚地区运营，将1000多集影视剧、120个综艺节目发行到全球50多个国家和地区。

（二）“走出去”节目类型实现全产品化，电视剧是主打产品

从节目类型来看，已实现全产品类型“走出去”。其中，电视剧是视听内容“走出去”的主要节目形态，占出口总额的70%左右，并已突破亚洲传统中华文化圈，进入拉美、中亚、非洲、阿拉伯地区。动画已形成产业链“走出去”态势，不仅有动画大电影，还在一些国家的主流电视台、网站播出，衍生产品也具有一定的国际市场。纪录片已进入欧美主流国家主流平台播出；综艺节目包括网综已实现模式出口。从题材来看，电视剧、纪录片、动画片已实现多题材类型“走出去”。现实题材、青春校园题材、主旋律题材等多类型电视剧受到国际市场的欢迎；美食类、传统文化类、时政类等各种纪录片也有广泛的国际需求。2019年1月，江苏台出品的纪录片《你所不知道的中国》第三季法语版在法国国家电视台播出，这是法国国家电视台首次采购中国乃至亚洲的纪录片。江苏台《非诚勿扰》《一站到底》等综艺节目在北美、欧洲、澳大利亚、东南亚、非洲等多个国家和地区播出；湖南台芒果TV与世界著名传媒集团Discovery联合制作真人秀节目《功夫学徒》并实现在Discovery探索频道播出。

（三）“走出去”渠道平台纵横交错融合，新媒体平台成为主平台

中国广播电视网络视听已建立多元化、融合化纵横交错的国际传输播出交易渠道平台。一是新媒体平台已成为“走出去”主平台。一方面，中国视频平台抖音、腾讯视频、爱奇艺、优酷、芒果TV已实现海外落地；另一方面，在YouTube、Facebook等国际互联网平台，中国影视机构开设大量专区或频道，实现自主运营。此外，一些机构也在对象国与其主流电视平台、互联网平台合作，实现融媒体矩阵传播。二是与有关国家主流电视平台建立合作

---

① MomentumWorks. Facebook真的低估了抖音海外版么？[EB/OL].[2019-10-08].“墨腾创投”微信公众号.

播出栏目，实现借船出海，实现中国节目常规化规模化播出，并进入主流人群。其中，《丝路时间》已实现在22个国家和地区的25家主流电视台开播，节目译制成15种语言播出，每周一期，每期30分钟，覆盖全球40多个国家和地区约5亿人口。三是建立了整频道国际传播体系。央视国际频道及各省级国际频道通过长城平台实现国际传播。在非洲的20多个国家和地区以及缅甸、柬埔寨、老挝等国家，四达、云数传媒建立了有线、无线电视传输覆盖网，实现以我为主的节目运营[①]。四是中国联合展台推动中国视听内容出口贸易。2019年，共在16个海外国际影视节展搭建中国联合展台，开展丰富多样的营销推广活动，推动节目内容产品及技术与设备出口。

（四）国际市场渐次打开，新兴市场潜力巨大

经过多年持续不断的努力，通过中外合作合拍、共建播出平台、共同进行本土化译制、加强海外推广营销等多种方式，中国视听节目内容突破亚洲传统市场，全球国际市场渐次打开。

一是亚洲核心市场不断巩固。东南亚、日本、韩国是中国节目内容的核心市场，中国节目在该市场仍然保持强大竞争力。截至2019年年底，腾讯视频 WeTV 海外用户已突破1000万；截至2020年3月19日，WeTV 在泰国苹果应用市场的综合排名已上升至第16位，在娱乐分类下的排名升至第4位[②]。

二是非洲市场有效孵化。2012年以来，一批本土化译制节目在非洲热播，提高了相关国家电视台的收视率，让非洲民众对中国影视节目的收视期待和需求日益增加。在非洲国家、阿拉伯国家、拉美国家、中亚国家，中国影视节目已成为当地民众了解中国、认识中国、读懂中国的重要媒介，介绍当代中国发展、展示中国人民当代现实生活的广播电视和网络视听作品，屡屡刷新当地收视纪录。南非、科特迪瓦等传统上只进口西方节目的非洲影视大国，开始商业购买中国纪录片和电视剧。

三是“一带一路”市场正在涵育。在蒙古国，中国影视节目的发展取得突破性进展。2018年播出的《小别离》在蒙古国收视率夺冠，达到2.9%；打败了同时段播出的韩剧、美剧、俄剧、土耳其剧，在首都乌兰巴托的收视

① 资料来源：五洲传播中心。

② 七麦数据，https://www.qimai.cn/search/index/country/th/search/wetv，2020－03－19.

份额达到18.3%[①]。2019年10月，中国影视剧在蒙古国的市场份额成功赶超韩国，占比达到25%，比2014年的6.7%高出近20个百分点；而韩剧在蒙古国的市场份额则从2017年的36%下降到2019年的18.1%，下降了一半左右[②]。在拉美、阿拉伯、中东欧国家和地区，中国的电视剧、纪录片、动画片等节目都有一定的市场需求。“一带一路”倡议的走深走实，尤其是经贸往来频繁、基础设施互联互通，将更大地激发沿线国家民众对中国视听节目内容的观看需求。

四是发达国家市场正在突围。以抖音为代表的中国短视频社交平台已实现国际化发展，并进入欧美主流人群。TikTok在美国下载量达1.05亿次，多次占据美国苹果应用商店下载量前三；日本媒体报道，“日本移动互联网用户中十个人里面就有一个人使用TikTok或者下载TikTok”；法国媒体报道，38%的法国青少年拥有TikTok账号[③]。YouTube（20亿月活用户）、Facebook（24.1亿月活用户）等主要国际互联网平台，已成为中国广播电视网络视听角逐国际市场的重要舞台。根据第三方统计平台Social Blade的数据，在海外视频平台YouTube上超百万粉丝的中国区创作者已达7位，其中，李子柒和办公室小野的粉丝数更是超过800万[④]；李子柒短视频每段视频播放量都超过500万次，一年广告分成超过4000万元人民币[⑤]。

---

①② 资料来源：内蒙古广播电视台。

③ MomentumWorks. Facebook真的低估了抖音海外版么？[EB/OL].[2019-10-08].“墨腾创投”微信公众号.

④ 闫丽娇. 火在YouTube上的中国网红[EB/OL].[2020-01-08].“燃财经”微信公众号.

⑤ 晴桅. 李子柒“文化输出”争议，与国产短视频的对外传播[EB/OL].[2019-12-10].“看电视”微信公众号.

第五章　中国出版业投资报告

刘建华　郝天韵　李文竹①

一、我国新闻出版业发展概况

（一）图书出版经济总量规模稳步提升

2018 年，新闻出版产业营业收入、资产总额和所有者权益继续增长，经济规模稳步提升。全国出版、印刷和发行服务实现营业收入 18687.46 亿元，较 2017 年增长 3.1%；利润总额 1296.1 亿元，降低 3.6%；拥有资产总额 23414.18 亿元，增长 5.6%；所有者权益（净资产）11807.19 亿元，增长 4.4%。如图 5.1 所示。

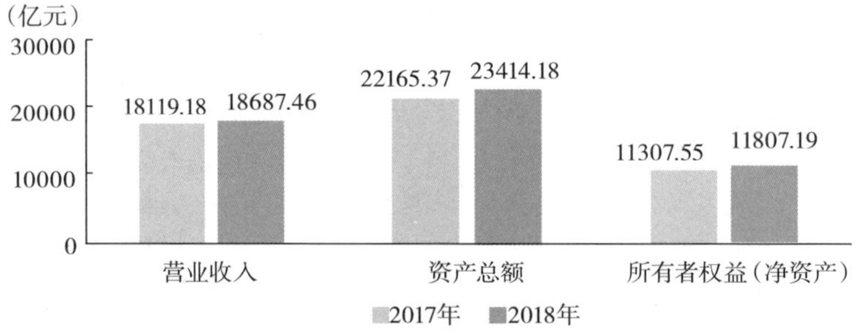

图 5.1　新闻出版产业营业收入、资产总额和所有者权益增长情况（2017 年和 2018 年）

其中，图书出版营业收入、利润总额增长提速，营收增速在 8 个产业类别中名列第一（见表 5.1）。2018 年，全国共出版新版图书 24.71 万种，较 2017 年降低 3.14%；重印图书 27.22 万种，增长 5.74%；总印数 100.09 亿

① 刘建华，中国新闻出版研究院传媒研究所执行所长、研究员、博士后；郝天韵，中国新闻出版广电报产业与深度报道部记者；李文竹，中国新闻出版研究院传媒研究所助理研究员、博士。

册（张），增长 8.28%；总印张 882.53 亿印张，增长 9.22%；定价总金额 2002.91 亿元，增长 15.69%。图书出版实现营业收入 937.30 亿元，增长 6.56%；利润总额 141.28 亿元，增长 2.76%（见表 5.2）。

表 5.1　新闻出版产业结构

产业类别	营业收入			
	金额（亿元）	增长速度（%）	所占比重（%）	比重变动（百分点）
图书出版	937.30	6.56	5.02	0.17
期刊出版	199.41	1.46	1.07	-0.01
报纸出版	575.95	-0.40	3.08	-0.11
音像制品出版	30.10	6.14	0.16	0.00
电子出版物出版	15.20	1.67	0.08	0.00
印刷复制	13727.56	4.34	73.46	0.85
出版物发行	3116.28	-1.99	16.68	-0.87
出版物进出口	85.66	0.25	0.46	-0.01

表 5.2　2018 年图书出版总量规模

总量指标	数值	较 2017 年增减（%）
新版品种（万种）	24.71	-3.14
重印品种（万种）	27.22	5.74
总印数（亿册）	100.09	8.28
总印张（亿印张）	882.53	9.22
定价总金额（亿元）	2002.91	15.69
营业收入（亿元）	937.30	6.56
利润总额（亿元）	141.28	2.76

期刊出版营业收入连续两年保持增长。2018 年，全国共出版期刊 10139 种，较 2017 年增长 0.09%；总印数 22.92 亿册，降低 8.03%；总印张 126.75 亿印张，降低 7.25%；定价总金额 217.92 亿元，降低 2.67%。期刊出版实现营业收入 199.41 亿元，增长 1.46%；利润总额 26.81 亿元，降低 2.01%（见表 5.3）。

表 5.3　2018 年期刊出版总量规模

总量指标	数值	较 2017 年增减（%）
品种（种）	10139	0.09
总印数（亿册）	22.92	-8.03
总印张（亿印张）	126.75	-7.25
定价总金额（亿元）	217.92	-2.67
营业收入（亿元）	199.41	1.46
利润总额（亿元）	26.81	-2.01

报纸出版营业收入、利润总额再次下滑。2018 年，全国共出版报纸 1871 种，较 2017 年降低 0.69%；总印数 337.26 亿份，降低 6.96%；总印张 927.90 亿印张，降低 13.78%；定价总金额 393.45 亿元，降低 1.35%。报纸出版实现营业收入 575.95 亿元，降低 0.40%；利润总额 32.96 亿元，降低 12.20%（见表 5.4）。

表 5.4　2018 年报纸出版总量规模

总量指标	数值	较 2017 年增减（%）
品种（种）	1871	-0.69
总印数（亿册）	337.26	-6.96
总印张（亿印张）	927.90	-13.78
定价总金额（亿元）	393.45	-1.35
营业收入（亿元）	575.95	-0.40
利润总额（亿元）	32.96	-12.20

2018 年，全国共出版音像制品 11063 种，较 2017 年降低 18.37%；出版数量 24124.09 万盒（张），降低 5.74%。音像制品出版实现营业收入 30.10 亿元，增长 6.14%；利润总额 3.73 亿元，增长 3.90%（见表 5.5）。

表 5.5　2018 年音像制品出版总量规模

总量指标	数值	较 2017 年增减（%）
品种（种）	11063	-18.37
出版数量［万盒（张）］	24124.09	-5.74
营业收入（亿元）	30.10	6.14

续表

总量指标	数值	较 2017 年增减（%）
利润总额（亿元）	3.73	3.90

2018 年，全国共出版电子出版物 8403 种，较 2017 年降低 9.06%；出版数量 25884.21 万张，降低 7.99%。电子出版物出版实现营业收入 15.20 亿元，增长 1.67%；利润总额 2.80 亿元，增长 3.32%（见表 5.6）。

表 5.6　2018 年电子出版物出版总量规模

总量指标	数值	较 2017 年增减（%）
品种（种）	8403	-9.06
出版数量（万张）	25884.21	-7.99
营业收入（亿元）	15.20	1.67
利润总额（亿元）	2.80	3.32

印刷复制营业收入继续增长，利润总额减少。2018 年，全国印刷复制（包括出版物印刷、包装装潢印刷、其他印刷品印刷、专项印刷、印刷物资供销和复制）实现营业收入 13727.56 亿元，增长 4.34%；利润总额 835.23 亿元，降低 1.74%（见表 5.7）。

表 5.7　2018 年印刷复制总量规模

总量指标	数值	较 2017 年增减（%）
营业收入（亿元）	13727.56	4.34
利润总额（亿元）	835.23	-1.74

出版物发行营业收入、利润总额出现下滑。2018 年，全国共有出版物发行网点约 17.2 万处，较 2017 年增长 5.37%。出版物发行实现营业收入 3116.28 亿元，降低 1.99%；利润总额 250.74 亿元，降低 11.51%（见表 5.8）。

表 5.8　2018 年出版物发行总量规模

总量指标	数值	较 2017 年增减（%）
出版物发行网点数量（处）	171547	5.37
营业收入（亿元）	3116.28	-1.99

续表

总量指标	数值	较 2017 年增减（%）
利润总额（亿元）	250.74	-11.51

2018 年，全国累计出口图书、期刊、报纸、音像制品、电子出版物、数字出版物（不含游戏）1701.36 万册（份、盒、张），较 2017 年降低 21.9%；出口金额为 10092.61 万美元，降低 6.3%。全国累计进口图书、期刊、报纸、音像制品、电子出版物、数字出版物（不含游戏）4096.86 万册（份、盒、张），增长 25.3%；进口金额为 74222.10 万美元，增长 11.5%（见表 5.9）。进出口总额 84314.7 万美元（其中，全国出版物进出口经营单位进出口总额 80157.3 万美元，增长 10.2%）。出版物进出口经营单位实现营业收入 85.7 亿元，增长 0.3%；利润总额 2.5 亿元，增长 14.4%。

表 5.9　2018 年全国出版物出口情况和进口情况

单位：万册（份、盒、张），万美元

类型	数量［万册（份、盒、张）］	金额（万美元）
图书、期刊、报纸出口	1696.10	7194.80
其中：进出口经营单位	1478.09	5723.00
音像制品、电子出版物、数字出版物出口	5.30	2897.90
其中：进出口经营单位	1.24	212.20
出口合计	1701.36	10092.61
其中：进出口经营单位	1479.33	5935.20
图书、期刊、报纸进口	4088.02	36202.20
音像制品、电子出版物、数字出版物进口	8.84	38019.90
进口合计	4096.86	74222.10

注：数字出版物只能统计金额，故数量指标中均未包含数字出版物。

图书版权输出增加，版权贸易逆差有所减少。2018 年，全国共输出版权 12778 项，其中输出出版物版权 11830 项，包括图书 10873 项，音像制品 214 项，电子出版物 743 项；图书版权输出较 2017 年增长 1.90%。共引进版权 16829 项，其中引进出版物版权 16602 项，包括图书 16071 项，音像制品 317

项，电子出版物 214 项；引进版权总量降低 7.10%，其中引进出版物版权降低 8.00%。版权贸易逆差缩小。

（二）出版传媒集团资产规模继续扩大

出版传媒集团资产规模进一步扩大，利润总额继续增长，行业占比继续提高。共有 21 家集团资产总额超过 100 亿元，较 2017 年增加 3 家；其中，6 家集团的资产总额、主营业务收入和所有者权益均超过百亿元；3 家集团资产总额和主营业务收入均超过百亿元。图书出版集团收入稳定，资产和利润增长较快；报刊出版集团收入继续增长，利润受投资收益减少等因素影响继续降低；发行集团受缩减大宗贸易等因素影响，主营业务收入近年来首次下滑，资产规模和利润保持较快增长；印刷集团收入继续增长，资产规模显著增加，利润因营业外支出增加大幅下滑。

119 家集团利润总额继续增长，主营业务收入近年来首次下滑。截至 2018 年年底，全国共有经国家出版行政管理部门或省级出版行政管理部门批准的出版传媒集团 126 家，其中图书出版集团 40 家、报刊出版集团 47 家、发行集团 28 家、印刷集团 11 家。

2018 年，出版传媒集团的资产规模进一步扩大，利润总额继续增长，受缩减大宗贸易等因素影响，主营业务收入近年来首次下滑。纳入统计的 119 家图书出版、报刊出版、发行和印刷集团共实现主营业务收入 3513.7 亿元，较 2017 年减少 45.9 亿元，降低 1.3%；拥有资产总额 7544.6 亿元，增加 521.6 亿元，增长 7.4%；实现利润总额 319.5 亿元，增加 14.1 亿元，增长 4.6%。

其中，108 家图书出版、报刊出版和发行集团共实现主营业务收入 3455.5 亿元，较 2017 年减少 48.4 亿元，降低 1.4%，占全国图书报刊出版和出版物发行主营业务收入的 77.9%，降低 1.8 个百分点；拥有资产总额 7400.7 亿元，增加 497.8 亿元，增长 7.2%，占全国出版发行全行业资产总额的 90.8%，基本持平；实现利润总额 319.3 亿元，增加 17.9 亿元，增长 5.9%，占全国出版发行全行业利润总额的 70.7%，提高 8.7 个百分点。

江苏凤凰出版传媒集团有限公司、江西省出版集团公司、湖南出版投资控股集团有限公司、浙江出版联合集团有限公司和中国出版集团公司 5 家集团的资产总额、主营业务收入和所有者权益均超过 100 亿元，组成“三百亿”

集团阵营。安徽出版集团有限责任公司、湖北长江出版传媒集团有限公司和中原出版传媒投资控股集团有限公司 3 家集团的资产总额、主营业务收入均超过 100 亿元，组成“双百亿”阵营。另有中国教育出版传媒集团有限公司、山东出版集团有限公司、河北出版传媒集团有限责任公司、贵州出版集团有限公司和广东省出版集团有限公司 5 家集团的资产总额超过 100 亿元。

2018 年，发行集团的资产规模与利润总额快速增长，收入受缩减大宗贸易等因素影响近年来首次下滑。28 家发行集团实现主营业务收入 1060. 1 亿元，较 2017 年减少 76. 0 亿元，降低 6. 7%；拥有资产总额 1796. 4 亿元，增加 259. 8 亿元，增长 16. 9%；实现利润总额 102. 5 亿元，增加 10. 0 亿元，增长 10. 8%。

安徽新华发行（集团）控股有限公司的资产总额、所有者权益和主营业务收入均超过 100 亿元。四川新华发行集团有限公司、江苏凤凰新华书店集团有限公司、上海新华发行集团有限公司和江西新华发行集团有限公司 4 家的资产总额超过 100 亿元，较 2017 年增加 2 家。

2018 年，受中国文化产业发展集团公司新增子公司及非经常性损益等因素影响，印刷集团的资产规模显著壮大，利润总额大幅下滑。11 家印刷集团实现主营业务收入 58. 2 亿元，较 2017 年增加 2. 5 亿元，增长 4. 6%；拥有资产总额 143. 9 亿元，增加 23. 7 亿元，增长 19. 8%；实现利润总额 0. 2 亿元，减少 3. 9 亿元，降低 95. 8%。

（三）出版传媒上市公司营业收入增长较为稳定

出版传媒上市公司营业收入同口径稳步增长，新媒体公司、发行公司整体营业收入实现两位数增长，报业公司收入同口径止跌回升。出版公司、印刷公司和新媒体公司主业收入增加，占比进一步提高。报业公司、新媒体公司和发行公司主要受计提减值准备影响，利润大幅下降。资本市场表现持续低迷，股市市值大幅缩水。各公司努力探索转型升级、融合发展之路，多方开拓新业务领域，取得新进展。

截止到 2018 年 12 月 31 日，在中国内地和香港特别行政区上市的出版传媒公司共计 42 家。其中，出版公司 14 家，报业公司 5 家，发行公司 8 家，印刷公司 10 家，新媒体公司 5 家；在中国内地上市 38 家，在香港特别行政区上市 4 家（见表 5. 10）。

表 5.10　出版传媒上市公司的业务类型与上市地点　单位：家

业务类型	中国内地	中国香港	合计
出版公司	13	1	14
报业公司	3	2	5
发行公司	7	1	8
印刷公司	10	0	10
新媒体公司	5	0	5
合计	38	4	42

注：出版公司包括业务内容描述为出版、出版发行和期刊的上市公司。

2018 年，出版传媒公司收入有所增长，资产有所减少，利润大幅下降。在中国内地上市的 38 家出版传媒公司实现营业收入共计 1501.4 亿元，较 2017 年增加 48.7 亿元，增长 3.4%；拥有资产总额共计 2688.8 亿元，减少 36.9 亿元，降低 1.4%；实现利润总额共计 71.5 亿元，减少 123.1 亿元，降低 63.3%。

凤凰传媒、中文传媒和长江传媒 3 家公司营业收入和资产总额均超过 100 亿元，另有中南传媒、山东出版、中原传媒和中国出版 4 家公司资产总额超过 100 亿元，与 2017 年相比数量不变。13 家出版公司的平均净资产收益率，按降序排列依次为山东出版、城市传媒、南方传媒、中文传媒、中国科传、长江传媒、凤凰传媒、中原传媒、中南传媒、中国出版、出版传媒、时代出版和读者传媒。

二、我国出版业未来发展的战略选择

我国出版业未来发展战略包括以下八个方面，把握了这些战略选择，也就为业内外资本找到了精准的投资方向。

（一）社会效益首位、两个效益相统一发展战略

根据施拉姆对社会责任理论的解读，传媒的社会责任的核心是“传播人的责任”，即要求新闻从业者“应该以负责任的态度来处理自己的成品”“竭尽所能提供素质最高的成品”，这是一种“一个公仆与一个专业人员的责任，而非他对所受雇的商业义务”。同样，美国新闻自由委员会指出，报业的不良外在表现一方面固然可以由法律与舆论形成的外界力量来控制，但是其良好

表现只能依靠那些操作传播工具的人，依靠传媒人自身的社会责任感来维护，为社会谋福祉，为民众求真理，这也是媒体社会责任的题中之意。新闻出版业要强调社会责任的首要地位，凭借社会效益的实现来推动经济效益的提升，实现新闻出版传媒业社会效益和经济效益的统一。

为实现社会效益，新闻出版传媒首先要发挥正确的舆论导向和社会监督功能，坚持正确主流价值观和中国特色社会主义意识形态。新闻出版单位要以读者为中心，照顾读者等利益相关者的权益，肩负应有的社会责任。新闻出版单位要改变传统单向型的传播模式，加强与新媒体的互动与融合。新闻出版单位的社会效益还体现在对环境的责任上，主要表现在绿色出版、环保与生态文明建设等方面。党的十八届三中全会明确提出了加强生态文明制度体系建设，建立生态环境损害责任追究制度等要求，绿色发展也成为党中央“十三五”时期制定的“五大发展理念”之一，这为推动传媒企业践行环境责任提供了动力和政策支持。对于一般企业来说，其承担的是解决高能耗高污染、应对气候变化等问题的责任；对于传媒企业而言，则是通过绿色出版印刷的实践，达到保护社会环境，同时也保障投资人利益的重要目的。媒体积极开展公益慈善活动，弘扬社会主义核心价值观，推动中国文化“走出去”融入现实报道中，以及推动和谐社会发展等，也是媒体社会效益的集中体现。发展慈善事业是实现社会公平、促进社会和谐发展的重要机制，传播慈善文化也成为媒体的重要社会责任。当然，社会效益的发挥有赖于媒体有一定的经济基础，在经济效益方面，新闻出版传媒要确保传媒企业的盈利能力与经济效益，这对传媒企业的发展是至关重要的。社会效益与经济效益是一种相辅相成的关系，两者的关系处理好了，能够极大地促进传媒企业的发展。

（二）主题出版与公共服务优先战略

主题出版主要指的是新闻出版企业所进行的策划和出版活动，主要围绕着党和国家的重大主题来展开。作为新闻出版广电公共服务体系的重要组成部分，在新媒体技术发展的推动下，以及媒介融合的发展趋势下，以主题出版为代表的公共服务战略已经成为新闻出版传媒业产业结构优化、经济增长方式转变、不断提高自身的整体实力和竞争力的重要方略。

近年来，作为日益普遍的新闻出版活动，主题出版已经成为新闻出版业的新的增长点，其内容也在不断丰富和发展，由于其具有较强的时效性，影响广泛，受到了公众的广泛关注，在推进中国特色社会主义发展建设上起到了重要的作用。随着信息技术的发展和普及，主题出版要充分体现自身特色，摒弃旧有思维方式和出版模式，坚持正确的导向，提升广度和深度，采用多种形式贴近群众，贴近生活，切实做好那些关于具有重大社会意义的事件、现象、问题的重大主题宣传报道，更好地让受众认识其本质，把握其精神，从而深化报道主题，扩大宣传效果。主题出版是新闻出版公共服务功能的重要体现，目前，在新闻出版广电公共服务体系建设领域，已经形成了以政府为主导，以公益出版单位为骨干，以重大工程项目为载体的新闻出版公共服务体系，并逐渐覆盖到社会各类人群和各个领域，尤其重视保障基层群众包括读书看报等在内的基本文化权利。今后，更要践行公共服务优先的重要战略，创新体制机制建设。目前，我国新闻出版业中的出版主体，包括各地人民出版社、少数民族出版社等，它们都属于社会公益性质的事业单位。但是具有社会公益性质的出版社，其业务种类大部分为市场化的经营产品，公共服务性产品只占其中极少部分。未来，新闻出版业要着力于开放创新的公共文化服务体系建设，在进一步提升政府治理能力的同时，保障公众的文化权利。

（三）精品生产与高质量发展战略

在新闻出版业发展的路径选择上，精品生产与高质量发展战略是其中重要的一环。要提升新闻出版传媒产品的吸引力和引导力，就要深化对新闻出版业的规律性认知，在产品创作上紧紧围绕人们的精神文化生活需求，着力推进文化精品创作生产和高质量发展，将更多的资源和精力投入重点创作领域，推出高水平的新闻出版传媒产品。在传播技术带来的媒体格局的深刻变化中，互联网催发出的新闻出版领域的重要变革同时带来了舆论生态的变化。在此，新闻出版工作要去解读读者的需求，读者与受众的感受应该是宣传报道的着力之处。这就为我们新闻出版工作的内容创新指出了方向，新闻出版单位要在宣传内容上下功夫，满足广大群众对新闻出版工作的新需求、新期待。

新闻出版单位要重视精品生产，提高新闻出版产品内容的感染力，好的内容是新闻出版工作最根本的生命力。新闻出版单位要深入基层，掌握鲜活的第一手素材，并对海量信息进行筛选梳理，从中挑选出那些反映时代精神、反映社会面貌、能够引起受众广泛共鸣的内容，抓取公众最为关切的点，进行选题报道和解读分析，发挥好新闻出版一直以来具有的风向标、定音鼓的作用。同时新闻出版单位在报道中要遵循新闻宣传规律，把握时代脉搏，找准切入点，对亮点进行重点报道；多关注细节，剖析解读、释疑解惑；多关注情感，真实体现民意、关心民情、反映民生，用丰富的语言、形式、方法、技巧创作出精品力作来，影响受众、吸引受众。新闻出版工作要推出高质和高效的新闻出版产品，做出符合党和人民群众利益的好的新闻报道和出版物，传播正能量，引导主流舆论。新闻出版工作者要通过生动而有技巧的讲述，寓教于乐、潜移默化地推广社会价值观和积极的生活方式。受众也会被这种方式感染，有效地接受这种从具体到抽象的传播内容。主流新闻出版单位要将新闻出版工作与人民群众的实际需要和接受能力相结合，善于思考，注重对信息进行加工整理，深入发掘，梳理和阐发信息素材中暗含的深刻道理，实现传播内容的入耳、入脑、入心，使新闻出版单位的新闻出版工作既顶天又接地气，思想宣传更有感召力和影响力，从而充分发挥正面宣传鼓舞人、激励人的作用，为经济社会健康发展提供新思路、新观念。

（四）非均衡发展战略

作为区域经济学研究中的一个重要概念，非均衡发展理论在区域开发与规划中经常被用来解决地区发展不均衡的问题，新闻出版传媒产业中的非均衡发展战略是指在产业布局方面鼓励产业集聚和企业兼并整合，不需要每个省份在新闻出版方面大而全、小而全。传媒产业具有高增值性和知识密集性的特征，一直以来，我国的新闻出版传媒产业都保持均衡发展的态势，随着市场经济的完善和体制改革的进行，我国新闻出版传媒业应适时摒弃大而全的发展思路。以出版社为例，大多数省份都有人民、教育、科技、美术、少儿等出版社以及大学出版社，且出版社的规模相似，经营模式同质化明显，难以获得市场发展优势，在这种情况下，新闻出版工作应从体制机制出发进行创新改革，根据市场需求完善经营管理运行机制，力行机构改革重组，利用自身优势优化竞争力，建立富有经营活力的运行机制。为完善市场机制，加快新闻出版传媒业发展步伐，新闻出版传媒业要积极进行资源整合，实现多渠道、规模化、立体化的传播效果。

在践行非均衡发展战略的过程中，制度创新是重要的支撑力，党的十九届四中全会着重讨论制度建设问题，在这股东风的推动下，新媒体管理体制和机制建设将会更加完善。面对媒体格局变化的新形势，新闻媒体要实践习近平总书记的指示，一手抓媒体融合，一手抓管理体制，有效借助制度的力量，打破思维定式，适应形势发展，进行科学改革，提升我国传媒业的竞争力和整体实力。只有鼓励各类市场主体公平竞争，优胜劣汰，融合发展，提高效率，才能促进新闻出版传媒事业不断发展，开拓党的新闻舆论工作新局面。

（五）产业生态链协调发展战略

产业生态链协调发展战略是指采编印发一体化、全产业链发挥生态链式的协调合力作用，这一战略是推动新闻出版工作创新发展的重要渠道。

目前，以媒体融合为渠道的产业生态链建设已成为传统媒体转型升级、抢占舆论新高地的有力之手。传媒产业生态链包括资源、产品、技术、资本、市场和信息反馈的链接整合，这是一个从投入生产到价值实现的商业循环。一个完整有序的生态链的形成能够有效建设一个强大的媒体生态圈，激励各个链条之间的互动平衡，形成多方共赢的局面，传媒生态链建设的重要核心是传统媒体的新媒体产品表达，围绕新媒体产品，产业链各个环节上下勾连、资源共享，一起发力做大做强整个新闻出版产业。打造健康的产业生态链需要新闻出版传媒企业立足现有优势，以创新引领发展，推动产业升级，打造精品，提升品牌影响力，并以资本运作转化资源优势，最终建立起多元发展并具有较强核心竞争力的贯穿内容提供、渠道运营、终端应用的全产业链条。为了促进传媒生态链的协调发展，传统媒体要树立一体化发展理念，利用不断发展的信息技术，优化媒体内容的制作和传播，为有多元化需求的受众提供有效产品和服务。

（六）全媒体发展战略

全媒体发展战略是指以新媒体技术为纽带，使传统媒体与新兴媒体融合发展，逐步形成各种媒体都有自己核心受众的一体化策划、一次性采集、多元性生产、多端口传播的媒体组织机构，真正成为习近平总书记所说的全程媒体、全息媒体、全员媒体与全效媒体。新闻出版传媒企业准确把握新闻传播规律，充分借助新媒体的传播优势，推动媒介融合的进程，能够切实增强新闻出版工作的实效性。目前，新媒体在舆论传播方面存在着诸多优势，在某种程度上已成为社会最为创新的力量。主流新闻媒体要认真研究新闻宣传规律以及受众的信息接收习惯，利用好新媒体传播平台的优势，优化报道机制，丰富报道形态，努力抢占第一落点。充分借助新媒体的传播优势，着力推动媒体融合从相加阶段到相容阶段，变简单叠加效应为战略融合效应，在全媒体战略的推动下建设新型主流媒体，建立以受众为中心、以内容为主导的全媒体传播新平台，构建新的舆论引导格局。

新闻出版单位要积极探索媒介融合之路，实现全媒体战略下的传播业态创新。传统新闻出版单位要树立一体化的全媒体发展理念，按照全媒体的特点来推进业态创新，在满足不同受众需求的同时，提供高质量的信息服务，最终提升自身的竞争力和影响力。全媒体战略的一个重要特点是报道方式的数字化和新闻报道的数据化，即积极运用数据新闻，探索可视化的报道方式。随着大数据时代的到来，通过数据发现问题、总结问题，让数据渗透到新闻报道的各个环节中已经成为新闻工作的助推器，为新闻舆论工作增添了新的活力。主流新闻媒体在新闻报道中，要注意运用数据化的技术手段和可视化的叙事结构，对报道对象进行社会意义的阐释，使其呈现在以数据库新闻为主的新闻报道里。数据新闻的报道方式通常结合了图形、表格、地图、动画等表现手法，运用可视化技术来叙述和传递新闻数据信息，这种可视化的叙事结构使报道整体不再流于表面文字，在一定程度上满足了受众的视觉需求，在吸引其注意力的同时，也使受众能更加简单清晰地了解新闻事实，使报道更具说服力和准确性。

（七）复合型人才发展战略

人才是新闻出版事业永续发展的活力源泉。复合型人才战略是新闻出版传媒工作创新的重要支撑力。在“8·21”讲话中，习近平总书记对宣传思想战线、加强党的领导提出明确要求，要求“努力打造一支政治过硬、本领高强、求实创新、能打胜仗的宣传思想工作队伍”。新闻出版工作者需要加强学习，进一步提高政治、业务能力和理论水平，学习马克思主义经典理论，更重要的是学习习近平新时代中国特色社会主义思想。舆论引导部门身处意识形态工作前沿和舆论的风口浪尖，要求高、压力大、责任重，只有选准人、用对人，才能顶得住、打得赢。只有将这些理论成果作为自身的必修课，新闻出版工作者才能有效地提升自己的素质。

新闻出版媒体人才战略的关键点是要着力破除束缚人才发展的思想观念，

吸引具有创新才华的复合型人才进入新闻出版事业队伍中，并实现与新媒体的有效融合，用好的体制机制引进和留住人才。新闻出版传媒单位必须要完善人力资源制度和规划的顶层设计，建立起与单位发展战略相适应的人力资源建设与保障机制。加强人才培训力度，健全员工职业生涯规划，完善专业技术岗位序列、职称序列等员工职业发展多通道设计。要不断提高关键管理、技术领导岗位的公开选聘和竞争上岗比例，改善用人机制。在新发展理念背景下，创新融合是企业发展的主题与生命线。要大力培养创新精神和创新能力，培养和提高职工自主创新、自我创造的能力，为新闻出版生产提供永续动力源泉。

（八）版权超常发展战略

版权超常发展战略重点在于保护、挖掘版权潜能，使其成为真正规范成熟的产业。目前，随着新闻出版体制改革进入深水区，传统国企的改革红利基本已释放，以行政干预、财政直补、税收优惠等为主的产业政策的边际效益逐步递减。新一轮体制改革将会以市场机制创新为着力点，建立起能够激发企业活力、竞争力、科技创新力、融合发展力的资产组织形式和经营管理模式，新闻出版业的生产力将进一步得到解放。随着阅读立法、版权保护、互联网管理等相关工作的持续推进，新闻出版业的市场体系也将进一步完善。

在新发展理念和供给侧结构性改革中，版权产业对推动经济发展和经济结构优化起到了更加重要的作用。作为我国国民经济的新增长点，以内容产业为代表的版权产业的提升为国民经济提供了基础和战略性的支持。版权企业在发展中将迎来产权有效激励、竞争公平有序的发展环境。为推动版权产业的超常发展，管理者要加强对版权事业的支持和引导，激发版权产业的创新活力，开展版权执法，保护版权企业的创新成果，加快成果转化的步伐。同时，要对互联网环境下的版权产业管理体系进行深入提升，完善法律法规，提高管理水平，完善管理体系，提升服务质量。对出版企业来讲，主要是要加强对《著作权法》《版权法》等的学习，提高版权意识，规范各项版权保护和交易制度。同时，要推进版权合作开发。新闻出版企业要利用其内容优势，将优秀作品改编成影视剧、网络剧、微电影、在线教育等创新型业务内容。加强与互联网公司、电视台、民营影视公司的合作，推进版权合作，做大业务规模。

三、我国出版业的投资机会

(一) 线上教育

突如其来的新冠肺炎疫情让线上教育备受关注，也让越来越多的人开始认可这种学习形式。在线教育是基于网络的教学模式，它是通过应用信息技术和互联网技术，获取与共享学习资源、快速学习的新型学习方式。通过网络，教师可以不受时空限制，随时随地组织教学，这是一种全新的尝试，对传统教育的教与学是一次颠覆性的改革，也正不断改变着人们的学习与生活方式。

在线教育相对于传统教育在以下几个方面有着突出的优势：开放性与共享性，自主性与个性化，低成本与公平性。简言之，将教学课程录制成视频供学生网上学习，将极大程度地满足学生自主、开放、个性选择的需求，也在一定程度上避免了教育不公平现象的出现。

线上教育的商业潜力主要体现在两个方面，首先是其产业规模，前瞻产业研究院发布的《中国在线教育行业市场前瞻与投资战略规划分析报告》统计数据显示，2011—2017 年，中国在线教育市场规模呈逐年增长趋势。2011 年中国在线教育市场规模已达 574.9 亿元，2014 年中国在线教育市场规模突破了千亿元，截至 2017 年，中国在线教育市场规模突破 2000 亿元，达到了 2089.1 亿元，同比增长 28.1%。2018 年我国在线教育市场规模达到 2670.6 亿元左右。其次就是其发展潜力，与发达国家相比，我国在教育方面的人均投入远不及发达国家。我国线上教育目前仍然处于初级阶段。“教育 + 互联网”是未来教育发展的趋势，在线教育未来依旧具有较大发展空间。

未来，在线教育的两个发力点值得业内关注。第一就是智慧教学。技术的革新给在线教育行业带来巨大变化，“人工智能 + 教育”成为 2018 年在线教育行业的关键词。人脸识别技术、AI 老师等人工智能技术，个性化推荐等云计算技术以及大数据分析技术、VR 技术等均被逐步运用到在线教育的场景中，不断提升教学效率。第二就是线上线下融合。传统在线教育线上与线下的教学相对独立，线上线下没有一个完整的衔接，知识传授也就存在漏洞，随着在线教育的不断发展和成熟，未来的教育模式将呈现出线上线下融合的模式，教学环境更加完善。

在这方面，线上培训尤其值得关注。2020 年 2 月，人社部、财政部印发《人力资源社会保障部　财政部关于实施职业技能提升行动“互联网 + 职业技能培训计划”的通知》，鼓励支持广大劳动者参加线上职业技能培训。该通知明确，2020 年要实现“511”线上培训目标，即征集遴选 50 家以上面向全国的优质线上职业技能培训平台，推出覆盖 100 个以上职业（工种）的数字培训资源，全年开展 100 万人次以上的线上职业技能培训。2021 年，要健全“互联网 + 职业技能培训”管理服务工作模式，构建线上培训资源充足、线上线下融合衔接、政策支持保障有力、监管有序到位的工作格局，进一步扩大线上培训规模，提高线上培训质量。从这份通知中我们可以看出线上培训的潜力和预期商业价值。

（二）精品主题出版物

新时代背景下，精品主题出版物的出版因其政治属性和意识形态属性鲜明而备受重视。在发展前景上，可以从四点对其进行划分：一是集中体现马克思主义在当代中国的最新实践，具有极强的时代性、实践性、综合性；二是能够引导读者提振“中国自信”，以“润物无声”的形式将正确的价值追求和理想信念有效传递给读者；三是在内容上，主题出版类图书的出版要坚持在改进中加强，强调教育性，以提升思想政治教育亲和力和针对性；四是精品主题出版物的出版方向不仅要守住底线，更要主动建构、积极作为，在国际舞台上传播中国声音，这也是最重要的一点。

在具体投资操作方面，可以从以下方面入手。

1. 领域细分，精准切入

对很多出版单位来说，出版精品主题出版物是发挥社会效益的重要途径，更是一种责任和使命。为了精准定位，近年来，不少出版单位在社会主义核心价值观、红色文化等主题出版细分领域精准切入，形成了具有影响力的规模和品牌。

2. 联系当下时事，注重时效性

想要做精品主题出版物出版工作，就要把握每一个重要的宣传节点，持续不断地推出大量优秀出版物。如中华人民共和国成立 70 周年是 2019 年主题出版的重头戏，众多出版单位就抓住了这个时间节点，持续发声，迎合市场需求，最终受益不小。

3. 让中国主题图书真正“走出去”“走进去”

随着中国日益走向世界舞台中心，国际社会越来越关注中国的成功经验，特别是发展中国家迫切想要了解中国发展的奥秘。因此，中国主题出版图书要从源头抓起，加强图书内容建设，策划符合国际出版市场需求的图书。中国出版人应继续结合自身的特色和优势，规划打造一批走向国际舞台的精品主题出版物，主要包括领袖著作、党政文献、“一带一路”图书、中国国情图书和中国文化图书等，这些图书既要体现党中央关切和世界关注的交汇点，又要代表对于国际问题的中国立场和中国观点，更要展现经济社会发展和深化改革的重大成果。我们不仅要向世界说明中国，还要影响和引导世界关注，提供中国智慧和中国方案。同时，也要多渠道推进国际合作。通过与国外知名出版社合作，依托国外出版社的专业翻译、编辑人才力量和发行渠道，推动中国主题图书融入国际出版市场。

（三）原创网络文学

近年来，我国网络文学的发展已经进入了“IP 时代”，网络作家们不再紧盯网络小说的订阅量，而是更多地着眼于将小说改编成漫画、影视、游戏等产业形态，注重 IP 端的后项收入和作品影响力。其中文化与旅游的融合给网络文学发展带来了极大的空间想象力，也成为新的盈利增长点。

网络文学的一个重要产业价值就是其泛娱乐联动，而泛娱乐生态归根结底就是围绕核心 IP，聚集用户群落，培养用户情感，深入锻造一种“泛娱乐”形态。IP 泛娱乐形态一旦形成，就会依托优秀 IP 的强大凝聚力，进一步拓展主业乃至整个产业链条的发展空间，最终实现 IP 商业价值最大化。

当下文化旅游业的发展方兴未艾，产品不断丰富、品质持续提升。在文化和旅游融合发展的国家战略体系中，旅游业的责任重大。而线上网络文学与线下旅游景区相结合，用全新的理念开发旅游景点线路，成为网络文学走向文化产业、文学转化为生产力的生动案例。文化旅游与网络文学结合在一起，不仅能激活本地文化旅游资源，同时还能对本土网络文学进行推广，完成弯道超车，获得更多收益。

正所谓文旅不分家，打造城市 IP 网络文学能够助力城市破解“千城一面”的难题。随着文旅服务渐进智能化、旅游参观渐进互动化，“以文促旅、以旅彰文”已成共识。文博资源丰富和优化了旅游的内容与品质，旅游产业也拓展了文物价值传播的广度和深度。文化和旅游双链互动，诗意和远方双向共振，文旅融合是时代所趋。

借助网络文学将旅游项目做成一个 IP、一个品牌，作家就可以通过旅游地来宣传自己的作品，还能让自己的故事更加具象化。所在地也可以通过网络作家的故事让地域本身的文化旅游资源增加。同时，对于信息时代的城市发展，城市文化 IP 助力城市快速转型发展，也会破解“千城一面”产业转型升级的难题，这也势必更有利于获得政府资源投资。

（四）城市实体书店

党的十八大以来，国家高度重视实体书店的生存和发展，自 2013 年以来出台了一系列支持实体书店发展的政策文件。在国家政策的支持下，在全民阅读活动的推动下，实体书店开始走上蓬勃发展的转型升级之路，一大批环境优美、功能齐全、特色突出、业态多元、体验丰富的书城和独立书店展现在读者面前，在世界书店业低迷、徘徊不前的情况下形成了一道亮丽的风景线。

在看到实体书店发展业绩和前景的同时，也必须面对当下存在的困难和问题。实体书店当前转型升级的发展不够平衡，发展的质量和水平不够高，存在认识不足、投入不足、技术支撑不足和人才储备不足的问题，需要认真对待并加以解决。新媒体的发展对实体书店的传统功能、业务流程、资源管理、经营理念、品牌管理等均提出了挑战。

2020 年突如其来的新冠肺炎疫情给各行各业带来了不同程度的影响，实体书店也不例外。本次疫情暴露出实体书店的不少弱项与短板。进入后疫情时代，新技术与新模式、新人群与新需求、新竞争与新生态会重塑实体书店，也成为实体书店重生的关键。

众多实体书店多年来处在产业链的末端，成为出版社代销商。所以未来要想获得发展，实体书店就要转变自身定位，参与到产品制作过程中，既要做品牌，也要为内容服务，打造有推广价值的内容产品，挖掘出实体书店的增长潜力。

主动赋能是当前实体书店走出困境的良策。

首先，加强实体书店的线上线下一体化运营赋能。

其次，强化实体书店内容赋能，通过内容服务加持，赋予商品更多的意义，进而让读者更有下单意愿。加强服务人群的内容定位，尝试在线上平台通过“图书＋非图”“图书＋数字”“图书＋阅读陪伴计划”等不同形式的搭配，打造不同群体的阅读内容场景，提高自身竞争力。

再次，强化空间赋能，促进实体书店产业链升级。充分发挥品牌效益，利用实体空间为主播平台打造场景，既做好图书宣传，也为区域特产、商户进行带货营销。

最后，强化团队赋能。推动实体书店运营机制、运营方式和业态整合向“互联网＋”靠拢，以适应新零售和新消费带来的变化，从而应对未来挑战。

同时参与或举办内容丰富、读者认可的文化活动，参加公益捐赠活动及延长营业时间，推动实体书店打造具有引领意义的文化地标和最美书店，扩大连锁书店、品牌书店规模，使中小书店向专业、主题、特色细分领域拓展，并向社区、校园、乡镇下沉延伸。

（五）版权交易平台建设

进入新时代，版权的价值在凸显，版权需要新视野。著作权的介质，从纸介质到以声光电磁为介质，用了200多年。20世纪90年代，互联网的产生改变了很多，声音、文字、图像都可以在互联网上表现出来，传播速度快，而且没有介质。

在5G时代，移动互联网可以让我们在任何时间、任何地点获取任何内容。这时，在提供高附加值文化服务的同时，亟须将高新技术注入版权服务领域，建立健全公开透明的版权交易平台，使出版物的生产者与消费者在一个公开透明的平台上进行交易，减少暗箱操作和降低交易成本，有效保护版权，更有利于出版行业规范化发展。该领域有着良好的商业前景，主要体现在以下方面。

1. 文化创意

原创是创新的关键，只有尊重原创，保护原创，激发原创活力，释放原创动力，进一步提高原创版权的创造、运用、保护、管理和服务水平，深化对原创版权价值的认识和重视，版权的创新力才能迸发。如何在数字化时代推动全媒体版权经济融合发展，对以积累知识、传播知识为主业的出版业来说，既是动力也是挑战。因此，文化创意是出版业不断发展的创新工程。文化创意是出版业全产业链和文化界相互延伸的版权经济，从出版物版权转化为电影，到书店图书销售带动文创产品的联动消费，触及领域最多、影响最广泛。出版物 IP 和延伸设计产品、周边产品广受文化消费者的青睐，带动了电影演绎经济、数字经济、文旅经济、文创经济、艺术设计、动漫经济、互联网经济、网红经济等多元化经济的发展，为未来出版产业的成长提供了广泛的领域和盈利空间。

2. 知识产权变现

随着知识经济的到来，知识产权将成为企业的核心竞争力。尤其对出版行业来说，知识产权战略应作为企业发展战略的一个有机组成部分，要同时做好五点具体措施：一是组建专业的知识产权管理团队。挖掘专业的知识产权人才，包括创造人才、管理人才、诉讼人才、运营人才等。二是制定完善的知识产权管理制度。三是针对核心主流业务积极布局高价值知识产权。创新的源头就要有高价值知识产权的意识，在关键核心技术上持续创新。四是根据业务发展情况和外部竞争态势，积极开展各类知识产权运营（如许可、标准化、质押融资等），实现知识产权价值。五是应关注行业内各类知识产权风险。

（六）全媒体出版人才培养

出版业的高质量发展与核心出版人才息息相关。智媒新时代对出版人才提出新的要求，新时代的编辑已不仅仅局限于策划、校对等工作，而是要能综合运用新闻传播的“十八般兵器”，做好文化传承、舆论引导，讲好中国故事，传播中国声音。因此，应从学科教育及出版单位的人才培训机构、培训教材设置、培训会议等方面入手培养、培育全媒体出版人才。

在出版单位培养层面，要营造出版人才专业化培养的宽松氛围。在经济效益和社会效益的双重考量之下，出版单位需要做出系统性、全方位的调整。这时，出版企业从内容制造商向知识服务商转变，亟须提高四种核心关键能力。一是对内容的把控能力。编辑在新时代要继续保持专业的内容把控能力，不断提升内容理解能力和处理能力，使出版工作更多元化地发展，更好地满足用户的需求。二是用户连接与服务能力。数字时代，编辑与用户的连接能力的提升，有助于形成“专家研发 + 用户参与 + 数据驱动”这种多维的研发机制，从而实现精准策划、研发、运营与服务。三是敏捷开发能力。面对数字化的挑战，出版企业在组织结构上的变化就是打造出专业、灵活的敏捷开发团队。四是产业融合能力。产业生态的变化要求出版从业者放眼全局，依托出版核心能力，链接更多场景，不断增强多层次、多维度的用户服务能力和跨界能力，促进各产品层级的合作，延展产业生态，为用户提供更优质、更全面、更立体的服务，并且创造新价值。

同时还应通过行业培训平台，凝聚出版人才队伍，培养讲政治、善思考、有文化、懂技术、敢担当的复合型创新人才，打造一支具有全新知识结构，有智能出版技术、能够真正履行编辑自身职责和使命的人才队伍。行业培训一是针对出版职业经理人的培训，培养出版企业管理者和业务骨干人才，更好地服务于出版深化改革和可持续发展；二是针对在职人员进行出版编辑、策划编辑、编辑专业、高级编辑专业、骨干编辑专题等方面的技术培训，全面提升出版人的导向能力；三是重点提高出版编辑水平和融媒体发展技能，利用国内外大型活动展会的机会借势培养出版人才；四是邀请在校出版专业学生参加行业活动，培养出版专业学生对出版事业的情怀和使命感，为迎接出版新技术革命升级做好人才储备工作。

在高校教育层面，要夯实出版人才专业化教育的基础。首先需要夯实高校出版专业学生培养的专业课基础；其次需要筑牢高校出版人才培养的人文、科技类素养复合型根基；最后需要通过软环境造就高校出版专业学生的职业情操和价值追求。

第六章 中国网络媒体投资报告

谭云明 柯些妮[①]

一、互联网整体发展状况及投资融合概况

在社会不断发展的今天，互联网与社会的交融程度日渐加深，互联网不仅改变了信息的传递途径、扩展了信息的传播范围，还重构了经济、政治、文化等的发展方式。一方面，互联网的出现使我们进入了信息时代，上网冲浪、检索信息、非面对面社交互动、电子商务等都依赖于互联网的升级发展，因此“互联网+”也必然被搬上各行各业的日程，用户对网络信息的需求也必然大幅增加；另一方面，互联网的发展也带来了一系列问题，商品被大量展示，竞争更加激烈，利润空间缩小，社交网络的虚拟化减弱了人际交往的真实性，信息茧房效应强化明显。因此，合理利用互联网才能为社会和人类发展提供有效帮助。网络媒体存在于互联网发展的大背景下，因此，要想了解中国网络媒体整体发展状态和投资融合概况，首先需要对2019年的互联网发展状况和投融资状况进行概括总结。

（一）2019年互联网发展状况

CNNIC 2020年4月28日在北京发布的第45次《中国互联网络发展状况统计报告》显示，截至2020年3月，我国网民规模已经达到9.04亿，较2018年年底增长了7508万，并且互联网普及率达64.5%，较2018年年底提升了4.9个百分点。互联网各类应用的用户规模大体上均有提升[②]（见表6.1）。

---

① 谭云明，中央财经大学新闻传播系主任、教授、硕士生导师；柯些妮，中央财经大学新闻传播系。

② 中国互联网络信息中心．第45次中国互联网络发展状况统计报告[R]．中国互联网络信息中心，2020.

表6.1 2018 年 12 月至 2020 年 3 月网民各类互联网应用的用户规模及使用率①

应用	2020 年 3 月		2018 年 12 月		
	用户规模（万）	网民使用率（%）	用户规模（万）	网民使用率（%）	增长率（%）
即时通信	89613	99. 2	79172	96	13. 2
搜索引擎	75015	83. 0	68132	82. 2	10. 1
网络新闻	73072	80. 9	67473	81. 4	8. 3
网络支付	76798	85. 0	60040	72. 5	27. 9
网络购物	71027	78. 6	61011	73. 6	16. 4
网上外卖	39780	44. 0	40601	49. 0	-2. 0
旅行预订	37296	41. 3	41001	49. 5	-9. 0
网约车	36230	40. 1	38947	47. 0	-7. 0
在线教育	42296	46. 8	20123	24. 3	110. 2
网络音乐	63513	70. 3	57560	69 5	10. 3
网络文学	45538	50. 4	43201	52. 1	5. 4
网络游戏	53182	58. 9	48384	58. 4	9. 9
网络视频（含短视频）	85044	94. 1	72486	87. 5	17. 3
短视频	77325	85. 6	64798	78. 2	19. 3
网络直播	55982	62. 0	39676	47. 9	41. 1
互联网理财	16356	18. 1	15138	18. 3	8. 1

由此可以看出，中国互联网的整体发展态势如下：

第一，网络基础资源建设情况持续优化，相关安全保障设施持续设置。 截至 2019 年 12 月，IPv6 地址数量较 2018 年年底增长了 15. 7%，稳居世界前列，IPv4 地址数量较 2018 年年底增长了 0. 4%，发展态势平缓；域名总数达到 5094 万个，其中“. CN”域名总数占 44. 0%，达到 2243 万个，较 2018 年年底增长了 5. 6%。新通用顶级域名（NewgTLD）的数量达到 1013 万个，并

① 中国互联网络信息中心. 第 45 次中国互联网络发展状况统计报告[R]. 中国互联网络信息中心,2020.

且在我国域名总数中占据了19.9%的份额。2019年，为了加大我国网络安全的持续保护力度，我国先后引入了各种镜像服务器，对国际方面针对我国的网络安全上的威胁进行了强效防范。

第二，互联网普及率超过了六成，互联网使用规模逐渐扩大，准入门槛进一步降低，移动互联网发展迅速，数字鸿沟也在缩小。我国网民规模达到了9.04亿，较2018年年底提升了4.9%，而手机网民规模已经达到了8.97亿，网民用手机上网的比例达到了99.3%，较2018年年底提升了0.7%，移动互联网终端增加，运用规模不断扩大，互联网应用范围得到更大扩展。2019年，移动互联网接入流量消费达到1220亿GB，较2018年年底增长了71.6%。因为国家大幅推动“提速降费”，推动移动互联网的流量迅速提高阈值，流量资费降低、速度提高，网民使用移动端进行网上信息交流更加便捷。2019年，乡村地区互联网普及率加快上涨，达到了46.2%，较2018年年底提升了7.8%，相较于城镇地区提升的1.9%增幅显著。正是由于网络覆盖工程的深入下沉，网络扶贫和数字乡村建设的不断透射，城乡数字鸿沟正在不断缩小。

第三，网络购物市场发展较快，消费新模式带动新增长。截至2020年3月，我国网络购物用户规模达到了7.10亿，相较于2018年年底增长了16.4%，达到了整体网民总数的78.6%。市场下沉扩展了实体经济消费空间；跨境电商增加了进口额，推动行业进一步发展；与时俱进的消费模式，如直播带货、工厂电商、社区零售等新模式为营销发展提供动力。

第四，互联网金融逐渐规范，理财市场从快速扩张抢占份额阶段迈向了质量升级的新阶段。2019年2月，中国证券监督管理委员会发布《公开募集证券投资基金销售机构监督管理办法（征求意见稿)》，明确了互联网基金销售业的定位，厘清了基金销售业务边界，为互联网金融制定了行业规范，使金融机构与互联网企业实现了共赢双收。

第五，互联网娱乐行业平台细分内容品类，娱乐内容联动资源整合，形成互联网娱乐生态圈，娱乐类应用用户规模增长速度加快。截至2010年3月，网络音乐、文学、游戏、视频（含短视频）和直播用户规模分别达到6.35亿、4.55亿、5.32亿、8.50亿和5.60亿，分别占网民整体的70.3%、50.4%、58.9%、94.1%和62.0%。互联网娱乐行业进行细分后，更注重提高质量，进行优质内容竞争。其中，短视频、直播市场不断壮大，两者也不断探索相加运营体系，实现流量共享、兼容并蓄。在数据表现上，网络视频发展火爆，已经成为互联网应用类型中仅次于通信的第二大应用。

第六，在线教育逐步推进，乡村教育短板补缺。在线教育用户规模达到4.23亿，较2018年年底增长了2.22亿，占整体网民数量的46.8%，增长速度较快。2020年年初，受疫情影响，教学活动转向线上，因此在线教育用户规模增长较快。2019年，我国在线教育总共发起了148起融资，金额达到115.6亿元人民币。2019年《政府工作报告》指出，需要将互联网与教育结合起来，促使优质教育资源共享，打破教育失衡状态。

第七，综合网络治理体系稳定运行，网络安全环境构建向好。国家互联网信息办公室于2019年3月针对短视频进行线上青少年防沉迷系统试点，保护了青少年上网环境，也促使短视频行业能够健康有序发展。之后开展的各种网络专项活动加大了网络治理力度，助力创造和谐安全的网络空间。

第八，加快建立健全数字政府体系，初步形成全国一体化政务服务平台。截至2020年3月，我国在线政务服务的用户规模已经达到了6.94亿，相较于2018年年底提高了76.3个百分点，占整体网民数量的76.8%①。在数字时代如何建设政务服务工作体系，成为各级政府工作的又一重要方面。进一步推动一体化政务服务平台建设，加强政务数据开放共享，为高效发挥政府服务职能提供了便捷方式与渠道。

（二）互联网投融资概况

受2019年经济下行压力加大的整体环境所迫，国内互联网的投融资低位下探，投资金额大幅下降，融资笔数也明显降低，如图6.1所示。下面就互联网投融资状况分四个季度分别描述。

2019年第一季度，在资本市场活跃度明显降低的趋势下，互联网投融资案例数环比减少了17.5%，同比减少了9.7%。因为互联网整体行业发展速度减缓，投资额度整体呈下行趋势，资本环境趋紧影响明显，第一季度投融资持续下行。分析投融资轮次，第一季度早期融资比重仍保持高位，种子天使投资和A轮投资占比分别为51.1%、24.9%，占据整体投融资轮次七成以上

① 中国互联网络信息中心．第45次中国互联网络发展状况统计报告[R]．中国互联网络信息中心，2020.

份额。2018年互联网金融融资占比高于45%的绝大份额，在2019年第一季度下滑明显，为5%，而电子商务则崭露头角，融资份额大幅上涨至接近45%。

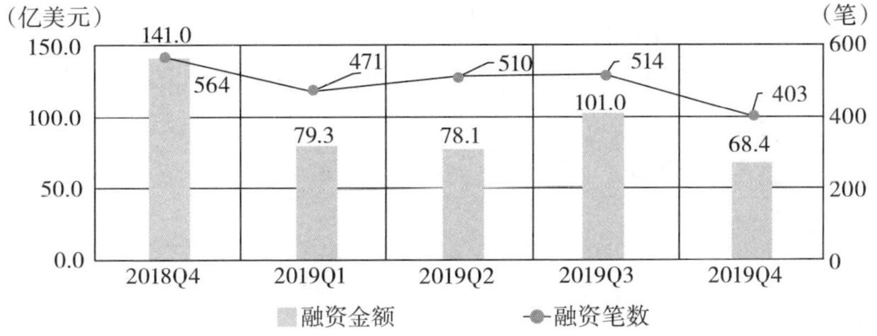

图6.1　我国互联网四个季度投融资总体情况①

2019年第二季度，受经济下行压力影响，互联网投融资环境仍较为严峻。市场活跃度同比下降，投融资事件数量为172起，相对于2018年第二季度下降50%；融资金额为50.59亿美元，同比下降27.07%。由于互联网行业处于转型调整新动能阶段，互联网企业逐步踏上传统业务转型升级征程，因此在细分领域，电子商务和大数据成为融资热点领域。电子商务融资事件在第二季度达到69起，融资金额达到20.11亿美元。爱回收、欧冶云商、芒果超媒、震坤行、贝店和海豚家包揽第二季度融资Top10的六个名额，这足以展现资本市场对电子商务仍有信心，如表6.2所示。虽然融资规模和数额的发展速度有所减缓，但互联网行业并购市场有所回升，第二季度互联网并购市场完成交易事件27起，同比下降50.00%，但并购金额暴增，达到了66.39亿美元，同比上升45.25%，大规模的金额交易主要由于互联网行业调整业态和整合资源，如图6.2所示。

表6.2　2019年第二季度互联网企业获得VC/PE融资重点案例②

单位：百万美元

项目	领域	轮次	投资方	金额
旷视科技	视觉技术	D	中银集团投资/阿布扎比投资局/阿里巴巴等	750.00
爱回收	电子商务	战略融资	京东/晨兴资本/老虎基金/天图投资等	500.00

① 中国信通院．2019年一季度互联网投融资运行情况［R］．中国信通院，2019.

② 投中研究院．2019年二季度互联网行业投融资报告［R］．投中研究院，2019.

续表

项目	领域	轮次	投资方	金额
欧冶云商	电子商务	战略融资	诚通基金/太钢创投/招商局创投/建信投资等	294.03
芒果超媒	电子商务	战略融资	中移资本	231.91
震坤行	电子商务	D	腾讯/元生资本/君联资本/经纬中国等	160.00
水滴互助	社交社区	C	博裕资本/腾讯/中金资本/高榕资本等	145.07
贝店	电子商务	战略融资	高瓴资本/红杉中国/襄禾资本/创新工场	127.70
中国有赞	电子支付	未披露	腾讯	115.98
图森未来	人工智能其他	D+	新浪/鼎晖投资	105.00
海豚家	电子商务	C	未披露	100.00

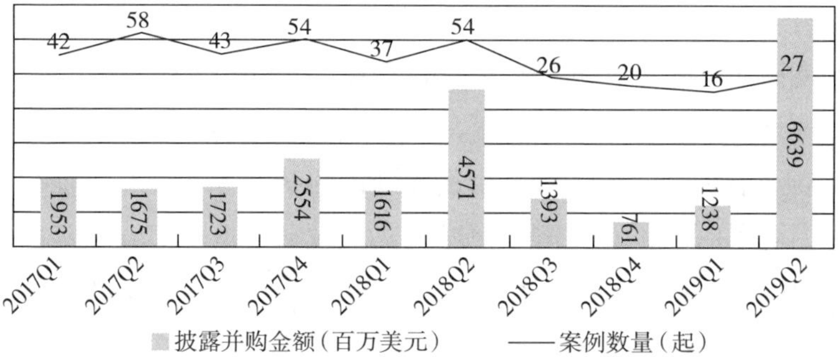

图 6.2　2017 年第一季度至 2019 年第二季度互联网行业并购市场完成交易趋势图①

资料来源：CVSource 投中数据，投中研究院。

在 2019 年第三季度依然处于经济下行大背景下，互联网行业投融资市场活跃度与 2018 年同季度相比仍处于下降趋势，融资事件发生 154 起，同比下降 63.04%。不过并购市场和 IPO 数量均呈现上涨态势。并购市场交易案例的数量和规模与 2018 年相比呈现双边上涨趋势，表现为互联网行业并购市场完成交易的案例数量达到了 36 起，同比增长 28.57%；公开披露的项目并购金额达到了 54.82 亿美元，同比增长了 337.51%，并购规模和数额大幅上涨，原因是头部企业进行资源整合，从增量争夺向存量转变，如阿里巴巴 20 亿美元收购网易考拉的大额度交易事件。在 IPO 进程板块中，第三季度有 11 家互联网中国企业完成 IPO，募资总规模达到 12.56 亿美元，虽然数额没有显著增

① 投中研究院．2019 年二季度互联网行业投融资报告［R］．投中研究院，2019.

加，但实现上市的企业数量较 2018 年有明显增长。其中科创板为此提供了强有力推动作用，如图 6. 3 所示。

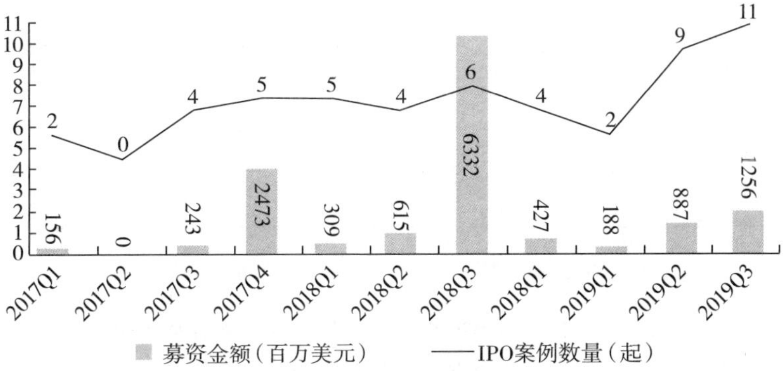

图 6. 3　2017 年第一季度至 2019 年第三季度中国互联网行业 IPO 募资金额和案例数量①

资料来源：CVSource 投中数据，投中研究院。

2019 年第四季度，互联网投融资整体呈现下滑趋势，投资趋向于保守，趋冷态势逐渐明晰。互联网投融资事件同比减少了 28. 5%，由于资本市场的紧缩处境，投资回报有所降低，投融资的金额同比跌幅达到 51. 1%。与此同时，早期投资数量占比从第一季度的 76. 9% 到如今的 73%，同比下降 5. 9%，其中种子天使投资占比明显下降，从第一季度的 52% 骤降至第四季度的 35. 7%，说明资本市场呈现保守态势，资本运营投资进入沉静期。但从细分行业来看，电子商务和互联网金融仍平分大半市场份额，与其他季度相差无几。

二、网络媒体投资融合情况

在过去，中国文娱市场主要由视频和网游为在线泛娱乐市场提供动能，但 2016 年之后，信息技术的革新，如通信网络信号的增强和网络支付技术的运用等，促使在线直播和短视频呈高速增长态势，传统媒体受到很大冲击。一方面，由于信息传播载体迭代更新，用户探求信息的途径从传统媒体趋向新媒体，主流传播路径逐渐向网络媒体趋同；另一方面，由于技术升级，信息传播速度越来越快，优质内容平台成为内容生产者寻求的发布载体，文娱行业也随之开启新一波整合更新。因此，对网络媒体的投融资情况进行探讨，

① 投中研究院. 2019 年三季度互联网行业投融资报告［R］. 投中研究院,2019.

将有助于了解文娱市场表现情况，为未来网络媒体推动文娱行业发展做出数理化分析，如图6.4所示。

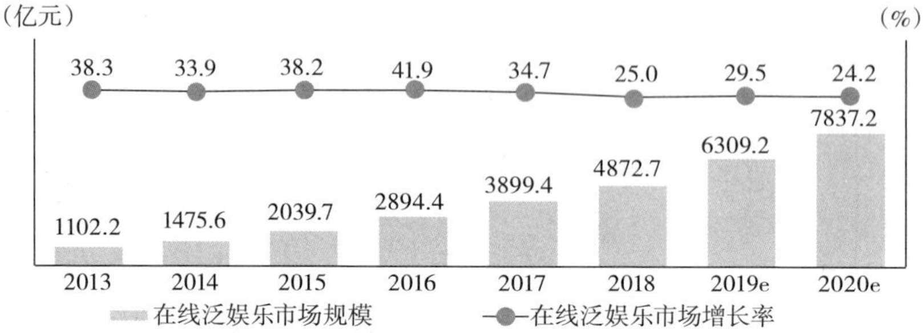

图6.4 2013—2020年在线泛娱乐市场规模及预测

资料来源：综合企业财报及专家访谈，根据艾瑞统计模型核算。

(一) 总体情况

在资本寒冬时期以及相关行业政策监管的背景下，2019年网络媒体产业投融资案例数量下降，市场增量放缓，投融资趋向理性化。相较于2018年654起投融资案例和1376.47亿元的投资规模，2019年大幅降低至248起投融资案例和504.54亿元的投资规模。从细分行业来说，相较于2018年，媒体及阅读类降幅明显，投融资案例从190起降至72起，投融资规模从461.13亿元降至139.60亿元；视频直播类投融资案例降幅较大，从81起降至41起，但投资规模差异不大，从255.63亿元降至223.41亿元；社交网络类投融资案例从121起锐减至43起，规模从89.58亿元降至35.63亿元；搜索类投融资成为为数不多的增长类别，从2018年的1起增长至2019年的4起，规模从1.00亿元增长至3.03亿元，如图6.5所示。

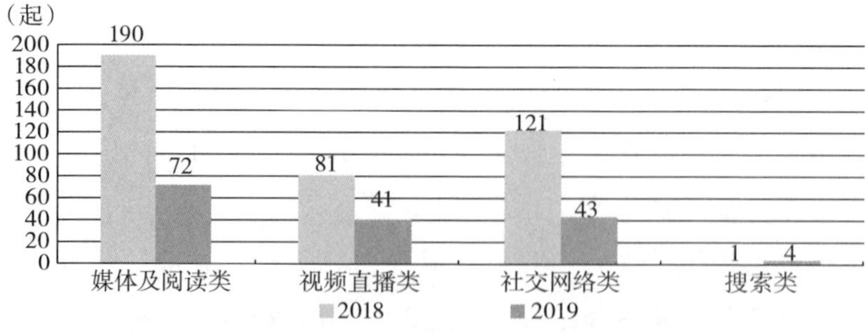

图6.5 2018年与2019年网络媒体投融资案例数量比较

资料来源：整理自IT桔子。

随着行业发展，资本市场头部企业由增量转向存量竞争，资本向后期轮次的聚集已然成为趋势，相较于2018年融资轮次主要集中于早期，并且大多数以天使轮、A轮为主要投资轮次，2019年资本市场主要采用后期投资，如战略投资、E轮和Pre－IPO等。对于成长期企业，投资者保持着观望和谨慎的态度，争相将资金转而投向已有一定发展成果的项目。

（二）网络媒体行业分类情况

1. 内容媒体

从网络媒体融资事件细分领域来看，2019年网络媒体融资的一个主要方面是专业知识媒体内容投融资，随着创新与版权意识的逐步提高，内容付费产品走向快速扩容阶段，大众对知识内容需求度的上升致使内容媒体发展迅速，投资者看好此发展前景，因此增加了其投融资份额。

2019年网络媒体及阅读类一共产生了72起投融资事件，数量较2018年降低了六成。与2018年以天使投资为主的投资轮次有所区别，2019年主要以后期投资为主，且投资轮次较为分散，战略投资排名第一，共23次，其次是天使轮，为16次，紧接着为A轮13次，Pre－A轮8次，B轮6次，种子轮1次，Pre－B轮1次，B＋轮1次，C轮1次，D轮1次，F轮－上市前1次。在披露的投资规模中，F轮投资单笔最高规模的知乎为4.34亿美元。在所有成功投融资的企业中，估值超过10亿元人民币的企业有5家，而估值超10亿美元的企业只有2家，内容类媒体虽然在网络媒体投融资规模中算排前水准，但存在市场垄断（见表6.3）。

表6.3　估值超过10亿元人民币的内容媒体　　单位：亿元

公司名称	最新估值
知乎	175.5
一点咨询	104
懒人听书	20
火星财经	16.25
小鹅通	10

资料来源：整理自IT桔子。

2. 视频直播类媒体

虽然视频直播类媒体仍然火热，但由于整体投资环境的下行压力，2019

年投资规模降低一半。由于头部企业寻找流量存量市场，投融资总金额降幅较大，超亿元的投融资规模仅为4次，占总体规模的不到1/10。视频直播类媒体与内容媒体的区别在于视频直播类媒体的投融资集中于天使轮和A轮，都为12次；其次就是战略投资，为6次；其他的分别为A+轮3次，B轮3次，种子轮2次，Pre-A轮2次，F轮-上市前1次。相较于2018年，2019年视频直播媒体类投融资不仅案例事件数量减少，而且C轮、D轮和E轮均没有投资案例。说明在经济环境和监管政策压力下，投资者趋向于保守，进行理性存量选择。另外，值得注意的是，F轮唯一的投融资事件发生于视频直播媒体行业，2019年融资金额最高，为30亿美元，这是来自快手视频的融资，是快手在IPO前进行的最后一轮融资，是其向更高阶段发起进军的准备，快手也因此成为2019年视频类当之无愧的独角兽企业，估值达到1859亿元人民币。融资超过10亿美元的企业还有影谱科技，估值135亿元人民币。

3. 社交网络类媒体

相比2018年，社交网络也因为投融资环境陷入寒冬，其投融资规模及数量纷纷大幅度下降。国家出台相关管控政策，肃清社交网络媒体环境，引导其走向，也成为投融资者观望投资的原因之一。并且随着社交网络用户增量的缓和增长、存量市场的亟待入驻、社交网络领域的细分深化，社交网络投融资选择将越加保守。2019年的社交网络媒体投资轮次仍然以天使轮为主，达到15次，主打娱乐社交的脸趴获得2000万元人民币投资，出去玩获得数百万美元投资，近邻获得2000万元人民币投资；主打商务社交的探宴获得1000万元人民币投资，CFO小黑板获得1500万元人民币投资；主打兴趣社交的妙闪获得1000万元人民币投资，习惯熊获得数百万元人民币投资，爱茶人获得200万元人民币投资；主打去中心化社交的纸条获得3000万元人民币投资；主打女性群体的点亮妈妈获得数百万元人民币投资。社交网络细分领域的划分为行业获得投融资带来了更广泛的选择，但由于微信、微博等社交平台的垄断格局已经形成，重新洗牌社交网络市场只能依赖于未来新技术革新和环境变化。

4. 搜索类媒体

相较于2018年的1起投资，2019年的搜索类媒体投资事件增加到4起，不过投资规模无法与其他类别的媒体相比，仅为3.03亿元。虽然行业投资态势有上升趋势，但依然无法轻易分割既定市场规模，百度、搜狗搜索和360

搜索已然将国内搜索市场瓜分完毕，因此此类投融资案例少且规模小。

三、网络媒体投融资发展特点

（一）网络媒体战略投资成为主要方向

2019年网络媒体内容类媒体战略投资轮次占据行业主要份额达到23次，相比2018年的17次有所增长，涨幅达到26%。2018年多是天使轮和A轮投资，2019年则多采取后期投资。这缘于市场监管和整体经济下行压力凸显，在资本市场头部聚敛效应带领下，投资者对投资市场多采取保守政策，更倾向于将大体量资金向后期轮次投入，对拥有更加明确的发展前景的企业项目进行投融资，对成长初期项目则采取谨慎态度。由于视频直播类媒体市场稳定、用户需求细分和媒体垂直化效应，头部资本也在找寻具有创新点的视频媒体，因此这类媒体投融资中天使轮和A轮的投资比重较大。社交类投融资份额相当，媒体市场大致分化完毕，增长红利日渐消散，投资者开始寻求巩固已有投资份额，减少对新兴媒体的投资。而搜索类媒体市场固化，没有新方向的突破，很难回暖。

（二）网络媒体整体投资陷入寒冬，低潮发展成为态势

在2018年网络媒体投融资规模及金额除开视频类呈纷纷上涨的趋势外，2019年网络媒体投资陷入低谷期，低潮情况有所延续，完成的投融资交易规模为近几年来的最低值，下降至波谷位置。这与2019年行业监管力度加大和互联网行业整体投融资规模缩小有关，因此网络媒体行业整体进入艰难时期。在内容监管从严、用户规模趋向稳定的环境下，内容类媒体和社交类媒体投融资项目趋稳，但由于视频娱乐类（在线直播、短视频等）媒体的发展仍然处于流量红利期，整体收入保持较快增速，所以视频直播类投融资事件的次数虽然减少，但成功交易金额保持稳定。

（三）互联网IPO惨淡收场，网络媒体行业艰难上市

由于2018年港股的“同股不同权”政策和一批人民币基金进入5年退出期，IPO市场呈爆发式增长，文娱传媒行业获得的VC/PE融资案例达到485起，上市企业达到7家，其中包含3家网络媒体。但是2019年在国家监管政策的调控下，仅有28家互联网公司选择上市，相较于2018年一天数家企业共同敲钟的上市潮，较为惨淡。其中受政策影响较为明显的游戏行业、影视

行业等文化传媒细分领域表现不佳，2019 年上市的文娱类公司虽然数量上依然有 6 家企业，但上市首发日股价普遍跌破发行价，令人担忧。其中网络媒体企业在募资形势严峻的情况下依然选择完成上市计划，分别为 36 氪传媒、中信出版和新媒股份 3 家企业，不仅 IPO 规模缩减，而且融资金额大幅减少，其中新媒股份融资 11.6 亿元人民币，位于榜首，相较于 2018 年美团上市融资的 42 亿元人民币，金额降幅明显。

（四）并购交易趋向理性，规模和数额下滑明显

在文娱传媒行业通过上市或者并购退市的事件较少，所以主要还是讨论并购事件。根据 IT 桔子的数据，2018 年行业并购事件达到 33 起，资金总额为 521.54 亿元人民币，而 2019 年行业并购事件为 20 起，资金总额为 133.07 亿元人民币，降幅明显。全年并购事件中只有一起涉及被终止收购，即全通教育对吴晓波频道的收购事件。从众多并购事件中可以看出，投资机构普遍对文娱传媒行业信心不足，资本积累主要涌向能清晰看到投资回报比的项目，此外，头部机构出资更为谨慎，投资方多为相关行业投资者，往往选择产业关联并购对象以收割存量，扩展自有规模。

（五）资本投资注重垂直内容领域

综观 2019 年全年的网络媒体投融资事件，大体量资金主要向用户规模大的大众型网络媒体倾斜，如获得 49 亿美元投资的今日头条、获得 40 亿美元投资的斗鱼 TV 和获得 4.1 亿美元的趣头条等，自媒体市场接近饱和状态，但是在细分领域垂直化平台缺少大体量投资。在这些因素的影响下，2020 年头部企业纷纷选择垂直内容领域的优质企业，投资数量明显增长，细分范围逐渐扩展。动漫类 29 起投融资事件、艺术类 8 起投融资事件、IP 版权类 13 起投融资事件和文娱类 8 起投融资事件等都获得了不等的投资金额，表明市场固化状态将要被打破，投资方在谋求新的市场细分领域。

四、网络媒体投融资原因分析

经济市场决定投融资环境，反过来投融资的发展也助力经济问题的解决。中国资本市场整体态势在 2019 年呈现改革动向，随着资本市场制度改革、科创板携手注册制试点创新出现，资本市场从增量向存量转变，反映在互联网行业中就是需要在打破行业固有格局的基础上进行革新，故步自封、依托传

统产业现有存量将难以在未来市场占据有利席位，只有通过研发新技术、革新产业和细分新领域，才能将流量红利消散态势转向存量增收，创造有效的回报。因此，分析 2019 年网络媒体投融资成因对为产出回报提供理性指导至关重要。

（一）经济环境压力促使行业资源整合

自从 2018 年中美贸易摩擦爆发后，中西方生产消费关系出现裂痕，由此影响到 2019 年的整体经济下行，经济的疲软也造成投融资主体的谨慎态度，而文化娱乐行业是互联网行业中投资缩减最大的行业之一。

互联网带来的增量红利也到了瓶颈时期，产业升级转型进行资源整合也是亟待解决的问题，新要求与新氛围是对投资环境的有效制动，因此网络媒体投融资在大背景之下的下沉趋势在所难免。

（二）互联网行业细分领域出现投资新业态

由于信息技术的不断革新和移动设施的不断发展，互联网与人们生活的结合日渐紧密，万物互联时代来临，消费者通过互联网来转移满足自身需求的渠道成为大势所趋，因此互联网行业的市场规模日益攀升，由此衍生的领域划分成为必然。互联网行业细分领域又分为两类进行发展，一类是从电商零售、文娱和教育等实体经济向网络经济融合发展，其经过自身变革与时代接轨，谋求发展新动能，这些领域不仅保持实体经济地位，还通过网络环境二次笼络潜在目标，其发展的美好前景能吸引相关投资推动变现；另一类是具有双重身份的领域，即自身进行变革，同时为其他产业提供变革推动力，如金融、仓储物流和人工智能等，因为政策调控和市场需求，这些领域的细分化体现出要利润的阶段性特征，也为资本市场按需进行先机投资提供了特征展示。从 2020 年各项网络媒体投资案例和数据来看，细分领域成为头部资本投资多元化的重点，后期投资也成为资本投资的既定手段。

（三）实践新技术、应用新概念来助力行业发展

新技术和新概念往往是既定行业发展改革的牵引线与导火索，资本流通也需要根据技术发展改革效果或者新理念应用场景进行重新评估与汇通。2019 年网络媒体投融资市场低迷，但依然需要根据新技术和新理念进行资本分割，区块链、云服务、人工智能和 5G 等新技术的萌芽与发展对网络媒体进

行了变革展现，给资本市场优化投资环境提供了技术指向，超级 App、流量变现等新理念融合时代发展，为投资市场布局优化提供了概念指向。

五、网络媒体投融资发展趋势

在将 2018 年与 2019 年网络媒体投融资发展进行比较和梳理完 2019 年网络媒体投融资布局后，笔者对未来网络媒体投融资情况进行趋势研判。

（一）新理念：知识付费深入人心，应用端需要驱动生产端

随着民众对知识产权的重视和政策向版权保护的倾斜，未来优质内容将成为注意力争夺的重要工具，用户付费将成为文化娱乐行业的重要驱动方式，优质知识将在更大程度上进行变现提升，因此内容媒体将得到更多关注和投资。同时，内容付费用户的增加将会驱动内容媒体更加重视精品内容生产，从结果反向催生生产，形成合力高效运作产业链，也催生投资方根据不同效应划定合理的投资规模与节点。

（二）新技术：5G 时代引爆技术革新

2019 年 5G 流量试点运用引发行业爆款，未来将引发全面布局，由流量增速等引发的现有技术变革将成为未来技术趋势。物联网、OTT、远程联通等变革将为行业带来新领域的增长点，VR/AR、4K/8K 等工具变革将为企业发展提供多样化支持，新技术的更新迭代将为互联网行业带来更多可能性，也为资本市场提供更多投资机会。

（三）新政策：加强行业规范与落实政策颁布

网络媒体行业发展时间不长，各个方面都需要进行长期秩序规范，2018 年、2019 年行业监管严格控制期间的行业反应与市场应对都对未来建立健全相关行业政策具有指导意义。互联网监管把控新态势将为未来企业发展逻辑提供新思路，也为内容分发输出定制审核标准，行业的规范整治有助于投融资机构的有效投资与长足投资。

六、结语

2019 年已经过去，网络媒体企业投融资案例将为 2020 年提供借鉴（见表 6.4），未来投融资市场寒潮能否过去、新的增长时机何时出现、行业垄断格局是否将被打破、技术革新阶段谁将引领资本等一系列问题将成为亟待解决的问题。

表 6.4　2019 年网络媒体企业投融资案例

时间	公司名称	轮次	金额
2019 年 12 月 23 日	宏链财经	天使轮	数百万元人民币
2019 年 12 月 23 日	混子曰	B 轮	3000 万元人民币
2019 年 12 月 21 日	小鹅通	B 轮	1 亿元人民币
2019 年 12 月 19 日	沉浸文化	天使轮	数百万元人民币
2019 年 12 月 9 日	冲呀	A 轮	未透露
2019 年 12 月 3 日	快手	F 轮 - 上市前	30 亿美元
2019 年 12 月 3 日	听伴	战略投资	未透露
2019 年 12 月 2 日	新智元	A 轮	未透露
2019 年 11 月 8 日	云现场	天使轮	未透露
2019 年 11 月 7 日	大鹅文化	A + 轮	数千万元人民币
2019 年 11 月 4 日	一枝花传媒	种子轮	150 万元人民币
2019 年 11 月 1 日	海藻影视	天使轮	200 万元人民币
2019 年 10 月 29 日	一点资讯	战略投资	未透露
2019 年 10 月 28 日	火星财经	战略投资	未透露
2019 年 10 月 23 日	链得得 ChainDD	B 轮	未透露
2019 年 10 月 17 日	米读小说	B 轮	1 亿美元
2019 年 10 月 12 日	若看文学	A 轮	未透露
2019 年 10 月 11 日	惊人院	Pre - A 轮	未透露
2019 年 10 月 11 日	36 氪传媒	战略投资	2400 万美元
2019 年 10 月 11 日	市值风云	战略投资	数千万元人民币
2019 年 9 月 27 日	不空文化	B 轮	未透露
2019 年 9 月 19 日	新华网	战略投资	3 亿元人民币
2019 年 9 月 17 日	趣享付	Pre - A 轮	数千万元人民币
2019 年 9 月 12 日	火星财经	B + 轮	未透露
2019 年 9 月 9 日	草莓星球	天使轮	未透露
2019 年 9 月 7 日	一本区块链	Pre - A 轮	数百万元人民币
2019 年 8 月 30 日	4Fun	A 轮	数千万元人民币
2019 年 8 月 28 日	CoinVoice	战略投资	未透露

续表

时间	公司名称	轮次	金额
2019 年 8 月 23 日	链书	战略投资	未透露
2019 年 8 月 20 日	博链财经	战略投资	未透露
2019 年 8 月 19 日	互动百科	战略投资	未透露
2019 年 8 月 16 日	羊驼区块链	战略投资	未透露
2019 年 8 月 15 日	好兔视频	Pre－A 轮	未透露
2019 年 8 月 12 日	知乎	F 轮－上市前	4.34 亿美元
2019 年 8 月 12 日	麦财经	战略投资	未透露
2019 年 8 月 9 日	33 财经	天使轮	未透露
2019 年 8 月 9 日	米读小说	A 轮	1400 万美元
2019 年 8 月 7 日	懒人听书	D 轮	1 亿元人民币
2019 年 7 月 31 日	梧桐中文网	A 轮	未透露
2019 年 7 月 31 日	纳斯直播机构	天使轮	数千万元人民币
2019 年 7 月 26 日	云集将来	战略投资	未透露
2019 年 7 月 22 日	古早娱乐	天使轮	数千万元人民币
2019 年 7 月 20 日	趣头条	战略投资	未透露
2019 年 7 月 19 日	米林财经	战略投资	数百万元人民币
2019 年 7 月 19 日	回形针 Paperclip	天使轮	数百万元人民币
2019 年 7 月 17 日	无锋科技	天使轮	未透露
2019 年 7 月 16 日	爱美颜习社	A 轮	1000 万元人民币
2019 年 7 月 16 日	Blocklike	种子轮	数百万元人民币
2019 年 7 月 13 日	钛媒体	战略投资	1 亿元人民币
2019 年 7 月 12 日	影谱科技	战略投资	未透露
2019 年 7 月 9 日	灰斑马	A 轮	2000 万元人民币
2019 年 7 月 8 日	阶形网络科技	A 轮	数千万元人民币
2019 年 7 月 5 日	艾漫动漫	C 轮	数千万元人民币
2019 年 6 月 27 日	亿欧大健康	天使轮	1000 万元人民币
2019 年 6 月 13 日	母基金周刊	A 轮	3000 万元人民币
2019 年 6 月 11 日	大内密谈	天使轮	数百万元人民币

续表

时间	公司名称	轮次	金额
2019 年 6 月 4 日	耳东影业	A 轮	未透露
2019 年 6 月 1 日	橙色星球	A 轮	未透露
2019 年 5 月 31 日	素履之往 FigureVideo	天使轮	数千万元人民币
2019 年 5 月 31 日	亿欧网	C 轮	8000 万元人民币
2019 年 5 月 30 日	味库美食视频	A 轮	未透露
2019 年 5 月 30 日	目睹科技	B 轮	1.1 亿元人民币
2019 年 5 月 29 日	链闻 ChainNews	天使轮	未透露
2019 年 5 月 28 日	3 点钟财经	天使轮	未透露
2019 年 5 月 28 日	漫本	A 轮	未透露
2019 年 5 月 23 日	舒适 COMFORT	A 轮	未透露
2019 年 5 月 22 日	火眼 FE	天使轮	数百万元人民币
2019 年 5 月 20 日	百漫文化	A 轮	数千万元人民币
2019 年 5 月 17 日	暖光科技	A 轮	未透露
2019 年 5 月 16 日	OnVideo	A 轮	1500 万元人民币
2019 年 5 月 15 日	加小传媒	天使轮	数百万元人民币
2019 年 5 月 13 日	KK 点歌	Pre - A 轮	未透露
2019 年 5 月 7 日	同感科技	天使轮	数百万元人民币
2019 年 4 月 29 日	星映环球	A 轮	数千万元人民币
2019 年 4 月 26 日	少年派	Pre - A 轮	数千万元人民币
2019 年 4 月 26 日	100Audio	A 轮	数千万元人民币
2019 年 4 月 25 日	闪歌	A 轮	数千万元人民币
2019 年 4 月 25 日	彦祖文化	天使轮	数百万美元
2019 年 4 月 22 日	推文科技	Pre - A 轮	1000 万元人民币
2019 年 4 月 22 日	梦幻空间	天使轮	未透露
2019 年 4 月 22 日	糖豆广场舞	C 轮	未透露
2019 年 4 月 19 日	飞鱼互娱	种子轮	数百万元人民币
2019 年 4 月 15 日	猫片 Mopian	C 轮	未透露
2019 年 4 月 13 日	墨者	天使轮	未透露

续表

时间	公司名称	轮次	金额
2019年4月12日	知易声	天使轮	4000万元人民币
2019年4月11日	玩物得志	Pre-A轮	数千万元人民币
2019年4月11日	十斤文化	天使轮	未透露
2019年4月4日	灵榫文化	战略投资	未透露
2019年4月3日	北京国际音乐节	A轮	数千万元人民币
2019年4月2日	五月美妆	Pre-A轮	1000万元人民币
2019年4月2日	刷刷看	天使轮	1000万美元
2019年4月1日	刷宝短视频	战略投资	数千万美元
2019年3月28日	十二栋文化	B轮	1亿元人民币
2019年3月24日	十三月影视	C轮	未透露
2019年3月21日	机器之心	Pre-B轮	未透露
2019年3月21日	我播盒子	种子轮	190万美元
2019年3月20日	比特星光	A轮	未透露
2019年3月20日	视知	A+轮	数千万元人民币
2019年3月19日	新媒股份	战略投资	未透露
2019年3月19日	多蕴漫 Daon Creative	战略投资	数百万美元
2019年3月15日	手滑科技	战略投资	未透露
2019年3月15日	商业人物	战略投资	数千万元人民币
2019年3月13日	欢喜传媒	战略投资	3.91亿港元
2019年3月11日	Momself	战略投资	未透露
2019年3月9日	Aha 视频	A轮	未透露
2019年3月9日	张德芬空间	A轮	1000万元人民币
2019年3月7日	小司文化	A轮	未透露
2019年3月3日	Project5	种子轮	数十万美元
2019年2月28日	CoinON	战略投资	未透露
2019年2月25日	一点资讯	战略投资	4.48亿美元
2019年2月25日	大佬微直播	A轮	数百万元人民币
2019年2月22日	影谱科技	战略投资	未透露

续表

时间	公司名称	轮次	金额
2019 年 2 月 21 日	AI 音乐学院	Pre－A 轮	数千万元人民币
2019 年 2 月 20 日	豆瓣 FM	战略投资	未透露
2019 年 2 月 14 日	哔哩哔哩 bilibili	战略投资	数千万美元
2019 年 2 月 14 日	Manga Toon	A 轮	未透露
2019 年 2 月 3 日	风鱼动漫	A 轮	数千万元人民币
2019 年 2 月 1 日	亮相文化传媒	A 轮	2500 万元人民币
2019 年 2 月 1 日	基础颜究院	A 轮	未透露
2019 年 1 月 31 日	山水原创	战略投资	未透露
2019 年 1 月 29 日	Sandbox VR	A 轮	6800 万美元
2019 年 1 月 28 日	羊驼区块链	战略投资	未透露
2019 年 1 月 25 日	龙合田玉影视	战略投资	数千万元人民币
2019 年 1 月 24 日	红薯中文网	战略投资	1.7 亿元人民币
2019 年 1 月 23 日	SPACE CLUB	战略投资	未透露
2019 年 1 月 22 日	木棉说	A 轮	3000 万元人民币
2019 年 1 月 21 日	陀螺财经	Pre－A 轮	2100 万元人民币
2019 年 1 月 21 日	爱影互联	A 轮	未透露
2019 年 1 月 18 日	全景声科技	A 轮	1000 万元人民币
2019 年 1 月 16 日	深链财经	Pre－A 轮	1000 万元人民币
2019 年 1 月 16 日	十月文化	A 轮	未透露
2019 年 1 月 15 日	奇霖传媒	A 轮	未透露
2019 年 1 月 12 日	她拍	A 轮	400 万美元
2019 年 1 月 11 日	置物少女	A 轮	未透露
2019 年 1 月 11 日	饭桶戴老板	Pre－A 轮	数百万元人民币
2019 年 1 月 9 日	亭东影业	战略投资	亿元及以上人民币
2019 年 1 月 7 日	影谱科技	战略投资	6.8 亿元人民币
2019 年 1 月 7 日	艾尔平方	C 轮	数千万元人民币
2019 年 1 月 2 日	增长官研究院	A 轮	未透露

资料来源：整理自 IT 桔子。

第七章　中国移动媒体投资报告

邓倩　董银娥①

党的十九大以来，各地区、各部门深入贯彻落实全国网络安全和信息化工作会议精神，持续向网络强国建设目标迈进。5G、云计算、物联网、人工智能等技术的广泛商用助推中国互联网产业发展加速融合，协同制造、现代农业、智慧能源、普惠金融、高效物流、电子商务、交通出行、绿色生态等迈向深度融合。从互联网发展周期看，2019 年全球互联网人口红利持续衰减，移动互联网产业高潮已消退，进入稳定增长阶段。在技术和资本力量的催化下，移动互联网正加速迈入智能融合时代，具备全维感知、自然交互、线下融合等核心特质的“新型智能硬件”与“智能互联网＋”，成为智能融合时代引领资本竞争的战略业务平台。

一、移动媒体基础资源发展现状

随着中国移动智能终端用户规模的不断扩大，移动互联网用户已成为移动通信和互联网产业的主要消费人群。以手机为中心的智能设备，成为“万物互联”的基础，智能家电车联网、促进“住行”体验升级，构筑个性化、智能化应用场景。当前，移动终端规模加速提升、移动数据量持续扩大、移动互联网服务场景不断丰富，为移动互联网产业创造了更多价值挖掘空间。

（一）国内移动互联网发展概况

自 2015 年国务院办公厅印发《国务院办公厅关于加快高速宽带网络建设推进网络提速降费的指导意见》以来，基础电信企业继续加快移动网络基础设施建设。2019 年我国互联网提速降费持续深入推进，我国移动网络覆盖范

① 邓倩，博士，河海大学新闻传播学系讲师；董银娥，河海大学新闻传播学系。

围持续扩大、服务能力持续提升。截至 2019 年 6 月，光纤接入（FTTH/O[24]）用户总数达到 3.96 亿户，占互联网宽带接入用户总数的 91.0%，较 2018 年年底提升 0.6 个百分点。截至 2019 年第一季度，全国移动宽带用户通过 4G 网络访问互联网的平均下载速率为 23.01Mbit/s，同比增长 20.4%①，如图 7.1 所示。从数据可以看出，我国互联网接入环境与 2018 年相比获得了较大改善，这为移动互联网产业发展提供了必要的物质技术保障。政府支持的各类信息基础设施建设和提速降费释放出的巨大红利，有效地支撑了移动互联网经济社会的转型升级。从移动互联网的流量数据来看，2019 年 1—6 月，移动互联网接入流量消费累计达 553.9 亿 GB，同比增长 107.3%，移动互联网流量自 2014 年以来连续实现近翻番增长②。移动宽带网络基本实现市区、县城的连续覆盖及发达乡镇、农村地区的热点覆盖，4G 网络覆盖的广度和深度以及用户体验达到发达国家水准。

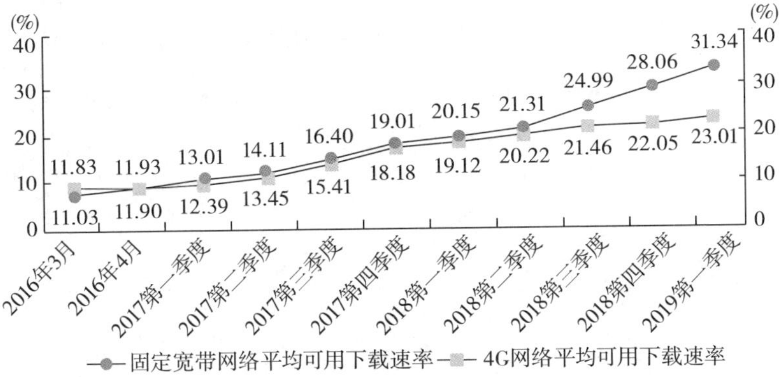

图 7.1　2016—2019 年我国固定宽带/4G 平均下载速率

资料来源：宽带发展联盟。

伴随移动互联网的高速发展，移动互联网应用也在不断丰富。截至 2019 年 12 月末，我国国内市场上监测到的 App 数量为 367 万款。游戏类应用数量继续领先，约 90.9 万款，占比达 24.7%；日常工具类应用程序规模位于第二，达 51.4 万款，占比 14.0%；电子商务类应用规模位于第三，达 38.8 万款，占比为 10.6%；其他生活服务类、社交、教育等 11 类 App 占比为 50.7%。2019 年 App 市场下载量相对稳定，App 内容运营也更加垂直，有效

①② 中国互联网络信息中心．第 44 次中国互联网络发展状况统计报告[R]．中国互联网络信息中心，2019.

提升用户黏性与留存，精准拓展新用户将成为移动应用市场竞争的关键。在国家相关政策的改革与激励下，我国移动互联网基础资源日益完善。一方面，拉动了相关产业上下游企业的增长，推进了互联网应用的移动化转型；另一方面，大大促进了“互联网 +”融合创新，为教育、出行、环保、金融、医疗等行业与互联网深度融合提供了网络保障和支持。

（二）国内手机发展概况

我国网民的个人移动上网设备正在逐步变为手机，手机接入互联网的占比呈现不断增长的趋势。CN 普及率达到 61.2%。NIC 发布的第 44 次《中国互联网络发展状况统计报告》显示，截至 2019 年 6 月，我国网民规模达 8.54 亿，其中手机网民规模达 8.47 亿。网民中使用手机上网的比例达 99.1%，网民手机上网比例继续攀升[①]，如图 7.2 所示。同时，作为移动互联网终端之一的智能可穿戴设备的使用份额在 2019 年也出现较大幅度增长。随着 5G 网络的不断普及、提速、降价，用户的移动上网环境不断改善，移动互联网环境下的智能设备类型也趋向多元化。

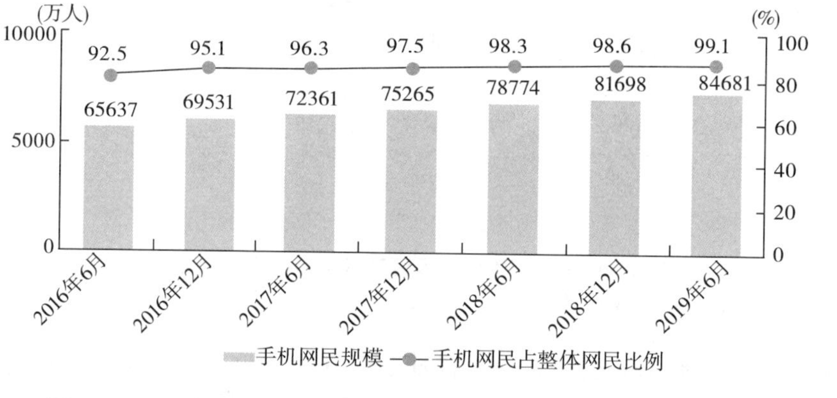

图 7.2　2016 年 6 月至 2019 年 6 月中国手机网民规模及其占网民比例

资料来源：CNNIC 中国互联网络发展状况统计调查。

根据中国信息通信研究院发布的数据，2019 年中国手机市场全年总出货量为 3.89 亿部，同比下降 6.2%，其中 4G 手机 3.58 亿部，5G 手机 1376.9

① 中国互联网络信息中心，第 44 次中国互联网络发展状况统计报告[R]. 中国互联网络信息中心，2019.

万部①。在国内手机生产竞争愈发激烈等因素的影响下，2019 年中国智能手机出货量有所下降（见图 7.3），但销售收入有所增长，表明我国移动手机市场人口红利消失，市场进入稳定期。在中国手机市场日渐饱和时期，国内手机品牌集中的趋势越发明显。国内各大手机厂商竞相布局海外市场，全球化战略成为手机企业发展的必然选择。小米目前已是印度手机市场最大的销售商，华为在欧洲取得了巨大的成功，2018 年 6 月，OPPO 也宣布进入欧洲市场。未来国内手机厂商在全球市场的竞争将更加激烈。重点布局发展领域方面，国内各大手机厂商持续在发展 5G 和开发智能终端两个层面着力，迅速吸纳前沿技术发展核心要素特征实现手机产业的升级演化。

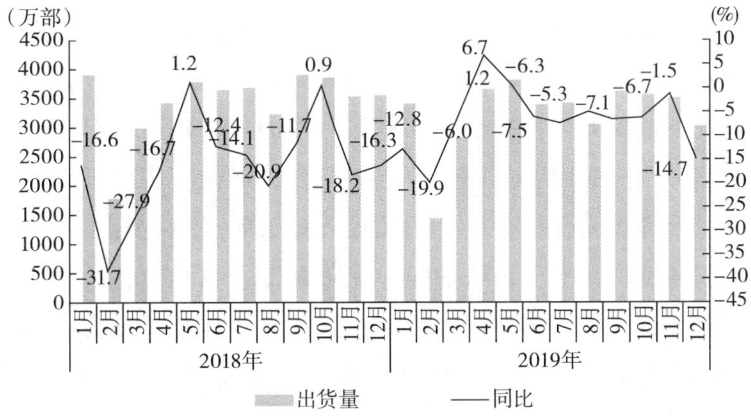

图 7.3　2018—2019 年国内手机市场出货量②

二、移动媒体的主要投资领域

经历 2018 年新一轮互联网企业上市潮之后，国内互联网投资市场整体收紧，投资事件数量有所下降，行业融资市场活跃度相对降低。2019 年中国移动互联网行业投资情景的关键词是“跨界”，移动互联网投资逐渐回归理性和价值驱动。各大互联网行业巨头无一例外地通过投资并购不断扩张业务边界，丰富战略布局领域。如新兴超级独角兽今日头条系的字节跳动公司通过投资布局跨界进入社交和电商领域，BAT 借助资本运作进一步把事业版图拓展至

① 中国通信信息研究院．2019 年 12 月份手机市场运行分析报告[R]．中国通信信息研究院,2019.

② 中国通信信息研究院．2019 年 12 月份手机市场运行分析报告[R]．中国通信信息研究院，2019.

教育、医疗、企业服务、制造、出行等行业，国内互联网巨头的竞争边界愈发模糊。整体来看，投资方的关注点相对聚焦于互动娱乐、电子商务、移动社交等领域。

（一）短视频引领互动娱乐投资

强烈的市场需求、政策的鼓励引导和企业的资本支持共同推动网络互动娱乐业态进入全面繁荣期。2019 年，短视频行业持续发力，用户规模突破 6 亿，成为不可忽视的渠道。短平快的大流量传播内容受到各大平台和资本的青睐，百度、腾讯、阿里巴巴、新浪等众多互联网企业竞相布局，短视频行业风起云涌。隶属于头条系的抖音、西瓜视频、火山小视频占据市场渗透率的最大份额。在布局微视反响不及预期之后，腾讯选择领投快手与抖音竞争。百度则凭借对好看视频的持续投资，在短视频市场占据了一席之地。

随着短视频市场的逐步成熟，相对低门槛的娱乐化产品对用户注意力的争夺日益激烈。用户对内容品质的要求和坚持，促使短视频细分类别快速增长，特色优质内容成为各平台的竞争关键。短视频平台内容生产的专业度与垂直度加深，各短视频平台纷纷加强与优质 MCN① 机构、达人合作，打造优质 PGC（专业生产内容）并带动 UGC，共同生产更优质的内容。如因短视频与音乐类内容较为契合，短视频平台和网络音乐企业的跨界合作进一步加深，各大网络音乐平台均陆续推出了挖掘和扶持原创短视频音乐作者的激励计划。2019 年，短视频在一二线城市用户规模增长逐渐放缓，但以抖音、快手为代表的短视频平台开始进一步挖掘下沉市场用户的潜能。短视频所具有的用户规模和资金营收能力，让其在资本市场中的表现依然亮眼。满足用户多样性的内容需求将成为短视频行业发展新的风口。

（二）网络零售带动电子商务升级

2019 年，国内电子商务总体稳步发展，在协调供给侧结构性改革、助力乡村振兴等方面发挥了重要作用。用户高增长红利期之后，网络零售消费市场供需两端“双升级”成为行业增长新一轮驱动力。在供给侧，线上线下资

① MCN(Multi－Channel Network)多频道网络的产品形态。MCN 机构将平台下不同类型和内容的优质 PGC 或 UGC 联合起来,以平台化的运作模式为内容创作者提供运营、商务、营销等服务,帮助 PGC 或 UGC 变现。

源加速整合、电子商务新模式不断丰富多元化的购物场景，带动网络零售业转型升级。电子商务、社交应用、数字内容相互融合推出的社交电商模式拓展了电子商务业务，如电商平台如火如荼的“网红直播+带货”，成为电子商务新的盈利点。各大电商实体门店加速对社区、民生、便捷性消费场景进行布局渗透，与传统零售商联盟化的趋势加强。在需求侧，消费升级趋势保持不变，消费分层特征日益凸显，进一步推动市场多元化。中国网络零售行业借助多种创新技术手段进行用户体验的优化与提升，人工智能、大数据、区块链等技术在物流、营销、质量追溯、销售方式等领域的应用日趋深入。如品质化升级向上游供应链延伸，分别围绕品类、品牌、原料、产地控制等；专注于存量市场的价值深度挖掘。网络零售业供应链的数字化、智能化升级，形成从供应商、销售渠道、仓储到门店各环节的协同效用。以无人便利店、无人餐厅、无人货架为代表的零售形式层出不穷，升级了网络零售的便利性。

其中，生鲜电商和跨境电商在2019年持续被资本市场重视，用户基础保持稳步提升趋势。生鲜电商在资本市场的长期支持下，通过创新消费体验方式、前置仓模式和线上线下互动融合机制，不断培育和壮大生鲜用户群体。前置仓模式几乎成为零售企业标配，每日优鲜率先跑通生鲜电商行业前置仓模式，并不断迭代升级，成为该模式的领航者。从生鲜电商行业发展趋势看，前置仓模式的盈利性和可复制性已经得到市场验证，推动了生鲜电商行业发展。跨境电商继续被资本市场重金加持，用户规模增长趋势开始提速。多方参与、多种模式的跨境电商经过多年培育，逐步获得市场认可，在全社会消费升级的驱动因素下快速爬升。随着全面改革的深化，未来网络零售业仍充满前景。

（三）小程序丰富移动社交场景

伴随网民人口红利消失，2019年移动社交大平台的用户规模增幅接近尾声。基于此，互联网巨头纷纷布局移动社交平台小程序，深挖流量分发价值和用户价值。在产品功能方面，以微信为代表的通信产品依托小程序，正成为推动传统行业数字化转型的有力工具。通过小程序以及品牌广告、公众号等功能，传统产业企业可以在即时通信软件上实现对用户的早期触达、运营促销、服务提供、关系维护等全周期、个性化服务。在应用场景方面，即时通信产品的差异化定位日益显现，面向不同应用场景的即时通信产品均得到进一步发展。如在个人应用场景领域，陌陌通过全资收购探探巩固了其在陌生社交领域的市场份额。在企业应用场景领域，以钉钉和企业微信为代表的即时通信产品的用户规模持续提升。此外，针对垂直行业特殊应用场景的专用型即时通信产品也在不断探索，如满足金融机构监管要求的金融业合规即时通信已经在业内初步形成规模。在内容提供方面，社交平台的资讯渠道价值在追赶资讯类 App，基于即时通信产品的网络社交平台向媒体平台延伸。微博更加内聚，自身将变为一个多维度的媒体内容池；微信则更为开放，更关注用户以社交网络为工具所创造的影响和价值。多元的资讯类平台和内容生产者拥抱社交，让用户在内容消费过程中自然、主动地嵌入社交行为。

立足小程序全景布局，移动社交产品正发展为“连接一切”的生态平台。从即时通信到新闻推送、视频直播、电子商务、支付交易、公共服务等都可以在社交应用上实现，社交媒体嵌入社会公共生活的程度逐渐深入。作为移动互联网流量的中坚力量，移动社交通信的刚性需求在近几年已基本释放完毕，而在创新技术驱动下构建以移动社交为核心并覆盖多领域平台化生态的投资潜力仍然巨大。

三、国内三大运营商的发展与投资

2019 年是国内通信业发展变革的一年。工信部向中国电信、中国移动、中国联通、中国广电发放 5G 商用牌照，开启了 5G 商用元年。人工智能、物联网、区块链、云计算、大数据等新技术从“巨变”到“聚变”，融合重塑通信业。2019 年 11 月 27 日，工信部宣布“携号转网”正式在全国提供服务，电信用户步入“自由迁徙”时代。我国通信运营市场出现新一轮洗牌，但中国移动、中国电信和中国联通三足鼎立的局面并未改变。

截至 2019 年 12 月，中国移动的发展速度远超中国联通和中国电信，以相当大的优势占据行业中移动用户、4G 用户和宽带用户三个第一。中国电信的移动用户、4G 用户和宽带用户总量增长明显，完成了对中国联通的赶超，成为行业第二。而中国联通在用户的总量和增长态势上均已全面落后。2019 年第四季度三大运营商的数据都出现了不同程度的回调，中国移动宽带用户数量出现了自 2016 年年初公布宽带运营数据以来的首次下滑，中国联通用户流失最为严重（见表 7.1）。

表 7.1　2019 年三大运营商用户统计①

	中国移动	中国联通	中国电信
移动用户总量（亿户）	9.5	3.18	3.36
全年净增减量（万户）	2520.8	343.9	3257
4G 用户总量（亿户）	7.58	2.54	2.81
4G 用户净增减量（万户）	4536.4	3384.1	3881
宽带用户总量（万户）	18704.1	8347.8	15313

综合政策导向、产业发展趋势以及国际布局情况，三大运营商均对 5G、信息安全、云计算、AI 与数据、数字内容与应用、国际化等投资方向进行重点关注。2019 年是 5G 商用元年，是 5G 建设和应用落地的关键一年。作为 5G 网络建设的主要“施工方”，三大运营商积极启动 5G 发展战略，携手产学研各界开展合作，加速 5G 商用落地，打造 5G 智慧生态。

（一）中国移动：5G 领跑全面发展

1. 培育新增长动能，基本业务市场占有率 60%

随着传统通信业务市场趋于饱和，流量红利快速消退，简单依靠传统要素投入来推动业绩增长难以为继，2019 年的通信行业整体呈负增长。为积极应对电信业的整体颓势，中国移动及时转变发展模式，努力提升用户数和业务创新能力。2019 年中国移动取消流量不限量套餐，并且在“抢耕”固网宽带市场多年以后，开征宽带初装费；同时提高免费宽带的赠送门槛，取消 58 元以下手机套餐免费宽带赠送业务。从中国移动 2019 年 10 月运营数据来看，中国移动的移动用户数达 9.43 亿，4G 移动用户数达到 7.49 亿，移动端市场占有率达国内通信市场的 60%。

中国移动在持续推进“大连接”战略和“四轮驱动”战略的基础上，积极推进收入结构优化，培育新增长动能。家庭市场、政企市场收入保持双位数增长，收入占比进一步提升。截至 2019 年 10 月，中国移动宽带用户净增

① 中国通信网．中国移动 2019 年干得怎么样？［EB/OL］．［2020-03-20］．http://www.c114.com.cn/market/5305/a1119637.html.

190.5万，累计宽带用户达到1.87亿[①]。2019年上半年财报显示，"魔百和"收入达62亿元，同比增长59.7%；DICT收入达136亿元，同比增长47.3%；物联网收入达52亿元，同比增长43.8%[②]。中国移动还与互联网企业阿里巴巴合作推出"移动花卡宝藏版"，强化销售触点流量运营，构建线上线下协同的交付能力。面对同业及跨界竞争不断加剧、提速降费持续推进等复杂多变的经营环境，中国移动直面发展困难，继续保持了规模优势和领先的行业地位，为可持续健康发展奠定了良好基础。

2. 领跑行业全面实施"5G+"计划

2019年中国移动正式发布"5G+"计划，推动5G+4G、5G+AICDE、5G+Ecology、5G+X，并统筹规划、周密部署，积极推动5G发展各项工作。中国移动重点发展5G NSA/SA双模式终端，同步支持2G/3G/4G，牵头制定新一代移动通信技术应用需求和新一代移动通信网络架构标准，牵头58个国际标准关键项目，开通5G基站超5万个，已在50个城市正式提供5G商用服务，引导终端厂商推出32款5G终端[③]。

中国移动携手产学研，构建全球领先的"5G+AICDE"新一代智能基础设施，先后布局科大讯飞、小米集团、梆梆科技、UCloud、试金石信用、世纪畅链、仁和人寿、青牛软件，联动优势、随锐科技和芒果超媒等企业，拓展紧密协同的产业生态链。中国移动2019年全面实施"双千计划"，推动双千兆（5G移动网络千兆和光纤宽带网络千兆）更好地服务个人、家庭、政企、城市。与腾竞、网易签约打造全场景沉浸体验，与上汽集团、北京师范大学、浦发银行、饿了么、圆通快递等30余家企业携手共建精品千兆企业，与福州、苏州、无锡、成都等30余个城市合作共建"精品千兆城市"。

在构建5G生态方面，中国移动构建了"中频段"5G全球产业生态。在5G终端、应用和内容层面，中国移动成立"5G终端先行者产业联盟"，并推出百家伙伴优选计划、百亿资金腾飞计划、千场渠道推广计划、优惠资源享

---

① 中国通信网．三大运营商10月运营数据：坐拥"双宝座"的中国移动也有"新烦恼"[EB/OL]．[2019-11-21]．http://www.c114.com.cn/news/16/a1109297.html.

② 中国通信网．中国移动培育增长新动能：家庭/政企收入保持双位数增长[EB/OL]．[2019-08-08]．http://www.c114.com.cn/news/118/a1096576.html.

③ 中国通信网．中国移动2019年度盘点：致敬来时路，整装再出发[EB/OL]．[2020-01-12]．http://www.c114.com.cn/news/118/a1114002.html.

有计划。中国移动发起成立国内首个面向数字内容领域的5G多媒体创新联盟，汇聚44家产业伙伴，覆盖生产、传输、传播、消费等数字内容全产业链环节。此外，中国移动发起设立“5G联创产业基金”扶持生态，携手各方建设5G生态“朋友圈”。2019年，中国移动与中央广播电视总台及华为公司携手成功完成了5G网络4K超高清直播并完成5G SA网络切片环境下的超高清视频直播验证，并与字节跳动公司、万达影业达成战略合作，打造超高清视频、云游戏等5G特色业务。

3. 业务升级品牌换新

2019年中国移动的发展定位发生了重大转变：一是由通信服务向通信和信息服务转变，中国移动今后将同时提供通信服务和信息服务；二是用户服务市场，由单纯ToC向C（移动市场）、H（家庭市场）、B（政企市场）、N（新兴市场）转变。为了让公司体制跟上5G发展脚步，中国移动在原政企分公司基础上成立了政企事业部，并构建起“T字形”的“1+3+3”政企业务经营体系。其中的“1”就是政企事业部，负责集团政企市场的统筹指挥、资源调度和整体协调；第一个“3”是3家专业公司，包括云能力中心（苏州研发中心）、物联网公司以及即将成立的中国移动系统集成公司；第二个“3”是3个产业研究院，即上海产业研究院、成都产业研究院和雄安产业研究院。

中国移动还推出“移动云”新品牌形象，目标建设N个集中节点、31个省级属地化节点、X个边缘节点，打造“一朵云”的全域资源布局。持续做大连接规模，构建了“云、网、边、端”一体化物联网支撑服务能力，赋能垂直行业，并积极打造产业生态。2019年中国移动全球通、动感地带、神州行三大品牌升级换新，结合时代特点，注入5G、权益、业务等新基因，通过权益平台满足客户需求。

（二）中国联通：“后混改”时代的转型与创新

1. 纵深推进混改探索新模式

国企改革并非“民进国退”、此消彼长的零和游戏，而是“国民共进”的有效途径。自2017年8月21日公布混改方案后，中国联通的混改之路稳健而踏实。2019年5月17日，云南联通与三家公司签署了“双百行动”合作协议，正式启动云南联通全域社会化合作，中国联通在省级公司的混改正式进入实施阶段。进入混改深水区后，中国联通开启再一次“深潜”。2019年11

月14日，中国联通正式发布公告，广西联通将启动下属柳州等七个州市分公司社会化运营合作方招募。广西联通并非只是简单复制云南模式，广西联通的社会化合作进展分为四个阶段：吹响社会化改革号角、地市社会改革落地、完成地市意愿收集和组织云南联通现场调研。中国联通改革的四大目标是：做强市场规模和收入份额、做优效益、做好服务、做好机制。

2. 5G建设“新思维”共建共享促发展

5G需要重资产的建设和运营。对于中国联通来说，5G的发牌和进程都早于产业预期。在2019年年中的业绩发布会上，中国联通董事长王晓初再次重申“2019年公司资本开支控制在580亿元不变，其中5G投资依然维持在此前披露的80亿元左右”。在资金紧张和盈利模式待解决的情况下，中国联通与中国电信签署《5G网络共建共享框架合作协议书》，共同打造全球首张5G共建共享网，通过5G共建共享，客户可以享受到覆盖翻倍、速率翻倍、带宽翻倍的5G网络服务。截至2019年12月双方已在24个省市开通5G共建共享基站。最新的测试数据显示，共建共享的5G网络峰值速率可达2. 5Gpbs，是全球5G现网中测得的最高速率。中国联通与中国电信合作共建一张5G网络，缓解运营商资本支出压力，利好两家公司。

3. 探索5G商用多行业落地

2019年4月23日，中国联通宣布了在网络建设方面的“7 + 33 + n”5G试验网络部署，即在北京、上海、广州、深圳、南京、杭州、雄安7座城市核心区域连续覆盖，在33座城市的热点区域和n座城市的行业应用区域提供5G网络覆盖，为合作伙伴提供更为广阔的试验场景，推进5G应用孵化及产业升级。同时，中国联通正式公布了旗下的5G品牌名称“$5G^n$”以及品牌口号“让未来生长”。此外，中国联通宣布成立“5G应用创新联盟”，成员包括以中国信通院为代表的研究机构，以中央电视台为代表的媒体机构，以百度、阿里巴巴、腾讯、京东等为代表的互联网企业。700多家合作伙伴涵盖了产业链上、中、下游，合力拓展新应用、寻找新场景、打造新生态。

中国联通在2019年聚焦新媒体、工业、交通、医疗等十余个行业，开展了5G行业应用领域的探索与实践，已取得了诸多成果与进展。在工业互联网方面，中国联通牵头发起工业互联网数采联盟，打造了上海商飞5G + 工业互联网应用、青岛港全自动集装箱码头、格力智慧工厂等项目，同时也建设了面向产业集群中小企业的工业互联网平台。中国联通5G重塑媒介形态，重磅推出首个应用——5G新直播，实现“超高清+可互动直播”。同年2月，中国联通成功助力央视春晚“5G+4K”超高清视频传输，并携手中央广播电视总台联合研发5G全媒体系统，与人民日报进行5G媒体应用战略合作。同年6月，中国联通作为首家运营商单位加入“腾讯电竞技术联盟”，共建5G电竞联合实验室。在智慧警务方面，中国联通先后在北京、天津、杭州三地完成了多地协同的5G网联无人机4K巡检业务示范，并与苏州市公安局签署战略合作协议。同时，中国联通还与京东物流、中国邮政、德邦物流开展合作，共建“5G+智能物流”新生态，并与华为在VR技术、平台方案、网络方案、应用场景、市场营销等多方面进行合作。

（三）中国电信：云网融合，打造智能生态服务

1. 稳中有进或成携号转网最大赢家

2019年国内通信业整体处于下行态势，但中国电信在上半年“逆势上扬”，通信服务收入以及净利润均实现增长。虽然其在第三季度的净利润方面有所下滑，但相较其他两家运营商减幅并不明显。截至2019年11月，中国电信的移动用户数发展到3.34亿户①，超过中国联通，正式登上“榜眼”的位置。同时，中国电信坚持“携得了、转得快、用得好”的标准，按时推出携号转网服务，截至2019年11月26日，中国电信、中国移动、中国联通转出的用户数占全部转出用户的比例分别是16.3%、57.6%和26.1%，转入的占比分别是49.3%、28.1%和22.6%②，中国电信实现净携入，或成最大赢家。

2019年传统2C业务出现增长瓶颈，中国电信积极培育新兴业务，以云网融合、物云融合来引领DICT和物联网快速发展，同时探索边缘计算、网络切片等新技术与信息化解决方案的有机融合。目前，中国电信已建成全球最大NB-IoT网络和规模最大、业务形态最全的IPv6网络，形成了涵盖端、管、云和用在内的端到端下一代互联网体系。10月，中国电信宣布为2.5亿4G移

① 中国通信网. 盘点中国电信2019：稳中有进，深入以云网融合[EB/OL].[2020-01-14]. http://www.c114.com.cn/news/117/a1114091.html.

② 中国通信网. 中国移动2019年度盘点：致敬来时路，整装再出发[EB/OL].[2020-01-12]. http://www.c114.com.cn/news/118/a1114002.html.

动用户和5500万家庭光宽用户分配了IPv6地址。运营商传统业务趋于饱和，中国电信积极寻求新的业务增长点，为改变运营商传统的管道化现状添砖加瓦。

2. 整合优质资源，打造智能生态

自2016年发布转型3.0战略以来，中国电信始终坚持在五大生态圈发力。在2019天翼智能生态博览会（ESE）上，中国电信董事长柯瑞文表示，生态合作将是中国电信全集团当前和今后一段时间内的重点工作。中国电信将拿出网络、云、渠道、物联网、内容等方面的优质资源，与产业链伙伴一起，共同打造智能生态。2019年，中国电信联合200多家5G生态合作伙伴，成立了5G产业联合创新中心，协同研发促进5G产业成熟；与40多家终端伙伴联合，成立了5G产业创新联盟，共同推动5G全网通成为全球标准，并根据用户需求，不断丰富5G终端种类，共同推出了手机以外的泛智能5G终端，并形成4个品类、30多款5G产品。

工信部部长苗圩曾表示，5G有80%的应用场景将用在工业互联网等行业领域。为此，中国电信在2019年首次提出"百千计划"，推动产业升级。在智能制造、智慧园区、智慧医疗、智能港务等领域，着力打造100家5G标杆客户以及1000家以上的行业5G应用深度合作。智慧家庭是中国电信积极打造的生态圈之一。2019年2月，中国电信成立了一级子公司天翼智慧家庭科技有限公司，携手vivo、OPPO、小米、中兴、华为等搭建智家平台，提供智能应用，形成智能、安全的智慧家庭体系。在支付领域，中国电信旗下的甜橙金融与金融、零售、科技等领域的20余家行业合作伙伴签署了《5G时代金融科技生态共建框架协议》，共建5G时代金融科技新生态。在智慧交通领域，中国电信与百度、北汽集团达成战略合作，共建智慧网联汽车生态圈。中国电信联合美的集团、华为公司正式发布了《5G+智能工厂网络及应用白皮书（2019）》，推进对5G智能制造的规模化发展，并与京东物流签署合作协议以共同开展智能园区规划、设计与建设。在视频应用方面，中国电信完成了央视春晚"5G+4K"和"5G+VR"超高清直播，它旗下的号百控股与五洲传播、4K花园、网易影核、视博云等7家公司签约合作，并与华视网聚、中国体育、百度、华数等签署合作意向书。同时，它将加速推进与华为、PICO、爱奇艺、腾讯、HTC、优酷等企业在平台、内容、终端等方面的合作。

随着5G正式商用，中国电信物联网5G服务同步全面开放，中国电信物联网客户可通过中国电信物联网IT系统进行5G功能的业务受理开通，实现比4G更高速率的上网和专用网络数据通信业务。中国电信也将充分利用现有网络资源和优势，打造智能物联网，满足万物智联对信息通信网络的需求。基于智能连接生态，运用高精度定位能力，强化物联网生态圈能力，打造DICT生态圈差异化应用，中国电信投资公司和中网投共同对四维图新旗下厘米级高精度定位服务提供商北京六分科技有限公司进行战略投资。在云计算方面，中国电信天翼云发布“5G+天翼云+AI”三生万物战略，推出智能边缘云平台、AI开放平台、企业应用开发平台（EADP）三大赋能平台。面向5G爆发的2020年，中国电信深入推进网络智能化、业务生态化、运营智慧化，致力于打造5G智能生态，为企业转型升级赋予新内涵。

3. 电信与联通共建共享5G

5G商用，网络是基础。2019年中国电信在5G建设方面投资约90亿元并从中取得了不小的进展，在北京、广州、深圳、成都、雄安等17个城市开展5G创新示范点；首批开通北京、上海、广州、深圳、杭州、南京等50个城市的5G网络服务。中国电信始终坚持SA方向，建设了以SA为主、SA/NSA混合组网的跨省跨域规模试验网，力争2020年率先启动面向SA的网络升级。同年10月31日，中国电信宣布在深圳正式开通5G SA的商用网络。为建设5G网络、降低网络建设和运维成本、提升网络效益和资产运营效率，中国电信选择与中国联通携手共建共享5G网络，初期实现NSA共享，控制性部署NSA，以SA为目标，2020年第一季度启动网络向SA的演进升级。业界认为，电信与联通共建共享5G网络，是一条“捷径”，有助于两家运营商充分发挥各自优势，加快实现地级市城区5G覆盖，加大城市群、重点城市建设，在重点城市和发达县城实现5G覆盖。

4. 成立云网运营部，深入推进云网融合

中国电信明确提出，以建立新一代云网运营体系和推进企业数字化转型为目标，打破网络与IT的传统职能壁垒，突破网络分段管理模式和IT系统“烟囱式”架构。按照云、网、系统深度融合方式建立领先的生产运营和管理体系，实现全集团“一张网、一朵云、一个系统、一套流程”。2019年，中国电信精简优化总部机构设置，撤销网络运行维护事业部、企业信息化事业部，设立云网运营部（数据中心）。5G 时代是云和网相互融合的时代。5G 时代海量数据的处理和存储需求剧增，云网融合势在必行。中国电信一直在大力推进“云改”，依托完备的基础设施、先进的云网基础，打造统一架构、统一管理的天翼云，为 5G 发展提供 IT 化的环境。中国电信凭借全球规模第一的光网络、全球规模第一的接入局所，实现了云网产品分钟级快速部署，成为全球规模第一的运营商云。此外，中国电信持续打造安全能力，“云堤”保障网络安全，实现 TB 级 DDoS 攻击防护。天翼云以安全为第一目标，实现百万主机预知风险，多地容灾，备份保障。

四、移动媒体的投资趋势分析

在技术、资本和用户需求的共同驱动下，移动互联网基础业务逻辑持续演化，不断重新拓展移动互联网业务的内涵。对移动互联网的发展而言，下一阶段的智能融合时代正在来临，聚焦万物互联的物联网将成为下一步产业拓展连接的着力点，精准的智能融合服务成为市场竞争的关键。互联网正凭借不断接近人类智慧的人工智能，为全体互联网用户提供个性化、精准化、智能化服务，大幅提升业务体验，并在进一步协同智能硬件的基础上，重塑互联网产业发展图景。每一次演进都是在把握核心要素特征的基础上优化延伸出新形态、新业务，这些逻辑关联外化为移动互联网产业发展的战略趋向。

在“互联网 +”战略引导和多种形态智能硬件开发的跨界融合大背景下，虚拟与现实的服务边界逐渐消失，移动互联网与线下经济联系日益紧密。未来移动媒体投资彰显出两大发展趋向：一是智能终端设备发展推动的移动互联网场景多元化与服务纵深化。移动互联网广泛普及和智能可穿戴设备加速兴起，促进智能家居、智能工业等服务供需方即时进行交互和匹配，大大降低了服务提供与获取的成本。移动互联网用户线上线下的消费不断融合，让互联网消费场景多元化，服务范围向更深更广扩散。二是“万物互联”带动移动互联网投资从消费领域向产业领域拓展。虚拟与现实服务正加速融合，全面重塑传统产业形态，移动互联网更与实体经济全面融合，催生出系列创新服务生态，继续深刻重塑人们的生活方式。我国移动互联网服务将呈现出智慧化和精细化趋向。

基于 5G 与物联网融合的背景，手机媒体呈现出信息复杂化、场景碎片化、需求多元化等诸多新现象，给手机媒体投资带来机遇与挑战。未来手机媒体的投资将围绕智能化这一关键词展开。智能化具体可表现为两大趋向：一是手机终端智能化，二是应用服务智能化。

虚拟现实（VR）、增强现实（AR）、人工智能、生物识别等新技术的发展，加上新材料、处理器及显示屏技术的进一步突破，将使智能手机终端具有更多更新的属性。在终端智能化的前提下，衍生出面向大众用户和特定细分用户的智能应用和服务。人工智能在线下零售店、家庭儿童教育、养老陪护、医疗健康等多种场景陆续落地，极大改善了手机媒体用户体验，改变了未来移动互联网设备的操作方式。

近年来，移动新媒体领域投资逐步向深度布局，在“互联网+”的基础上，注重移动新媒体的孵化，并在移动社交、互动娱乐应用、网络公共服务等领域加大投资。短视频直播、网络新零售、移动社交类产品等2019年的强势行业，仍将是近年移动媒体投资的热点领域。移动互联网平台化发展将成为未来的投资趋向之一。不同平台的优势和典型应用场景各有侧重，互联网企业可以根据自己的产品特色，选择布局单一平台或多平台协同。超级平台不仅给自己生态内的产品带来流量，而且还能开放赋能给其他产品和创业者，给予他们更多的发展机会。同时，借助小程序布局全景生态已成为移动互联网行业的共识，各家纷纷加入对全景生态的争夺。2019年宣布发力的小程序平台数量扩充至8家。微信小程序基于社交流量，对生活及娱乐场景实现赋能；支付宝小程序依靠阿里强大的商业能力，对集团旗下的消费业务进行跨场景用户拓展；百度智能小程序更加开放，基于开源联盟服务广泛的垂直类互联网用户。

此外，下沉市场成为2019年移动媒体行业最重要的战场，泛娱乐行业在下沉市场中优先获得红利，其中以短视频最为突出，同比增量过亿。下沉用户对移动互联网的依赖进一步加深，从国内三四线城市到乡镇农村的用户群体释放出庞大的购买力，逐渐成为移动互联网的消费主力。下沉市场是未来移动互联网头部企业布局竞争的主要战场。当然，媒体投资需要遵循其价值规律，就移动媒体而言，媒体用户所具有的商业价值是主要标准，媒体的定位和发展空间判断，也是投资选择的参考标准。在媒体泛化时代，技术推动变革的移动媒体与资本联姻是一个永恒的主题。

第八章　互联网金融投资发展报告

欧阳日辉　孟红霞[①]

一、2019年中国互联网金融投融资情况

（一）投融资规模

据不完全统计，2019年中国互联网金融行业总融资规模为156.67亿元，总笔数为210笔，如图8.1所示。与2018年的统计数据相比，融资规模和融资案例数量均大幅度下降，2018年互联网金融行业总融资规模为1718.77亿元，总笔数为388笔。2019年融资规模与2018年相比同比下降91%，这其中有一部分原因来自蚂蚁金服F轮融资，仅蚂蚁金服的融资额就达到140亿美元，这是迄今为止全世界最大的单笔私募融资案例。

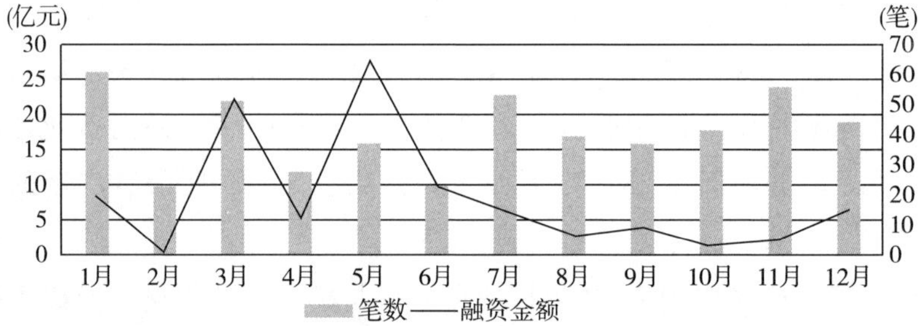

图8.1　2019年中国互联网金融融资概况

资料来源：根据网贷之家官网资料整理。

从互联网金融行业获得融资的细分领域来看，如图8.2所示，2019年国内最受青睐的依然是区块链行业，全年共发生97例融资，占全年融资数量的

① 欧阳日辉，教授，中央财经大学中国互联网经济研究院副院长、桂林旅游学院数字经济研究院院长；孟红霞，中央财经大学经济学院。

45%，主要原因是近两年数字货币市场发展上行，资本市场也看好区块链技术商业应用化的发展前景。近两年区块链行业发生的融资数量较多，但融资总额并不高，2019 年公开透露获得的融资总额仅为 12.6 亿元，一方面区块链领域的融资趋于理性，另一方面诸多区块链企业并未公开获得的融资额，因此对于总融资额的统计也会有影响。外围服务也是 2019 年风投机构关注的焦点，是风投资金流入的主要板块之一，全年已发生超 29 例融资，占全年融资数量的 15%，仅次于区块链行业，但外围服务的融资额较高，为 33.8232 亿元，占全年融资总额的 22%。外围服务主要是提供技术服务、为中小企业提供金融解决方案的平台，其中万国数据融资、同盾科技、睿智科技等的融资额较高；互联网保险行业同样是近两年资本市场的热门之选，2019 年全年融资数量为 20 笔，总融资额度为 17.1 亿元，融资笔数与总融资额度均与 2018 年基本持平；值得一提的是，2019 年借贷行业的融资数量和融资规模同比下降幅度较大，2019 年全年融资数量仅为 11 笔，获得的融资额度为 23.84 亿元，分别同比下降 72%、71%，网贷行业未来或将持续低迷。截至 2019 年年底，网贷行业上市、国资、风投和银行背景的平台数量急剧下降，各个背景的平台数量已经退回到 2014 年的水平，转型、退出成为网贷行业在这一年的关键词。

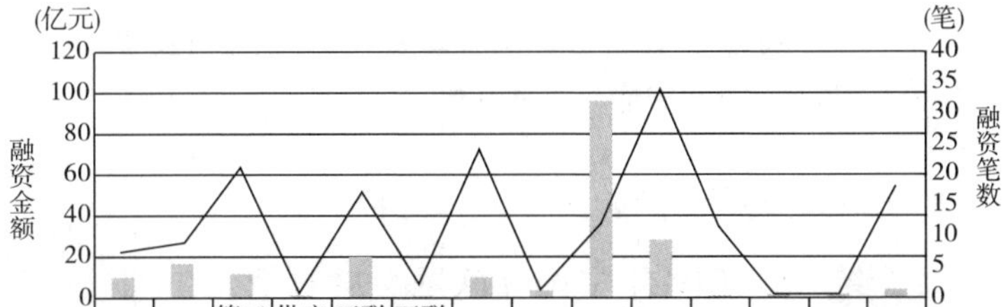

	财富管理	大数据	第三方支付	供应量金融	互联网保险	互联网证券	借贷	其他	区块链	外围服务	网贷	征信	众筹	综合金融
融资笔数	10	17	12	1	20	1	11	3	97	29	1	2	2	4
融资金额	7.66	8.56	21.2	0.1	17.1	2	23.8	0.2	12.5	33.8	11	0.3	0.2	18.0

图 8.2　2019 年互联网金融投融资领域分布

注：平台可能存在涉及多个领域，为了方便统计，根据业务重点进行划分，每个平台对应一个类别。我们将外币以 2019 年每个月最后一个交易日外汇交易开盘时的汇率换算成人民币。

资料来源：根据网贷之家官网资料整理。

(二) 投融资地域分布

据不完全统计，2019 年中国互联网金融融资事件主要发生在北京、广东、上海、浙江 4 个行业资源丰富、充满浓厚创业氛围的地区，如图 8.3 所示。其中，北京地区互联网金融投融资事件发生 61 笔，占全国的 29%，融资规模为 40.17 亿元，占全国总融资额的 26.5%；上海地区融资事件共发生 26 笔，融资规模达到 26.74 亿元，仅次于北京地区；浙江地区投融资事件为 21 笔，融资规模为 14.61 亿元；广东地区融资事件为 17 笔，融资规模达到 12.23 亿元。以上 4 个地区的融资规模已占全国的 95%。其他地区除中国香港的 10 笔外均未达到 10 笔。区块链领域的投融资多是关于开发数字资产的交易平台，总共有 23 家未查到注册地。

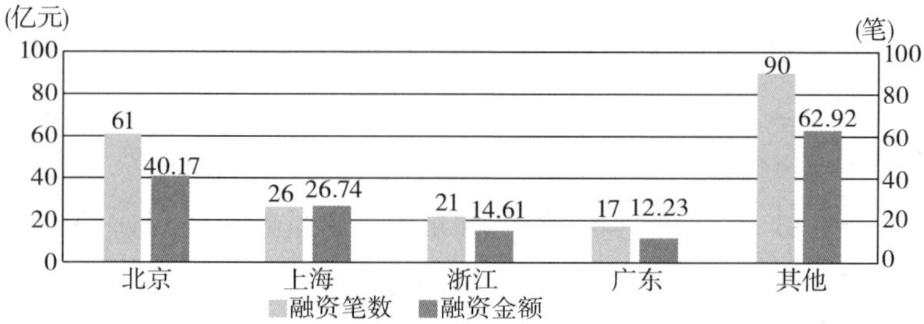

图 8.3　2019 年中国互联网金融投融资地域分布

资料来源：根据网贷之家官网资料整理。

(三) 投融资轮次分布

据不完全统计，2019 年中国互联网金融行业初生期（包括天使轮/种子轮、Pre－A 轮）的获投频数较高，共发生 54 笔，占总笔数的 26%，但融资规模仅达到 4.57 亿元，占总规模的 3%，如图 8.4 所示。在行业发展期，包括 A 轮、A＋轮、Pre－A 轮、B 轮、B＋轮，总共发生 61 笔投融资事件，占总笔数的 29.05%，总额为 54.77 亿元，占总额的 34.96%，其中 A 轮的融资笔数和融资规模较高。在行业成熟期，包括 C 轮及 C 轮以后，共发生的融资事件为 95 笔，占总笔数的 45.24%，融资规模为 97.33 亿元，占总规模的 62.13%。

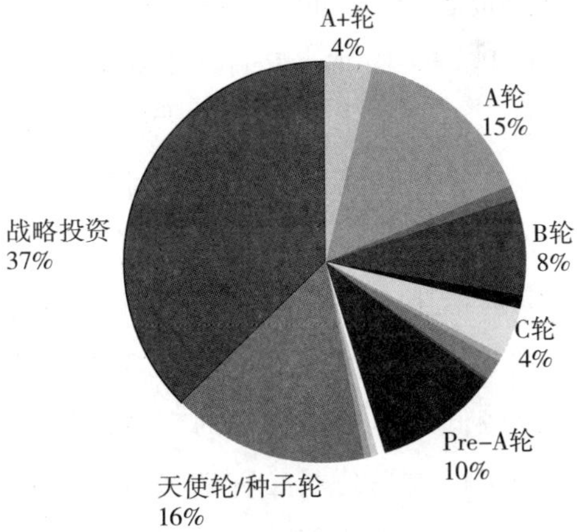

图 8.4　2019 年中国互联网金融投融资轮次分布

资料来源：根据网贷之家官网资料整理。

二、2019 年中国互联网金融投融资市场特点

（一）互联网金融巨头持续海外扩张

对于互联网金融行业巨头发展而言，寻求增长有以下几条路径可选，即往下沉、“走出去”和拓展新业务。近年来，“走出去”布局海外市场成为该行业的战略重点。

蚂蚁金服于 2019 年 2 月收购英国支付公司 WorldFirst，WorldFirst 是全球最早的跨境支付解决方案提供商之一，此次收购活动也是蚂蚁金服欧洲扩张的重要里程碑。此外，蚂蚁金服在同年 11 月对印度热门移动支付创业公司 Paytm 进行了 4 亿美元的资金投入。同年 12 月，蚂蚁金服收购了数字钱包 Emonkey 的大量股权；腾讯向一家成立 5 年的英国金融科技初创企业 TrueLayer 注资 4000 万美元，该公司的主营业务包括数据 API（Application Programming Interface，应用程序接口）、支付 API、开放银行、PSD2（Payment Service Directive 2，欧盟支付服务修订法案第二版）和安全服务，这笔投资将进一步提振伦敦的互联网金融行业。此外，腾讯和软银以 1.5 亿美元领投了阿根廷金融科技企业 Ualá，Ualá 是一个移动银行应用和贷款平台。腾讯曾在 2019 年 3 月对该平台进行过投资，但金额并未透露。2019 年 7 月，印度数字银行创企 NiYO Solutions 宣布获得 3500 万美元 B 轮融资，本次融资由 Horizons Ventures 和腾讯领投，现有投资者 JSCapital 跟投；2019 年 12 月，中国平安旗下陆金所和信也科技获得 P2P（Peer - to - Peer，个人对个人）牌照，包括蚂蚁金服、小米、金融壹账通在内的 8 家企业获得中国香港虚拟银行牌照。在各国监管趋严的大背景下，各大互联网金融巨头通过发起设立或参股的方式布局海外市场，为后续业务的开展打下基础。

互联网金融平台连续两年赴境外扎堆的具体原因可能有以下几点：首先，我国对上市的条件“苛刻”，拟上市的公司开业三年以上且连续三年盈利，因此赴境外上市一方面可以较低成本得到资本的支持，尽快实现创始人和早期投资人的变现，另一方面可以提高公司品牌知名度等；其次，我国互联网金融行业的监管趋严，平台业务和模式都受到限制，信贷政策收紧，因此不免出现资产业绩恶化或市值缩水。

（二）刷脸支付成行业热点

早在 2015 年汉诺威电子展会上，阿里巴巴集团就现场展示了刷脸支付，这也是刷脸支付的“首次亮相”，但因为设备成本高和设备体积大等问题并没能得到快速普及。到 2018 年年末，支付宝推出了“蜻蜓”设备，因克服了成本高、体积大等难题，将刷脸支付的场景由自助收银台拓展到了传统收银台，极大地丰富了使用场景。到 2019 年，刷脸支付迅速盛行，刷脸支付成为新零售的代名词，谈及新零售，必会谈到刷脸支付。支付宝、微信和银联等巨头相继推出了各自的刷脸支付解决方案。2019 年 3 月，微信也发布了刷脸支付设备——“青蛙”。2019 年 6 月，拉卡拉也宣布布局刷脸支付。2019 年 9 月，支付宝刷脸支付设备“蜻蜓”升级 3.0 版本。2019 年 10 月，银联携手 60 余家银行联合发布全新智能支付产品“刷脸付”，正式进军刷脸支付市场。除此之外，苏宁支付、百度闪付等纷纷布局刷脸支付。刷脸支付给用户和整个社会都带来了积极影响。对于用户来说，可以更加迅速、便捷、无接触地完成支付行为；对于商家来说，节省了收银时间，提高了收银效率；对于整个社会来说，节省了时间成本，提高了工作效率。

值得一提的是，2019 年 5 月 23 日，全国首笔基于央行支付标准的线下人脸支付交易在宁波完成，央行用试点探索着人脸支付未来的发展方向。2019 年 6 月，央行印发《金融科技（FinTech）发展规划（2019—2021 年）》，提及探索人脸识别线下支付安全应用，要求探索人脸识别线下支付安全应用，并予以规范。

2019年，在支付宝、微信支付和银联三巨头的推动之下，可谓是中国人脸支付元年，但在这一年，巨头的政策与市场正处于磨合期，受限于终端设计周期与产能问题，随着刷脸支付市场的不断扩大和成熟，刷脸支付必将成为移动支付的主流支付方式。

（三）区块链再度成为热词

2019年6月18日，Facebook向全球正式推出Libra白皮书，从白皮书的内容来看，Facebook的目标很清晰，即成为全球数字经济的超主权央行，直到最终建立Facebook数字经济帝国。Facebook的入场，令加密货币从理想主义的1.0升级到商业主义的2.0成为不可逆的趋势，并同时引发全球政府的高度关注，再一次将区块链这一概念推向一个新热度。在Libra发布后，各国纷纷发表对其看法，态度不一，但可以预见的是，加密货币已经引起了各国政府的注意，未来各国央行都将会有所行动。

区块链是多种技术的集成创新应用，应用前景十分广泛，我国高度重视区块链的发展。2019年10月24日，中央政治局在集体学习时强调“要把区块链作为核心技术自主创新的重要突破口，加快推动区块链技术和产业创新发展”。同年10月28日，中国国际经济交流中心副理事长黄奇帆在首届金融峰会上发表演讲时表示，中国央行的数字货币（Digital Currency Electronic Payment，DCEP）经过五六年的研究，目前技术已经趋于成熟，很可能成为全球率先推出数字货币的央行。此外，国家互联网信息办公室也正式发布第一批197个区块链信息服务备案编号。此次备案是监管部门依法对区块链行业进行规范的行政措施，同时体现了监管对区块链行业发展的鼓励，区块链行业逐步迈入规范轨道。

2019年10月29日，全球三大比特币矿机生产商之一的嘉楠耘智正式向美国证券交易委员会（United States Securities and Exchange Commission，SEC）递交招股说明书，正式迈出美股IPO（Iritial Pubic Offerings，首次公开募股）第一步；11月21日，嘉楠耘智正式在纳斯达克挂牌。这是中国首个成功上市的矿机企业，嘉楠耘智也因此被贴上“区块链第一股”的标签。

区块链开创了一种在不可信的竞争环境中低成本建立信任的新型计算范式和协作模式，区块链源于加密数字货币，目前正在向垂直领域延伸，蕴含着巨大的变革潜力，有望成为数字经济信息基础设施的重要组件，正在改变诸多行业的发展图景。

（四）规范化专属经营成为常态

随着《金融科技（FinTech）发展规划（2019—2021 年）》的正式印发，一系列监管政策陆续出台，强监管依然是互联网金融的常态。2019 年 11 月，中国人民银行发布《关于发布金融行业标准加强移动金融客户端应用软件安全管理的通知》，未来移动金融客户端 App 将通过中国互联网金融协会实名备案审核；2019 年 7 月，中国人民银行科技司司长李伟表示，央行会同相关部委，将在上海、北京等 10 个省市开展金融科技应用试点，建立和完善适应金融科技发展的政策措施，培育中国版的“监管沙箱”。互联网金融的应用不只是技术问题和金融问题，更是监管问题和政策问题。2019 年 12 月，在央行的指导下，北京宣布启动金融科技创新监管试点。北京金融科技监管创新试点的一个重点是在借鉴国外监管沙箱实践经验的基础上，探索我国监管沙箱落地的相关制度设计和实施路径。监管沙箱的实践无疑是在应对金融科技创新等带来的监管挑战，当前，在强化金融监管的同时推动金融创新的迭代优化、平衡好金融创新和风险防范的关系尤为重要。2019 年 7 月，央行发布《金融控股公司监督管理试行办法（征求意见稿）》，对金融控股公司设立程序、业务范围、股东资质、资金来源、股权结构、公司治理、关联交易等一系列关键问题做出明确规范。值得关注的是，蚂蚁金服在央行发布该征求意见稿五天后，主动“分拆”。公司一分为二：一家金融公司，一家科技公司。小贷、银行、保险等牌照业务被划入金融公司，云服务和风控等科技业务继续留在蚂蚁金服内。根据业务属性做好风险隔离，实现对外赋能科技服务的专属化经营，成为 2020 年新趋势。

三、中国互联网金融投资市场面临的挑战

（一）互联网金融平台转型迫在眉睫

2019 年，互联网金融行业迎来重重一击。在强监管背景下，尤其是对涉及 P2P 业务的互联网金融平台而言，“顺势增长”的好日子已经过去了，不能再做“风口上的猪”，业务转型俨然成为多数互联网金融平台的优先选择，涉及 P2P 业务的平台纷纷强调转型助贷，而原本涉及助贷业务的平台去“金融

化"，转向输出金融科技技术。然而，在行业整治、持续动荡的情况下，多数互联网金融平台在2019年持续下行，"跌跌不休"已然成为常态。

网贷之家数据统计显示，多家平台股价在2019年均出现了不同程度的下跌。记入统计中的16家平台中超过一半跌幅大于50%，如表8.1所示。

表8.1　16家上市互联网金融平台2019年股价一览

上市平台名称	2019年12月31日	IPO发行价	2019年全年涨跌幅（%）	IPO上市以来涨跌幅（%）	当前市值/亿美元
乐信	13.89	9.00	91.59	54.33	24.6
趣店	4.71	24.00	9.79	-80.38	13.15
玖富数科	9.6	9.50	1.05	1.05	18.62
信也科技（原拍拍贷）	2.65	13.00	-26.39	-79.62	8.13
360金融	9.77	16.50	-37.01	-40.79	14.05
宜人金科	5.55	10.00	-48.37	-44.18	5.23
嘉银科技	5.26	10.50	-49.90	48.90	2.84
小赢科技	1.69	9.50	-60.42	-82.21	2.69
和信贷	0.9353	10.00	-62.59	-90.65	0.46
信而富	0.37	6.00	-63.73	-93.83	0.26
简谱科技	1.49	8.00	-64.27	-81.38	2.52
51信用卡	1.46（港元）	8.50（港元）	-66.20	-82.82	17.40（亿港元）
微贷网	3.11	10.00	-66.41	-68.90	2.19
爱鸿森	0.67	4.00	-82.41	-83.25	0.19
品钛	1.82	11.88	-82.62	-84.68	0.72
点牛金融	0.3996	4.00	-93.85	-90.01	0.062

资料来源：雪球，网贷之家。

综观16家平台，只有三家平台的股价是正向涨幅，剩下的平台均有不同程度的跌幅。如图8.5所示，信也科技的股价在2019年低了22.85%，从5月的最高位算的话，其间最大涨跌幅度达到了60%，在此期间严监管持续升级，监管基调从最初的"试点"转变为"以退出、转型为主"。

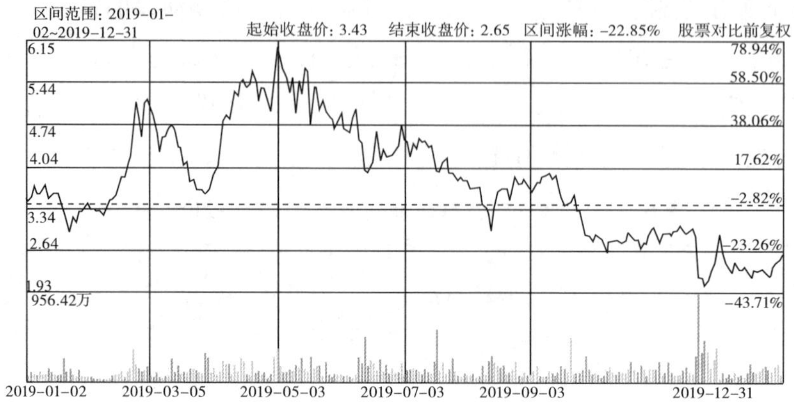

图 8.5　2019 年信也科技走势图

资料来源：雪球。

此外，处在行业头部的宜人金科作为互联网金融美股上市第一家，始终以 P2P 业务为主要业务模式，其股价在 2019 年全年走势变现同样也不佳，全年股价大跌 48.18%，如图 8.6 所示，从 2019 年 5 月最高位的 17 美元跌至 5.5 美元，其间最大跌幅达到了 70%。2019 年宜人金科业务也进行了大面积的调整，整合了母公司宜信旗下的部分业务，将宜信惠民、宜信普惠、指望财富三大板块纳入上市公司体系，倾力打造全新宜人金科品牌，致力于成为全球领先的科技驱动型的综合金融服务平台。对宜信的整合在一定程度上也提振了宜人金科的业绩，但其作为最早登陆资本市场的 P2P 平台，已踩下转型的油门；宜人金科的情况代表着多数 P2P 平台的现状，一边靠 P2P 业务维持运营，一边寻求可能的转型路径，以求全身而退。

与宜人金科类似，51 信用卡平台也代表着国内大型 P2P 平台的生存现状，如图 8.7 所示，从 2019 年第二季度开始，该平台的股价也一直呈单边下行趋势，也因为涉嫌“爬虫”服务产品和贷款催收外包的问题被调查，2019 年最大跌幅达到 80%，其长期下行趋势还是归咎于行业政策的因素，2019 年全年跌幅高达 66.2%。因此，51 信用卡集团也决定适当调整业务战略，对其信贷撮合业务采取更加审慎的策略，包括缩小撮合信贷规模、进一步加强科技输出等。

以 P2P 为主营业务的互联网金融平台转型迫在眉睫，在美股上市的微贷网、和信贷均在 2019 年发出公告，将申请网贷小贷牌照；金筑财富、信通袋

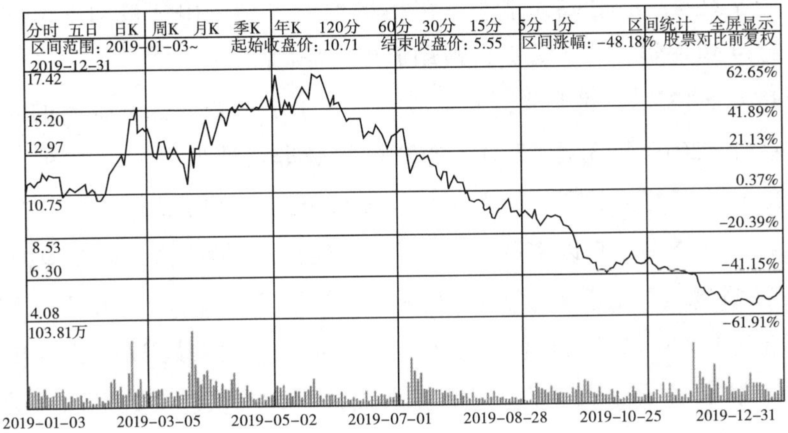

图 8.6　2019 年宜人金科走势图

资料来源：雪球。

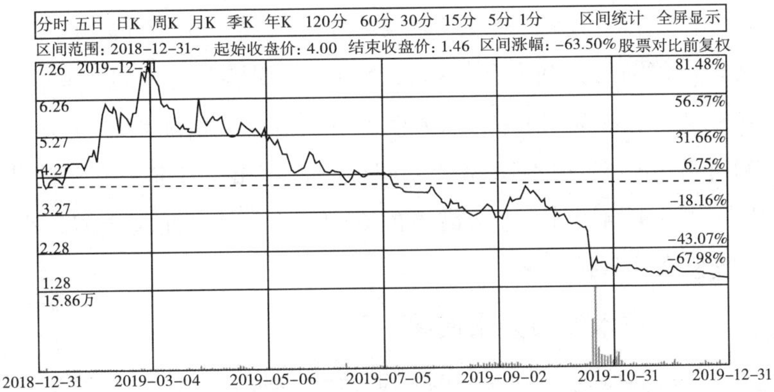

图 8.7　2019 年 51 信用卡走势图

资料来源：雪球。

等中小平台宣布退出 P2P 业务转型小贷公司。近两年，P2P 行业负面消息不断。行业严监管持续，基调变更为以引导平台退出、转型为主。不过，随着严监管洗牌带来的正向效应显现，业务规范、商业逻辑清晰的头部平台会如“浴火”后的凤凰一般重生。

（二）互联网金融平台频繁爆雷

经历起步、高速扩张、合规整治后，如今，行业清退潮起，风险频发、部分存在问题的网贷平台由于资产质量持续恶化、团队实力和经验不足、股东挪用资金等原因被清退成为常态，包括平台方主动退出和被动退出两种常见形式。2019 年全年，有 7 家平台被动退出市场。

团贷网于 2012 年正式上线，其是一家专注于小微企业融资服务的互联网金融信息平台。2019 年 3 月 27 日，团贷网涉嫌非法吸收公众存款被立案侦查；3 月 28 日，团贷网关联公司派生科技发布公告称公司股票自 2019 年 3 月 28 日起停牌。团贷网一直以来都以头部平台自居，体量庞大，截至 2019 年 2 月 28 日，团贷网累计撮合融资总额 1307.7 亿元，团贷网借贷余额超 145 亿元，待偿余额 118.9 亿元，利息余额 13.28 亿元，借款人数 37 万人，出借人数高达 22 万人，此次团贷网被立案，波及面甚广，不仅涉及数十万网贷投资人利益，还波及了 A 股上市公司和众多资本。同样，信和财富旗下关联 P2P 平台“信和大金融”“金信网”因涉嫌非法吸收公众存款被立案侦查，截至 2019 年 4 月 30 日，信和大金融平台借贷余额 84.62 亿元，出借人数 3.14 万人；金信网借贷余额为 97.65 亿元，累计借贷金额 261.27 亿元，投资人数为 5.06 万人。金信网与关联平台信和大金融待收规模合计超过 180 亿元。此外，运营 5 年的网贷平台网利宝在 2019 年 5 月因涉嫌经济犯罪被立案，此次案件涉及 9600 个出借人的 14 亿元资金；网信平台宣布“小规模的逾期”，积极进行催收汇款，该平台有 15 万出借人的 62 亿元本息；证大金服、麦子金服都因非法吸收公众存款被立案。

（三）核心技术发展尚未成熟

当前，全球科技创新进入空前密集活跃的时期，持续推动互联网、区块链、人工智能、大数据等前沿信息的集成创新和深度融合应用发展迫在眉睫。近年来，在中国政策和市场的大力推动下，国内企业抓住区块链、云计算和人工智能等前沿技术发展的重要机遇，加快推动前沿技术与金融、民生、政务等领域的融合发展。

云计算、人工智能和区块链技术构成了新的行业浪潮。云计算是实现互联网连接的基础设施，人工智能是基于云计算的先进生产力，区块链是更先进的生产关系，将物与物、人与物、人与人以更高效的方式连接起来。但在中国，新技术的发展仍然落后，仍有较大的增长空间。国务院发展研究中心国际技术经济研究所发布的《中国云计算产业发展与应用白皮书》中显示，2018 年中国云计算的市场规模仅相当于美国云计算市场的 8% 左右，我国云计算产业仍有较大增长空间。AI（Artificial Intelligence，人工智能）的落地应用目前也主要集中在识别、对话等场景。除了AI以外，区块链的应用也处于初步阶段，区块链技术自身尚处于快速发展的初级阶段。区块链平台众多，用户很难正确认识和评估企业适合选择的底层技术，整个行业目前也没有制定和出台任何一个产品化的评测标准。区块链的所有数据都是公开和透明的，是一个共享数据库，因此也无法存储和计算各种敏感信息，区块链技术底层资源的限制，也决定了该技术在复杂且丰富的业务中的应用场景。目前，区块链作为一种通用技术，其主要应用领域还是在数字货币市场，在其他领域的渗透与应用程度还尚浅。

总的来说，人工智能和区块链的发展还处在技术发展的早期，在系统稳定性、应用安全性、业务模式等方面尚未成熟，更未形成科学理论体系。短期内市场规模有限，市场潜力还需进一步挖掘，长期是否能实现突破，一方面在于其是否能够形成一套完整的产业链或者社会生态，另一方面还取决于技术的发展所带来的效益是否可以支撑企业投入大量的时间和成本。新技术从试点距离大规模应用落地仍需相当长的时间。2019年，区块链领域的融资数量在互联网金融领域的占比尤其高，且天使轮和战略投资的轮次占比高，但融资到的金额还不高，说明资本市场对区块链领域的投入还处在谨慎观望的阶段。

（四）大数据智能风控面临洗牌

互联网金融是一把“双刃剑”，在带来便利和更多风控维度的同时，也容易被不法分子所利用。在大数据时代，对于互联网行业来说，网络用户的个人信息及平台交易数据等成为一种无形资产，越来越多的用户开始通过互联网金融平台进行融资、消费和理财等，因此互联网金融平台收集和沉淀了大量用户的身份信息、财产信息、账户信息、信用信息、金融交易数据等相关敏感信息。然而，互联网金融平台鱼龙混杂，相关平台及个人信息安全并未得到有效的保障。投资者在享受普惠理财便利的同时，也面临着信息被泄露的风险。

当前，大数据风控行业对个人隐私缺乏保护，存在广泛的数据滥用问题。2019年9月，公安机关开展了“净网2019”专项行动，重点打击了一批大数据风控公司。知名的风控数据提供商，如摩蝎科技、有盾科技、新颜科技、聚信立、公信宝贷等，运用爬虫技术为银行、消费金融公司、网贷平台提供用户的个人信息数据，涉嫌“违规爬取并倒卖用户信息”。例如，摩蝎科技旗下还有专门爬取支付宝数据的产品。只需要用支付宝扫描一下登录二维码，就可爬取支付宝用户的真实姓名、手机号、收货地址、近一年的购物信息、交易记录等。摩蝎科技和新颜科技合作机构数量均超过2000家，聚信立服务的金融机构超过3300家，用户总量达1.5亿。公信宝的运营主体存信科技是一家以区块链为核心技术的数据科技公司，提供企业间、个人间、企业与个人之间的数据交换服务，被查之前已为200家互金企业提供基于区块链技术的数据交易服务。

爬虫是一项计算机技术，其作用是自动搜集网页上的信息或数据并存储到自身数据库的程序或者脚本。用户授权后，风控数据提供商通过后台“爬虫”搜集信息，将通话信息、消费数据等互联网信息整合标准化，最终形成对借款人的综合评估，供金融机构做相应的后续决策。用户信用不足、征信缺失是互联网金融企业普遍面临的难题，和电商、社交等弱数据相比，同业爬虫“爬”到的同业数据的针对性更强，对于风控经验不足的平台来说十分诱惑。互联网金融数据乱象已久，监管层面应尽快出台金融科技监管的条例及金融科技的具体监管规则，以促进大数据风控行业的合规、有序、健康发展。

四、互联网金融行业发展趋势

（一）监管持续趋严

随着互联网金融行业从“野蛮生长”逐步规范化，野蛮生长的窗口期已结束。借助互联网技术，金融服务的效率和品质提升已逐步成为业界的共识和标配。2020年，互联网金融行业越来越规范，行业生态越来越优良，持续稳定地为社会创造价值。首先，随着放贷、催收、个人信息保护等监管措施的持续出台，行业监管趋严，持牌经营将会成为互金平台的最终选择，无牌照时代或将终结；其次，提升穿透式监管。互联网技术与金融快速融合发展，促进了金融创新，提高了资源配置效率，但新型金融产品本身跨界混业经营，贯穿多层次的市场体系特征，因此，对新兴金融市场如何进行有效监管成为一个不可忽视的难题。穿透式监管是通过互联网金融产品的表态看清业务实质，从业务的本质入手，将资金的来源、中间环节和最终投向串联起来，自动化分析金融业务本质，精准识别、防范和化解金融风险，强化监管渗透的深度与广度。近年来，投资者日益丰富的投资需求无法通过单一金融产品的有限投资范围得到满足的矛盾，成了资管产品相互投资、相互嵌套的诱因。规避监管、扩大实际投资范围，也是部分资管产品选择相互投资、相互嵌套的主要原因。很多金融机构也做了通道业务，非金融机构包括互联网金融公司发行了很多非标产品，这些非标产品无法进行标准化操作，绝大多数非金融机构本身抵御风险的能力较弱，甚至不在监管框架内，而作为通道的金融机构又不想承担风险，最后为了销售，还隐瞒底层资产的真实状况。穿透式监管原则为解决以上这些问题提供了基本框架。穿透式监管对一家创新金融机构模式的创新业务，可以找到相应的监管条例去约束。穿透式监管可以打破金融行业"分业监管"的障碍，在很大程度上弥补金融监管的空白和缝隙，做到对一站式理财等创新业态的有效监管，防范套利违规。穿透式监管作为一种监管方法，在金融创新的背景下，随着众多创新型跨界金融产品和综合金融服务的快速发展，正在成为新时代金融业的主要特征；行业利润有望回归，随着行业的成熟和规范，竞争日益充分，"野蛮生长"时期的超额利润难以为继，行业利润回归到市场均衡状态，互联网金融行业或将理性回归。

（二）行业整顿落幕

2019 年网贷行业迎来了清退潮，正常运营平台数急剧下降，平台退出和转型成为绝大多数平台的最终出路。2019 年 1 月，互联网金融风险专项整治工作领导小组办公室、P2P 网贷风险专项整治工作领导小组办公室联合发布了《关于做好网贷机构分类处置和风险防范工作的意见》，强调坚持以机构退出为主要工作方向，除部分严格合规的平台外，其余机构能退尽退。《关于做好网贷机构分类处置和风险防范工作的意见》也基本奠定了网贷行业退出与转型的基本主调，此后多份重磅文件中所传达的理念也基本保持了一致。截至 2019 年年底，全国正常运营的网贷平台数已降至 343 家，特别是湖南、重庆、四川、河南、山西等地区发文宣称辖区内没有一家机构完全合规并通过验收，未来或将对未合规的网贷平台进行全部取缔或停业处理，2020 年会有更多的省市陆续跟进。此外，2019 年网贷人气下降明显，网贷行业出借人数约为 726 万人，较 2018 年下降了 45. 44% 。

近期，中国银行保险监督管理委员会、央行、互联网金融风险专项整治工作领导小组办公室等多个部门针对网贷平台整治密集发声定调。2019 年 10 月 15 日，央行金融市场司司长邹澜在第三季度金融统计数据发布上表示，稳妥有序推进合规网贷机构纳入监管的工作，力争在 2020 年上半年基本完成网贷领域存量风险化解。由此，央行对互联网金融风险专项整治的态度进一步明确，这意味着其将会继续推进对借贷领域的专项整治。2020 年网贷行业延续退出和转型为主基调，风险专项整治或许在 2020 年落幕，大部分平台将迎来大结局。

（三）央行数字货币提速

2019 年 6 月 18 日，Facebook 牵头发布全球数字加密货币项 Libra 的白皮书，Libra 是一种能快速转账、通过加密保障安全性及自由跨境转移资金的数字加密货币。Libra 项目一经宣布就受到了全球各界的关注与讨论，各国监管部门先后发声，显示出区块链技术在重塑全球金融基础设施方面的巨大潜力。中国自 2014 年开始探索，在 2019 年提速，在 2019 年上半年两会（中华人民共和国全国人民代表大会和中国人民政治协商会议）期间，各地代表所提区块链相关提案、观点多达 30 余条，显示出全国各地对区块链技术的关注。据中国信息通信研究院发布的区块链白皮书统计，截至 2019 年 5 月，全国超过 30 个省（区、市）发布政策指导文件，成立区块链产业园共计 22 家，其中 20 家为政府主导或参与推进开展区块链产业链布局。此外，在区块链专利方面，我国在全球专利的占比超过半数，是美国申请专利的三倍之多。全球区块链专利申请机构前 20 名中，阿里巴巴、中国联通分别以第一位、第五位跻身全球申请量前列。

2019 年 10 月 24 日下午，中共中央政治局就区块链技术的发展现状和趋势进行第十八次集体学习。习近平在主持学习时强调，区块链技术的集成应用在新的技术革新和产业变革中起着重要作用，要把区块链作为核心技术自主创新的重要突破口，明确主攻方向，加大投入力度，着力攻克一批关键核心技术，加快推动区块链技术和产业创新发展。区块链源于加密数字货币，目前正在向垂直领域延伸，蕴含着巨大的变革潜力，有望成为数字经济信息基础设施的重要组件，正在改变诸多行业的发展图景。

（四）网络互助受资本青睐

从2014年网络互助开始被人关注，到2016年成为“互助风口”，再至2017年出现“互助撤离”，如今支付宝等互联网巨头领衔入场，网络互助再次成为热点。自2018年支付宝推出“相互宝”以来，其频繁成为舆论焦点。相互宝是在支付宝App上线的一项大病互助共济服务。到2019年底，加入的成员已经超过1亿人次，其有1/3来自农村和县城，近六成成员来自三线城市。近一年来，相互宝累计救助了1万多名身患重病的成员。发展机遇和红利的巨头纷至沓来，随后不久，京东金融与众惠相互共同推出了与相互宝规则类似的“京东互保”，不过仅一天就被下架。滴滴紧随其后，也推出了“点滴互助”，这也是一项大病互助计划。2019年，美团点评的“美团互助”、苏宁的“宁互宝”、360金融的“360互助”、百度的“灯火互助”相继问世。同时，2019年上半年以来，水滴公司有接近16亿元的融资款，水滴互助平台已有接近8000万会员，已经为3941个家庭提供5424.10万元互助金，会员数和规模均处在行业领先地位。众托帮、轻松筹、壁虎互助在此前也相继获得了天使融资。艾媒咨询数据显示，95.2%的网络互助参与者月均支付金额低于10元，近八成的网络互助参与者对网络互助计划满意，仅有7.1%的参与者表示不满意。网络互助的出现为低收入家庭提供了健康保障，缓解了患重病带来的经济压力，同时在一定程度上满足了精神上的需求，互联网巨头纷纷布局互助行业，用户规模持续增长。随着网络互助的运营模式日趋成熟，它能够满足不同层次人群的医疗保障需求，凭借其低门槛和公益性或将获得更多资本的青睐。

文旅篇

第九章　中国电视剧投资报告

谭云明　黄瑜娜[①]

一、中国电视剧行业发展现状

（一）电视剧数量和集数呈下降趋势

2019 年，电视剧行业最为显著的特征是电视剧数量和集数都出现明显减少的趋势。根据相关调查数据，2019 年我国电视剧的集数相较于同期明显下滑，下滑幅度大约为 30%。2018 年，我国电视剧总集数大约为 3.1 万集，其中共有 797 部电视剧进行了备案公示，而 2019 年电视剧则下滑至 573 部，总集数下滑到大约 2.2 万集（见图 9.1）。从 2012 年开始，中国的电视剧备案数呈现出增加的趋势，但 2019 年打破了这个趋势。

图 9.1　2012—2019 年电视剧制作备案数

资料来源：根据公开资料整理。

2018 年是中国电视剧的寒冬之年，而 2019 年则成为电视剧行业整装出发的全新一年。电视剧行业在这一年开始回归理性，“流量”明星聚集的爆款剧

① 谭云明，中央财经大学新闻传播系主任、教授、硕士生导师；黄瑜娜，中央财经大学新闻传播系。

数量急速下降，由实力派演员出演的现实主义题材剧得到观众的认可，其中最具代表性的作品就是《大江大河》和《小欢喜》，这两部由实力派演员出演的口碑剧取得了巨大的成功。现阶段观众和市场都逐渐开始重视电视剧作品的剧本内容及制作水准，而非仅仅因为有流量明星的参与就盲目狂热。长久以来，中国电视剧的集数一直呈现逐年增加的趋势，剧集长，但剧情节奏拖沓，这一现象使电视剧的质量每况愈下。因此2019年9月，中华人民共和国国家广播电视总局（以下简称广电总局）拟对剧集数的上限做出规定，目前已向行业征求意见。若该规定得以成功实行，未来剧集的长度将会得到有效控制。

如果广电总局出台的“限集令”得以成功落实，将极有可能给投资方增加资金回款压力。一些正处于制作期的电视剧受政策影响不得不改成“长剧季播”的形式，这种形式会带来两个结果：一是回款账期被明显拉长，这对投资方而言将会造成一定的风险；二是如若首季播放情况不佳，后续剧集的播放则会受到阻碍，存在剧集积压等不良后果，因此对投资公司现金流的要求会越来越高。因此，未来电视剧抢占头部资源的竞争将会逐渐加剧，行业内部“优胜劣汰”的现象将会愈发明显。

（二）电视剧收视率表现平稳

2019年中国电视剧的收视率相较于2018年没有出现明显的波动，总体来说表现平稳。排在前20名的电视剧的收视率相较于2018年出现小幅度的上升，而排在前三名的电视剧则相较于前一年出现一定程度的下降，这说明头部剧的收视率在2019年受到了一定程度的冲击，但整体趋势良好。长久以来，电视剧的收视率一直是衡量该剧是否优质的一个很重要的标准，因此2019年中国收视率的整体情况在很大程度上也可以反映出电视剧行业正在进入转型过渡期，未来的行业发展值得拭目以待（见图9.2）。

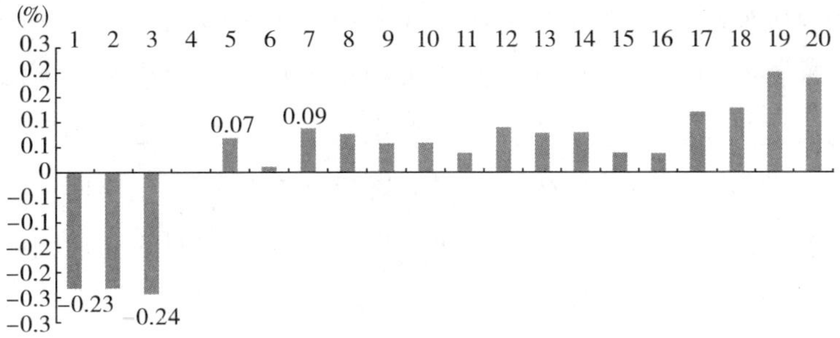

图 9.2　2019 年电视剧收视率比较

资料来源：根据公开资料整理。

（三）作品题材发生明显转变

虽然 2019 年电视剧集的数量急速下滑，但是剧集的类型呈现越来越多样化的趋势，现实题材的《都挺好》、悬疑刑侦题材的《破冰行动》、小众电竞题材的《亲爱的，热爱的》等作品都取得了非常好的成绩。与往年相比，古装题材的热度开始逐渐减退，现实主义题材的电视剧开始重登舞台。在 2019 年我国电视剧的制作备案中，古装剧仅占 7%，相较于 2018 年大幅下滑 61.6%；现实主义题材剧则占 71.8%。在众多现实主义题材剧当中，绝大多数是都市情感剧，还有一小部分是家庭伦理剧。据统计，2019 年最受欢迎的十大电视剧当中，有 7 部都是以都市情感为题材的，这一数据相较于 2018 年有明显的提升（见图 9.3）。

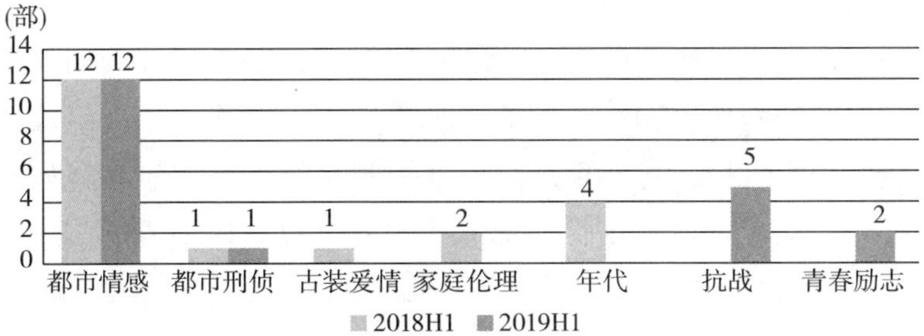

图 9.3　2019 年收视率前 20 名的作品题材

资料来源：根据公开资料整理。

2019 年是中华人民共和国成立七十周年，因此电视剧题材中反映社会主旋律题材的作品数量明显增多，投资方和制作方不断推出历史题材、革命英雄主义题材等作品，这可以在最大程度上规避市场波动带来的风险，同时也可以较好地提升制作公司甚至合作明星的个人形象。现如今，中国正处于发展变革的关键时期，无论是经济还是文化都发生着翻天覆地的变化，中国的综合实力越发强大。因此，社会经济形态反映在精神文化层面上，便是观众对弘扬正能量的电视题材的青睐。除此之外，各种类型的电视剧题材的界限开始变得模糊，同一部电视剧可能是多种题材的相互混合，而这样的创新形式则进一步造就了新时代爆款剧的诞生，是未来值得借鉴的方式。

二、中国电视剧行业变化分析

（一）电视剧行业产业链分析

2019 年作为“5G 时代”的元年，无论在信息技术还是在数字科技方面都取得了巨大的飞跃，信息时代的变迁同样使电视剧行业发生了翻天覆地的变化，其中最为明显的就是各大视频播放平台的用户数量逐渐赶超传统媒体平台，电视剧的播出方式也开始转向网络电视、手机电视等移动媒体。近年来，国家不断推动“三网融合”政策的发展，该政策使电视剧生态产业链逐渐向全新的形态转变，而电视剧的投资、制作、交易及盈利模式也随着时代的变化不断进行调整，传统的电视剧产业链不断被瓦解和重构。伴随着目前全产业链的引导和开发，各式各样的政策和体系不断完善和加强，电视剧行业逐渐形成了一个全媒体平台，而全媒体平台的搭建反过来也促进了优质作品的迸发。

1. 电视剧制作机构减少，作品质量上升

传统的电视制作机构有两种：一种是广播电视系统内部的制作单位，包括各电视台内部的制作机构，各广播电视集团下的制作机构，以及电影制片厂及其下属的制作机构；另一种来自广播电视系统的外部制作机构，包括各电视制作公司、文化音像出版社、部委、军事电视制作中心等。随着信息时代的变迁，原有的制作机构被裁撤，并在电视剧行业经历了一次“洗牌”。

根据国家广播电影电视总局 2019 年 7 月发布的《国家广播电影电视总局办公厅关于取得 2019—2021 年电视剧生产许可证（a）机构的通知》，2019—2021 年度的电视许可证机构数量比 2018 年的 113 份减少了 40 份，只剩下 73 份（见图 9.4）。制作机制的精确简化，最直接的影响是机制质量的全面提高和影视制作水平的逐步提高。

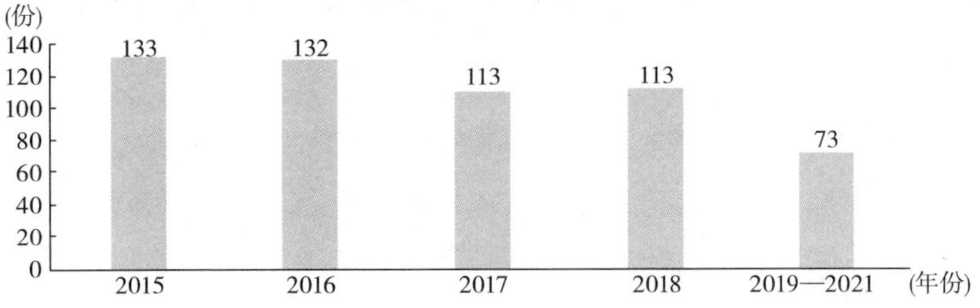

图 9.4　历年电视剧生产许可证机构数量变化

资料来源：根据公开资料整理。

2. 电视广告收入下滑，服务规模缩减

以往电视台的收入大多来自广告的投放收入，而近年来广告商开始趋向于将投放阵地转移至新兴网络平台，这一举动最大的受害者就是传统的电视台。根据国家广电总局的数据，2018 年全国广播电视服务业总收入 6952.14 亿元，比 2017 年的 6070.21 亿元增加 881.93 亿元，同比增长 14.53%。其中，电视广告收入 958.86 亿元，同比下降 0.98%；有线电视网络收入 779.48 亿元，同比下降 6.59%。总体来看，电视行业规模为 1738.34 亿元，较 2017 年有所缩减。

（二）电视剧市场规模分析

1. 新媒体平台崛起，传统电视台受冲击

在新媒体时代，最明显的是各大视频网站和应用程序的兴起。以腾讯、爱奇艺为代表的观影平台迅速抢占了原有的传统媒体阵地。随着网络平台数量的增加，电视台的数量却开始出现不同程度的下降。根据国家广播电影电视总局数据，2018 年全国广播影视等机构共有 2647 家。在其他媒体的持续影响下，2020 年中国电视台数量进一步下降。

2. 网络视频个性化推送，用户黏性不断提高

算法技术的普及和推广使网络视频平台的个性化推送模式越来越成熟。该平台依托于用户的利益，有针对性地推送相关电视剧，使电视剧的宣传率大大提高。用户不断接触自己感兴趣的内容，也使用户对平台的黏性不断提高。2019 年，中国互联网产业全面进入繁荣期。根据《中国互联网发展统计报告》，截至 2019 年 6 月，中国网民规模达到 8.54 亿，比 2018 年年底增加了

2598 万人，互联网普及率达到 61.2%，比 2018 年年底提高了 1.6 个百分点（见图 9.5）。

图 9.5　历年中国互联网行业的发展趋势

资料来源：根据公开资料整理。

2019 年上半年，网络视频用户达到 75877 万人，增长率为 4.7%。由此可见，我国网络视频用户数量正在稳步增长。在网络广告方面，2013—2018 年，中国网络视频广告市场规模保持平稳增长。到 2018 年，中国网络视频市场规模达到 632 亿元，同比增长 29.2%。网络视频广告的显著增长也反映了网络视频用户黏性的不断提高。

三、中国电视剧行业投资分析

（一）电视剧投资规模急速下降

伴随着 2019 年电视剧市场剧集数量及制作机构的削减，资本市场也变得更加谨慎。根据《2019 年中国剧集市场研究报告》，2019 年电视剧总投资规模仅有 168 亿元，这一数据相较于往年而言处于最低值。从 2015 年开始，电视剧投资市场就逐渐火热，投资额逐年攀升，但是 2018 年的影视剧寒冬期对这个持续火热的市场造成了巨大的冲击，投资额大规模削减。进入 2019 年之后，投资额继续走低。

这一变化对于中国电视剧行业而言可谓是有利的，投资额的大幅度削减表明行业正处于转型发展的关键时期，行业监管正在进一步加强。当火热的电视剧市场降温之后，观众和资本将会愈发趋于理性，电视剧则会更加注重自身的质量，以便在这样一个艰难的环境中脱颖而出。资本市场的持续低迷对于整个电视剧行业的长期发展而言是有益的，但是也在短期内加剧了电视剧行业的竞争压力，大多数电视剧出现融资困难、收视率走低、排播拥挤等状况，这无疑使现阶段一些中部和尾部的电视剧制作机构的状况进一步恶化。

这一系列现象的出现既是前几年市场浮躁的“反噬”的结果，也是这几年浮躁市场的及时止损。之所以会出现电视剧行业的“寒冬期”，最重要的原因还是长久以来缺乏优质精良的影视作品，没有优质内容的支撑，便很容易受市场经济波动的影响，也很难在激烈的市场竞争中生存下来。中国电视剧行业想要破解这一难题，唯一的方法就是不断提升作品的质量，只有内容得到大众认可，经得起时间的推敲，才能重新迎来电视剧行业的繁荣发展。

电视剧行业的持续低迷反映在资本市场上，表现为不少 A 股电视剧公司业绩承压。东方财富 Choice 数据统计，2019 年前三季度，除华录百纳外，华策影视、慈文传媒、欢瑞世界等 8 家上市电视剧公司的营收和净利润均出现不同程度的下滑。其中，鼎龙文化净利润同比下滑高达 164%，当代东方、唐德影视、长城影视 3 家公司净利润下滑均超过 100%，分别为 -105.6%、-159.4% 和 -124.3%。2019 年以来，整个影视行业上市公司市值平均下跌 72%，整体市值不足此前 1/3。资本退潮这一现象最根本的原因还在于对电视剧制作及剧本内容缺乏信心，因此，部分影视投资公司开始考虑进行产业投资转型，而在市场回暖之前，这一趋势还会持续下去。在这种影响下，整个行业都会有一个周期，产量肯定会减少，市场和政策的双重风险也会增加。近年来，电视剧的产量在下降，与以往相比，用户的增长也会有一个相对温和的时期，导致资金的投向更加谨慎，这也是我们今天面临的大行业形势。

（二）网络影视剧成为投资聚集地

2019 年，传统电视剧的数量呈现下降趋势，但是网络剧集的质量和口碑不断提升。近年来，网络电视剧的投资和制作成本逐年攀升，越来越多的一线明星开始和网络平台合作，不断推出收视率和口碑“双丰收”的网络电视剧。而众多头部网剧借助网络平台自身强有力的宣传效果，不断提升明星的影响力，也成为众多流量明星施展拳脚的沃土。现阶段网台联动更加频繁，网络平台更加注重电视剧的宣传推广，而电视台也开始利用网络广告的推广效果。因此，网络与电视台的强强联合，开启了最受欢迎的双赢模式。虽然目前更多的观众倾向于通过网络看电视剧，但考虑到双方的长远发展，在不久的将来，双方的合作空间仍有很大的可塑性，发展前景是光明的。

2019 年，流量明星通过参演网络热剧实现着不同层次的转型。其中最具代表性的便是易烊千玺主演的电视剧《长安十二时辰》，该剧的热播直接将其推入实力派演员的行列。2019年年末，由李现和杨紫主演的网剧《亲爱的，热爱的》，以及由王一博和肖战主演的网剧《陈情令》，都获得了前所未有的关注度，这些网络热剧同时也带火了一批年轻艺人，这些年轻艺人爆红后，个人的商业价值指数也得到显著提升。商业价值指数的飙升，也助推了他们的带货能力，其中肖战、易烊千玺和王一博的平均带货力均突破85分。

由于网剧制作周期短、资本回报率高，且热剧明星还能带动消费产业的发展，因此，不少投资公司开始将投资视角转向网络电视剧。不论是视频平台还是影视公司都从网剧的拍摄中看到了新机会。不仅有映美传媒、新片场、哇唧唧哇等网生内容公司参与制作，还吸引了传统头部影视公司华谊兄弟、慈文传媒等。

四、中国电视剧市场的未来发展趋势

（一）5G时代技术将成为第一推动力

5G技术，即“第五代移动通信技术”，是继2G、3G和4G之后的最新一代蜂窝移动通信技术，其产生与发展将给人类的生活方式和信息传递方式带来显著的变化。5G作为一种更为高级的信息传播智能手段，无论是在数据传输速率还是在信息容量方面都实现了巨大的飞跃。在5G网络下，信息的收发仅在一两毫秒内就可以完成，几乎没有任何延迟和消耗。如果说1G到4G的改变使人类的交流方式实现了更多维、更高效的提升，那么媒介智能化时代的出现将颠覆传统信息的呈现方式，不仅能极大地改善用户体验，还能实现“万物互联”的未来需求。5G技术所带来的显著性飞跃将会在电视剧行业引发一场生态变革，5G技术与VR等高新技术相结合，将创造出许多全新的智能化媒介场景，重塑电视剧行业的生产和运营方式，改变以往传统的传播方式与传播关系。电视剧行业依托5G技术将会迎来下一个全新的发展风口。电视剧制作公司在新时代下最应该做好准备，迎接这一全新时代的来临。

就现阶段的发展而言，VR、AI与8K这三项全新人工智能技术将会在5G时代得到最充分的利用，而这些技术的发展，也必将要求电视剧的播放形式及剧本内容向多样化方面发展，而未来将从“流量为王”时代转向“内容为王”时代。8K技术可以将影视画面变得更加逼真，让电视色彩更为丰富，增强影视带给观众的视觉冲击力，如若各大电视剧制作平台能够将该技术合理运用，将会给观众呈现出焕然一新的观看体验。伴随着5G技术的不断完善和发展，未来电视剧行业将会向内容化、体验化、沉浸化等多个方向发展。

（二）“内容付费”提升电视剧行业成长空间

“内容付费”时代的来临不仅给电视剧的制作方带来了前所未有的好处，也使投资方的资金压力得到缓解。2019年伴随着“限集令”的提出，电视剧单集价格趋于理性，使中小体量的剧集利润空间缩小，优质电视剧内容获得很好的收益和回报。新型模式不断刺激制作方提供更加优质的内容和作品，同时也减轻视频播放平台的投入压力。该模式有利于平台为不同人群进行定制化内容的推送，从而帮助平台形成更多圈、更长尾的内容库，吸引更多圈、更长尾的用户。目前，传统的B2B（Business to Business，企业对企业）仍然是电视剧销售的主要模式，内容制作者通过单集价格乘以剧集数量，将内容销售给下游渠道——电视台和视频网站。电视台广告投资和视频网站内容投资预算限制了电视剧版权销售的市场规模，在下游内容投资逐渐放缓的背景下，B2B版权销售模式的上限已经接近顶峰，上游内容生产需要寻找新的增长空间，而新的内部支付模式的出现有助于打破现有僵局。

（三）内容制作开始转向“多极化”发展

视频网站的内容选择已经从一开始单纯依靠流量而变为更加“多极化”的趋势，上下游电视剧产业链的不断发展，使下游多个视频播放网站开始转向一种商业运行模式。前几年网站平台多将流量高低作为引入视频的判断标准，但是现在评价标准变得更加多元化，除了流量之外，还有内容、新增会员的比例、会员保有量的水平、付费转换的能力等，因而要求更高。此外，众多视频网站开始转向自己投资电视剧，并且这一比例逐年升高。一般而言，平台的内容大多依靠平台的自制和平台的购买，而2019年平台自制的电视剧数量不断上升。平台不断推出高质量的作品，从而吸引用户会员不断加入。同时，视频网站也基于差异化战略的经营方式，不断推出自己的优质内容，并投资平台自制剧或定制剧。随着视频网站评价体系的改变，电视剧的内容制作标准出现了多极化发展趋势，投资者的方向变得更加多元，由此会给电视剧行业带来一定的冲击，加速行业的转型升级。

未来的电视剧内容制作公司很有可能出现不一样的两种发展状态。一种情况是少部分具有较强生产力和创新力的制作公司可以不断推出爆款剧集吸引头部资源，而实力雄厚的投资公司会将投资重点放在这种类型的公司之中，使该类型的制作公司发展壮大。另一种情况是一些实力较弱的内容制作公司由于抢占不到更好的资源而加速衰落，最终形成一次彻底的行业“洗牌”。经过这一轮行业快速洗牌，行业在消除产能过剩方面取得了显著效果，资金投入效率也将得到提高，投资公司和制作机构将以一流的效果打造具有国际竞争力的中国 IP（Intellectual Property，知识产权）电视剧。

五、相关建议

（一）完善电视剧行业的法律法规

电视剧受到社会的关注很大，因此其社会敏感度较高。我们经常会听到一些舆论，有些与行业规范有关（如评级），而有些则与职业道德有关。这导致全社会加强对整个电视剧行业的监管，进而影响管理部门对该行业的一些管理手段。发展我国的电视剧行业最关键的是出台相关行业政策，相关政策的完善可以促使中国电视剧的从业人员不断提高职业道德，具备更加专业的制作水平与表演水平，促进整个行业的快速发展。2019 年，广电总局出台的“限集令”便是这一类行业政策的代表，该政策的出台很大程度上帮助了整个电视剧行业重新整顿和洗牌。《关于促进广播影视产业发展的意见》中相当一部分是关于产业和市场的，包括收视率、赌博、如何签订合同等，对很多事情有详细的规定。伴随着现阶段电视剧行业发展的趋势，行业的集中度将会不断提高，资本扩张将会变得更加快速，这个时候唯有相关政策和法规可以对整个行业乱象进行有效治理。

（二）提高电视剧行业的文化自觉性

总体而言，文化自觉性包括三个部分：一是对优秀传统文化的文化自信。在 2019 年举办的中国电视电影工作座谈会上，中央领导特别指出了传统文化不是简单地拼凑在一起，而是要取其精华，去其糟粕，积极改造传统文化，发扬优秀文化，为当代文化服务。二是要在影视作品中弘扬和提倡革命文化、红船精神和井冈山文化。三是改革开放以来的文化在新时期以前的戏剧中得到了广泛的认同，现如今也要将这一优良传统继承下去。

现阶段，中国的文化影响力越来越大，伴随着文化政策的扶持，国内电视剧的内容早已从一开始的亚洲华人圈逐渐辐射到了全世界；电视剧出口的题材也从擅长的古装爱情剧扩展到了更加多元化的内容，如都市情感剧等。现阶段，电视剧的内容作为国家文化软实力的重要体现之一，必须承担文化“走出去”的责任。长期以来，鼓励和支持国产电视剧在国家层面“出海”的政策也层出不穷。目前，全球范围内的电视剧“出海”频道已基本开通，形成了“组团出海”的标准化产业链。

（三）树立电视剧行业的底线意识

过去我们总说底线意识，只要不触碰底线，就能完成任务。现在我们转向引导意识，自觉地完成正确价值观在作品中的合理引导和表达。从增量创新到存量创新，最重要的是提高电视剧作品的质量。过去我们在电视剧行业进行了很多商业投机和商业运作，为了达到宣传效果不惜一切代价，但是现在需要将电视剧行业打造为一个优秀的文化品牌。从过去追求产品数量到现在追求版权质量。一个产品问世后，版权能否在多窗口、多时段、多空间内使用，线下版权能否带来衍生效应，都需要最大限度地发挥高质量版权的效益，减少生产数量的削减给行业带来的压力。未来，全行业将由粗放型生产向标准化生产转变，电视剧行业的蓬勃发展指日可待。

第十章　中国电影业投资报告

王欣悦[①]

由于影视行业存在阴阳合同、高价片酬等违法违规乱象，国家在近两年开始整顿、监管，受此影响，近年来，在国家电影局申报的电影备案和电影开机数量有所下滑，影视行业出现资本退潮的现象。2019 年 1—7 月，在国家电影局备案和立项的故事片数量相较于 2018 年同期出现明显减少（见图 10.1）。一般电影制作周期为两到三年，据此，国产片供给减少的影响在 2020 年下半年或有所显现。

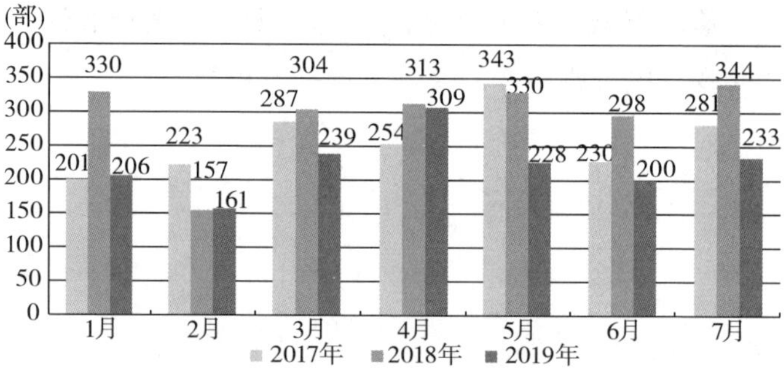

图 10.1　2017—2019 年 1—7 月在国家电影局备案和立项的故事片数量

注：国家电影局只公布了 2019 年 1—7 月的电影备案和立项数目；其中 1 月下旬与 2 月上旬合并公布，共 121 部，分别取 60 部为 1 月下旬数目，61 部为 2 月上旬数目。

资料来源：国家电影局。

近几年来，政策监管、税务整顿等原因致使大量中小型厂商生产停滞，国家电影局备案和立项的影片减少的原因就在于此，但是由于头部影片厂商

① 王欣悦，中央财经大学文化与传媒学院。

具有较为充足的现金流和较为合法合规的申报、生产流程，所以头部影片厂商对国家政策具有更强的理解力和执行力，因此其受影响不大。

从国产票房集中度可以得知，虽然国产片供应在接下来几年会相对减少，但二八现象持续，票房向头部电影的集中趋势明显，头部电影依然是保证高票房的重要基础，因此可以忽略中小型影片减少对电影市场的影响，故而国产片供应减少对全国整体票房几无影响。2019 年，头部影片票房再破天花板，未来电影市场的发展仍有较大空间。

一、中国电影票房分析

（一）中国票房总体情况

据国家电影局数据，2019 年全国票房收入达 642.66 亿元，相较于 2018 年同期增长 5.4%。2019 年，国产电影票房收入达到 411.8 亿元，相较于 2018 年票房收入增长 8.7%，市场占比突破新高，达到 64.1%。全年票房前 10 名的影片中有 8 部为国产影片。国产电影在全年票房过亿元影片的占比超过 53%。2019 年，主流商业大片如《攀登者》《中国机长》《我和我的祖国》等在过去一年中掀起了一波又一波观影热潮，实现了社会效益和经济效益的双丰收。这些影片涉及的题材类型广泛，为今后国产主流大片的进一步探索打下了坚实的基础。

1. 票房结构

根据艺恩数据，2019 年，票房 10 亿元及以上的电影共计 15 部，与 2018 年持平（见图 10.2），2018 年和 2019 年，头部影片票房集中度稳中有升。2019 年，5 亿～10 亿元级影片数量相较于 2018 年来说略有减少，即票房腰部影片数量有所下滑。从 2016 年起，票房排行前 10 名电影全年票房占比逐年提升，展现了票房集中度的提升，体现出电影市场认可具有优质内容的影片，这也是未来电影市场内容端的发展方向（见图 10.3）。

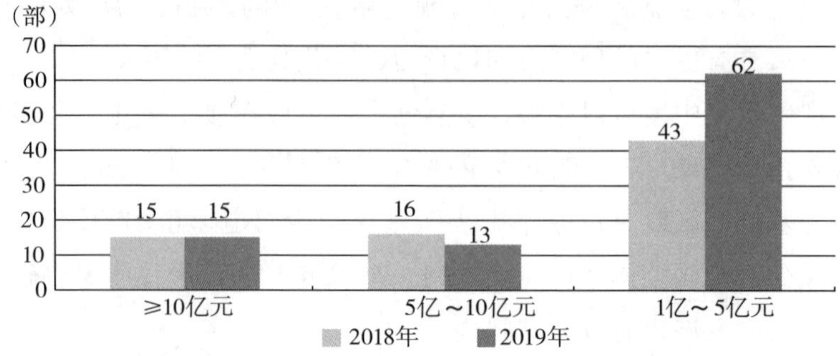

图 10.2　2018—2019 年过亿票房部数分布

资料来源：艺恩数据，中信证券研究部。

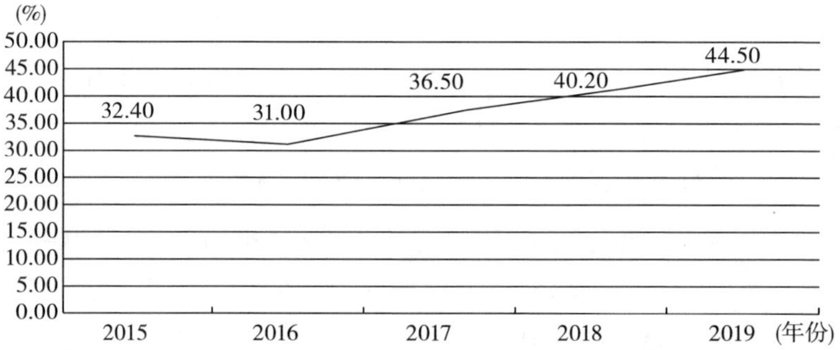

图 10.3　2015—2019 年票房排行前 10 名电影全年票房占比

资料来源：灯塔专业版，中信证券研究部。

2. 观影人次

观影人次略有增加，从观影人次的变动情况看，与 2018 年相比，2019 年全年观影人次 17.28 亿，增加人次约 1000 万，同比增幅达到 0.58%。

3. 平均票价

在 2019 年票房和观影人次都没有达到十分理想的增长幅度的情况下，院线和影院之间的竞争激烈，经营压力增加，因此对电影票进行提价成为缓解经营压力的重要措施之一，2019 年电影平均票价相比 2018 年再次出现上升，平均票价（含服务费）由 35.3 元上升近 2 元至 37.1 元，剔除服务费后平均票价由 32.9 元上升至 34.4 元，平均票价的上涨幅度已经创了近几年来的新高（见图 10.4）。

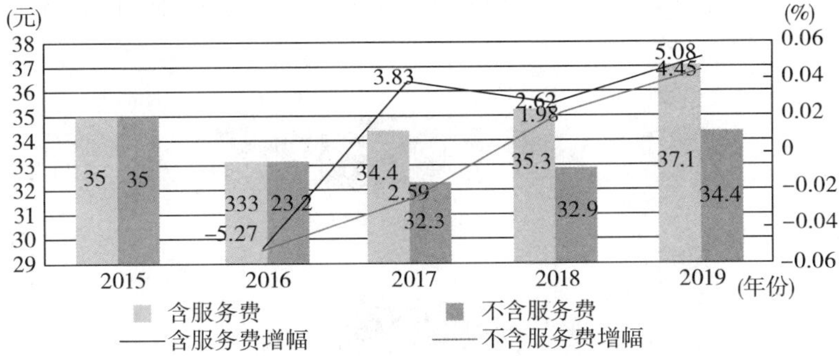

图 10.4 2015—2019 年平均票价变化

注：2016 年及以前平均票价中不包含服务费。

资料来源：灯塔专业版，中原证券。

（二）档期分析

2019 年票房仅元旦、端午节、“光棍节”、贺岁档的表现不及 2018 年，其余均超过 2018 年的档期（见表 10.1）。其中票房增长最大的档期是国庆节，票房增长 25.6 亿元，增长幅度达 134.4%。

表 10.1 2018—2019 年中国电影市场各档期票房 单位：亿元

档期	2018 年	2019 年	档期	2018 年	2019 年
元旦	12.7	10.0	儿童节	2.1	3.6
寒假档	106.8	108.8	端午节	9.1	7.9
情人节	2.6	6.7	七夕节	4.7	5.7
春节	57.7	59.0	中秋节	5.3	8.1
妇女节	1.9	3.1	国庆节	19.1	44.7
清明节	6.9	7.0	“光棍节”	2.7	0.7
劳动节	10.1	15.3	圣诞节	2.7	0.7
暑期档	173.8	177.7	贺岁档	26.4	25.9

资料来源：拓普数据。

（三）影片情况

如图 10.5 所示，与 2018 年相比，2019 年影片数量在内容供给方面整体差别不大，占据主要份额的类型仍为剧情类、动作类、喜剧类影片，各类影片的票房分布均衡且趋于多元化。由此可见，类型多元化的内容供给可以带动电影行业的良性增长，不同类型的优质影片可以促使电影市场稳健发展。

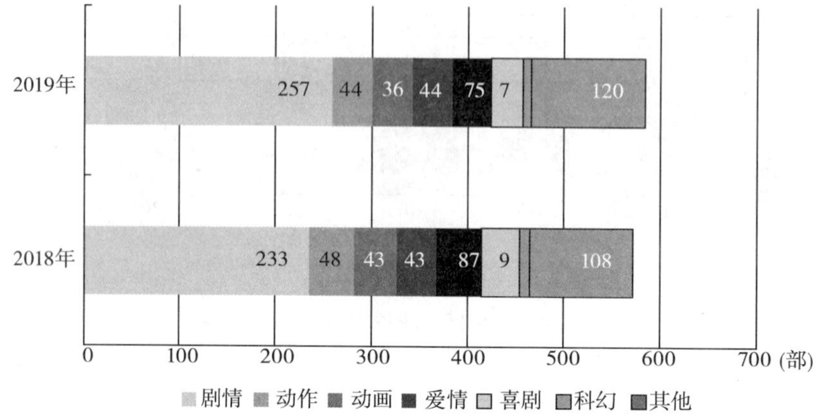

图 10.5　2018 年和 2019 年上线各类型影片数量分布

资料来源：灯塔专业版。

2019 年，中国电影市场票房达到 642.66 亿元，同比提升 5.4%。国产影片在 2019 年表现亮眼，票房占比达到 64%，贡献了近 2/3 的票房（见图 10.6）。2019 年有四部国产新片跻身中国影史票房前 10 名（见表 10.2）。至此，影史票房前 10 名中只剩一部进口片。

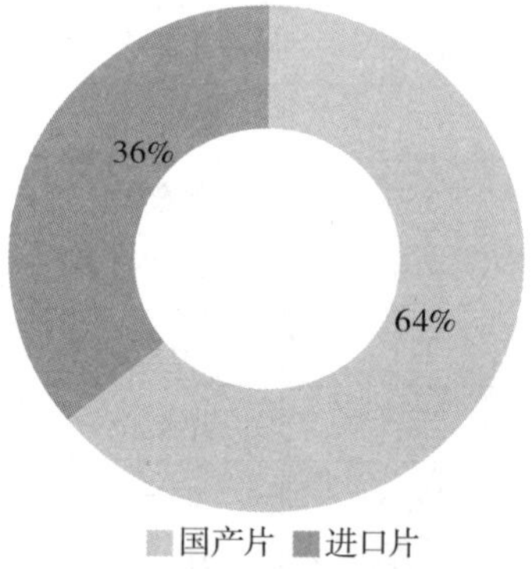

图 10.6　2019 年中国电影票房大盘分布

资料来源：国家电影局。

表 10.2　中国影史票房排名前 10 名

排名	影片名称	总票房/亿元
1	战狼 2	56.8
2	哪吒之魔童降世	50.0
3	流浪地球	46.7
4	复仇者联盟 4：终局之战	42.5
5	红海行动	36.5
6	唐人街探案 2	34.0
7	美人鱼	33.9
8	我和我的祖国	31.2
9	我不是药神	31.0
10	中国机长	29.0

资料来源：国家电影局。

2019 年的电影市场，国产优质 IP 改编创作获得新突破，多元化题材类型不断突围。科幻、动画等类型片进入国产主流商业大片的行列。历年来，科幻和动画是国产片的软肋类型，但在 2019 年接连雄起，以往被进口片垄断的市场已经被中国电影人撕开了一个口子，这是 2019 年国产影片的一大突破。

（四）在线票务市场情况

2019 年，竞争逐渐加剧，部分中小票务平台被淘汰出局，在线票务平台步入双寡头时代。在腾讯和阿里资源投入的支持下，预计未来猫眼和淘票票的竞争将更加激烈，双寡头竞争格局或将延续。

二、电影行业投资情况分析

2019 年，国内电影市场总体表现有喜有忧。喜在《我和我的祖国》《流浪地球》等优秀影片内容散发出的生命力与不断升高的票房天花板，尤其是国产动画电影和国产科幻电影，动画和科幻两类题材在国内本属于比较小众的类型，但在 2019 年表现卓越，取得了骄人的票房成绩；而忧则在于目前票房增幅的速度与银幕和影院数量的增长速度不匹配，影院的盈利能力承受不小的压力。具体如下：

(一) 国产影片推动头部单片天花板，但腰部进口影片的表现好于国产影片

聚焦近两年票房最高的头部影片可以发现，2019 年国内上映的电影票房前 10 名的影片中，仅有两部是来自美国好莱坞的进口影片，数量比 2018 年减少了两部，国产电影占据了头部影片的主要份额。

票房最高的五部影片都能够以比较大的优势超越 2018 年的前 5 名，其中 2019 年的电影《哪吒之魔童降世》票房突破 50 亿元，《流浪地球》和《复仇者联盟 4：终局之战》的票房超过 40 亿元，而 2018 年单片的天花板在 36 亿元左右，头部影片的单片票房天花板正在不断被抬高，如表 10.3 和表 10.4 所示。

表 10.3　2018 年国内票房前 15 名

2018 年				
影片名称	类型	地区	总票房/亿元	豆瓣评分
红海行动	动作	中国大陆	36.51	8.3
唐人街探案 2	喜剧	中国大陆	33.97	6.7
我不是药神	剧情	中国大陆	31.00	9.0
西虹市首富	喜剧	中国大陆	25.48	6.6
复仇者联盟 3：无限战争	动作	美国	23.90	8.1
捉妖记 2	喜剧	中国大陆	22.37	5.0
毒液：致命守护者	动作	美国	18.70	7.3
海王	动作	美国	18.51	7.8
侏罗纪世界 2	动作	美国	16.96	6.7
前任 3：再见前任	喜剧	中国大陆	16.47	5.5
头号玩家	动作	美国	13.96	8.7
后来的我们	剧情	中国大陆	13.61	5.9
一出好戏	剧情	中国大陆	13.55	7.1
无双	动作	中国大陆	12.73	8.1
碟中谍 6：全面瓦解	动作	美国	12.45	8.1
			310.17	平均 7.26

资料来源：猫眼专业版，豆瓣，中原证券。

表 10.4　2019 年国内票房前 15 名

2019 年				
影片名称	类型	地区	总票房/亿元	豆瓣评分
哪吒之魔童降世	动画	中国大陆	50.03	8.5
流浪地球	科幻	中国大陆	46.81	7.9
复仇者联盟 4：终局之战	动作	美国	42.49	8.5
我和我的祖国	剧情	中国大陆	31.23	7.8
中国机长	动作	美国	29.03	6.8
疯狂的外星人	喜剧	中国大陆	22.17	6.4
飞驰人生	喜剧	中国大陆	17.26	6.9
烈火英雄	灾难	中国大陆	17.03	6.5
少年的你	剧情	中国大陆	15.56	8.3
速度与激情：特别行动	动作	美国	14.34	6.3
蜘蛛侠：英雄远征	动作	美国	14.17	7.8
扫毒 2：天地对决	剧情	中国	13.11	5.9
大黄蜂	动作	美国	11.49	7.0
攀登者	冒险	中国大陆	10.95	6.1
惊奇队长	动作	美国	10.35	6.9
			346.02	平均 7.18

资料来源：猫眼专业版，豆瓣，中原证券。

虽然头部国产影片的票房表现十分优异，但处于 3 亿～10 亿元票房中等规模的腰部影片数量稀少，仅有 15 部，换言之，全年高于 3 亿元票房的国产影片数量为 25 部，相比 2018 年反而减少了 2 部。

作为对比，进口影片票房高于 3 亿元的影片则有 21 部，在 3 亿～10 亿元的影片有 16 部，比国产影片反而多了 1 部，考虑到每年进口影片数量仅百余部，因此总体来看，进口影片虽然在头部爆款影片的表现上要逊于国产影片，但在腰部影片的表现上好于国产影片。

2019 年国内共上映 643 部电影，其中国产片 499 部、引进片 144 部，相比 2018 年，引进片上映数量虽然增加了 22 部，但数量占比基本持平。在票房占比方面，2019 年国产影片票房 411.75 亿元，同比增长了 8.64%，占比达到64.07%，达到了2015年以来的最高水平；进口影片票房与2018年持平，票房占比为35.93%，下降了近2个百分点。考虑到短期内难以再有能够与《复仇者联盟4：终局之战》达到同级别票房号召力的进口影片，预计未来进口影片的票房占比将维持在30%～35%。

（二）成人向和全年龄动画电影大有可为

《哪吒之魔童降世》成2019年最大惊喜，但对比国产动画电影与进口动画电影票房前15名，国产动画电影出现了较为明显的“低龄向”和“成人向”的两极分化，虽然风格偏向成人向的《哪吒之魔童降世》与《大圣归来》成为票房最高的两部国产动画电影，但以《熊出没》和《喜羊羊》系列为代表的低龄向动画电影仍占据国内高票房动画电影的主流，国产动画电影在全年龄段的作品方面尚属于较为稀缺的状态。

进口动画电影则明显能够覆盖到更多的年龄层，既包括《疯狂动物城》《寻梦环游记》等适合全年龄阶层观看的动画片，也包括《你的名字》《千与千寻》等瞄准成年人和青少年观众群体的动画电影。

观察猫眼专业版给出的影片受众群体画像，以《熊出没》为代表的低龄动画电影难以吸引20～29岁年龄层的年轻观众，30～39岁年龄层的观众则主要是为了陪伴低龄子女。所以当《哪吒》《白蛇：缘起》《大鱼海棠》《十万个冷笑话2》上映的时候，20～29岁的年轻观众的比例几乎达到了50%以上，成为最重要的观众群体。

进口头部动画电影中，作品主要偏向于全年龄段，观众年龄分布的曲线相对更加平滑，如《疯狂动物城》《寻梦环游记》两部影片都取得了高票房，但其也没有出现国产动画年龄段两极分化的情况。

2019年，《哪吒之魔童降世》的爆红让市场看到了成人动画电影的市场潜力，加上国产动画产业日趋工业化和编剧水平、制作技术的提高，未来国产动漫产业将不再满足于只生产低龄动画作品，而会逐渐增加成人动画及全年龄动画作品的数量，慢慢填补该区域的空缺，从而进一步推动国产动画电影发展，一旦国内拥有能够打造出更多优质的全年龄向或成人向动画电影能力，在IP的延伸与变现上也就存在更多的可能性。

（三）票房结构有待优化，头部影片集中度上升

从头部影片的票房集中度来看，票房收入前5名、前10名、前20名影片

集中度连续数年上升，2019 年票房收入最高的 20 部影片已经占据了全年总票房的 60%，前 5 名影片票房占比也达到了 30% 以上。

观察过去 3 年票房最高的电影中，2017 年《战狼 2》票房 56.82 亿元，之后出现了明显的断层现象，当年票房第二、第三的《速度与激情 8》及《羞羞的铁拳》票房仅为 26.71 亿元与 22.13 亿元；2018 年头部影片分配较为平均，前 3 名影片票房都超过了 30 亿元且彼此差距较小；到了 2019 年出现了 3 部票房超过 40 亿元的影片，分别是《哪吒之魔童降世》《流浪地球》和《复仇者联盟 4：终局之战》，其中《哪吒之魔童降世》单片票房超过了 50 亿元。

由于尾部影片票房不佳，腰部影片数量较少，头部影片的票房开始展现出更加稳定集中的趋势，且单影片的天花板在不断被抬高，头部效应增强。

从 2017—2019 年国内电影票房量级分布来看，国内电影市场的金字塔形分布并未产生任何明显的变化痕迹，2017—2019 年有 250～330 部电影票房低于 1000 万元，数量占比超过每年上映影片总数量的 60%～65%，其中还有上百部票房不足 100 万元的影片。头部影片和腰部影片的数量依然稀缺，考虑到头部影片存在着短期票房天花板及爆款的不可预期性，未来的电影市场还是需要大力提升腰部影片的数量占比才能够真正实现整体平稳健康增长。

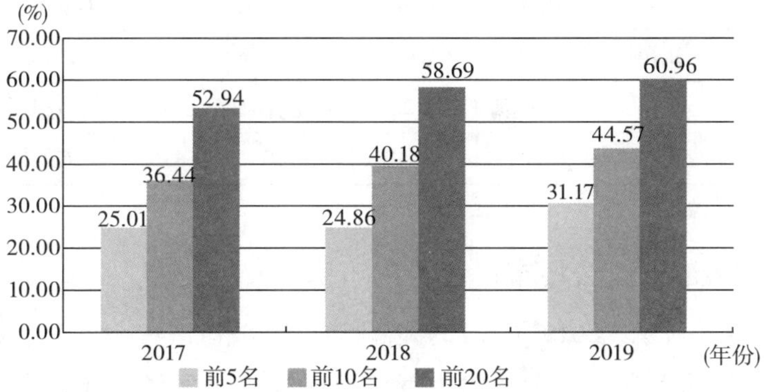

图 10.7　2017—2019 年前 5 名、前 10 名、前 20 名影片票房占比

资料来源：猫眼专业版，中原证券。

（四）院线竞争格局稳定，头部公司市占率下降

如表 10.5 所示，最近几年国内院线行业的竞争格局相对比较稳定，前

10 名院线的排名基本没有发生很大的变化，头部院线公司的竞争格局基本已经固化，其中万达电影作为行业的龙头公司，在市占率方面的优势十分明显，稳居榜首，2019 年万达电影的市占率比占据第二名的大地院线高出 3.72%。

虽然 2019 年前 10 名院线的集中度下降了约 3 个百分点，但总体来看近几年的头部院线市占率始终维持在 65% 以上，预计未来头部院线依然将维持相对比较集中的格局。

表 10.5 2016—2019 年国内院线市占率前 10 名（不含服务费） 单位:%

2016 年		2017 年		2018 年		2019 年	
院线名称	市占率	院线名称	市占率	院线名称	市占率	院线名称	市占率
万达电影	13.50	万达电影	13.13	万达电影	13.69	万达电影	13.37
大地院线	8.33	大地院线	9.00	大地院线	9.91	大地院线	9.65
上海联合	7.71	上海联合	8.03	上海联合	7.92	上海联合	7.67
中影星美	7.46	中影南方	7.28	中影南方	7.25	中影南方	6.75
中影南方	6.88	中影数字	7.13	中影数字	7.05	中影数字	6.68
中影数字	6.15	中影星美	7.13	中影星美	6.41	中影星美	5.27
广州金逸	5.96	广州金逸	5.36	广州金逸	4.86	广州金逸	4.74
横店院线	4.49	横店院线	4.38	横店院线	4.35	横店院线	4.11
华夏联合	3.16	华夏联合	3.41	华夏联合	3.61	幸福蓝海	3.85
浙江时代	3.15	幸福蓝海	3.26	幸福蓝海	3.46	华夏联合	3.59
CR10	66.78	CR10	68.10	CR10	68.52	CR10	65.66

资料来源：猫眼专业版，中原证券。

（五）头部影投公司市占率再次下降

如表 10.6 所示，2019 年头部影院投资管理公司市占率再次下降约 3.8 个百分点，目前来看影投行业的集中度已经连续数年下降，行业整体市占率下降一方面是因为部分地产系公司、娱乐公司等集团跨界整合资本进入影投市场，另一方面是因为目前行业竞争压力比较大，影院盈利能力下降，部分头部影投公司为了维持盈利放缓了扩张步伐，导致市占率下降。

头部影投公司中依然是万达作为行业的龙头，其市占率虽然出现下降，但优势依然十分明显。目前影院经营压力仍在，如果市场的票房和观影人次没有十分明显的增长，预计头部影投公司的市占率还会有小幅下降的可能。

表 10.6 2016—2019 年国内影投公司市占率前 10 名（不含服务费） 单位:%

2016 年		2017 年		2018 年		2019 年	
影投公司名称	市占率	影投公司名称	市占率	影投公司名称	市占率	影投公司名称	市占率
万达电影	13.40	万达电影	13.14	万达电影	13.34	万达电影	11.62
大地影院	4.84	大地影院	4.68	大地影院	4.67	大地影院	3.81
横店院线	4.02	横店院线	3.77	横店院线	3.71	横店院线	3.25
金逸影视	3.76	金逸影视	3.13	CGV 影城	2.84	CGV 影城	2.60
中影投资	3.19	星美影城	3.03	金逸影视	2.70	金逸影视	2.59
星美影城	3.13	中影投资	2.84	中影投资	2.53	中影投资	2.43
CGV 影城	2.80	CGV 影城	2.79	星美影城	1.95	幸福蓝海	1.70
橙天嘉禾	1.68	耀莱影城	1.63	百老汇	1.58	博纳影业	1.61
耀莱影城	1.58	博纳影业	1.50	耀莱影城	1.52	百老汇	1.42
博纳影业	1.51	百老汇	1.45	博纳影业	1.43	耀莱影城	1.40
CR10	39.90	CR10	37.97	CR10	36.27	CR10	32.42

资料来源：艺恩数据，中原证券。

（六）银幕数增速放缓，静待行业拐点

如图 10.8 所示，截至 2019 年 12 月 31 日，全国银幕新增 9708 块，总量达到 69787 块，同比增长 16.16%，目前国内银幕数量已经居世界首位，但同比增幅已经连续 4 年下降，在市场票房增速放缓及同行业竞争激励的双重压力之下，银幕增速正在逐步放缓。

目前国内银幕数量增速明显高于国内票房与观影人次增速，单银幕票房产出连续多年在下行通道之中，参考 2019 年票房和银幕数据，平均单银幕贡献票房 91.91 万元，同比减少 9.01%（见图 10.9）。

2018 年 12 月，国家电影局印发《关于加快电影院建设促进电影市场繁荣发展的意见》的通知，通过现金补贴等形式鼓励企业建设影院，更新影院设备；鼓励院线公司并购重组，鼓励跨时区、跨所有制进行院线整合；同时制定了 2020 年全国银幕达到 8 万块的发展目标。

行业拐点在于银幕数增速与票房增速的差距将逐渐收窄，直至票房增速

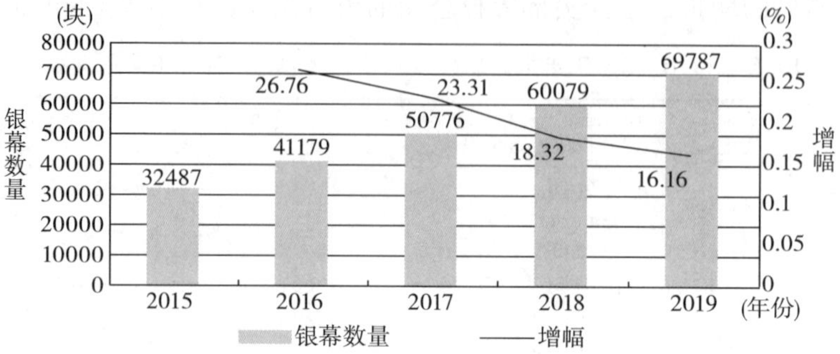

图 10.8　2015—2019 年国内银幕数量及增幅

资料来源：国家电影局，中原证券。

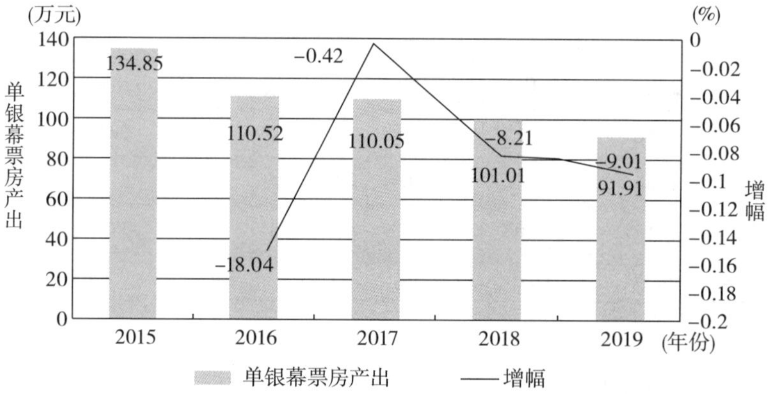

图 10.9　2015—2019 年国内单银幕票房产出及增幅（不含服务费）

资料来源：猫眼，广电总局，中原证券。

高于银幕增速，单银幕票房产出会出现回升，预计这一过程在银幕增速逐渐放缓的情况下于 2021 年或 2022 年出现。

（七）高票价下渠道下沉趋势减缓

随着全国影院的快速建设，三四线城市影院和银幕数量有了明显的抬升，加上之前随着票补出现的 9.9 元或 19.9 元的低价电影票，全国电影市场明显进入了下沉趋势，城市线级越低，票房增长速度越快。

由 2017—2018 年的数据可得，以三四线城市为代表的低线城市票房增速基本上可以超过全国票房整体增速，而以一二线城市为代表的高线城市票房增速则低于全国水平。但不同于 2017 年与 2018 年，2019 年一线城市的票房增长速度比较稳定，并未随着全国增速的下降而出现下降，而二线至四线城市2019年的票房增速都出现了不同程度的下降，其中四线城市票房下滑幅度最大（见图10.10）。

2019年的增长主要是由票价上涨引起的，加上票补取消带来的低价票的消失，因此对于对价格比较不敏感、已形成观影习惯的一线城市的影响较小，而四线城市观众群体对价格敏感度高，受到的影响较大。

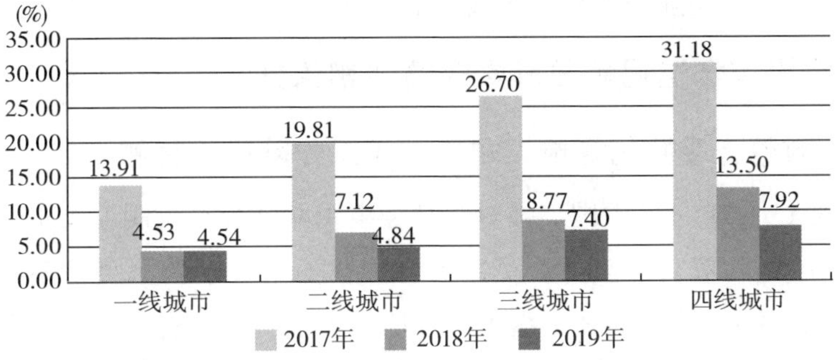

图10.10　2017—2019年地域票房收入增长情况

资料来源：猫眼专业版，中原证券。

从分级城市票房占比来看，2017—2019年，三四线城市的票房占比不断上升，而相应的一二线城市的票房占比逐渐下降。2019年，虽然三四线城市票房占比依然上升，但由于一线城市票房的稳定增长加上三四线城市票房增速的放缓，渠道下沉的步伐出现了停滞的现象。

（八）电影发行拥抱直播渠道，放大线上发行效率

不同于以往，电影产业在宣发模式上拥抱新型渠道是2019年电影市场的一大亮点。2019年11月5日，大鹏、柳岩做客薇娅直播间宣传电影《受益人》，开创了直播售票的先河，直播观众可以0.1元的价格抢夺《受益人》19.9元观影券，而这场直播也交出了800万人同时在线观看、累计观看人数1200万、116666张电影票秒空的成绩单。最终《受益人》总观影人次619.6万，而该场直播为这部影片最终贡献了1.8%的票房。此外，胡歌和桂纶镁在李佳琦直播间宣传《南方车站的聚会》时6秒售罄25.5万张优惠券，冯小刚和黄轩在薇娅直播间宣传《只有芸知道》时共售出17万张电影票，直播正成为越来越多电影宣发方看中的渠道。

直播宣传的效率大大高于传统线下路演并有效带动电影票售卖，以《受益人》的直播宣传为例，累计1200万人次的观看量大大超过线下路演所能覆盖的人数，且比线下路演更加经济高效。同时，相比传统线上宣发的模式，直播宣发在优惠券售卖和观众信息获取上又更为高效精准，目前已经有越来越多的制片方和宣发方采取这种模式，A股上市公司新文化也公告，与李佳琦所属的MCN美腕签署战略合作协议，通过和李佳琦的战略合作，使公司大文娱宣发和艺人经纪业务朝着多维度发展。

三、电影市场遭遇新冠肺炎疫情“黑天鹅”

（一）政策：受疫情影响，电影拍摄工作阶段性暂停

2020年1月31日，中国广播电视社会组织联合会电视制片委员会、中国广播电视社会组织联合会演员委员会联合发布了《关于新冠疫情期间停止影视剧拍摄工作的通知》。通知中指出，疫情防控期间，所有影视制片公司、影视剧组及影视演员，应按照国家有关规定，暂停影视剧拍摄工作。如有影视公司、影视剧组在此期间因未暂停拍摄工作而引发疫情传播，有关单位将承担相关责任。在疫情期间，影视制片从业人员、影视演员有权拒绝拍摄工作。

事实上，横店、象山、怀柔、东方影都等全国大型影视基地在上述行业通知发出前，就已经做了暂停拍摄的安排。受疫情影响而延迟开机，将直接导致电影数量下滑，直接影响未来电影上线情况。

2020年2月10日，横店影视城发布复工指导意见，规定复工时间原则上不早于2月12日24时，需经审批备案，且剧组全体人员需要在网上参加关于疫情的实名制考试。

（二）票房：短期确有系统性风险影响，对疫后市场保有信心

受新冠肺炎疫情影响，2020年春节档七部影片在2020年1月23日宣布撤档，仅《囧妈》一片网络播出（见表10.7）。由于新冠病毒具备较强传染性，同时电影院作为公共场所具有人员密集、空气流通相对较差等特性，为防止疫情扩散，武汉、上海、湖南、广东等多个地区的影院已暂停营业。史上最强春节档遭遇滑铁卢，原中性预计票房70亿元化为乌有。此外，情人节档同样因疫情原因受到严重冲击。

表 10.7 原定春节档上映影片及目前情况

影片名称	上映日期	导演/演员	出品/发行方	目前情况
唐人街探案 3	2020/1/25	陈思诚	万达电影、合一影视、骋亚影视	撤档
紧急救援		林超贤	英皇影视、腾讯影视等	
囧妈		徐峥	横店影视 24 亿元保底	线上放映
姜子牙		程腾	光线影业、彩条屋影业、中传合道	撤档
夺冠		陈可辛、巩俐	薯片文化、东阳伯乐	
急先锋		成龙、杨洋、艾伦	中国电影、腾讯影业	
源·彩虹		诺曼·斯通	北京时代畅毅、星美影业等	
大红包		李克龙、包贝尔	北京嘉恒时代等	

资料来源：猫眼，民生证券研究院。

根据猫眼专业版数据，2020 年 1 月 25 日（大年初一），全国电影票房收获 181 万元。其中仍有许多票房来自《唐人街探案 3》《夺冠》《姜子牙》等春节档电影，可能原因是部分退票数据还未更新，实际产生的真实票房估计仅在百万元左右，相比 2019 年大年初一当天的 14.58 亿元票房（创造了内地影史最高单日票房纪录），同比减少了 99.9%。春节期间，影院排片仍以 2019 年年底上映的《叶问 4》《误杀》《宠爱》为主，三部电影大年初一分别收获票房 51.97 万元、47.07 万元、30.63 万元。

春节档一直以来是一年中的“黄金档期”。春节档票房占全年票房的比重逐年提升，近两年占比接近 10%（见图 10.11）。2020 年春节档成空档期，票房低开预期将压制全年票房。随着影片撤档，2020 年春节档从预期高逐渐落地为“空档”，春节档 7 天票房仅 1100 万元，春节档所在 1 月票房合计 20.32 亿元，同比下降 34.5%，创近 5 年来单月最低票房，也是近 5 年来春节档所在月份票房最低值，较 2019 年春节档所在月份票房下降 80%。可以说，受此次新冠肺炎疫情的影响，不仅春节档票房停滞，而且对 2020 年全年票房的增长也造成了负面影响。改档上映恐难再获预期票房。对于已经撤档的影片，至少需要等到疫情彻底结束之后才能再次上映。由于瞄准春节档的影片大多

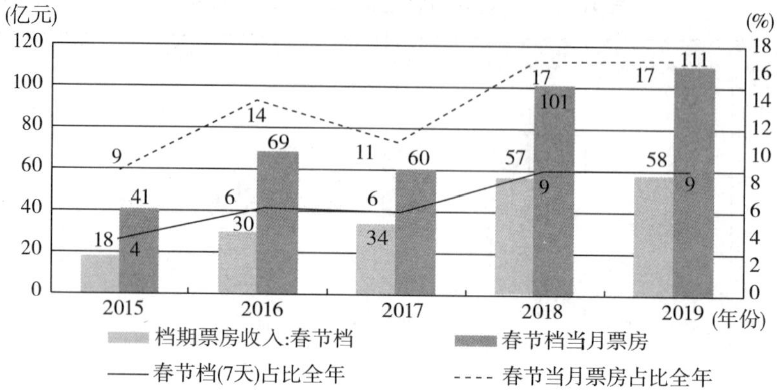

图 10.11　2015—2019 年电影春节档及春节当月票房情况

资料来源：Wind，招商银行研究院。

是大体量影片，总票房基本在 20 亿元以上，2019 年排名第一的春节档影片《流浪地球》最高可以达到 46 亿元，所以能够在春节档的竞争中脱颖而出的影片基本可以锁定年内票房的前三名。

对于原本定档 2020 春节档、预估处于第一梯队的影片中，《唐人街探案 3》有着冲击 40 亿元票房的宣发投入及影片潜力；《夺冠》《姜子牙》也有冲击 30 亿元的可能。全年能够承载此类大体量影片的档期主要集中在春节档、国庆档和暑期档，在春节档取消后，如果影片后续通过改档再次上映则需要和原定同档期的大片竞争，会面临比较大的竞争压力；另外对于已经投入的宣发物料和成本来说，原本的宣传效果也会随着时间推移逐渐消退，如果改档上映还需要再次投入相应的宣发成本；同时缺少了春节档假期的加持（主要体现在假期时间较长叠加，线下娱乐活动匮乏），这些影片是否还能够获得原本预期的票房收益也成了未知数。

从“非典”疫情的影响表现看，2002 年和 2003 年的确是前后年度票房增速的低点，此次新冠肺炎疫情对 2020 年的电影市场也将产生不利影响。

回顾“非典”疫情肆虐的 2003 年的票房走势，2003 年上半年电影市场由于疫情的冲击大幅倒退，在疫情最严重的广州，电影票房相比上年同期下降了 50%。2003 年 7 月疫情结束后，一系列优质影片提振了第三、第四季度的票房，最终使全年票房回归增长，11.1% 的增长率创下了进入 21 世纪之后票房增速的新高。此外，由于 2003 年票房受到了疫情的抑制，2004 年的票房以

50%的增速产生了爆发式的增长（见图 10. 12）。

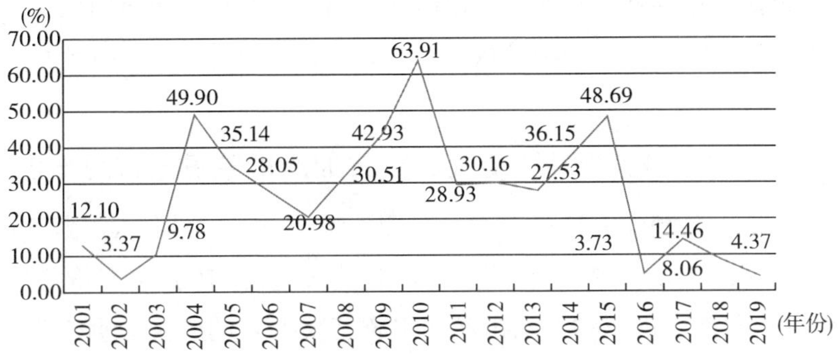

图 10. 12　2001—2019 年票房增速

资料来源：艺恩数据，国盛证券研究所。

在“非典”疫情的打击下，2003 年的票房仍能保持增长的因素有两个：其一是 2002 年施行的院线制改革的助益。院线制改革在原有各省市级电影公司的基础上，创立了市场化运作的电影放映院线，打破了地域垄断。院线经营模式更是加速了多厅化影院的建立，在之后不到 10 年的时间里，国内银幕数由 1000 多块迅速增长到了 4000 多块，银幕的激增培养了人群的观影习惯，带动了票房的增长，从 2003 年之后 6 年间平均 36%以上的高票房增速便可见一斑。其二是“非典”疫情结束后观众的补偿性观影行为。于 2003 年暑期档上映的《黑客帝国 2》前 3 天票房超过 140 万元，比业内人员预估的 100 万元高出了 40%，超过了 1999 年《黑客帝国》上映两周的票房成绩 130 万元，电影市场的复苏比预计的情况快了很多。对比 2003 年“非典”疫情，此次疫情管理层明显加大了隔离力度，全国防控措施不但启动较快，而且覆盖范围广。随着疫情逐步好转，影院将陆续重新开业，观众前期压制的观影需求有望得到集中释放。

因此，受疫情影响，短期确有系统性风险影响，但应对疫后市场保有信心。随着疫情的好转，北京部分符合复工要求的影院逐渐复工。2020 年 2 月 26 日，北京发布《新冠肺炎流行期间北京市电影行业复工防疫指引》（以下简称《指引》），《指引》规定影院在复映初期的一定时间内按照隔排隔座方式售票，且售票处要建立观众信息登记制度。

参考 2003 年电影市场的情况，2020 年票房业绩会呈现一个前期低落、后期回升的态势，应该坚定看好长期的趋势。即使全年业绩可能受到影响，但第三、第四季度会有业绩恢复和信心的回拾。近年来暑期档票房占全年票房的比重高达30%左右，压抑的观影需求将在暑期档得到充分释放，助力全年票房恢复。

（三）院线渠道受冲击更大，或将加速影院退出市场步伐

不同于内容制作方还可以通过改档上映的方式“曲线救国”，春节档的缺失对院线端的影响则更为明显。中原证券随机选取了3家位于三四线城市（河南省洛阳市、广东省汕头市和四川省德阳市）的影院数据作为样本，并随机选取某个普通工作日、非档期周末及春节假期单日的票房和上座率数据进行对比发现，在春节期间影院单日的票房收入基本都可以达到普通周末的5倍以上，达到普通工作日的10倍以上，由客流集中带来的影院上座率也明显高于普通工作日和周末（见表10.8）。

表10.8　三四线城市影院表现　　单位:%，万元

	影院A	影院B	影院C
工作日单日票房	1.4	5744	6079
工作日单日上座率	10.0	7.9	6.4
周末单日票房	2.4	1.5	1.3
周末单日上座率	17.4	19.4	13.6
春节单日票房	19.4	8.2	8.6
春节单日上座率	49.0	73.6	37.8

资料来源：灯塔专业版，中原证券。

通过对比发现，城市线级越低，春节档占全年票房的比例就越高，三四线城市在春节档7天的票房占全年票房的比重已经超过了12%，这一比例要明显高于一二线城市（见图10.13）。由于春节假期涉及大量的人口流动而且是非常典型的由一二线城市流向三四线城市，而三四线城市线下娱乐活动相对匮乏，春节期间从一二线城市流入的人群会向电影院聚集，其他诸如国庆档、暑期档等重要档期则难以获得如此宝贵的流入人口资源，因此三四线城市影院对于春节档的依赖程度也明显高于一二线城市。

此外，虽然春节档的缺席也会给一二线城市的影院带来比较大的压力，但由于一二线城市的影院在非假期时段的经营相对比较平稳，可以在一定程

度上对抗春节档期的风险，以一线城市为例，春节档票房的占比不到全年票房的6%，因此受影响相对较小。

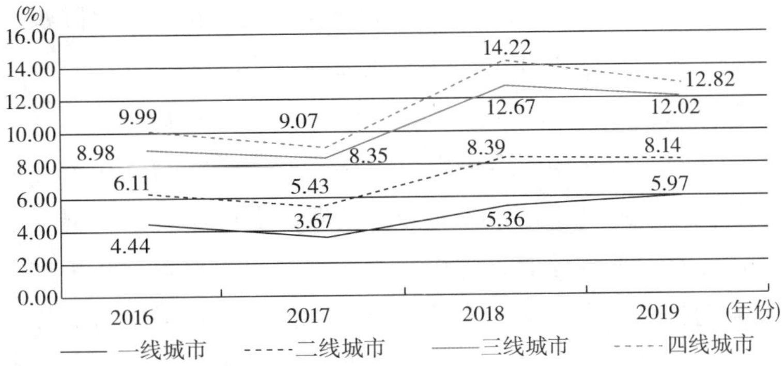

图 10.13　不同线级城市春节档票房占全年票房比重

资料来源：灯塔专业版，中原证券。

受疫情冲击，影院停业，刚性支出压力大。受新冠肺炎疫情影响，全国各影院大部分处于停业状态，票房收入几近为零。根据往年数据，春节前后（2 月）票房收入一般能占到地级市影院全年票房收入的 12% 左右，县级市影院则更加依赖春节假期票房收入。成本方面，影院的刚性支出除了商场租金、员工薪资外，还包括放映设备按揭贷款、春节开业装修贷款等分期支付款项。停业对影院的影响较大，尤其是小型的连锁影院，资金链可能会面临问题。

在国家暂时还没有政策出台的情况下，关停的影院仍需要承担关停期间的成本，虽然万达商管在此前宣布万达广场免除所有商户一个月的租金及物业费，但考虑到万达广场中仍以万达自有院线为主，能够受益的范围比较有限。在每年院线行业竞争压力加大、单银幕产出持续下滑的大环境下，院线端在 2020 年会承受更大的压力。

收入端受疫情影响，供给侧加速出清，龙头受益。由新冠肺炎疫情带来的大规模影院关停、影片撤档将会加速 2020 年影院退出市场的步伐，尤其是原本在上座率、银幕产出等方面经营效率就相对比较低的三四线城市受影响会更加明显。

（四）《囧妈》转档不改播映格局，对电影产业链冲击有限

1. 《囧妈》网络首播打破行业稳局

2020 年 1 月 24 日，《囧妈》出品方欢喜传媒宣布终止《囧妈》保底发行协议，并与字节跳动达成合作，1 月 25 日（大年初一）0 点起在抖音、西瓜视频、今日头条、欢喜首映 4 个线上平台免费播出《囧妈》。

欢喜传媒与字节跳动的合作内容主要是：字节跳动以 6.3 亿元拿到《囧妈》的版权授权，超 6.3 亿元的部分，欢喜传媒可获若干比例分成；字节跳动为欢喜传煤首映平台导流；为欢喜传媒的影视项目提供宣传推广；欢喜传媒为字节跳动提供广告、推广和异业合作资源；欢喜传媒向字节跳动提供主控电影联合出品署名权；双方第一阶段合作后尽快落实第二阶段细节，并签署相关协议。

随后，一份署名“浙江电影行业 2 万名从业人员”的紧急联名发声率先在网络流出，声称“《囧妈》免费网络首播的行为”给全国影院带来重大损失。占据市场份额 80% 的放映机构向国家电影局市场处提交了《关于提请主管部门规范电影窗口期的紧急请示》，以表达对欢喜传媒和徐峥的不满。

2020 年春节期间《囧妈》实现 6 亿次播放，但《囧妈》的网络首播是多重因素叠加的营销产物：其一，受新冠肺炎疫情所迫，春节档 7 部影片于 1 月 23 日同时宣布撤档，观众的观影需求受到了限制。其二，迫于票房压力，1 月 20 日徐峥曾宣布将《囧妈》破例提档至大年三十，但根据 1 月 21 日晚预售情况，《囧妈》仅获得 3919 万元预售票房，远低于同期《唐人街探案 3》的 2.21 亿元预售票房，各项数据显示《囧妈》想收获 24 亿元保底票房具有较大压力。与头条合作的 6.3 亿元对价则基本覆盖了此前的保底收益，成为最好的选择；其三，在人们被疫情所困的这一至暗时刻，字节跳动“免费”请大众观看春节档大片的举动无疑引爆了大众对字节系产品的好感度。

考虑以上种种因素，长期内院线仍然会是头部影片上映的首选阵地。

2. 《囧妈》降维促动网络大电影发展

网络大电影这一概念最初于 2014 年由爱奇艺提出，其特点在于周期短、回本快。网络电影回款时间普遍以 1 年为期，头部网络电影的投资额度也不过在 1000 万元水平，相比院线电影来说，只能算是小成本电影（见图 10.14）。

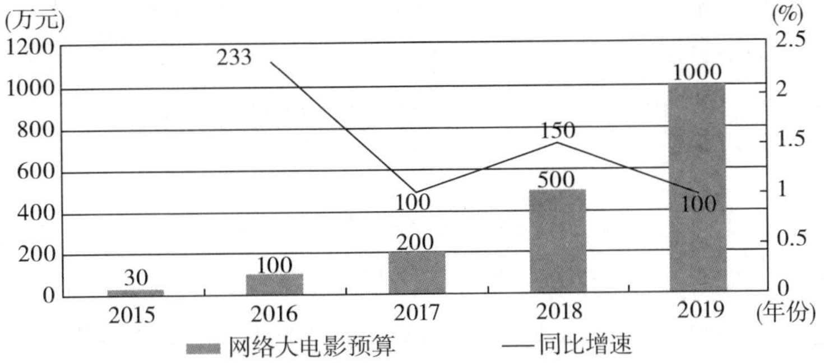

图 10.14　2015—2019 年网络大电影预算及同比增速

资料来源：新浪科技，东北证券。

从近年的情况来看，网络大电影正在撕掉粗制滥造的负面标签，发展模式从数量规模型向质量效能型转变，2019 年全网上线网络电影 789 部，同比下降 49%，投资成本达到 1000 万元的高达 18 部，整体盈利能力提升，近 40 部票房分账破 1000 万元，爱奇艺独播的《鬼吹灯之巫峡棺山》以 3470 万元的分账票房夺冠。2019 年网络电影呈现势出多元的特点，逐渐向主流靠近，并有出圈趋势，2019 年豆瓣评分 6 分及以上的网络电影有 12 部，其中《我的喜马拉雅》豆瓣评分高达 8 分，创网络电影历史最高分。

爱奇艺发布的《2019 网络电影行业报告》显示，虽然 2019 年网络电影的部均投资正在明显上升，但仅有 2% 的影片部均成本在 1000 万元以上，远低于《囧妈》3.5 亿元的制作成本，对于网络视频平台来说，采购此类影片的成本要远高于普通的网络电影（见图 10.15）。

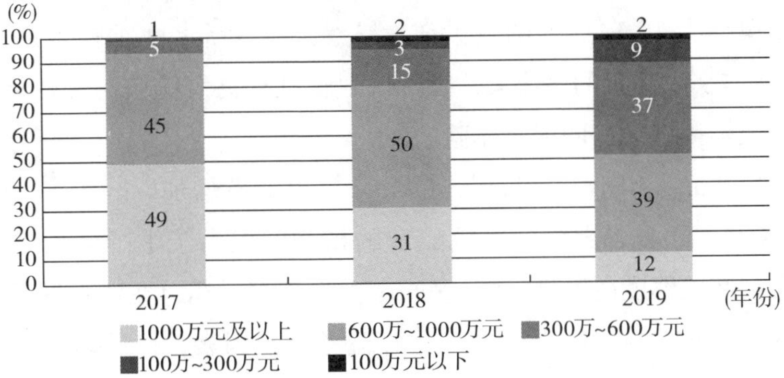

图 10.15　网络电影部均成本

资料来源：爱奇艺，云合数据，中原证券。

爱奇艺披露的报告显示，2019 年前三季度共亏损约 78.29 亿元，而在 2018 年仅其内容成本就达到了 211 亿元，在目前国内长视频平台内容成本高、长期普遍亏损的大环境下，大量采购院线级别电影的网络首播权从成本上难以持续。

因此，应该对电影全产业链的冲击保持乐观，因为网络电影这种生态业已存在良久，且电影院作为一种线下场景有其特有的价值。当下，关键的问题是“电影未上映之前目前难以定价或分成的问题”和“电影上映之后网络信息传播权的问题”。如果视频平台能和制片方谈定价格，则针对定制的电影，会失去院线上映的一环价值。院线电影上映之后，还是可以享受在视频平台等点播受益。所以，绝大院线电影还是会先走院线播放再上网络，但会有更多的网络电影出现，视频平台会部分分流掉院线影院的流量，优质影视内容及制作方会更受市场欢迎。

3. *短期来看视频网站难以对线下院线形成直接颠覆*

《囧妈》上线网络平台首播的流媒体模式对传统院线行业的冲击有限。在流媒体发展最成熟的美国，传统院线行业对流媒体一直持抵制态度，2018 年由 Netflix 出品制作的《罗马》在获得奥斯卡 10 项提名后，却遭到了美国两家主流院线 AMC 和 Regal 拒绝展映的抵制，给出的理由是 Netflix 的放映政策忽略了家庭影院上映和院线上映之间的窗口期。目前来看，以 Netflix 为代表的流媒体对院线产业的影响有限，近 10 年美国院线票房一直维持在 110 亿美元以上，并未因流媒体的介入而下滑（见图 10.16）。Netflix 投资的影片主要集中于高口碑的文艺片，如获得了奥斯卡最佳外语片的《罗马》，以及 2019 年投资的获奥斯卡 10 项提名的《爱尔兰人》、获奥斯卡 5 项提名的《婚姻故事》。大制作、大体量的商业大片在院线上映具有更大优势，因为相比家庭影院，院线能够提供更好的视听体验。

对优质作品影响不大，长尾作品分发渠道或有增加。近年来，佳作频出的 xNetflix 频遭欧美各大院线及电影节的抵制。但由于中国影视工业内容制作、观众观影成熟度尚不足，与 xNetflix 无法真正对标，在线观看无法获得影院观影的观影效果与头部影片最大化收益考虑等因素，优质影片选择院线上映趋势预期不会改变。但线上渠道为大量长尾影片提供了新的分发渠道，是院线渠道的补充。

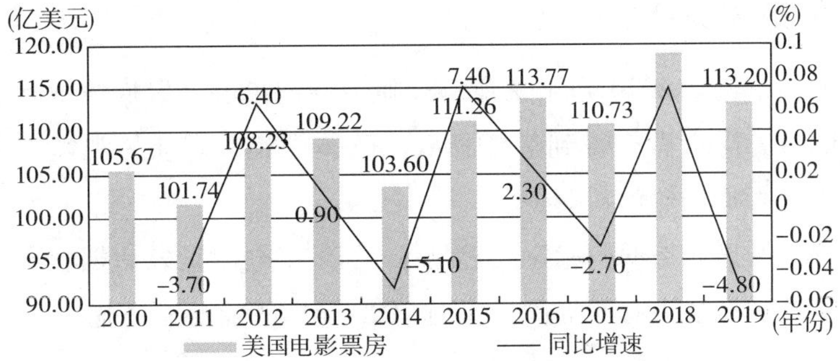

图 10.16　2010—2019 年美国电影票房及同比增速

资料来源：BoxOfficeMojo，东北证券。

电影院线独有的社交和场景属性，短期内难以被颠覆。虽然此次《囧妈》在互联网上首映给影院院线行业带来了很大的冲击，但是电影院的模式在短期内难以被颠覆，主要原因在于一方面电影院更有仪式感，具有独特的社交和场景属性，另一方面 3D/4K/120 帧等大制作成本的电影必须在院线播放才有经济效益，推动整体行业向更高的技术层次发展（见图 10.17）。

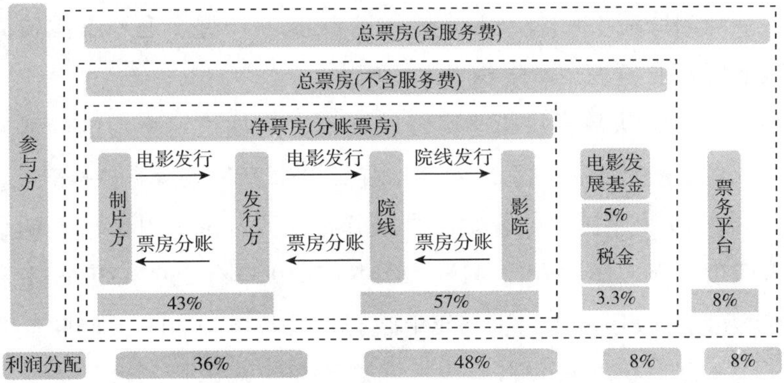

图 10.17　传统电影院线产业链利润分布示意图

资料来源：中泰证券研究所。

经过《囧妈》事件后，无论是观众线下观影选择还是院线排片都更加倾向于高视听体验（3D/IMAX/环幕）的影视内容；电影内容在院线端票房表现将更加两极分化——优质故事内容叠加新鲜视听体验效果，将继续在院线端创造新的票房纪录；而一些视听表现力较弱、故事情节的电影，则更难以在大银幕端获取高票房。

四、电影市场投资建议

尽管电影市场在2020开年受到新冠肺炎疫情影响，但疫情解除后，观众前期压制的观影需求有望得到集中释放。整体来说，观众的观影需求未达天花板，未来的影片仍然值得期待。

行业档期排播有望回归稳定。经历了2019年电影紧急撤档状况后，行业对撤档风险的防控能力有望提高，同时2020年监管有望常态化。

（一）2020年票房有望持续上涨，对卖品和广告业务产生积极影响

票房的增长速度需要取决于影片的供给情况，爆款影片的出现与否会对票房产生比较显著的影响。如果从渠道端来观察，在高票价的影响下，此前作为增量市场的三四线城市的驱动力开始慢慢减弱，而一二线城市的增长又相对稳定，因此如果三四线城市在未来无法再次实现高增长，那么票房增速的放缓或将难以避免。

在经历了2019年春节档票价上涨带来的观众流失之后，2020年影院将会更加谨慎地制定票价策略，在票价和观影人次上寻找能够实现利益最大化的平衡点，观众的回流不仅会提振影院的放映业务，对于毛利率比较高的卖品业务和映前广告业务也会产生积极的影响。

2020年，预计头部影片的票房开始展现出更加稳定集中的趋势，目前单影片的天花板不断被抬高，头部效应增强，腰部影片数量有待提升。

从2017—2019年国内电影票房量级分布来看，国内电影市场的金字塔形分布并未产生任何明显的变化痕迹，2017—2019年有250～330部电影的票房低于1000万元，数量占比超过每年上映影片总数量的60%～65%，其中还有上百部票房不足100万元的影片。头部影片和腰部影片的数量依然稀缺，考虑到头部影片存在着短期票房天花板及爆款的不可预期性，未来的电影市场还是需要大力提升腰部影片的数量占比才能够真正实现整体平稳健康增长。

（二）类型化电影促进电影产业化发展，体育片值得关注

多种类型电影有望破圈。2019年科幻、动画、悬疑等类型电影异军突起，《哪吒之魔童降世》实现近50亿元票房，春节档《流浪地球》开启了我国科幻电影的元年，《误杀》《调音师》等悬疑破案类电影也取得较好成绩。随着观众观影行为的成熟，原来的小众电影有望实现破圈，打开电影创作者的新

思路，扩充影片供给，解决供给结构性问题，另外，类型电影的发展本身可促进电影产业化，因为类型电影具有可复制、票房可预测的特点。

在内容方面，随着监管的常态化、类型片范围逐渐拓展，优质内容供给将持续增加，2020 年为体育大年，在观影情绪的推动下，有望诞生爆款体育片，在档期方面，受新冠肺炎疫情影响，春节档全军覆没，2020 年节假日调整后五一档成为票房大卖的档期，增加观影需求。

2020 年，电影口碑营销与投资值得重点关注。2019 年，口碑成就票房逐渐成为市场铁律。口碑成为票房成功至关重要的因素，不舍得在内容与制作上下硬功夫，而单纯想要通过大牌明星加盟收获市场的时代一去不复返了。优质明星精湛的演技是出片的重要保证，但剧情高完成度与走心的后期制作所建立起来的口碑才是推动电影票房走高的最重要因素。

（三）票务方面：看好猫眼作为市占率稳固的龙头

在票务方面，双寡头格局稳定，票补退坡成为常态，进入利润释放期。看好猫眼作为市占率稳固的票务龙头，运用平台化能力服务文娱产业链的发展潜力，而以映前广告为代表的营销业务或将带来新的增量。

目前电影市场呈现出淘票票与猫眼双寡头的格局，未来两者之间的竞争仍会长期存在。猫眼娱乐 19H1 平台票补控制在 3 亿元以内，好于此前市场预期，GAAP 归母净利润为 2. 57 亿元，NON - GAAP 归母净利润为 3. 8 亿元，全面扭亏，线上市占率仍保持绝对领先水平，印证猫眼平台具有明显的效率优势和用户黏性。随着平台票补逐渐减少，各项业务平稳发展，公司利润将得到持续释放，预计 2019—2021 年 GAAP 净利润分别为 4. 3 亿元、7. 0 亿元和 10. 2 亿元。

预计在 2020 年猫眼的领先优势将继续延续。2016 年以来在线购票渗透率持续提升，根据国家电影事业发展专项资金管理委员会办公室数据，2019 年 11 月 47 家院线在线售票占比平均值为 79. 19%，约八成消费者已形成稳定的在线购票习惯。各在线票务平台中，猫眼凭借资源和渠道优势持续保持行业领先地位。票务端服务费率同比提升，补贴退出转盈利。根据猫眼专业版 App 数据跟踪，2019 年全国总出票（线上 + 线下）数量为 17. 27 亿张（YOY +0. 52%），猫眼平台的出票数 8. 54 亿张（YOY +1. 6%），猫眼平台出票量占比同比提升了 0. 52 个百分点，至 49. 4%。

（四）渠道方面：院线竞争格局稳定，未来有望迎来单银幕产出拐点

在渠道方面，影院数量的扩张仍能带动部分观影需求。银幕和影院的增长速度继续高于票房增长速度成为大概率事件，影院的经营压力暂时难以得到明显改善，短期的供需不匹配情况预计将会持续，单银幕产出还会继续下滑，未来会有更多经营不善的影院关停或被并购，因此下游渠道的整合洗牌会越来越明显。

电影市场集中度提升，量级分化明显，影院这一分发渠道已经逐渐被头部电影把控，小量级影片受益较少。未来应继续关注大量级影片，预计持续获得较大收益。2019 年诞生了众多头部影视产品，显示了市场需求仍然强势，但是掩盖不住背后众多影视制作和发行公司的亏损和现金流短缺。电影行业延续了 2018 年开始的热钱退出、市场降温的趋势，大批无制作能力、仅依靠投资的公司退出行业，但在头部集中趋势下，有充足项目储备和正确战略方向的公司也取得了优秀业绩。此外，排片量成为电影票房的重要决定因素，电影市场有大量找不到合适的发行、播放渠道的囤积影片。市场话语权逐渐开始下移，影院排片空间成为稀缺资源。

因此，在上游制作端，具有优质项目资源和头部作品制作能力的公司将能抵御影视寒冬，并且受益于头部集中的趋势，有望产生国民性或圈层性的爆款，其次有优秀融资能力和良好现金流量的公司能够在行业底部布局，将具备更多的业绩弹性。

在下游院线端，院线已经到了扩张末期，行业竞争激烈，上座率和单银幕产出持续下降，但目前能够看到上座率降幅已经收窄，低线城市更为明显。2019 年国家放开院线申请资质，导致进入门槛降低，竞争加剧。根据艺恩数据，2019 年前 5 名院线公司票房占比达 45.6%，相较于 2018 年占比 46% 而言，略有下滑。但 2019 年的影院数量及银幕数量占比都有不同程度的增加，头部效应进一步提升。影投公司方面，影院建设扩张背景下，预计影投公司竞争激烈的局面将继续维持。在未来 1 ~2 年有望迎来单银幕产出的拐点，产业出清过程中将持续利好有优秀选址和运营能力的头部影投公司。

（五）具体投资建议

对于内容类公司，短期来看，建议关注相关电影上线带来的交易性机会；

长期来看，建议关注有望构建强竞争壁垒、摆脱项目制业绩波动的潜在平台型公司。建议重点关注在线票务龙头，携手腾讯以数据赋能建设全娱乐平台的猫眼娱乐，布局三四线城市的横店影视；建议关注国内全产业链布局、现金流良好、电影发行绝对龙头的中国电影，以及动漫产业链布局丰富，动画电影的制作、宣发优势持续被验证的光线传媒。对于院线类公司，考虑到影院建设存在一定惯性，预计单银幕产出拐点仍需等待，关注前期调整较多的院线公司万达电影。设备方面，建议关注影院设备提供商、巨幕领先品牌IMAXCHINA。

第十一章　中国游戏产业投资报告

陈京炜　陈耀宗[①]

一、游戏产业概况

（一）中国游戏产业稳健发展

2019 年，中国游戏市场实际销售收入 2308.8 亿元，同比 2018 年增长 164.4 亿元，增长率 7.7%，较 2018 年 5.3% 的增长率有所提高，行业发展逐渐回暖。

在细分市场中，移动游戏市场实际销售收入 1581.1 亿元，占比 68.5%；客户端游戏市场实际收入 615.1 亿元，占比 26.6%；网页游戏市场实际销售收入 98.7 亿元，占比 4.3%[②]。客户端和网页游戏市场继续萎缩，实际销售收入和市场占比下降明显，反观移动端，由于设备易携带成为休闲的首选，实际收入和收入增长率都较 2018 年有所增长，并且随着通信技术和硬件设施的发展，将有更稳定的市场上升空间。

VR 和 AR 游戏仍处于市场培育阶段，由于硬件原因，市场实际收入及用户规模依旧处于较低水平，但随着相关技术的成熟，仍具有发展潜力。

（二）电竞发展迅速

中国电竞游戏市场收入从 2018 年的 834.4 亿元增长至 2019 年的 947.3 亿元，增加 112.9 亿元，同比增长 13.5%。受游戏市场影响，客户端电竞市场呈逐步下降状态，移动端电竞市场保持较高速增长。其中，由于游戏操作、

---

① 陈京炜，中国传媒大学动画与数字艺术学院副院长，副教授；陈耀宗，中国传媒大学动画与数字艺术学院游戏设计系。

② 前两段数据来源于由中国音数协游戏工委（China Phonetic Digital Game Association Working Comittee，GPC）和国际数据公司（International Data Corporation，IDC）发布的《2019 年游戏产业报告》。

观赏性及团队合作因素，电竞游戏产品中以多人在线战术竞技游戏（Multiplayer Online Battle Arena，MOBA）、角色扮演、射击类为主，占比超过七成。

随着电竞行业的发展，中国电子竞技用户逐渐增多，2019 年已达到 4.4 亿人，然而用户数量增长率正逐步下降，行业逐渐由爆发期转向沉稳发展，由以往依靠用户人口红利推动产业发展，正逐渐转变为挖掘现有用户潜力的发展方式。

（三）海外市场呈精品化趋势

2019 年中国自主研发游戏海外市场实际销售收入为 115.9 亿美元，增长率为 21.0%，海外市场增速高于国内市场。在海外市场实际销售收入地区分布中，美国的收入占比达到 30.9%，日本的收入占比达到 22.4%，韩国的收入占比为 14.3%。美国、日本、韩国三国占比达到 67.6%，已成为中国游戏公司“出海”的重要地区。

在韩国移动游戏畅销榜前 100 名中，有 30 款游戏来自中国；在日本，《荒野行动》上线两年依然保持在 iOS 应用商场畅销榜前 5 名。中国游戏公司“出海”作品注重与当地文化相结合，好评不断，精品化趋势明显。

二、投资环境分析

2018 年，由于机构改革，游戏审批工作进度受到影响，游戏行业面临洗牌与发展的双重挑战；到 2019 年，国家开始完善政策规范，地方政府也结合自身定位，发布相关政策，投资环境稳步向好。

（一）国家完善相关政策规范，保证游戏产业稳步发展

1. 国家新闻出版署细化游戏审批要求

2019 年 4 月 10 日，国家新闻出版署组织各地方出版主管部门，召开全国游戏管理工作专题会议。明确游戏监管要求，提出新游戏版号审批要倾向精品游戏，审核效率会进一步提高。会议提出：组建全国网络游戏道德委员会；重新开展游戏审批工作；控制版号产品数量；研究完善相关制度；加强小程序游戏管理；实行责任编辑制度；突出创作引领；强化学习，防范风险。

2. 中国音像与数字出版协会制定游戏业“团体标准”

2019 年 10 月 17 日，在中共中央宣传部出版局的指导下，中国音像与数字出版协会在京召开了 2019 年第二批团体标准工作部署会，就 21 项团体标

准的制修订工作展开了部署讨论。其中，有几项标准涉及游戏行业，也是游戏行业第一批团体标准。这些标准分别是网络游戏术语、游戏企业内容自审流程规范、游戏适龄提示规范、家长监护平台规范、游戏音频设计流程规范、游戏版权侵权投诉处理规范、网络视听内容安全保障规范、电竞赛事通用授权规范。

3.《关于防止未成年人沉迷网络游戏的通知》

2019 年 11 月，国家新闻出版署正式下发《关于防止未成年人沉迷网络游戏的通知》，提出六方面举措，包含：实行网络游戏账号实名注册制度；严格控制未成年人使用网络游戏时段时长；规范向未成年人提供付费服务；切实加强行业监管；探索实施适龄提示制度；积极引导家长、学校等社会各界力量履行未成年人监护守护责任。

（二）地方政府结合自身定位，保障游戏产业适应性发展

1. 北京构建“一都五中心”网游发展格局

2019 年 4 月 19 日，北京市召开游戏出版工作座谈会。会议透露，北京将构建具有国际影响力的“网络游戏创新发展之都”和精品网络游戏研发中心、网络游戏新技术应用中心、游戏社会化推进中心、游戏理论研究中心、电子竞技产业品牌中心的“一都五中心”发展格局。

2. 海南推出“海六条”支持电竞产业发展

2019 年 6 月 20 日，海南省旅游和文化广电体育厅在 2019 全球电竞运动领袖峰会推出“海六条”，在资金、人才、税收、出入境、赛事审批和传播六个方面推动制定相应政策，以支持海南电竞产业发展。

（三）政策助力游戏产业进入发展快车道

在 2018 年机构改革以前，游戏行业监管部门尚不明确，在部委之间存在交叉管理现象，并且由于相关硬件及技术的发展，游戏行业自觉进入多个发展大潮，部分资本在注入时只注重利益而不注重维护整个行业长久发展，游戏产品质量良莠不齐。

由于面临游戏版号审批发放的问题，整个行业进入大重整大洗牌阶段。由于版号有限，部分中小型公司入不敷出，被迫关闭或调整发展方向；大公司也及时调整产品策略，将有限的版号用于精品。在淘汰一批粗制滥造和

“换皮”游戏之后，整个游戏市场进入精品化阶段，游戏质量逐渐提高。

以游戏艺术性为卖点的独立游戏，由于限制版号，也面临着巨大的机遇与挑战。一方面，由于大量劣质游戏无法上线，精品游戏也因为种种原因无法面世，部分玩家会转向独立游戏，此时能够抓住用户的转变，培养一批独立游戏玩家，为整个行业今后的发展打下基础；另一方面，头部公司逐渐将资源向精品化游戏倾斜，由于熟悉商业化游戏的制作和运营模式，无论是从游戏体验还是游戏画面上都能够保证质量，这将成为现阶段独立游戏需要面临的竞争挑战。

在2019年相关产业政策中，“规范化”成为关键词，无论是游戏出版的规范化，还是游戏制作、游戏内容的规范化，都给游戏制作者框定了一些范围。在这些范围中起舞，保证整个游戏行业的蓬勃发展，是如今乃至以后的主论调。

从整个行业监管的层面分析，这些文件正深入每个细节中。游戏行业经过近十年的蓬勃发展，出现了大量无法预料的情况亟待政策法规给予指导，行业相关政策处于边实践边完善、逐渐向好的阶段。这也使整个行业的发展都在极大程度上依赖于监管部门和游戏制作者的共同努力，在“放”与“收”之中找到各自的平衡点。

地方政府更重视属于整个游戏产业的商业发展潜力，其中以电竞产业为重点，正积极推出各种政策来保证本土游戏企业的发展。包含海南、上海、成都、杭州等省市级政府都出台相关政策，希望借助电竞行业的东风发展成为具有旗舰意义的“电竞城市”，这也使相关的游戏产业链都能够得到地方政策的扶持，加速发展。

然而目前电竞游戏类型较为单一，且市场主要被头部产品垄断，大多数游戏还未形成规模化。借助各地方的政策扶持与行业发展潜力，新兴游戏还需要提升自身质量和宣传，无论从游戏类型、用户受众还是参与形式上，都能形成真正意义上的“电竞行业矩阵”，保证整个产业的快速合理发展。

2019年，从中央到地方，都在加速整个游戏行业的规范化、快速化发展，保证游戏能够作为文化、经济发展的重要一极，游戏产业逐渐进入发展的快车道。

三、游戏产业大事

(一)行业投融资收并购大事及其分析

2019 年，国内与游戏相关投资事件发生 42 起，总金额达 74 亿美元，与 2018 年数据相比，投资数量减少 93 起，金额减少近 48 亿美元。[①] 就 2019 年公开的数据来看，在 2 月，昆仑万维斥资 22.75 亿元购买新余灿金所持有的闲徕互娱 35% 股权，该事件为 2019 年我国游戏行业投资额最大的事件。

在 2019 年发生的投资事件中，天使轮与 Pre－A 至 A＋轮的融资共有 16 起，还有 19 起是战略投资，另外 3 起则均是 Pre－B 以上的融资。资本在游戏产业的投资当中逐渐趋于理性，不再一味追求短时间内资本的反馈，将更有利于行业和相关公司的发展。

在游戏企业上市方面，斗鱼于 2019 年 7 月 17 日正式登陆美股纳斯达克，玩友时代、中手游、心动网络分别于同年 10 月 8 日、10 月 31 日、12 月 12 日在香港联交所挂牌上市。这几家企业登陆资本市场，均受到了广大投资者的关注，并引入了多个实力雄厚的基石投资者。

而近日，A 股游戏企业集中披露 2019 年业绩快报，其中近 7 成公司盈利，多家企业扭亏为盈、亏损降低，游戏市场整体回暖态势显现。其中 A 股最大游戏企业世纪华通 2019 年实现营收 151.1 亿元，净利润同比增长 89.49%，其 2019 年度营收、利润双双领跑 A 股游戏板。昆仑万维、电魂网络等数十家企业保持稳步增长；掌趣科技、天舟文化、游久游戏等 7 余家公司实现扭亏为盈；中文在线、天神娱乐等多家企业亏损降低。

在游戏版号审批恢复正常化，5G 项目落地等诸多利好消息的加持之下，游戏行业不断获得诸多行业和投资机构的看好，正稳步向上发展。

(二)大公司战略及其分析

2019 年的国内游戏市场依然由腾讯和网易领跑，紧随其后的第二梯队由三七互娱、世纪华通及完美世界等组成。除头部大厂以外，中型游戏公司均有较为突出的业务特点和竞争优势，整个行业呈现出强者恒强、中部激烈竞争的态势。

---

① 资料来源于桔子 IT，https://www.itjuzi.com/investevent.

1. 腾讯

2019年共有32款游戏过审，包括《和平精英》《雪鹰领主》《王牌战士》《家国梦》等，成为获得版号数量最多的厂商。腾讯2020年推出的游戏产品均有不俗表现，产品梯队充足，无论是免费榜还是付费榜，无论是以盈利为目的的商业游戏，还是以宣传文化为目的的轻度游戏，均能见到其身影。

2019年5月10日，腾讯举办了首届WeGame开发者大会，分享了WeGame平台的运营成绩，也就独立游戏制作方向提出建议，公布了面向国内游戏开发者的“WeGame翼计划”，致力于寻找优秀、有潜力的国产游戏开发团队，通过发行支持、投资引入等方式，帮助其打造下一个国产游戏精品。

2019年12月16日，国际电子竞技联合会（Global Esports Federation，GEF）在新加坡宣布成立，腾讯成为GEF全球首席创始合作伙伴，旗下的独立业务品牌腾讯电竞将承接与GEF合作中的战略合作推进事项。腾讯在整个电竞行业链条中的各个节点上均加大了参与和投入。

2. 网易

在网易公开的年报中，游戏业务2019年全年收入为464.2亿元，同比增长16%，占全年营收的78.4%，包括《梦幻西游三维版》在内的一系列新手游与《梦幻西游》《阴阳师》等长线运营的游戏，为网易的游戏业务增长提供了不小的助力。2020年网易海外游戏收入占比首次超过10%。

2019年7月16日，网易游戏宣布对加拿大最大的独立游戏开发商Behaviour Interactive Inc. 进行少数股权投资。结合网易游戏在2014年成立的网易游戏学院，其在独立游戏领域的投资布局正全面展开。一方面同优秀的独立游戏公司合作，保证精品产生；另一方面大力扶持原创作者，保证独立游戏在创作和发行上的渠道通畅。2019年，其发行具有浓厚的中国色彩的独立游戏《青璃》，代理发行陈星汉团队获TGA“最佳移动游戏”奖提名的独立游戏《光·遇》。

3. 三七互娱

2019年8月14日，中国互联网协会、工业和信息化部网络安全产业发展中心（工业和信息化部信息中心）联合发布了2019年中国互联网企业100强榜单，其中三七互娱登顶纯游戏公司排行，在总榜单中排名第23。2019年公布的公司年报中显示，其营业总收入为132.26亿元，同比增长73.28%；归属于上市公司股东的净利润为21.44亿元，较2018年增长112.58%，三七互娱正式进入“百亿阵营”。移动游戏业务的持续高速增长是三七互娱本期收入及利润增长的主要驱动力，包含《斗罗大陆H5》、《一刀传世》等多款新游，以及《永恒纪元》《大天使之剑H5》等老产品，都为三七互娱全年营收增长做出巨大贡献。

三七互娱发力得益于IP类游戏的制作与创新、自研非动作角色扮演类游戏（Action Role Playing Game，ARPG）、利用AI精准化投放等方法。其符合市场潮流、了解玩家心态、精品化的游戏制作策略，有巨大的市场和潜力。

4. 世纪华通

2014年，世纪华通通过收购上海天游软件有限公司100%股权及无锡七酷网络科技有限公司100%股权尝试转型，正式踏足网游领域。2019年6月，世纪华通斥巨资298亿元收购盛跃网络100%股权，至此，世纪华通进一步完善了国内游戏全产业链的布局。作为A股最大游戏企业，世纪华通2019年实现营收151.1亿元，净利润同比增长89.49%，领跑A股游戏企业。

世纪华通旗下包含盛大游戏、天游、七酷、点点等多家企业，具有研发自主的特点，手游、页游、端游多方开展业务，并且积极打造海外业务，加速全球化布局。在版号审批逐渐正常化的现在，世纪华通用“创新+出海”的做法，正全力加速发展。

（三）新兴公司发展策略分析

1. 字节跳动

2019年，作为抖音和今日头条的母公司，字节跳动加速在游戏领域的布局，将游戏业务分为两个重点板块：一个是商业化部门负责的超休闲游戏，另一个为由严授兼管的独家代理和自研游戏。

拥有庞大流量入口的短视频是最适合小游戏和休闲游戏发行和铺量的场景，字节跳动抓住这一特色，积极将流量引入游戏口，利用轻度游戏将短视频用户转化为游戏玩家，并且从轻度游戏入手，逐渐培养和发行中度、重度游戏，利用自身旗下现有的产品矩阵培养并保留忠实的游戏玩家，等到发展逐渐完善之后，又能够将游戏类产品纳入产品矩阵中，反向吸引游戏用户成为短视频用户或者其他类型用户，完成流量的转换与引导，保证“字节系”产品能够拥有巨大的用户流量和用户黏性。

借助海外版抖音 TikTok 所积累的外国用户量，字节跳动因地制宜，采取方法进行宣传引导，将外网短视频流量转化为游戏流量，以此展开海外市场布局。由于有相关 App 先行，字节跳动能够在已有的流量入口内宣传及转化，这也是其他游戏厂商不具备的优势。

字节跳动这样的资本巨头进入游戏行业，不仅会使中小型企业有巨大的竞争压力，还会抢占头部企业市场。现有的游戏行业格局，或许会迎来一次巨大的洗牌。

2. 玩友时代

2019 年 10 月 8 日，玩友时代正式在港交所挂牌，定价 1.52 ~ 1.96 港元。玩友时代主攻女性向手游用户，出品游戏积极挖掘女性用户的消费潜能，拓宽女性向游戏的市场边界。在巨头恒强的当下，企业抓住自身定位，专攻一类游戏目标用户，深入挖掘其消费潜能，也许是最行之有效的一种方法。

四、投资前景展望

（一）独立游戏商业转化率

2018 年是中国独立游戏精彩的一年，逐渐培养起用户的付费习惯。2019 年却再难产生类似的百万级别爆款游戏，多数独立游戏似乎重回叫好不叫座的状况，商业转化率不足。

独立游戏虽然重视游戏性，减少了在商业化上的设置，然而一味地付出又没有资金的回报，对于任何开发者来说都是不可取的。只有保障资本的循环，才能保证持续性的开发，保证团队的创作活力。

独立游戏获取收入的方式主要包括买断制、内购制、商业广告制等。此外，付费订阅模式也逐渐在国内流行起来，玩家通过付费获取一段时间内的使用权限。对于游戏开发者本身来说，增强游戏黏性，获得游戏用户更多的使用时间成为游戏成功的关键。也有独立游戏会采用混合制的模式，依据游戏特点设置多种商业化的模式，使收益最大化。

随着版号限制，越来越多的大公司希望能够在独立游戏领域施展拳脚，这促使小团队必须紧跟步伐、提升开发的游戏质量才能在市场中获得资源。但并不是所有独立游戏都能找到很好的商业化的点，并且面对游戏商业转换率和游戏质量的双重要求，每个游戏制作团队都必须拿出比以往更加优质化的设计，才能站稳脚跟，长久发展。

（二）“游戏分级”带来的影响

2019年6月26日，人民网联合腾讯、网易、完美时空等国内头部游戏厂商，共同发起了《游戏适龄提示倡议》（以下简称《倡议》），在起草的游戏内容中，将游戏玩家分为四个年龄层，分别为18+、16+、12+、6+四级。年龄低于6岁的儿童人群，《倡议》表示不建议单独进行游戏。该文件中较为详细地规定了不同年龄层游戏中不应该出现的游戏内容，整体以“黑名单”的方式进行列举，颇有“游戏分级”的意味。

而对于“游戏分级”，在国内呼声已久，《倡议》虽然内容较为详细，且有游戏公司参与响应，但仍非法律文件，对行业并没有强约束性，但或许会成为中国分级制度的第一步。

作为游戏分级最主要“管制人员”的未成年人容易沉迷于游戏，这向来是社会关注的一个大问题，主管部门在2019年多次发布防止未成年人沉迷游戏的相关通知，还积极联系企业，希望从技术上找到更好的防沉迷办法。同时，游戏内容素来也被监管人及社会诟病：一方面，多数面向成年人的游戏主题及内容对于未成年人群来说是限制性元素；另一方面，未成年人在文化作品的选择中，存在“不主动选择符合年龄层次的作品，而尝试更多具有‘刺激性’的内容”的取向。因此，真正施行游戏分级还需要全社会的共同努力。

游戏制作者在游戏项目启动之初会设定好目标用户群体，除了专门的儿童向游戏或者教育类游戏，他们在多数商业项目上还是会选择利润优先，从而优先考虑具有自主消费能力的成年人，因此在内容制作上便会偏向成年人的取向。在游戏制作完成之后的审批流程中，主管部门在审批相关限制性内容的同时，也会考量其在大多数未成年人中的影响，因此对于游戏公司来说，以往可能是摸着石头过河，在未知底线的情况下尽可能满足成年玩家又避开未成年人的内容红线。在游戏分级真正成形之后，能够明确各级作品内容尺度并完成创作，对于游戏作品的精准精品化和对于游戏受众的接受度都能够有很大的帮助。

《倡议》中少有提及连接游戏制作者和游戏玩家的发行公司，其大多不受开发商控制，但在实际执行中具有重要地位。《倡议》提出后，从制作者到发行公司再到玩家，全都只依靠道德约束完成操作，但每个环节仍需进一步严格界定。如未来制定和颁布相关法律法规，对于发行商来说，需要制定更为严格的销售验证与行业标准，规范所有发行渠道，实现分级销售。

游戏分级在国外已经实施，并且能够取得一定效果，而中国有六亿多的游戏用户，考虑到巨大游戏用户群体带来的监管和实施难度，需要制定更加精准的政策。对游戏制作方、发行方来说，都需要在新的规则下找准自己的位置，抓住政策的东风，充分创新实践，必能获得更大的利益。

（三）创业环境分析

1. 行业“大洗牌”持续

在整个2019年，累计有1570款游戏通过审批获得了版号，而这个数据不到2017年的1/8，这意味着创业团队开发商业游戏拿到版号并上线运营的概率将更低。天眼查数据显示，2019年全国选择主动注销的游戏企业有15987家，较2018年明显增多。

整个游戏行业正面临“大洗牌”。有王牌游戏在手的厂商还能够依靠以往的业绩和用户支撑，而部分依旧坚持的团队转而开发独立游戏或者开发海外市场，上线Steam等平台也有出路。至于大部分在游戏行业创新能力不足、依靠用户红利获得利润的企业，只能够选择离场。

行业正在进行自我清理，符合市场潮流的游戏能够在玩家中口口相传，而低品质游戏则越来越难以获得市场青睐，整个游戏市场正走向精品化阶段，作品质量正在稳步上升。

2. “小团队”依靠“大公司”

独立游戏之于商业游戏，有其独特的价值。独立游戏重视游戏体验，在产生之初便被制作者给予厚望。2019年国内的独立游戏团队中，有76%由3人或3人以下组成。开发者往往身兼数职，包揽程序、美术、策划等工作，制作周期短则数月，长则数年，整个过程需要由团队保障前期的一切支出，而等到游戏真正面世，是否能够有足够的回馈还是未知数。

“小团队”在“大公司”的扶持下进行研发和运营，是独立游戏发展的双赢模式。对于小团队来说，可以投入更多的精力在前期游戏开发本身，而非思考之后的发行和运营；对于大公司来说，也许能获得更多独立游戏玩家的进入，假使扶持到了爆款独立游戏，更能获得巨大的收益。

(四) 国际趋势

1. 国际端游分发平台 Steam

2019 年，Steam 全体玩家在这个游戏平台上的游玩时间总计超过 200 亿小时，平台的平均月活用户达 9500 万。这一年共有 8290 款新游戏登陆 Steam，这也是历年来新作最多的一年，然而对比往年数据，增速正在明显减缓，今后可能进入缓慢增长期甚至下滑期。

2019 年，Steam 年度最佳游戏由《只狼：影逝二度》摘得，在 2019 年度国区最畅销游戏榜单中，最高的铂金级别包含《Dota 2》《上古卷轴 Online》《CS：GO》《全面战争：三国》《命运 2》《彩虹六号》等已发售多年的游戏，这些经典游戏时至今日依然具有很高的商业价值。

Steam 平台在 2019 年也面临潜在危机。Epic 平台在 2020 年逐渐崛起，通过独占及折扣的方式抢占用户，《无主之地 3》《荒野大镖客 2》等下半年的大作都由 Epic 限时独占，对于玩家有极大的吸引力。虽然现在还处于龙头老大的地位，但是 Steam 并非一直能够高枕无忧，面对迅速变化的游戏市场，Steam 还需要采取更多方式留住用户。

2. 独立游戏节：IGF

IGF 全称为“Independent Games Festival”（独立游戏节），堪称独立游戏发展的风向标。IGF 的目的是鼓励游戏开发创新，发掘最出色的独立游戏，为独立游戏喝彩。参与比赛并获奖的游戏能够代表独立游戏开发者的创意与设计能力，对所有开发者都具有鼓舞性。

2019 年，《奥伯拉·丁的回归》（Return of the ObraDinn）获得最重要的独立游戏大奖和最佳叙事奖，将色彩与镜像反射结合的“Mirror Drop”获得最佳视觉奖，用音乐加深恐怖氛围的“Paratopic”获得最佳音效奖，获得最佳设计奖是开放式解谜游戏“Opus Magnum”，获得创新奖的为网页游戏“Black Room”，最佳学生作品奖由一款关于性侵犯和边缘人格障碍主题的全动态视频公益游戏“after HOURS”获得。

(五) 电竞发展对游戏产业可能产生的影响

2019 年，中国电竞游戏市场收入从 2018 年的 834.4 亿元增长至 947.3 亿元，增加 112.9 亿元，同比增长 13.5%，电竞用户规模达到 4.4 亿人，用户增长率降为3.9%。

2019年4月3日，人力资源社会保障部、国家市场监督管理总局、统计局联合发布13个新职业信息，电竞运营师和电竞员成为官方认定的职业，而且上海、北京、杭州、成都、海南等省市都在2019年出台相关文件，着力将本地打造为“电竞之都”，希望将电竞变成本地的一张名片。从中央到地方，对于电竞这一近几年逐渐流行并且产生巨大经济效益和具有经济潜力的行业都予以重任，希望以电竞为突破口，拉动相关经济的增长。

电竞产业链条包含内容生产、监管部门、赛事执行、内容制作、内容传播、赛事参与和电竞衍生等多个部分，整个电竞行业是一条牵扯到多方面的产业链。对于游戏产业来说，电竞激发的电竞游戏开发运营将带来新的挑战。

一方面，符合市场条件的电竞游戏模式较为集中，如今传播度较广的主要为对战类项目，包括射击类的《反恐精英》等，即时战略类的《魔兽争霸3》等，MOBA类的《英雄联盟》等。游戏制作者们通常需要建立一个符合常识的世界观，并且在游戏中添加相应属性内容，让玩家适应游戏。

这些类型的游戏在基本框架内都是相似的，玩家正确领会到游戏制作者的意图之后，只需要完成游戏中的角色动机，因而会产生较多相同类型的游戏。它们可能只是在某个机制细节上做出一些改变，玩家并不需要进行深度的学习。在市场上同质化游戏较多的情况下，宣传渠道和流量入口将成为制胜因素，因为国内游戏行业呈现出头部企业位置难以撼动的局面，倘若部分游戏公司只追逐同类型游戏，便可能难以形成玩家规模，在玩家数量不足时，更不能以此举办比赛，形成系统的游戏电竞链。

另一方面，一些轻度游戏如《球球大作战》等也曾举办过比赛，这类并非以深度玩家为主的休闲类游戏，也有属于自己的职业联赛。寻找游戏中的对抗点，并以此作为游戏的核心机制和宣传点，也能另辟蹊径产生新的电竞项目。中国的电竞用户已经达到4.4亿人，从游戏制作层面出发，不一定要去抢占已有的电竞游戏用户，也可以发掘新的用户群体，量身制作相应的类型游戏。

目前整个电竞行业都处于急速增长阶段，各个环节均未形成专业化及彻底的产业化，作为整个电竞产业链的上游，电竞游戏开发应思虑周全，在平衡游戏性和商业性的同时，还应该从游戏立项起，就考虑到今后在衍生品开发、游戏赞助引入、赛事观众观感设计等方面的投入，从起点助力整个链条的持久发展。

保持对现有电竞游戏的投入，逐步将入门级别的电竞用户培养为深度用户；加大对新模式、新游戏的探索，找寻下一个电竞游戏爆款；启用精准的调查，拉入并培养更多潜在的电竞用户，培养用户的消费习惯和消费能力。这些将是在电竞逐渐受到政府重视，被大多数人接受并认同的情况下，作为电竞内容提供者的游戏制作者们需要做的事情。

（六）《健身环大冒险》意外爆红

2020年年初，新冠肺炎疫情形势严峻。正值春节假期，为切断病毒传播途径，全国人民自觉居家隔离，而此时《健身环大冒险》（Ring Fit Adventure）这款在2019年10月发售的主打健身的游戏再次火爆。《健身环大冒险》从发行时79.99美元的售价，一度被炒到超过2000元人民币，价格已经翻了几倍。

早在游戏发行之初，许多游戏主播就曾直播过这个游戏，起到了一定的宣传作用。疫情在带动游戏、直播等经济内容之时，使“宅”文化再次被热烈讨论。游戏的目标用户群体除了部分“宅男”，还包括在工作之后并没有时间前往专门健身场所的年轻女性。将游戏化的体验带入健身中，大部分人会因为游戏中收集金币等乐趣而减缓健身的劳累，也会看到勾起玩家的胜负欲的及时反馈的运动数据，在健身和游戏两个方面做了很好的平衡。

一直以来，体感游戏由于外设的限制，使用户的进入门槛相对较高，多数玩家体验较少。《健身环大冒险》的现象级火爆，通过明星、主播等的自发宣传是否能够获得更多的潜在用户，逐渐打开这一类游戏的入口仍待观望。游戏厂商可考虑提供更多具有吸引力的游戏，完善更多的内容供玩家选择，配合深入的宣传推广，培养用户家庭游戏的氛围与游玩习惯。优秀的游戏加上环境的机遇，便能够创造爆款，而无数爆款游戏和日常的游戏一起，有望使此类游戏常态化发展，拓展新的发展空间。

第十二章　中国书店零售业投资报告

潘佳宝①

2019 年，图书产业整体仍保持较快增长，增速在新闻出版产业中名列第一；图书零售市场继续保持两位数的快速增长，总规模首次超过 1000 亿元。其中，网店渠道的码洋占比达到了 70%，可以看作是自 2016 年网店码洋首次超过实体店之后线上图书零售的又一个里程碑，而随着亚马逊退出中国纸质书市场，国内线上图书零售的市场格局也发生了变化。在实体书店的发展方面，以民营书店为代表的品牌连锁书店依然保持一定的开店热度，渔书、樊登的新开店速度均在 100 家以上。这一年度与书店零售业相关的投融资活动仍不活跃，主要集中在图书租赁和二手书交易平台两个方面。

对于未来图书零售业的发展趋势，笔者认为，基于我国居民的阅读习惯，我国居民对于图书阅读依然有较为稳定的需求，但需要继续观察读者阅读媒介偏好的变化，特别是未成年人阅读习惯的变化。2020 年年初的新冠肺炎疫情也迫使实体书店思考如何有效地将互联网思维和技术落地、促使线上和线下融合。

本章主要内容安排如下：第一部分梳理了 2019 年中国书店零售业发展面临的整体环境变化；第二部分从图书产业整体、图书零售市场、实体书店发展状况等方面对书店零售业进行分析；第三部分介绍了 2019 年书店行业的投融资状况；第四部分则重点针对新冠肺炎疫情给实体书店带来的压力，讨论 2020 年中国书店零售业的发展趋势。

---

① 潘佳宝，中国人民大学传媒经济学博士，中央财经大学文化与传媒学院讲师。主要研究方向为传媒经济、健康传播。

一、2019 年中国书店零售业发展环境

（一）经济持续发展，人均收入增长，推动书店零售业进一步发展

2019 年，我国经济发展总体平稳：全年国内生产总值超99 亿元，比2018 年增长6.1%，其中，第三产业增加值超过53 亿元，年度增长率为6.9%，占国内生产总值的比重为53.9%。与此同时，居民人均收入持续增长，2019 年居民平均收入达到30733 元，增速为8.9%，剔除价格因素之后的实际增速为5.8%。经济的持续发展和人均可支配收入的增长推动了居民消费结构的升级；2019 年，我国居民人均消费支出为21559 元，比2018 年名义增长8.6%，扣除价格因素后实际增长5.5%，其中人均教育文化娱乐消费支出为2513 元，占人均消费支出的比重为11.7%，比2018 年提高了0.5%。

随着消费结构升级、居民收入增加，我国居民阅读书籍的习惯逐渐养成。根据第十六次全国国民阅读调查，2018 年我国成年国民包括书报刊和数字出版物在内的各种媒介的综合阅读率为80.8%，较2017 年提高了0.5%；图书阅读率为59.0%，与2017 年基本持平，其中人均纸质图书阅读量为4.67 本，与2017 年的4.66 本基本持平；人均电子书阅读量为3.32 本，比2017 年增加0.20 本。12.3%的国民平均每天阅读1 小时以上图书，11.5%的国民全年纸质图书阅读量在10 本以上，7.1%的国民年均电子书阅读量在10 本以上。

得益于上述推动因素，2019 年我国书店零售业进一步发展。根据北京开卷信息技术有限公司公布的数据，2019 年中国图书零售市场码洋规模达1022.7 亿元，同比增长14.4%。

（二）政策继续扶持实体书店，促进书店零售业发展

2019 年，我国政府延续了对出版业和实体书店的扶持，为我国书店零售业发展创造了稳定的政策环境。

2019 年，全民阅读继续推进：2019 年3 月，李克强总理在政府工作报告中提出“倡导全民阅读，推进学习型社会建设”。这是自2014 年起，全民阅读第6 次被写入政府工作报告；2019 年8 月，习近平总书记在考察读者出版集团有限公司时提出，要提倡多读书、建设书香社会。

在推动实体书店发展方面，2016 年出台的《关于支持实体书店发展的指导意见》中确定了以2020 年作为时间节点的目标——“基本建立以大城市为

中心、中小城市相配套、乡镇网点为延伸、贯通城乡的实体书店建设体系”，各地在2019年也通过相关政策扶持实体书店发展。以北京市为例，2019年度北京实体书店项目共扶持了239家书店，其中重点扶持特色书店85家、最美书店10家及最具影响力书店2家，扶持资金近1亿元，并对14家24小时书店给予专项补贴。截至2019年9月底，北京实体书店增加了285家，同比增长28.1%①。

此外，2019年，乡村振兴战略政策的实施也催生了不少“乡村书店”。以河北省为例，2018年新华书店系统在河北乡镇以下的书店只有不到10家，而2019年10月已经超过了100家。2019年7月，教育部提出的“各高校应至少有一所图书经营品种、规模与本校特点相适应的校园实体书店”及“高校要积极提供便利条件，从场地租金、水电费等日常运营费用方面对校园实体书店给予必要的减免优惠”② 等政策，也扶持了高校书店的发展。虽然2019年图书行业依然面临如书号政策收紧等不利因素，但整体上图书行业依然保持了平稳发展。

二、2019年中国书店零售业发展现状

（一）图书产业保持增长，增速在新闻出版产业中名列第一

根据2019年国家新闻出版署发布的《2018年新闻出版产业分析报告》，2018年我国新闻出版产业规模平稳增长，全国出版、印刷和发行服务实现营业收入18687.5亿元，较2017年增长3.1%。其中，图书出版实现营业收入937.3亿元、利润总额为141.3亿元，同比分别增长6.6%和2.8%，增速在8个产业类别中名列第一。2018年，新版图书品种持续下降，全年共出版新版图书24.7万种，较2017年下降3.1%；同时，新版图书的印数大幅回升，总印数达25.2亿册（张），增长10.7%。与新书相比，重印图书品种与印数均保持较快增长，2018年重印图书数量为27.2万种，增长5.7%，在品种上继续超过新版图书；总印数达100.1亿册（张），增长8.3%。另外，2017年全国出版物发行实现营业收入3116.3亿元，降低2.0%；利润总额达250.7亿

① 施芳．北京239家实体书店获近亿扶持金[N]．人民日报，2019－11－25(12)．

② 教育部．教育部办公厅关于进一步支持高校校园实体书店发展的指导意见[EB/OL]．[2019－07－18]．http://www.moe.gov.cn/srcsite/A03/moe_1892/moe_630/201907/t20190724_392124.html.

元，降低 11.5%。全年共有 17.2 万处出版物发行网点，较 2017 年增长5.4%。

2018 年，我国版权贸易逆差有所减少，全国共输出版权 12778 项，输出出版物版权 11830 项，其中包括图书版权 10873 项，图书版权输出较 2017 年增长 1.9%。2018 年全年共引进版权 16829 项，其中引进出版物版权 16602 项，包括图书版权 16071 项。

另外，根据中国出版协会发布的《2019 年度中国出版业发展报告》，2019 年 561 家出版单位共申报各类图书选题 22.80 万种，比 2018 年的 23.50 万种同比减少了约 3.0%①。

（二）图书零售市场突破千亿并继续保持两位数增长，网店销售占七成

根据北京开卷信息技术有限公司（以下简称“开卷”）发布的《2019 中国图书零售市场报告》，2019 年中国图书零售市场码洋规模达到 1022.7 亿元，同比增长 14.4%。这是我国图书零售市场码洋规模首次超过 1000 亿元，同时自 2014 年以来连续 6 年保持两位数的增长速度，标志着图书零售行业有了一定的规模和地位。

从整个市场渠道来看，实体书店的码洋规模持续下降，而网络渠道继续保持20%以上的增长速度，如图 12.1 所示，2019 年，我国实体书店码洋规模达 308 亿元，同比下降 4.24%，降幅较 2018 年有所减缓；网络书店码洋规模达 715 亿元，同比增长 24.9%，依然保持 20% 以上的增长速度，并且和 2018 年 24.7% 的增速相比有小幅微增。2019 年全年，网店渠道的码洋占比达到了七成，这是自 2016 年网店码洋规模首次超越实体店之后的又一个里程碑。网店渠道的销售规模上升在某种程度上与其折扣力度相关：根据开卷的统计，2019 年网店渠道的折扣为 5.9 折，而线下实体书店的折扣力度仅为 8.9 折。

从新书和旧书的销售数据来看，根据开卷的统计，2019 年我国新书品种数为 19.4 万种，受我国书号审核政策趋严的影响，这是自 2017 年后我国新书品类连续第三年下降。虽然新书品类减少，但是定价保持上升，2019 年中

---

① 中国新闻出版研究院课题组. 2019 年度中国出版业发展报告发布[N]. 中华读书报, 2020－08－19(6).

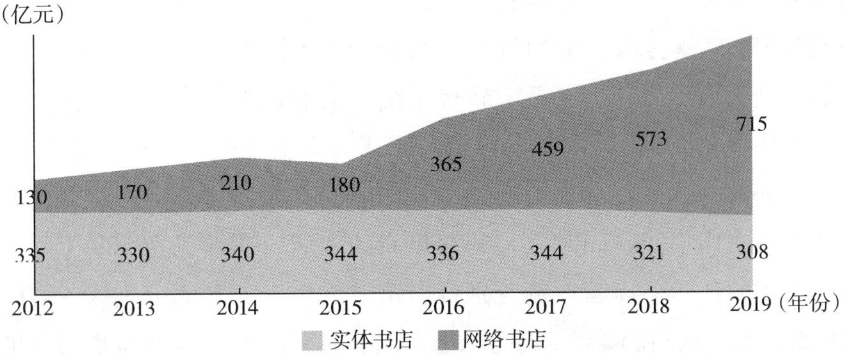

图 12.1　2012—2019 年我国网络书店和实体书店的销售额

资料来源：北京开卷信息技术有限公司，《2019 中国图书零售市场报告》。

国新书定价中位数从 2018 年的 40 元提升至 45 元。同时，根据京东图书与艾瑞咨询发布的年度报告，2019 年我国新书的成交额也有所提升，新书成交额占比 14.8%，每个新品成交额同比 2018 年增长超过了 30%。

从不同内容类别的图书来看，少儿文教类图书依然是图书零售市场增长的主力：根据京东大数据，2017—2019 年，我国纸质书成交额领先的种类一直是文教、少儿和文学三类，其中文教书和少儿书在 2019 年的成交额依旧保持上升趋势，文学书则有所下降。在文教类书籍中，2019 年中小学课外读物的成交额同比增速接近 50%，少儿书类别中，成交额增速最快的是科普/百科类书籍，增速近 40%①。

（三）实体书店依旧保持开店速度，网络渠道格局发生变化

虽然实体书店的码洋规模依然在下降，但降幅有所减缓。根据百道新出版研究院对 23 家新华系统的集团书店及 64 家非新华系统品牌连锁书店的调查数据，在填报了营业额数据的新华书店与非新华书店中，2019 年 1～10 月新华书店的平均营业额为 164790.7 万元，其中图书销售额为 36156.0 万元，平均利润为 17621.6 万元，平均门店数为 252 家，平均面积达 135182.1 平方米，平均员工人数为 2268.6 人。这 23 家新华书店集团共有万米以上大书城 33 个，购物中心店 180 个，乡村书店 1649 个。非新华连锁书店中，同期的平

① 京东图书 & 艾瑞咨询.2019 年度中国图书市场报告[EB/OL].2019-12. http://report.iresearch.cn/report_pdf.aspx? id=3497.

均营业额是8945.6万元，同比增长30.6%，平均拥有门店数35.2家，平均面积为18327平方米，平均员工人数为356人。从平均营业额、平均拥有门店数、员工数和面积上来看，新华系统的书店远超非新华系统书店，但非新华书店的单位面积销售额则高于新华书店。

如图12.2所示，新华书店在2019年前10个月中营业额最高的是江苏省凤凰新华书店集团，同时也是利润最高的书店，利润为79508万元。浙江省和河北省的新华书店营业额分别排名第二和第三，利润分别为43000万元和59653万元。从利润来看，除了图12.2中的书店外，青岛新华书店的利润也高于10000万元。

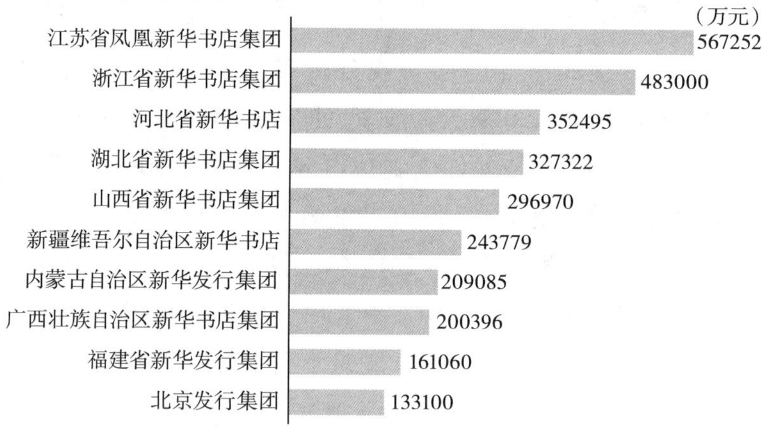

图12.2　2019年前10个月新华书店系统中营业额前10名

资料来源：百道新出版研究院，《2019—2020中国实体书店产业报告》。

非新华系统书店2019年前10个月营业额排名前10的书店如图12.3所示，西西弗书店以1.2亿元的营业额排名第一，也是调查中唯一营业额突破亿元的民营书店。在上榜的10家民营书店中，除友谊书店和仁义礼智信书店分别以文创文具收入和餐饮销售收入为最大收入来源外，其他书店的最大收入来源都是图书销售。另外与2018年的数据相比，仁义礼智信书店和樊登书店都属于新上榜的民营书店，其营业额同比增速非常迅速。

从开店速度来看，实体书店依然保持了一定热度。根据“2020中国书店大会”上发布的数据，2019年中国实体书店数量超过70000家，新开书店数量超过4000家，关闭书店500多家；而同期美国和英国分别只有99家和14

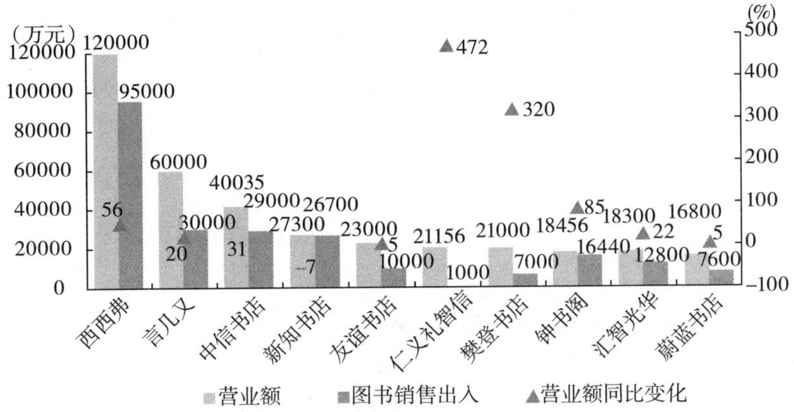

图 12.3　2019 年前 10 个月民营书店的营业额排名及图书销售收入

资料来源：百道新出版研究院，《2019—2020 中国实体书店产业报告》。

家新书店开业①。根据百道新出版研究院的调查，2019 年 1—10 月新华书店系统中新开门店 492 家，关闭门店 87 家；非新华书店系统新开门店总数为 592 家，关店 129 家。

截至 2019 年 10 月，新华书店集团中门店数量前 10 名的书店如图 12.4 所示，拥有最多门店数量的是江苏凤凰新华书店集团，也是唯一门店数量突破 1000 家的新华书店。在上榜书店中，大部分书店在 2019 年保持了一定的新开店速度，除大连市新华书店在报告中缺失数据外，绝大部分书店在 10 个月内新开了 10 家及以上门店，即平均每月至少新开 1 家门店。其中河北省新华书店共新开书店 149 家，是唯一新开店数过百的新华书店。

非新华系统中门店数量前 10 名的书店如图 12.5 所示。其中，渔书和樊登书店是门店总数最多的两家，同时也是统计期内新开店数最多并突破百家的两家。从门店总数量来看，西西弗排名第三，门店总数超过 200 家，也保持了一定的新开店数量。从整体上看，在调查的 64 家非新华系统书店中，有 7 家书店新开门店数量超过 10 家，除了图中显示的 6 家之外，还有凿壁偷光书城，新开了 10 家门店。除了传统的图书发行业外，新媒体行业也在尝试图书零售。2019 年 4 月，网络问答社区知乎与言几又联合打造的首家线下书店"言盐问答空间"开业，这也是双方推动线上线下融合的尝试；2019 年 6 月，

① 郭雪. 中国实体书店超过 7 万家[N]. 人民日报(海外版),2020-01-16(7).

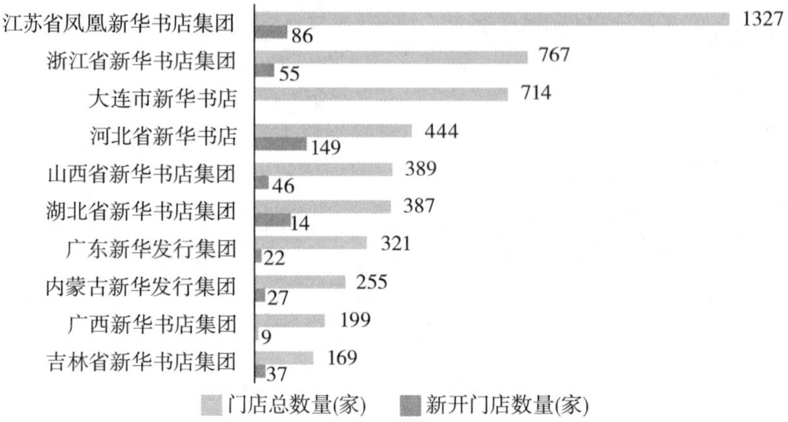

图 12.4　截至 2019 年 10 月部分新华系统书店门店总数量和新开门店数量

注：大连市新华书店 2019 年新开门店数量缺失。

资料来源：百道新出版研究院，《2019—2020 中国实体书店产业报告》。

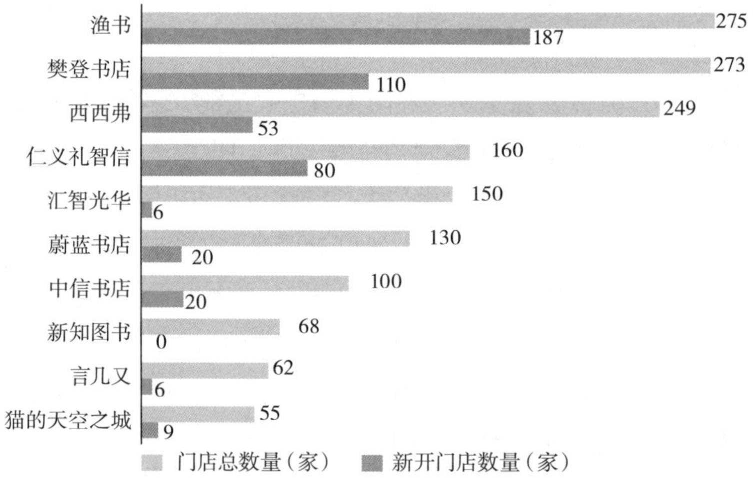

图 12.5　截至 2019 年 10 月部分非新华系统书店门店总数量和新开门店数量

资料来源：百道新出版研究院，《2019—2020 中国实体书店产业报告》。

线上终身学习服务平台“有书”的首家线下书店“有书空间”在乌鲁木齐开业；2019 年 12 月，自媒体“十点读书”的第二家线下书店在厦门开业；2019 年，新媒体“一条”在北京、南京、杭州、济南等地开办了十几家实体店，实体店中包括图书零售业务。

在网络渠道的图书零售中，随着 2019 年 7 月亚马逊中国停售纸质书，国内图书电商市场的四巨头格局也变成了京东、当当网、天猫书城“三足鼎立”的局面。

三、2019 年中国书店零售业投融资分析

(一) 2019 年实体书店相关上市公司情况

截至 2019 年年底，A 股市场没有专门从事实体书店运营的上市公司，但有中信出版、凤凰传媒等主营业务包括实体书店运营和图书零售的公司。上市公司与实体书店相关的变动主要有以下几个方面。

2019 年 7 月，中信出版从新三板登陆 A 股市场，正式在深圳证券交易所挂牌交易。中信书店在 2017 年和 2018 年分别实现营业收入 12.71 亿元和 16.34 亿元，同比分别增长 30.1% 和 28.5%，2018 年中信出版在图书零售市场的码洋占有率为 2.47%，中信书店作为中信出版的线下实体书店也得到了广泛布局。登陆 A 股市场后，根据中信出版 2019 年的年报数据，中信出版实现营业收入 18.88 亿元，同比增长 15.6%。书店业务方面，2019 年中信书店新开了 19 家门店，营业收入同比增长 39%，在中信出版全年共计销售的 4135.5 万册图书中，中信书店销售了 764.9 万册。值得一提的是，2019 年中信出版在自营互联网渠道中的销售同比增长了 44.8%[①]。

2019 年 8 月，新经典公司剥离了实体书店 PageOne 的业务，将书店 85% 的股权转让给大端投资。这一决定主要是考虑到 PageOne 较高的运营成本和较长的资金回收期，从减轻资金压力、聚焦主营业务的角度出发做出的。

(二) 2019 年民营图书零售公司投资情况

与前几年相比，目前披露的 2019 年我国书店零售行业的投融资情况暂时不多，大部分相关投资都集中于图书租赁及二手书交易平台上。2019 年 3 月，图书租赁平台“小木屋”完成了千万元的 Pre - A 轮融资，由名川资本领投，诺瓦资本及多位个人投资者跟投，这一平台的用户通过加入会员可以租赁图书，对于喜欢的图书可以先租赁后购入[②]；2019 年 4 月，二手书交易平台

① 黄璜. 上市第一年，中信出版交出了怎样的成绩单？[J/OL]. 出版人杂志，2020. https://www.thepaper.cn/newsDetail_forward_6736159.

② 韩希言. 图书订阅平台“小木屋”完成千万元级 Pre - A 轮融资 名川资本领投[EB/OL]. [2019 - 03 - 08]. https://www.pencilnews.cn/p/26641.html.

“漫游鲸”获得了由联想之星领投、平治信息和起点创投跟投的2000万元Pre－A轮融资，截至2019年4月，漫游鲸的注册用户数约有200万人①。2019年4月，二手书交易平台“熊猫格子”完成了Pre－A轮融资，由天使轮投资方鼎晟创投追投②。2019年9月，上线仅一年的二手书交易平台“回流鱼”也获得了数百万元的天使轮融资，“回流鱼”的微信公众号粉丝数超20万，每月完成上万本书的交易③。2019年11月，二手书交易平台“阅邻”完成了过亿元A＋轮融资，由国内知名房地产商星河湾地产董事长黄文仔领投④。这些投资表明了资本对于二手书交易市场前景的信心。

四、2020年中国书店零售业发展趋势分析

（一）阅读媒介偏好的变化值得关注，实体书店盈利能力待提升

整体来说，在未来一段时间里，公众依然会保持阅读需求，知识付费的发展也给图书零售带来了新的可能；此外，在教育需求旺盛及人工智能、5G等科技迅速发展应用的大环境下，少儿、教辅、科技等细分市场依然有较大的发展空间。

结合我国居民的阅读习惯，根据《第十六次全国国民阅读调查》，2018年我国成年国民包括书报刊和数字出版物在内的各种媒介的综合阅读率为80.8%，图书阅读率为59.0%，两者基本上连续多年稳定上升，如图12.6所示。

虽然图书阅读率整体稳步提升，但从趋势来看，2018年度国民阅读调查中的一个重要变化是纸质书阅读时间的下降，如图12.7所示，2018年人均纸质图书阅读时长为每日19.81分钟，打破了之前几年纸质书阅读时间持续上升的势头，虽然从人均图书阅读数量来看，纸质书的表现比电子书更为稳定，但阅读媒介偏好的变化依然值得重视。另外，在2017年的调查中，倾向纸质

---

① 思齐．二手书交易平台“漫游鲸”获2000万元人民币Pre－A轮融资，联想之星领投[EB/OL].[2019－04－19]. https://36kr.com/p/5195543.

② 王洵．二手书分享及循环交易平台“熊猫格子”完成Pre－A轮融资[EB/OL].[2019－05－01]. https://36kr.com/p/5200413.

③ 王满华．二手书交易平台“回流鱼”完成数百万元天使轮融资[EB/OL].[2019－09－25]. https://www.chinaventure.com.cn/news/80－20190925－348739.html.

④ 平金．“阅邻”完成A＋轮过亿融资　日均B端订单达2～3万[EB/OL].[2019－11－29]. https://www.pencilnews.cn/p/35380.html.

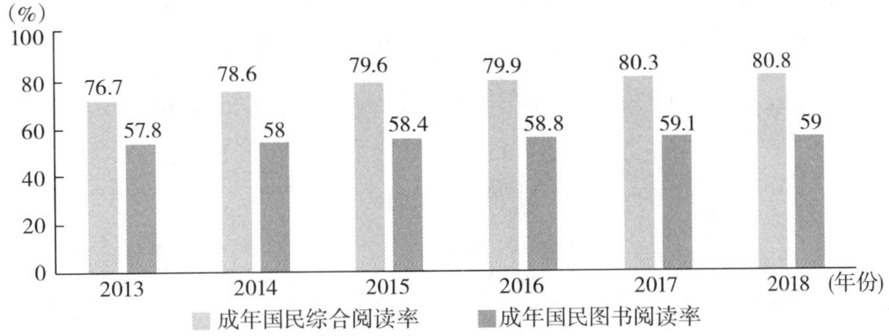

图 12.6　2013—2018 年中国成年国民综合阅读率和图书阅读率

资料来源：中国新闻出版研究院，《第十六次全国国民阅读调查》。

阅读的读者比例最多（45.1%），但 2018 年则明显下降，只有 38.4% 的成年国民倾向于纸质阅读，2018 年有超过半数的国民倾向于非纸质的阅读形式，有 40.2% 的国民在阅读形式中倾向于“手机阅读”，也分别有 12.8% 和 7.7% 的国民选择了“网络在线”和“电子阅读器”的阅读形式。

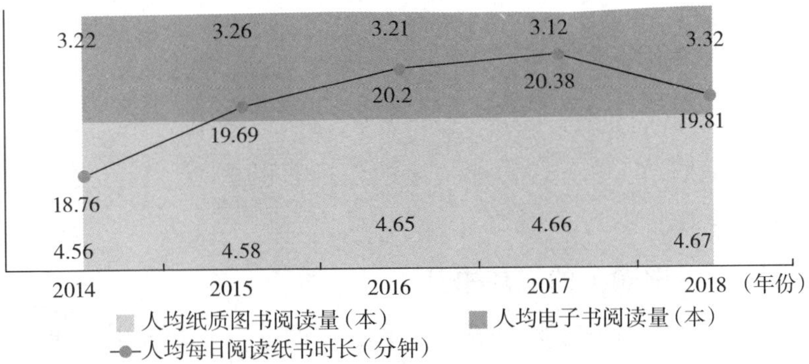

图 12.7　2014—2018 年中国成年国民人均图书阅读量（纸书/电子书）和每日阅读纸书时长

资料来源：中国新闻出版研究院，《第十二次至第十六次全国国民阅读调查》。

值得注意的是，根据《第十六次全国国民阅读调查》的数据，虽然我国成年国民的阅读率保持稳定，但未成年人的阅读率呈现下降趋势，从 2017 年的 84.8% 下降至 2018 年的 80.4%，具体来看，除 9～13 周岁少年儿童图书阅读率有所提升外，0～8 周岁和 14～17 周岁的儿童图书阅读率均有所下降，分别从 2017 年的 75.8% 和 90.4% 下降到 68.0% 和 86.4%。未成年人阅读率下降的趋势能否在 2019 年扭转还有待观察。

实体书店在2018—2019年保持了一定的开新店速度，面对囊括咖啡餐饮、文创文具产品的复合业态中存在的同质化问题，部分实体书店也尝试通过各种方式打造差异化的定位和个性化的风格，如通过贴合某一主题的选书和装修打造主题书店，举办讲座、工作坊等文化活动和知识服务，打通图书零售与其他服务业之间的关系等。例如，2019年4月，先锋书店开设了以“虫子”为主题的书店，店内的选书、装修、摆设、文创和背景音乐也都贴合这一主题；2019年4月，国内首家舞美主题书店开业，店内的书籍主要包括舞台设计类和戏剧文化类；2019年6月，首家乡村胶囊书店由言几又在浙江桐庐开设，融合了书店、咖啡餐饮、胶囊旅馆等多种业态，选书以艺术、设计、桐庐文化等三大主题为主；北京、烟台、西宁、昆明等地也在2019年开设了红色书屋或书吧。

在差异化和个性化的基础上，实体书店还需要探索清晰和稳定的盈利模式，包括思考如何利用知识付费的背景和契机，如何利用会员群、书友群建立用户连接、提高用户黏性，如何利用短视频和直播等新的媒介形式进行图书促销等。从目前的情况看，实体书店的客流量并不能很好地转化成图书销售额，一些“高颜值”的书店更多被当作拍照打卡的休闲地点。以被评为2019年度最美书店的PageOne北京坊店为例，该书店平均每日客流达到2000~3000人次，但对于1000平方米的建筑面积来说，书店实际的销售额比邻近电影院要低很多①。

（二）疫情影响下的实体书店

2020年年初，新冠肺炎疫情冲击了图书零售行业。其中，线上销售受到的影响较小：根据开卷的统计，疫情期间虽然平台店铺的图书销售下降，但自营电商的销售有所上升，截至2020年第5周，整体线上渠道的纸质书销售没有表现出明显变化②；与之形成对比的是疫情对于实体书店的冲击。受疫情影响，大部分实体书店不得不采取关停或者缩短营业时间等措施，营业额也因此受到极大影响，部分实体书店的生存面临挑战。根据微信公众号“书店行”关于实体书店受疫情影响情况的问卷调查显示，在1021家参与调查的书

① 张恩杰. 冰与火奈若何　差异化让书店活[N]. 北京青年报,2019-12-29(A07).

② 开卷研究. 2020年年初“新冠”疫情下图书零售专题分析[N]. 新华书目报,2020-02-20(13)

店中，有九成以上的书店在疫情期间停业，九成以上书店几乎没有收入。在收入明显减少甚至无收入的情况下，实体书店大多还面临着房租物业、人力成本等方面的开支压力，导致现金流紧张。在调查中，有将近八成的书店表示其现金流只能支撑 3 个月[①]。

为缓解现金流压力，多家独立书店通过会员储值服务的方式筹集资金：2020 年 1 月底，南昌的“青苑书店”推出储值服务，共筹集会员充值资金 10 万元左右[②]；2020 年 2 月下旬，独立书店“言几又”“单向街”也纷纷以公开信的方式向公众表达受到的影响和压力，并呼吁公众通过其发起的会员储值活动来支持书店发展。

除了发起会员储值活动外，实体书店还通过各种方式创新线上的营销渠道和营销形式，主要有以下几类方式：第一，与物流企业合作，在疫情期间安全配送。例如，言几又通过与外卖平台“饿了么”合作，上线“精神食粮补充站”，提供图书的“外卖服务”，支持用户 24 小时线上选书并同城快送。西西弗也上线了覆盖二十多个一线城市的城市微店，与顺丰合作推出放心送活动。第二，利用直播等形式对图书进行促销。钟书阁、中信书店等 200 多家书店进驻了淘宝直播间，书店的工作人员以直播的形式带读者逛书店并推荐新书。根据淘宝直播平台的数据，疫情期间开通直播的书店数量同比增长超 5 倍，直播场次增长近 10 倍[③]。其中较为成功的一场是 2020 年 3 月 9 日单向空间创始人许知远与淘宝主播薇娅一起，联合先锋书店、晓风书屋等五家独立书店共同进行的一场“保卫独立书店”直播，直播期间观看量一度达到了 14.5 万，直播的一款售价 99 元的“盲袋”（至少包含一本书和一件文创产品）销量超 4000 件[④]。此外，言几又也尝试联合火锅品牌“香天下”推出火

---

① 曾锋，孙谦．疫情笼罩下的实体书店呼声：超千家实体书店问卷调查分析报告［EB/OL］．［2020 - 02 - 05］．https://www.thepaper.cn/newsDetail_forward_5796099.

② 阮玄墨．宅家很无聊也可能不会读书：实体书店如何应对暂停营业［EB/OL］．［2020 - 02 - 10］．https://www.thepaper.cn/newsDetail_forward_5896371.

③ 夏莹．实体书店直播“自救”全国 200 家书店集体变直播间［EB/OL］．［2020 - 02 - 27］．http://www.chinanews.com/cul/2020/02 - 27/9106679.shtml.

④ 李玉洋．一场直播卖书 50 万　能为独立书店续命吗？［EB/OL］．［2020 - 03 - 13］．https://www.sohu.com/a/379875415_110683.

锅搭配美食图书售卖的“外卖套餐”①。

除了实体书店自身的努力之外，政府也出台了相应的政策帮助书店缓解资金压力。以北京市为例，2020年2月26日，北京市发布了《关于应对新冠肺炎疫情影响做好北京市实体书店扶持工作的紧急通知》，针对受到疫情影响的实体书店给予多项政策扶持，包括提前启动2020年实体书店扶持项目、倡议出版单位给予实体书店回款账期延长3~6个月、协调电商平台对书店免收或降低入驻费用并给予特殊费率优惠等②。此次疫情确实给实体书店的发展带来了极大的挑战，但同时也是倒逼实体书店思考如何更好地进行自身定位，如何有效地将互联网思维和技术落地、促使线上和线下有机结合的契机。

---

① 刘爽爽. 疫情之下实体书店顾客寥寥 线上营业、抓紧融资能否自救? [EB/OL]. [2020-02-26]. http://companies.caixin.com/2020-02-26/101520925.html.

② 中共北京市委宣传部. 中共北京市委宣传部关于应对新冠肺炎疫情影响做好北京市实体书店扶持工作的紧急通知[EB/OL]. [2020-02-26]. http://www.beijing.gov.cn/zhengce/zhengcefagui/202002/t20200228_1670353.html.

第十三章　中国文化创意产业投资报告

谭云明　刘雨枝①

一、文化创意产业发展现状与策略

1. 文化创意产业规模分析

党的十八大以来，中国文化产业发展态势良好，得到国家政策、经济等各方面条件的支持。同时，随着国民文化意识的提升，消费不断升级，文化产业总体营收规模和增加值不断提升。

如图13.1所示，在全面深化文化体制改革、不断提升文化消费需求的背景下，我国文化产业在2019年发展又稳又快，全国规模以上文化及相关产业企业实现营业收入86624亿元，比2018年增长7.0%，结构不断优化。并且随着5G时代的到来，大数据文化创作的普及、区块链文化版权保护等将会给

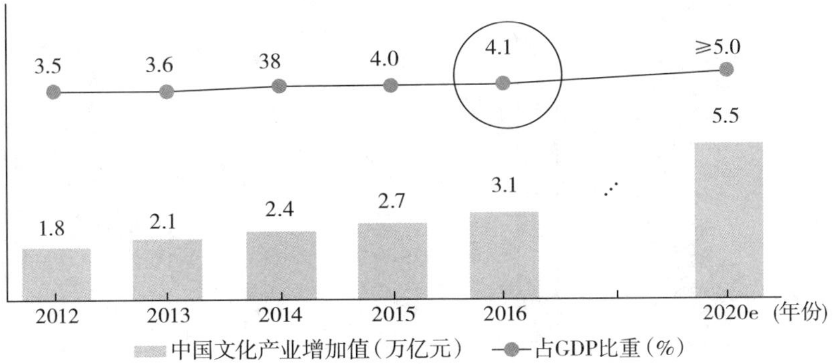

图13.1　2012—2020年中国文化产业增加值及占GDP比重

资料来源：2012—2016年数据来自国家统计局，2020年数据预测来自艾瑞咨询。

① 谭云明，中央财经大学新闻传播系主任、教授、硕士生导师；刘雨枝，中央财经大学新闻传播系。

文创产业带来更多的发展机会。

2. 文化创意产业结构分析

中国文化创意产业的结构根据文化产业和创意产业的实践大致可以分为以下几类，如表 13.1 所示。

表 13.1 中国文化创意产业结构

类别	文化创意产业构成
文化艺术类	表演艺术（戏剧、舞蹈、杂技、音乐等）、工艺、古董、视觉艺术、文化设施（美术馆、博物馆、图书馆）、文化遗产等
传媒类	电影、广播、电视、新闻出版、印刷、广告等
设计类	建筑设施、工业设施、时尚设计、产品设计、网络设计、视觉设计、咨询设计、多媒体设计等
软件服务类	游戏开发、软件开发、计算机服务、新媒体（宽带、网络、手机、多媒体）、信息、教育等
休闲生活类	休闲娱乐、创新生活、旅游、健身、文化活动等

文化创意产业具体细分产业种类繁多，本章选择了部分细分产业，根据 2018 年《中国 IP 展丨 2018 中国文化 IP 产业发展报告》的分类方式，将它们分成内容层、变现层、延伸层三大类，如图 13.2 所示。

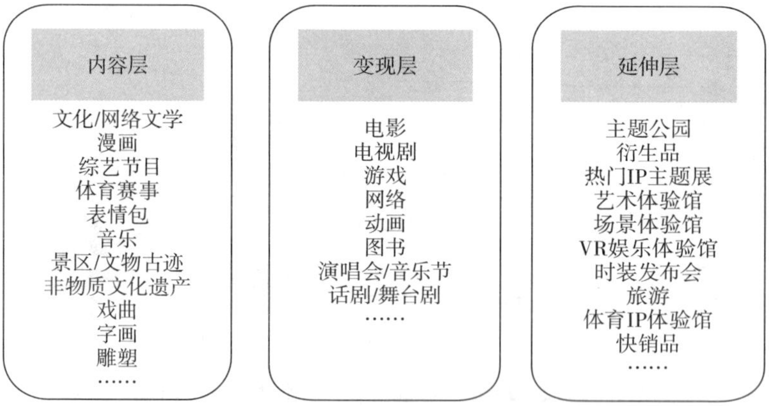

图 13.2 中国文化创意产业发展重点划分

（1）内容层

文化创意产业的内容层主要包括：文化/网络文学、漫画、综艺节目、体育赛事、表情包等。文化/网络文学在我国发展较为成熟，并在改编影视剧、游戏、动画等方面取得了良好的成绩；在文化创意产业的内容方面，综艺节目发展大好，以热门综艺节目《爸爸去哪儿》为例，除了获得巨额冠名费用外，还在同名衍生电影、商品等方面取得了极大的成果，同时其通过广告赞助、商品授权等变现渠道也获益丰硕。在主流文化内容中，表情包现已成为社交中不可或缺的聊天内容，可预测未来在商品衍生授权方面有着巨大的市场空间。

除此之外，不得不提到的是当下最热门的文化创意内容——明星文化和短视频。明星文化作为“粉丝经济时代”的产品，粉丝愿意为明星的个人内容消费和买单，因此其市场号召力异常强大。一些非常具有号召力的个人如易烊千玺、肖战、李现等成了文化创意产业内容层超级个人的代表。

作为互联网时代独特的网络景观——短视频，截至2018年年底用户规模达6.48亿，短视频营销市场规模逾140亿元。每时每刻都在的传播场景、暴增的用户规模、惊人的流量，无不彰显着短视频旺盛的生命力。①

由图13.3至图13.5可见，中国文化创意产业在内容层面形式多种多样，中国文化创意产业通过其文化内容的多样性，正焕发出新的光彩。

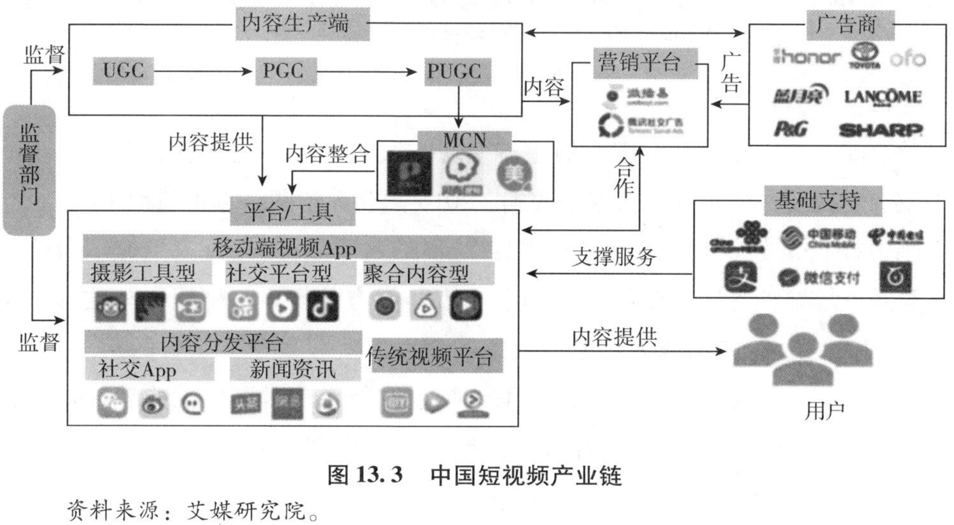

图13.3　中国短视频产业链

资料来源：艾媒研究院。

① 申亚丽．解构融媒时代短视频的发展路径［J］．中国有线电视，2019（10）：1069－1071.

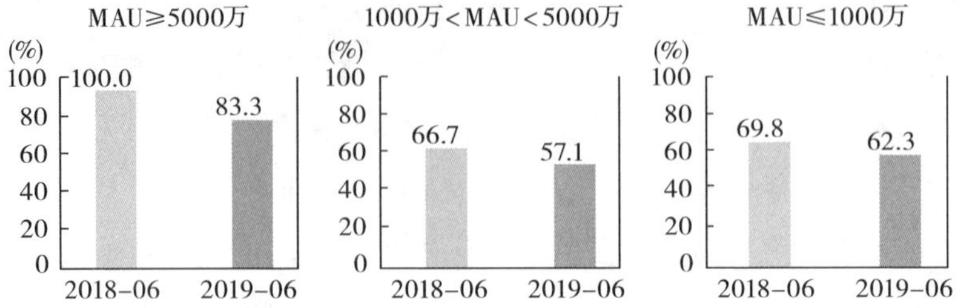

图 13.4　短视频行业 MAU 同比增长的 App 数量占比

注：与上年同期相比，新增加 App 定义为月活跃用户数增长的 App；数量占比 = 月活跃用户规模同比上涨 App 个数/短视频行业 App 个数。

资料来源：QuestMobile TRUTH 中国移动互联网数据库。

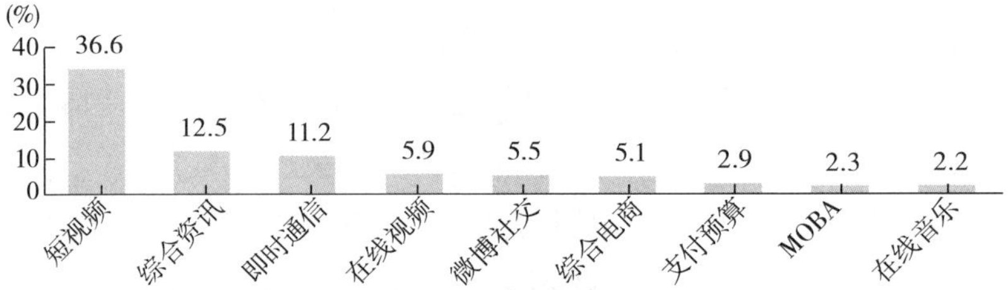

图 13.5　2019 年 3 月互联网用户月总使用时长同比增量占比 TOP10 细分行业

资料来源：QuestMobile TRUTH 中国移动互联网数据库。

（2）变现层

目前，中国文化创意产业的主流变现方式以电影、电视剧、游戏、动画为主。变现的一种主要方式就是改编。2016—2017 年网络点击量前 10 名的电视剧中有七部改编自热门的文学作品。近年来，随着用户规模增速下滑，国内游戏市场增长乏力，改编正成为游戏市场仅有的亮点。根据伽马数据，我国 2017 年以小说剧情或人物原型改编的移动游戏收入达 745.6 亿元，① 我国的动画行业目前发展较为快速，改编动画也取得了非常不错的成绩。除此之外的变现方式还包括演唱会/音乐节、图书、话剧/舞台剧等。

（3）延伸层

延伸层是经由上游内容层开发、中游变现后的延伸，是人们线下体验的最终场所。例如，公众可以购买自己喜爱的动漫、电影周边衍生品、创意设

① 夏然. 大 IP 失灵　业内探寻打造高品质 IP 路径[N]. 证券时报，2018-10-31(A009).

计产品，也可以去主题乐园、景区实地体验。基于文化创意产品的衍生品开发能给文化产业带来巨大的商业价值。数据显示，我国动漫衍生品市场规模在2017年约为450亿元，规模最大。电影和游戏衍生品市场还在起步阶段，但未来增长潜力无限。①

3. 文化创意产业园规模现状

自从文化产业成为我国重要经济支柱型产业以后，文化创意产业园也成为我国文创产业的重点发展对象。图13.6数据显示：截至2016年年末，我国正常运营的文化创意产业园数量达到2543家。此外，正在筹建或更名的产业园区还有近万家，全国文化创意产业园建设势头强劲。②

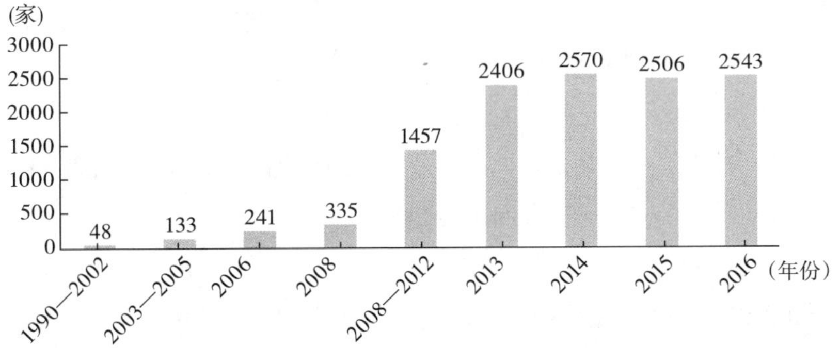

图13.6　1990—2016年文化创意产业园数量

资料来源：华经市场研究中心。

由此可见，各级政府都对文化创意产业园的统筹规划十分重视，在国家积极的产业政策支持和推动下，创意产业园区的发展前景一片大好。

二、文化创意产业园区投资运营分析：以北京和上海为例

（一）北京文化创意产业园区发展分析

1. 北京文化创意产业园区现状规模

2019年1月，北京正式发布了33家首批北京市文化创意产业园区名单。这33家文化创意产业园区无论是在产业链、运营管理，还是在服务体系等方

① 夏然. 大IP失灵　业内探寻打造高品质IP路径［N］. 证券时报,2018－10－31(A009).

② 陈安民. “文化＋”创意视域下大学生就业能力提升的多维思考［J］. 湖南第一师范学院学报，2018(3):90－93.

面都起到了良好的示范和引领作用。[①] 近年来，北京形成了一批特色鲜明的文化产业园区，有的提供具有行业特色的专业化平台服务，如北京国务院发展研究中心（Development Research Center of the State Council，DRC）工业设计创意产业基地等；有的提供全方位的产业公共服务，如清华科技园、中关村软件园等；有的在保护老厂房的基础上改造而成，新旧结合，在保留历史文明的同时融入现代文化元素，如天宁1号文化科技创新园等；有的实现园区与社区的有机融合，在集聚高质量文化企业的同时，在园区内部建设了实体书店、影剧院等配套公共文化空间，带动了园区周边社区文化氛围的发展，如77文创园、郎园Vintage等。这些产业园都成为推动文化创意产业集聚发展的重要力量。[②]

2. 北京文化创意产业园区竞争力分析

（1）优势分析

作为全国的文化中心，北京文化创意产业园区的竞争优势明显。以下将从经济、政治、人才三个方面来分析其优势。

1）经济繁荣，基础坚实。

首都经济是北京最强有力的后盾，具备相当强劲的实力。根据国家统计局公布的数据，2018年北京市文化消费综合指数和文化消费能力在全国所有省市中排名第一。首都经济目前正处在高速发展阶段，自主创新、附加值的创造、高新技术产业为北京文化创意产业园区的发展提供了重要保障。

2）政治支持，法律保障。

北京市颁布的一系列政策都在积极支持着文化创意产业的发展，如2016年发布的《北京市国民经济和社会发展第十三个五年规划纲要》明确提出要促进文化创意产业与旅游等服务业融合，为北京市文化创意产业园区的旅游事业提供了政策支持。

3）人才密集，历史悠久。

几千年的文化为北京积淀下了厚重的历史文化资源基础，有利于打响文

① 李洋. 北京首批33家文创产业园区名单出炉[N/OL]. 北京日报，2019－01－26. http://bj.people.com.cn/n2/2019/0126/c82846－32579030.html.

② 李佳霖，杨学聪. 文化产业亮点纷呈[N/OL]. 经济日报·中国经济网，2019－08－16. http://paper.ce.cn/jjrb/html/2019－08/16/content_399015.htm.

化创意园区的品牌；除此之外，北京集聚了大量的社会人才，他们具有优秀的科技研发和创新能力，这些都为北京文化创意园区的发展创造了人文环境和社会环境。

（2）劣势分析

1）文化创意产业园的相关标准、法规落后。

由于中国文化创意产业的发展起步较晚，政府对文化创意产业园区的管理体制也不完善，文化创意产业园区的发展目前也没有统一的标准评价体系。

2）产业园之间的竞争。

北京市文化创意产业园主要是由老工业企业厂房改造而成，各个产业园区为了吸引更多的优质企业进驻，降低产业园房屋空置率，出台了许多关于租赁的优惠条件，导致各产业园区之间的竞争日趋激烈，严重影响了正常的市场环境。

3）入驻企业与产业园之间没有形成紧密的依附关系。

在北京市文化创意设计产业园内，虽然文化类企业占据大部分比重，但这些企业之间并没有形成一条较为完整的产业链，只是地理位置集中在同一个产业园中，产业集聚效应的优势并未凸显出来，这样的聚集只是企业地理区位上的聚集，并没有达到产业集聚的意义。

3. 北京文化创意产业园的发展趋势

当前国内关于文化创意产业园的管理并没有出台统一的章程标准，北京市许多文创产业园是由老工业厂房改造而来的，文化创意产业园的运作与旧工业企业不同，也与一般工厂租赁不同。随着工业园区的不断发展，工业园区内的企业数量不断增加，对工业园区配套设施的要求也越来越高。工业园区正逐步面临管理和运营升级的两大挑战。如何更好地实现产业聚集、发挥产业集聚的优势、延伸文化创意产业链，都是园区管理规划时需要思考的问题。

（二）上海文化创意产业园区发展分析

1. 上海文化创意产业园区现状规模

以上海内环、中环、外环作为区位划分标准，内环内共有 50 家园区，中环有 12 家、外环有 14 家，超过 50% 的文化创意园区集中在上海内环区域，其中虹口区、杨浦区、长宁区、徐汇区、静安区等中心城区内园区聚集高达

70%（见图 13.7 和图 13.8）。①

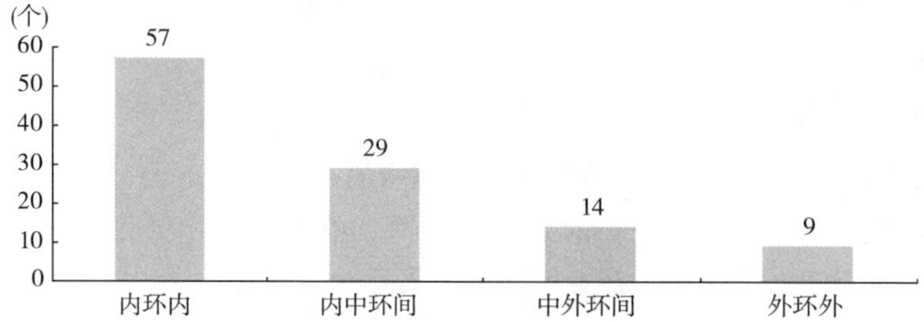

图 13.7　上海市各环线文化创意产业园区的数量分布

资料来源：易居研究院。

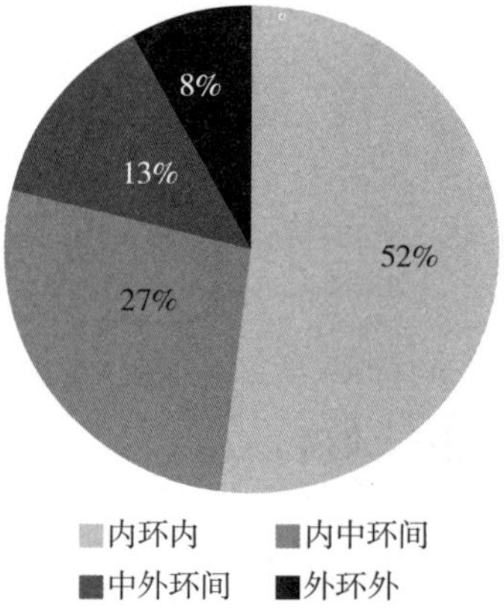

图 13.8　上海市各环线文化创意产业园区个数占比

资料来源：易居研究院。

目前，上海文化创意产业园区的生命周期可以分为建设、倒入、成熟、衰退四个阶段。从整体区域来看，内环的城市中心区域大部分是成熟阶段的文化产业园区，内环以外区域则大多是建设期和导入期的园区。从具体区县来看，黄浦区、静安区、普陀区、徐汇区的文化创意园区基本处于成熟阶段，整体发展状况良好；而宝山区、长宁区、虹口区、杨浦区虽然整体处于成熟阶段，但是目前存在部分开始衰退的园区，整体发展面临下滑的风险；嘉定区、金山区、闵行区、浦东新青浦区整体处于建设阶段，未来发展空间很大。②

①② 郑耀宗．上海文化创意产业园区发展现状研究［J］．上海经济，2015（Z1）：21－26.

2. 上海文化创意产业园区竞争力分析

（1）优势分析

1）政策环境逐步优化

2011年，上海文化创意产业“十一五”规划正式颁布并开始实施，时任国家主席胡锦涛明确表示：“推动上海文化创意产业的发展，是贯彻落实科学发展观、服从国家战略的重要举措，是加快‘四个中心’建设和提升城市软实力的内在要求……是加快国际文化大都市和‘设计之都’的重要保障。”① 上海联合政府、中介、市场三者的发展模式，为上海文化创意园区的发展提供了强劲的竞争力。

2）创新型城市的建设

上海正在进行国际经济、国际金融、国际贸易、国际航运四个中心的建设，除此之外，现如今上海正开始国际创新中心建设，全面建立城市创新体系。② 这对于新型产品的研发和生产，对于增加文化多样性都具有很大的正面影响，有助于形成极富创意的产业价值链，对上海文化创意产业园区的建设具有重大意义。③

（2）劣势分析

1）政策缺少细则

虽然说上海市政府颁布了一系列关于发展文化创意产业园区的文件，但是大多数是指导性的意见，真正落到实处的细则并不多，如有文件里写到“存量工业用地因扩大生产、增加产能等原因，符合条件的，允许按照规划提高建筑容积率”，但该文件并没有给出一个具体范围。这导致2014年以后上海文化创意产业园区的数量在不断减少。④

2）缺少统一规划指导

从上海文化创意园区的发展现状看，现如今上海文化创意园区存在一个突出的问题是产业及功能相似，缺少区域特色。首先，上海文化创意园区现

---

① 上海市经委．上海市创意产业发展十一五规划[EB/OL]. http//www. shanghai. gov. cn/ ,2001.

② 阮项．全球城市的跨越式创新：上海与以色列科创合作若干策略探析[J]．华东师范大学学报（哲学社会科学版），2017(6).

③ 钱敏杰．上海文化创意产业园区的发展探讨[D]．上海：华东师范大学，2009.

④ 上海易居房地产研究院专题组．上海文化创意产业园区现状和问题分析[J]．上海房地，2017(7).

在的规划部门和创意部门的沟通衔接相对欠缺，缺少对城市布局与总体发展规划的深度研究；其次，部分文化创意园区还存在和政府项目沟通不畅的问题，如上海地铁9号线与漕河泾园区的距离较近，导致该列车行驶时会对该园区产生影响。

3）园区服务设施和功能欠缺

上海市文化创意产业园的公共服务设施和功能对内对外均不足，对外体现在广场用地、开放空间等较少，无法服务周边群众，甚至园区部分地带处于封闭状态；对内则体现在对企业的服务不足，如园区内部企业缺乏公共交流平台，团队拓展和培训的机会很少。

3. 上海文化创意产业园的发展趋势

（1）政府发挥角色职能，建立监管机制

发展文化创意产业，不仅要依靠文化生产部门主体，还要依靠政府各部门的协调与合作。在充分利用园区资源发展的同时，政府应当充分发挥“市场调控者”这一职能，充分运用政策和法律手段调节和引导，如提出平台投资建议和颁布监督管理政府等。通过这些运作予以园区实际上的辅助，可以大大提高文化创意产业园区的发展效率。

（2）明确园区定位，凸显园区特色

上海市文化创意产业园区应当充分利用各区的文化资源特色和优势，打造园区的差异性和独立性。例如，长宁区园区可以充分发挥时尚优势，打造时尚产业园区；徐汇区可以发挥信息服务优势，打造信息软件园区；杨浦区可以发挥设计优势，打造建筑设计园区；等等。

（3）加大资金投入，不断挖掘人才

“钱要花在刀刃上”，上海市文化创意产业园区的发展可以将资金向重点园区对象集中，资金流向拥有核心技术的企业和团队，同时扶持小型园区，以大带小。除此之外，还要大量挖掘具有创新思维的高新技术人员和高级管理人员。

三、文化创意产业投资机遇及风险分析

（一）文化创意产业部分领域投资机遇分析

1. 媒体数字化方面

（1）数字电影

图13.9显示，截至2019年12月，全国电影总票房突破627亿元，国产电影占比超63%；年度新增银幕8843块，银幕总数达到68922块；全年票房过10亿元的影片共计15部，其中国产电影有10部，全年票房前10位中，国产电影占八席。①

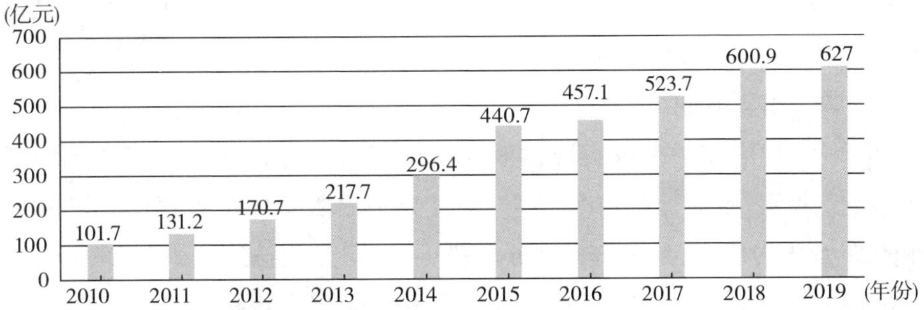

图13.9　2010—2018年中国电影行业收入情况

资料来源：国家电影资金办，艾媒咨询。

自2017年《电影产业促进法》颁布和2018年国家电影局成立以来，我国的影视文化产业开始飞速发展。电影市场成功投资的案例数不胜数，表13.2列出了2012—2018年电影市场成功投资案例。

表13.2　2012—2018年电影市场成功投资案例

年份	电影	投资成本	票房	票房回报率
2012	《泰囧》	5000万元	12.72亿元	990%
2013	《厨子戏子痞子》	1100万元	2.73亿元	967%
2014	《爸爸去哪儿》	500万元	6.99亿元	898%
2015	《西游记之大圣归来》	6000万元	9.56亿元	400%

① 任姗姗，王瑨．2019年中国电影：力攀高峰谱新篇[EB/OL]．人民网，2019-12-26. http://media.people.com.cn/n1/2019/1226/c40606-31523085.html.

续表

年份	电影	投资成本	票房	票房回报率
2016	《美人鱼》	3 亿元	33.92 亿元	1130%
2017	《前任 3》	3000 万元	19.4 亿元	6466%
2018	《唐人街探案 2》	1.5 亿元	31.89 亿元	832%

资料来源:中国电影网。

中国电影的发展有目共睹,最为典型的案例要数 2019 年的《哪吒之魔童降世》,属于典型的小制作成本电影,然而上映 78 天,最终以中国电影历史上第二票房(50 亿元)的好成绩完美下线。《哪吒之魔童降世》的 1600 位投资人共投资 6000 万元,而最终票房为 50 亿元,投资回报率高达 20 倍。因此,数字电影行业作为文化创意产业,投资势头大好。

(2)数字出版方面

2012 年,我国数字出版实现营业收入 1935.5 亿元,较 2011 年增加 557.6 亿元,增长 40%,占全行业的 52.6%,超过数字出版整体增长速度。以网络动漫和在线音乐为代表,数字内容服务形势迅猛,营业收益达到 291.2%。[①] iiMedia Research 数据显示, 2018 年中国音乐客户端用户规模累计达 5.43 亿人,表明中国音乐客户端用户规模市场格局稳定(见图 13.10)。

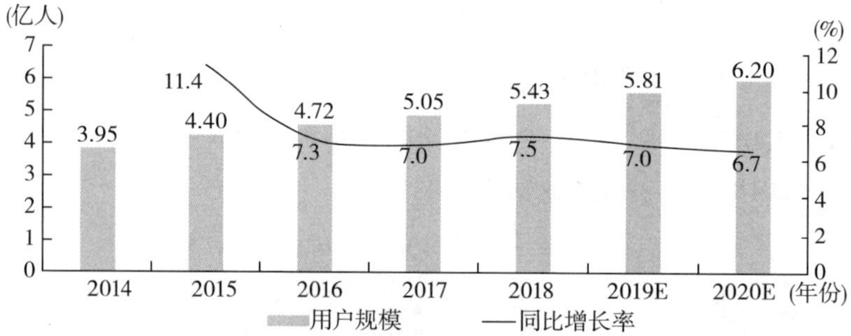

图 13.10　2014—2020 年中国音乐客户端用户规模及增长率

资料来源:艾媒咨询。

信息全球化让信息技术不断延伸至各个领域,因此数字出版产业发展迅速,日益成为我国出版产业的战略方向。有预测数据显示,到 2020 年,我国数字出

① 张棉棉. 2012 年全国出版、印刷和发行服务实现营业收入 16635.3 亿元[EB/OL]. [2013-07-09]. http://china.cnr.cn/gdgg/201307/t20130709_513014706.shtml.

版的销售额占到出版产业的50%；到2030年，90%的图书都将是网络版本。①

2. 新媒体方面

截至2019年6月，我国互联网普及率达61.2%，较2018年年底提升1.6个百分点，网民规模达8.54亿，较2018年年底增长2598万。现如今使用互联网最便捷的方式就是——智能手持移动显示终端。我国手机网民规模达8.47亿，较2018年年底增长2984万，网民使用手机上网的比例达99.1%，较2018年年底提升0.5个百分点。② 目前，手机游戏和手机短视频成为手机上网内容中最热门的两项活动（见图13.11和图13.12）。

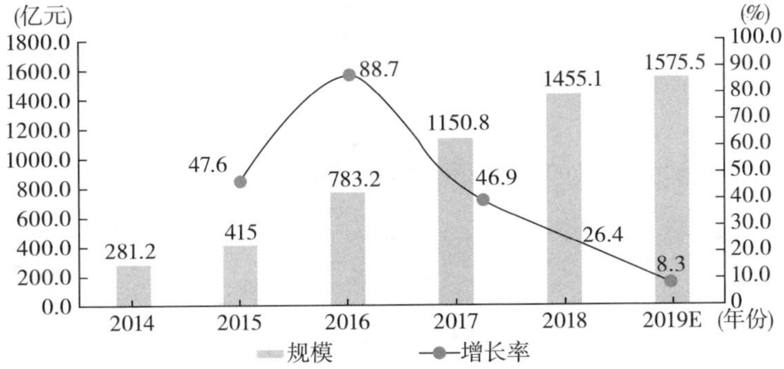

图13.11 2014—2019年手机游戏产业市场规模及增长率

资料来源：艾媒咨询。

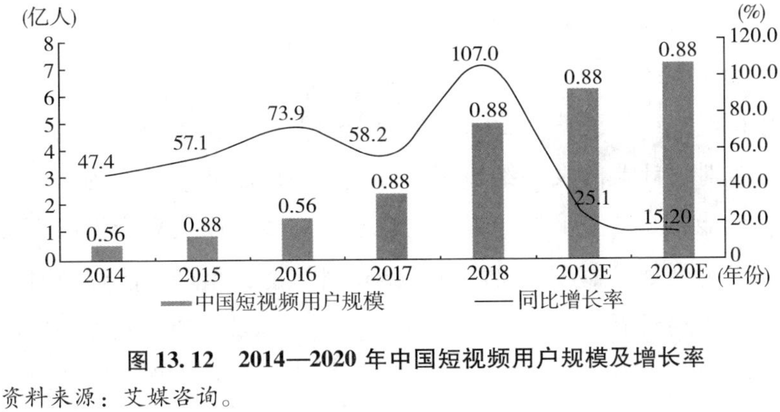

图13.12 2014—2020年中国短视频用户规模及增长率

资料来源：艾媒咨询。

① 史庆华．我国数字化出版现状及高校学报面临的机遇与挑战［J］．中国科技期刊研究，2009，20（4）：712－714.

② 中国互联网络信息中心．第44次中国互联网络发展状况统计报告［EB/OL］．［2019－08－30］．http://www.cnnic.cn/hlwfzyj/hlwxzbg/hlwtjbg/201908/t20190830_70800.htm.

游戏产业是文化产业的重要组成部分，作为全球最共通的服务产品，游戏能够以最便捷和快速的方式拓展海外市场。手机游戏出海除了能拓宽游戏厂商获利渠道以外，还能将中国文化特色元素加入游戏场景、人物等设置中，快速对外输出，达到潜移默化的传播效果。手机游戏出海竞争激烈，因此研发能力显得尤为重要。

随着各大短视频平台不断加速短视频的商业变现脚步，短视频营销市场规模保持高速增长，视频具有交互性、多维性、便捷性，必定会在各领域以燎原之势铺开，接下来的“短视频+”模式才是主角。预测到2022年，短视频营销市场规模将突破500亿元大关。

3. 艺术与创意设计方面

（1）艺术业

在经济水平逐年提高的背景下，人们开始不断收集艺术品，收藏爱好者这一群体不断扩大，“盛世收藏”逐渐成为一种投资理财的方式，并且发展速度很快。

假设以保守的5%作为对艺术品潜在的需求进行估计，按中国130万亿元的财富这样一个保守的数字计算，中国艺术品市场潜在的需求可以达到6万多亿元。中国艺术市场的高速发展，使金融机构开始带着资本进入艺术产业，艺术品将逐渐变成一种投资品，艺术资源也将转换为金融资产。预计2020年后艺术收藏市场将迎来黄金10年。①

（2）设计业

随着中国经济结构调整，设计业成为中国下一轮经济增长的核心经济部门，因此国家对设计业的发展给予了高度重视。以服装设计业为例，需求的扩张考验供给能力。过去服装代工厂的流水生产线，往往只能接超大批量订单，返单也较为困难。如今，柔性供应链通过智能化生产，能够及时响应需求。从手工制版到机器制版，让小订单量生产也可以实现。此外，供应商的分工也在不断细化，专业、富有创新性的面料公司不断出现。因此也出现了以更加注重设计和个性为核心的设计师品牌。

① 中国艺术品市场潜在需求6万亿[EB/OL]. 搜狐网,[2018-11-26]. https://www.sohu.com/a/277883980_656655.

正如ICY创始人顾莹樱此前在采访中所说，“年轻人开始更多地关心自己与衣服能否达成共鸣，能否通过其进行自我表达”。年轻人新鲜的表达欲，希望能通过设计师款作为媒介去传达。诸多年轻消费者显现出跳跃式的消费升级，即跃过买大牌的阶段，直接跳到个性化品牌。在如今消费大潮的带领下，设计师品牌越来越成为年轻人的心头好。2013—2019年，中国服装设计中设计师品牌占市场比例从1.86%逐年递增至3.62%，2020年以后将会达到4%以上（见图13.13）。

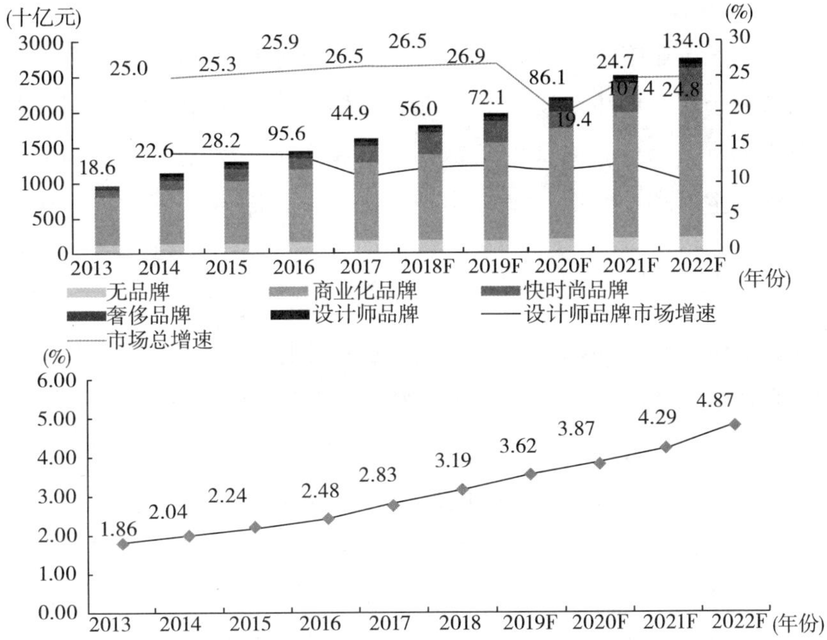

图13.13 设计师品牌市场容量及增长情况

资料来源：CIC，西南证券。

毫无疑问，设计生态已经发生显著变化，设计行业正在以较快的增长率持续扩张，人们愿意为富有设计性的产品买单。设计业作为文化创意产业正大步进入“流量时代”。

（二）文化创意产业的投资风险及控制

文化创意产业在获高收益的同时往往也伴随着高风险，具体而言，文化创意产业投资的风险主要有以下四种。

1. 技术风险

新技术和新创意的附加值高，但是经济价值不稳定性也高。工业产品都会因为其特定的功能而被消费者选择，而大众对文化创意产品没有确定的需求，所以其市场需求就较难预测。例如，电子设备等可以根据消费者的收入等来预测其市场数据，而一部电影、一首音乐就很难预测观众和听众人数，市场需求难以推算，因此在市场化的过程中会存在技术估值不确定的风险。

2. 管理风险

文化创意企业绝大部分是由中小型企业开始创业起步的，因此在创业初期，大部分企业更加注重技术革新和市场发展，而内部资源管理就相对欠缺。然而对于创意型企业，内部的组织结构、决策体系都是非常重要的。当外部市场环境发生不利变化时，就会出现管理风险，导致内部动摇，从而威胁企业的经营。

3. 信用风险

在文创企业起步初期，其市场规模还在不断调整，受各种不确定因素的影响，企业能否如愿完成既定目标，树立声誉和口碑，建立良好的信用体系，都存在很大的风险。另外，文化创意产业本就是一个轻资产的产业，对于许多金融机构来说，文创企业可以抵押的资金较少，因此其信用水平非常有限，这给文创企业在发展过程中获得投资资金带来了信用风险。

4. 剽窃风险

创意是最容易被剽窃和复制的。文化创意产品是典型的符号产品，其复制性较高。如电影、音乐等都是数字符号，在如今这个技术时代很容易被复制。如果没有完善的保护机制，创意就得不到保护，会大大削减了原创人员的积极性。

由此可见，文化创意产业投资风险较大，要想更好地促进其发展，控制风险很重要。文化创意产业投资的风险控制主要可分为以下三个方面。

（1）政府层面风险控制

通过政府层面控制文化创意产业的投资风险就是要加强软环境建设。这主要集中在制度建设和政策扶持上，通过政府引导来发挥作用，如建立信息平台，可以减少信息不对称；建立各种基金（风险投资、私募股权基金等），可以吸引社会资金投入。

（2）投融资层面风险控制

投资需要的是评估，而采取评估的方式有许多种。首先，可以请评估专家或者评估机构进行评估。其次，需要制定和选择正确的策略，如私募股权基金投资就尽量避免将全部基金投在一个项目上。在融资方面主要可以通过吸引多方投资的方式来实现，以电影行业为例，现如今大多数电影是以“联合拍摄”模式来吸引资金投入的，如《阿凡达》《非诚勿扰》等都是通过私募基金等第三方股本融资的方式来替代贷款融资，分散了风险。

（3）市场交易风险控制

首先，人们对文化创意产品的认识需要一个过程，因此在文化产品上市之前需要进行前期宣传和推广。这可以帮助人们加快对产品的了解，缩短认知时间，有助于降低风险，提高市场价值。其次，文化创意产品需求的不确定性也会产生市场交易风险，如设计师设计的新产品，由于大众的审美观念和鉴赏能力有区别，并非所有的消费者都愿意为该设计买单。最后，设计师本人的创意也会有被剽窃复制的风险。此时就需要风险投资介入，买下创意设计的版权，企业和风险资本各占一半，其收益和风险由双方共同承担。之后如果企业预测市场较好便可以收回另一半产权，这样就可以保证市场交易顺利进行。

（三）中国文化创意产业投资方向

投资是一门学问，任何一种投资都需要魄力和智慧，只有找准时机和方向才能成功。文化创意产业的投资方向应主要把握以下几个方面。

1. 内容为王，创意依然是核心

中国文化创意产业已经进入“内容为王”的时代，无论是文化科技事业、文化演艺事业、文化金融事业等的内容生产还是服务方面，都是依靠创意，无论文化发展到什么程度，创造力永远都是核心。因此，文化创意产业投资人要挖掘文创人才。

2. 文化创意产业和科技持续融合

在当代，文化创意产业不仅是单一的传统文化产业，更是融合文化产业，这其中起到重要衔接作用的就是科技。科技让文化的表现形式更加多元。在5G时代，AI、区块链、AR/VR等虚拟高科技将相互融合，共同推进文化创意产业发展。根据国家统计局对 2019 年第一季度文化产业数据的解读，在文化及相关的 9 个行业中，增速超过 10% 的行业有 5 个，前两位分别是新闻信息服务（20.9%）、文化传播渠道（11.5%），[①] 而这些都是依靠物联网信息技术的行业。由此看来，文化和科技相互融合，带来了许多新业态和新机遇。

3. 中西部省份或成文化创意产业新起之秀

据统计，中西部部分城市等文化创意产业占总体的 10%～30%，成为当地新的支柱型产业。2019 年国家统计局数据显示，中部地区文化及相关产业营业收入增长 10.2%，西部地区增长 15.6%，分别比 2018 年同期增长 0.6 个和 2.2 个百分点。西部地区占全国份额的 9.0%，高于 2018 年同期的 8.4%。因此，重视中西部地区文创产业的前景，选择条件优良地区营商，势必成为文创投资的良机。[②]

四、文化创意产业投融资机制与策略分析

中国文化创意产业虽然发展迅速，但在投融资方面还是面临着以下问题。第一，政府投入不够。虽然我国已经加大了对文创产业的资金投入，但美国、加拿大、澳大利亚的投入资金分别约为中国的 109 倍、83 倍、80 倍。[③] 由此可见，相较于这些国家，中国的文化投资明显不够，说明我国的文化创意产业投资还没有得到政府的足够重视。第二，外资利用不足。中国的文化产业企业构成以中国本土机构为主，无论是数量还是规模，外资机构都相对不足。第三，投资效率低下。以 2019 年中国电影业为例，2019 年中国电影总票房超过 627 亿元，而早在 30 多年前，电影票价为 0.3 元时，全年放映收入就已经达到 7 亿元。[④] 第四，担保制度欠缺。文创产业的启动需要大量资金，而金融部门在外借资金时会要求提供第三方担保，然而目前中国文创产业的信用担保制度和法规都不完善，因此组建文创产业的担保机构非常重要。

---

① 国家统计局网站．我国文化产业继续保持较快增长：2019 年一季度全国规模以上文化及相关产业企业营业收入数据[EB/OL].［2019－04－30］. http://www.gov.cn/shuju/2019－04/30/content_5387783.htm.

② 张翼．文化产业继续成为领跑者[EB/OL].［2019－08－20］. http://news.gmw.cn/2019－08/20/content_33089757.htm.

③④ 陈清华．中国文化产业投资机制创新研究[D]．南京：南京航空航天大学，2009.

综上所述，创新文创产业的投融资机制，找准文创产业投融资策略尤为重要，可以从以下四个方面进行改进。

（一）政府主导实施

政府主导方面，第一，要加大财政投入，这是基础也是必要条件。第二，转变扶持方式，这是指政府采取的正确积极支持方式，而不是一味地“统统包揽”，而是应该根据市场规则，减少直接投入，与国际投资方式接轨，吸引非公有资本投资文创产业。第三，鼓励民资，引进外资。这样能极大地提升文创产业的竞争力，尤其是外资对文创产品的科技水平的提高和产品品牌的形成具有很强的促进效应。第四，建立投资目录。这其实是促进文创产业发展的政策导向，可以按照文创产业领域分门别类，来创建投资指导目录，为投资者提供明确的指导和标准。

（二）单位主体实现

第一，构建投资运营主体。这是文创产业投资机制创新的关键。如果单位是市场文化投资主体，就可以让其在投资的同时承担相应的风险，成为市场运营主体，使政府慢慢从市场中心地位中退出，发挥市场的配置作用。第二，通过并购重组来投资。文创产业的发展不能仅仅依靠内部的资源，还可借助外部力量兼并、购买，将别人现有的能力纳入自身单位中，可以实现产业规模扩张，优化产业结构，从而更快发展。第三，无形资产投资。除有形的物质资本外，品牌、人才等无形资本也是竞争的重要因素，因此拓宽渠道，实施高级人才培养工程，广纳人才，开拓品牌也是单位主体的投资策略之一。

（三）社会捐助扶持

文创产业不应当一味地以盈利为主要目的进行发展。可以建立公益性的文创项目，鼓励社会各界捐赠。例如，对捐赠者进行荣誉授予，根据其捐赠数额相应减少其应纳税额。这样不仅可以快速筹得资金，还可以使文化创意产业更加具有公益性，成为一种良好的社会现象。

（四）资本市场助推

资本市场帮助文化产业实现跨越式发展。完整的资本市场包括主板、创业板和场外交易三个市场。主板可以解决成熟文创企业的投资资本问题；创业板可以解决具有良好发展前景的文创企业投资资本问题，并且能够为文创单位提供风险资本退出的可能性，帮助中小文创单位拓宽投资渠道，提高管理水平；而场外交易市场最主要的优势就是价格较低，这对文创企业吸引中小投资相当有利，但同时也存在较大金融风险。随着中国金融业的快速发展，让资本市场介入文创产业，可以取得不错的效果。

第十四章　中国文博产业投资报告

吴玉兰　罗欢①

文物连接过去，赋能未来，中华大地上灿若星辰的文物资源是传承历史文化的重要载体。2016年4月12日，习近平总书记对文物工作做出重要指示时强调，保护文物功在当代、利在千秋。② 2019年，以文物资源为依托的文博产业在国家政策的扶持下，迎来了全新的发展态势。

一、文博产业的兴起背景

文博产业是以博物馆丰富的馆藏文物资源为依托而开发的一种特殊的文化产业，其兴起与发展除了依托国家政策扶持和居民消费因素之外，自身也具备很多可供开发利用的优质资源。

（一）文博产业资源丰富

根据《国家"十一五"时期文化发展规划纲要》，国务院决定从2007年开始进行第三次全国文物普查，普查结果显示，全国共登记不可移动文物766722处（不包括港澳台地区），③ 这表明我国的文物资源十分丰富。曾经，中国的文物领域是被遗忘的角落，如今国家通过盘查文物资源加以开发利用，既可以保护这些珍贵的文化资源，又为文博产业的发展打下良好的基础。

文物资源是我国丰富且不可再生的文化资源，是文化产业建设的攻坚力

---

① 吴玉兰，中南财经政法大学新闻与文化传播学院教授，博士，主要从事新闻传播实务（经济新闻）与媒介发展研究。罗欢，中南财经政法大学新闻与文化传播学院硕士研究生，主要从事经济新闻研究。

② 新华社．习近平：切实加大文物保护力度　推进文物合理适度利用努力走出一条符合国情的文物保护利用之路[EB/OL]．[2016-04-12]．http://www.gov.cn/xinwen/2016-04/12/content_5063443.htm.

③ 孙波．第三次全国文物普查成果正式对外发布[EB/OL]．[2011-12-30]．http://365jia.cn/news/2011-12-30/B9E08F5F347D8EEA.html.

量，是创新和充实文化产业的重要一环。

（二）国家政策驱动

国家政策的积极引导，为文博产业的大力发展奠定了良好的基础。为加强对既有文物的管理，国家出台了有关博物馆和文物资源保护的一系列文物修缮和保护政策（见表14.1），通过规范管理，合理利用文博资源，培育以博物馆和文物保护单位为载体的体验旅游、研学修行及休闲旅游精品线路，打造文博产业。

表14.1 政策文件

政策	博物馆事业中长期发展规划纲要（2011—2020年）	国家“十三五”时期文化发展改革规划纲要
以改革谋发展	改革博物馆发展体制机制，完善博物馆管理体制，创新博物馆激励保障机制	—
加快建设	—	做好公共文化馆、图书馆、博物馆、美术馆、乡镇（街道）综合文化站、村（社区）综合性文化服务中心等的规划建设
保护文物资源	—	加强馆藏文物保护和修复，建立健全国家文物督察制度

资料来源：中国政府网。

2019年，国家文物局先后公布了《国家文物保护专项资金管理办法》《博物馆馆藏资源著作权、商标权和品牌授权操作指引》《国保单位新增762处 国新办举行第八批全国重点文物保护单位政策例行吹风会》等国家有关文物政策解读意见，对如何进一步保护文物及加强文物管理做出了方向性指引。

（三）“互联网+中华文明”助力文博产业

中华民族拥有五千多年的文明历史，留下了极其丰富的文物遗产，文博产业的发展与科技有着密不可分的关系。2016年11月，国家文物局宣布启动《“互联网+中华文明”三年行动计划》，此次计划的重中之重是如何通过网络让博物馆的文物生动起来。

《“互联网+中华文明”三年行动计划》公布后，不少互联网公司积极响应，助力博物馆互联网化。借助新一轮的技术革命，国家文物不再是遥不可及地躺在博物馆中的静物，而是在线上可触可摸的故宫、远方不远的敦煌，实现了以“物”为中心向以“人”为中心的转化。现代科技理念的融入将文物造型与创意设计联系起来，以文物原型为基础设计建材家具等生活用品，创新“互联网+文创产品”。

《“互联网+中华文明”三年行动计划》提供了充分的技术条件，已成为保护和继承人类文明的崭新手段，丰富的文物资源则是“互联网+中华文明”的资源基础，使优秀的传统文化在新时代得以传承。

（四）文化消费升级

《2019中国文化产业发展指数和文化消费指数》显示，居民消费支出最多的五大文化产品或服务依次是文化旅游、游戏、网络文化活动、电影、文艺演出。[①] 其中，文化旅游位居前列，这表明我国文化产业的发展蒸蒸日上。

《2019博物馆文创产品市场数据报告》显示：全球的博物馆正出现“集体上网潮”，目前已有24家博物馆入驻天猫，仅故宫就在淘宝天猫上开了6家店。[②] 这24家入驻天猫的博物馆既有国内博物馆，也有国外博物馆，其中英国的大英博物馆是入驻天猫的第一家海外博物馆，截至2020年3月已有126万关注者。

文化消费不仅是提升国民幸福感的重要途径，还是我国居民消费升级的重要标志。人们对于美好生活向往的文化消费不仅继续为旅游经济的健康发展提供新的动力，还能促进民众身心健康。相信文博产业在国家政策的扶持及居民消费升级的刺激下，能够实现更好的发展。

二、文博产业的发展现状

2019年文博产业大放异彩，几乎每月都有标志性的事件发生，是文博产业收获颇丰的一年：3月，公布2018年中国十大新考古发现名单；4月，国家优秀古迹保护项目揭晓；5月，举办“5·18”国际博物馆日；7月，良渚

---

① 曾繁文.2019中国文化产业发展指数和文化消费指数发布[EB/OL].[2019-12-26].https://news.cncn.net/c_867920.

② 清华大学文化经济研究院.2019年博物馆文创产品市场数据报告[EB/OL].[2019-08-18].http://www.199it.com/archives/925235.html.

申遗成功；8 月，中国步入“博物馆”奇妙夜元年、国家荣誉称号名单公示（樊锦诗入选）、第五届全国十佳文博获奖名单出炉；10 月，第八批“国保”名单出炉；11 月，圆明园马首亮相国博，十二兽首聚齐七件；12 月，揭晓“中国二十世纪第四批建筑遗产项目”、七部委发文鼓励发展虚拟博物馆，加大数据共享。2019 年从考古、文物出土、展陈到文创设计及文博活动等，我国文博产业领域发生的每一桩每一件事都大放异彩，吸引了中国乃至世界的目光。由于国家政策的引导及居民消费意愿的提升，2019 年，文博产业呈现出以下三个特点。

（一）丰富多样的文化创意产品

种类繁多的文化创意产品是让博物馆中的文物“活起来”的载体。众所周知，故宫博物院以博物馆丰富的文物资源为基础，以系统化的主题进行创新设计，在淘宝店铺出售的产品中融入历史底蕴和文化气息，因此受到广大网友的好评和追捧。故宫博物院一直尝试以多样化又与时俱进的方式开发文化创意产品，激发年轻人的消费欲望。除故宫博物院之外，许多地方文博产业同样在以文物展览、工艺品展销等方式传播文物历史文化。例如，台北故宫博物院颈枕的原型是《唐人宫乐图》的头饰，根据美女头饰的形状而打造；有根据皇帝形象打造的酒瓶塞；有根据镇馆之宝“翠玉白菜”的形态打造的“大白菜”折扇，都深得大家的喜爱。无论是北京故宫博物院还是台北故宫博物院，在根据文物进行文化创意产品设计时，都秉承着传承文化、保护文物及维护博物馆形象的理念。

现如今，故宫淘宝已经上新了多种样式的文创产品，包括故宫笔记、服饰、家居、文具手账、彩妆等产品，深受广大人民群众的喜爱，其受众群体尤其以 18 ~ 25 岁的年轻人居多。故宫博物院以文物为基础进行设计创新，一方面传承中华文化，另一方面也促进国民经济的增长。国内在文博创意产品方面做得好的博物馆还有很多，如陕西博物馆、苏州博物馆、四川博物馆等。博物馆文化创意产品仍然有许多值得开发的地方，针对博物馆的文化消费市场远未饱和。

文博产业与人们的文化消费有关，是满足人民日益增长的美好生活需要的一部分精神食粮。因此支持文博产业的发展，不仅需要投资该行业的发展，还需要满足人们美好生活的需求。

（二）线上线下良性互动

在文博产业的发展过程中，互联网的助力作用不可小觑，融媒体更好地促进了文博产业的发展。线上方面，博物馆通过微博、微信公众号进行宣传，用户同时可以下载 App 了解信息，建立线上社群进行良好沟通，做到信息互通有无。线下，广大文博爱好者可以足不出户参观各地博物馆，近距离观赏文物，听取讲解。2019 年，我国有 4 个项目入选了全球最受瞩目博物馆建筑，我国的文物资源受到全世界瞩目。

2017 年 12 月 20 日，“文博新媒体矩阵”正式成立，包括故宫博物院、国家博物馆、四川广汉三星堆博物馆等 30 余家粉丝众多的文博类新媒体共同参与了这一新媒体矩阵的建立，共同开展展览推介、文化创意产品开发等线上线下活动。根据《2019 年文博新媒体发展报告》提供的数据，截至 2019 年 10 月，政府文化类文博蓝 V 账号（即机构认证账号）共有 2179 个。视频发布达 4.9 万条，与 2018 年相比增长 2.7%；阅读总量共计 70.14 亿次，与 2018 年相比增长 30 亿次；粉丝总量共计 5436 万，与 2018 年相比增长 1875 万；认证账户 2179 万，与 2018 年相比增长 631 万。① 数据表明，越来越多的人通过社交媒体了解文化创意产品，文博产业收获了经济和社会双重效益。

2019 年，社会参与文物保护利用的作用也得到官方乃至社会的一致认可。文物保护利用的社会参与方式，从民间力量参与国家层面的文物保护利用逐步向民间力量通过收藏的方式实施文物保护利用过渡。在国家层面，不仅通过引导制定民间收藏文物展示和宣传，还研究制定民间收藏文物通过征集进入国家文博机构保护和管理制度，并注重在政策、制度、标准和程序上进行研究和探索，为民间文物资源的备案、认证和市场流通创造条件。总之，只要是有利于文博产业发展的民间力量和民间收藏，都可以纳入国家扶持范围。

（三）政策导向清晰

2019 年是《关于加强文物保护利用改革的若干意见》实施的第二年，对文物的保护和利用已经上升到国家高度，可见其对国家发展的重要性。文物作为文化旅游资源已经普遍为大众所熟知和接受，文博产业对文物资源的利

① 弘博网.《2019 年文博新媒体发展报告发布》，看这一年与博物馆的线上约会[EB/OL].[2019-12-04].http://www.hongbowang.net/news/yj/2019-12-04/15118.html.

用也在加大加深，如传统文化＋旅游、传统文化＋文创等多种创新形式层出不穷，“在保护中利用、在利用中保护”的文物保护与文物利用共同发展的新路径日益清晰。

2019 年，国务院办公厅继续出台《关于进一步激发文化和旅游消费潜力的意见》、司法部发布关于《中华人民共和国文化产业促进法》（以下简称《文化产业促进法》），二者都旨在支持和传承中华优秀传统文化，打造嵌入式消费的文博产业经济。

2019 年年初，国家文物局印发了《国家文物局 2019 年工作要点的通知》，一共列出了 42 条要点，将文物保护和管理细则一一落实，激发博物馆创新的活力。

2019 年，《中华人民共和国文物保护法》（以下简称《文物保护法》）工作进一步深入，国家文物局在官网上公开征集《文物保护法》修订意见建议，通过公开征求意见的方式将各界共识和开门立法的理念贯彻到《文物保护法》修订工作中，国家文物局强调“本次修订，坚持文物保护与合理利用相结合，坚持政府主导与社会参与相统一”。国家文物局的做法是在贯彻落实新时代中国特色社会主义思想，相较于 2018 年，2019 年文博产业在政策导向方面得到了进一步的完善。

三、文博产业投资发展中呈现的问题

虽然文博产业的发展未来可期，但是不可否认，文博产业在迅速发展与推进的过程中仍存在问题，相关法律法规有待健全及文化创意产品同质化现象同样不可忽视。

（一）法律法规有待健全

目前，《文物保护法》是我国仅有的有关文物保护的法律，颁布该法是为了加强对文物的保护，并继承中华民族杰出的历史文化遗产，建设社会主义精神和物质文明。2017 年 11 月 4 日，此法再一次进行修订，再一次强调了多种类型文物的保护条例，但是仅仅有这些是不够的，如何在保护既有文物的前提下，推动文博产业的发展，还需要不断健全相关法律法规，助推文博产业的发展。

目前，有关文博产业税收及知识产权方面的法律少之又少，以文创知识产权侵权问题为例，中国商业出版社曾于1999年未经台北故宫博物院版权许可便擅自出版使用了790张图片；台北故宫博物院也出现过不法企业擅自在淘宝上销售“朕知道了”纸胶带、“翠玉白菜”等山寨产品，其数量高达25万件。[①] 类似的侵权行为屡有发生，由于缺乏相关完善的法律来保护其合法权益，文博产业发展正遭遇难以突破的瓶颈。

文博产业是近年来才开始出现的新兴事物，如何完善相关法律法规，通过线下门票、线上文创产品的售卖获取盈利，产生经济和社会效益，是未来文博产业的投资发展中不可回避的问题。

（二）未形成完整的产业链

受国家政策的鼓励和支持，近两年文博产业的发展成效有目共睹，但是从整体来看，文博产业尚未形成完整的产业链。我国博物馆资源十分丰富，北京、南京、杭州等城市都拥有大量的博物馆，将这些博物馆分门别类地建立档案，不仅便于管理，同时有助于产业链的形成。

目前大家比较熟知的博物馆是北京故宫博物院，而在我国的其他地区还存在很多类似的博物院。如果大家能互通信息，建立一套完整且行之有效的系统管理方式，那么文博产业将会发展得更好、更快。

目前国内的博物馆艺术衍生品主要通过博物馆的实体商店，或者配合艺术展览出售，线上营销、多业态营销的创新方式还处于实验阶段，这种单一的营销渠道已经难以满足市场的需求。大多数博物馆由内设部门负责创意产品的开发与经营，尚未实现真正的事企分开。资源整合、创意设计、制作生产、市场营销等主要产业运营环节缺乏良性互动机制，且普遍存在发展资金不足、专业人才缺乏、标准规范不到位等基础支撑方面的问题。因此建立一套完整的、行之有效的管理系统，及时互通信息，形成完整的产业链，打造成熟、可复制的商业模式是亟待解决的问题。

（三）缺乏创新性专业人才

随着“互联网+中华文明”活动的兴起，各地博物馆都在创新文化和创意产品形式，导致一段时间以来，文化和创意产品席卷了互联网，让人应接不暇，但是真正做到有创意的却少之又少。目前国家博物馆艺术文化创意产

---

① 孙小兵．我国文博创意产业发展SWOT分析及对策研究[J]．中国博物馆，2017(5)：50－55.

品做得比较好的平台有北京故宫博物院、台北故宫博物院、苏州博物馆，但是和欧美发达国家的著名博物馆相比，大部分博物馆产品设计和销售尚处于探索和培育阶段，由于缺乏独特的审美理念，无法从现有的文物中提取独特的文化元素，导致文化创意产品缺乏创意，同时由于事先没有调查大众的审美，无法设计出适合大众口味的文化创意产品，只有少数具有代表性的文化创意产品。文化创意产品同质化，开发的衍生品也不温不火，无法形成规模化的设计产业链。

目前，文博产业缺少既了解专业技术，又懂得媒体运营的复合型人才。因此，文博产业想要得到更快更好的发展，就要注重人才的培养与储备，学会推陈出新，才能长久地焕发活力。

四、文博产业投资考量因素

我国拥有丰富的文物资源，合理正确地通过博物馆运营发展文博产业，不仅能增加旅游人数，还能够带动地方酒店、餐饮等行业的发展，推动地方经济发展。文博产业的投资前景值得看好，未来对文博产业进行投资考量时，可以考虑以下三个方面。

（一）国家政策驱动

文博产业是以博物馆丰富的馆藏资源为基础，结合现代人消费习惯而开发的产业，博物馆丰富的文物资源是不可再生资源，对其修缮和保护是国家历年来重点关注的工作之一，地方是否可以合理利用博物馆资源进行经济创收，这与国家政策的支持是分不开的。

2019 年，司法部发布《文化产业促进法》、国务院办公厅出台《关于进一步激发文化和旅游消费潜力的意见》，二者都旨在支持文化和旅游消费，打造嵌入式消费的文博产业经济。国务院办公厅旨在通过扶持文博产业的发展，进一步刺激旅游消费增长，这也说明文博与文旅的积极融合联通有助于双方产业的良性发展，这是未来文博产业投资方向中值得重点关注的地方。

（二）以创意赋予文物资源价值

国家政策的扶持为文博产业提供了良好的外部环境，而文博产业的发展也离不开自身的优越条件，即丰富的文物资源作为文博产业发展强有力的后盾。如今很多博物馆以自身文物资源为基础进行创新与创作，值得探究的是，博物院想要实现价值增值与创收，如何设计出受当代消费者青睐的文化创意产品是文博产业发展制胜的关键。

文化创意产品的构思可以从双向出发，一种是以文物中的设计元素为出发点，另一种是根据实用性的需要，对人们喜爱及常用的物品赋予恰当的文物文化内涵。文化创意产品应当有巧妙的创意，注重美观性；还要有来自生活的灵感，注重实用性，只有将二者联系起来，才能实现产品物质功能与文化内涵的有机结合，实现价值最大化。

（三）采用文博+文旅的创新形式

随着我国旅游业的迅速发展，“文博+文旅”的融合趋势的推动作用不断加强，消费者在旅游活动中更加注重文化性、可参与性和特色性，对旅游活动的文化消费倾向越来越明显。

文化赋予旅游业内涵，旅游业为文化传播、文化与旅游融合提供了载体，发挥了“1+1>2”的效果，即旅游开发中要注重挖掘当地具有文化底蕴的博物馆资源，并以文化创意产品的开发作为文博产业发展的动力。2016—2017年，故宫博物院的收入由1.1亿元增长到1.4亿元。不仅如此，文旅融合背景下也诞生了“文旅节目+旅游推广”的创新思路。例如，《光阴的故事》之《我爱博物馆》，每期都在变更场地，介绍不同的博物馆，实现了“文博+文旅”的有机统一。这也说明文旅的发展前景与文博的投资前景具有相互依存的关系，文旅产业的发展前景是否良好也是文博产业投资需要考量的要素之一。

2019年“文博+文旅”的融合发展加快了业态“创新”。博物馆和非遗传习场所等公共文化设施与研学旅行结合发展；山水实景演出的融合观念与思路体现在从场景入手、试图打造“沉浸式”文化或旅游空间；通过全要素的融合、整合之后全新服务方式与路径的创新带来公共服务的变革……即将接近尾声的2019年，文旅融合也交出了答卷。① 在文化和旅游融合发展的过程中，存在着“适当与和谐、与文化融合，以文化促进旅游”的原则。文化用于促进素质的提升，并积极创造新的经济增长点。

---

① 搜狐网．文博告诉你2019年十大文旅“事件”[EB/OL]．[2020-01-04]．https://www.sohu.com/a/364638913_99931388.

五、故宫博物院：文博产业的投资范例

作为世界文化遗产的重要代表之一，北京故宫博物院是中国传统文化的象征，从故宫到故宫博物院，是从常规意义上的旅游景区到现代博物馆升级改造的过程，也是单一旅游创收到文博产业发展的范例。

（一）故宫博物院的概况

1420 年故宫建成，距今已有 600 多年的历史，北京故宫博物院成立于 1925 年 10 月 10 日，距今已有 90 多年。从明清两代的皇宫，到今天的故宫博物院，历经 600 多年的沉淀，故宫已不再是高高在上的皇宫禁地，而是成为一个基于明清皇宫及其藏品的综合博物馆，是中国最大的博物馆。古代文化艺术博物馆的文物收藏主要来自清宫的旧收藏，是首批国家爱国主义教育示范基地。北京故宫于 1987 年被选入世界文化遗产名录，是国家首批重点文物保护单位和国家首批 5A 级旅游景区，2017 年 10 月 10 日起故宫博物院正式实施全网络售票。

（二）故宫博物院文博产业的发展现状

近年来，随着文博产业的兴起与发展，故宫博物院文博产业除了不断开发各类文创产品，同时不断拓展展览场所，为故宫临时展览提供舞台。改建后的午门和东西雁翅楼共 2800 平方米的气派展厅可以承接大型展览，端门数字展的推出也为业界做出示范。故宫每年都推出数十个临时展览，展览的原创性、传播力不断加强。

2015 年国庆节期间，北京故宫博物院对位于皇家花园东北侧的神武门东长屋进行了改建，成立了“故宫文化创意体验馆”。整个体验厅包括丝绸厅和服装；8 个优雅的展览馆，包括展馆、客厅、图像馆、木制艺术馆、陶瓷馆和紫禁城书苑。2015 年故宫 90 华诞之际，故宫人以 18 个不同凡响的展览替代常规的各种庆典活动。2017 年，故宫博物院还在神武门大门外东西两侧设计文化服务区，无须购票，不受开闭时间的限制，增加了文化创意产品的销售时间。“四僧书画”展、“紫禁城与海上丝绸之路”展，不仅内容可圈可点，形式与制作更是让人眼前一亮。根据 2020 年展览规划，神武门展厅改造已启动，未来故宫的展览更值得期待。

2019 年，故宫博物院宣布成立了五个研究所，包括玉器文化研究所、文

物保护技术研究所、古代书画收藏研究所、建筑与规划研究所和知识产权研究所。无论是文化创新还是“故宫学术”，故宫博物院做到齐头并进。

（三）故宫博物院的文博产业形态

故宫博物院在淘宝所售的故宫系列文化创意产品深受年轻人喜爱，各色展览的文化创意也同文化创意产品一样夺人眼球，这与其独特的文博产业形态是分不开的。

1. 开播文博类综艺节目

2018 年，故宫博物院首次出品综艺节目《上新了故宫》，这也是全国首档聚焦博物院的文化类节目。节目自 2018 年起播出第一季，2019 年播出第二季，豆瓣评分分别为 8.1 分和 8.5 分。节目依托馆藏的历代文物，展现凝结在文物上的中华文明之美，文博产业以一个全新的视角展现在大众面前。

2. 以新媒体矩阵整合线上线下资源

利用新媒体进行宣传是故宫博物院的一大优势，通过技术手段与传统文化的结合实现整合营销。2010 年，故宫博物院率先开通了微博账号，至今已经拥有 1015 万关注者，其微博账号日常发送微博内容丰富多彩，包括每日“让我们一起来读日历”，对当天的日历进行详细解读；在“故宫展览”话题中，不定时更新故宫内景；偶尔设置抽奖环节，进行互动；分享不同时节的紫禁城等。另外设有话题版面，欣赏类话题如#晒家底儿#，展示故宫书画、瓷器、衣物等丰富藏品；文化类话题如#话说紫禁城#，以通俗的语言介绍紫禁城历史上的人、事、物；资讯类话题如#故宫讲坛#，邀请历史学教授或故宫博物院研究人士开办讲座，分享讲座相关信息；活动类话题如#我和故宫有个约会#，主要内容是组织“走进故宫博物院书画馆”网站会员活动。[①] 同时还设有“故宫博物院超话”的帖子，用户可自行发微博，带话题，参与到分享有关故宫博物院的日常中来。

微信公众号即“微故宫”则设有三个专栏，即“看一看”“逛一逛”及“聚一聚”，分别介绍故宫资讯、故宫全景及签到的内容，主要是为用户提供互动和服务，使用户可以不出门户，全方位快速地了解博物院的概况，实现逛故宫、看展览、赏文物、学历史。走在数字博物馆建设前列的“数字故

---

① 宋扬．北京故宫博物院的新媒体运营战略研究[J]．传媒,2018(10):45－47.

宫”，以越来越开放的姿态，让古老的故宫与时代相接，让更多的观众与宫廷文化相遇。

3. 文化传承与文创紧密结合

近年来，故宫大力发展文创产业。为满足不同人群的需求，故宫博物院秉承历史性、知识性、趣味性、实用性的原则，已经开发出了 8000 多种文化创意产品。文创销售场所既有亲民的 50 余个院内销售点，也有位于紫禁城东北边“故宫文创馆”之类展创结合发挥行业引领作用的高端空间。

故宫博物院还创造了多个品牌活动，在不同的领域发挥影响力。2016 年，故宫博物院推出拟每年举办一次的品牌活动“世界古代文明发展论坛”，与古代文明的同行探索古代文明的起源，发展过程以及规律，相互联系，互相学习，互惠互利，实现文化自信心，文化宽容和文化复兴的共同梦想。故宫的品牌活动将目光投向世界，积极在全球文化遗产保护领域发声。

故宫博物院的文博产业运营模式，正如前院长单霁翔归纳总结的：故宫博物院文创产品研发必须做到“四个结合”，一是要与日常生活相结合，二是要与馆藏文物相结合，三是要与社会创作团队力量相结合，四是要与有文化理念的制作公司相结合。[①] 各种文化创意产品使游客可以参观故宫，并在很大程度上满足将“故宫文物”带回家的愿望，文化创意产品作为载体，是连接人们喜爱文物与传承传统文化的情感纽带。此外，故宫博物院及其下属公司通过互联网渠道销售故宫博物院的文化创意产品，其知名度和社会影响力也在不断增长。

六、结语

虽然文博产业在我国刚刚起步，尚有许多问题亟待解决，也有不少投资的“蓝海”等待挖掘、发展，但是在“互联网 + 中华文明”行动计划等一系列政策纲领下，文博行业正不断进行着产业升级和跨越式发展，多家文博单位也在探索中共同完善博物馆文化服务的产业链，驱动文博产业的创新发展，文博产业的投资具有良好的发展前景。我们相信，在 5G 时代，我国文博产业的发展将迈上更新更高的台阶。

---

① 黄哲京．论故宫博物院文物合理利用的原则和方法[J]．故宫博物院审计室,2017(3):132 – 140.

第十五章　中国旅游房地产投资报告

吴玉兰　陈佩芸[①]

一、旅游房地产概述

近年来，随着我国旅游业及房地产业不断发展、旅游消费不断升级，旅游房地产逐渐走入市场并成为投资人青睐的投资对象。

（一）旅游房地产内涵

国内外至今对旅游房地产没有十分明确的概念界定，有学者提出：旅游房地产依托于旅游资源，其建设和开发过程以当地旅游资源为基础，涵盖了“多种全区域、全产业链，是一种超大规模、主题突出、集成开发的高级旅游地产形态”。[②] 由此可知，旅游房地产建设和开发均融入了当地旅游特色，充分利用当地旅游资源，实现了更好满足旅游功能需求、吸引投资的作用。

总体来说，旅游房地产是地产开发商依托于丰富的旅游资源，为了更好地实现旅游休闲、商业经营等一系列功能而开发运作的房地产项目，其更依赖景观资源，是一种集休闲、消费与投资于一体的地产项目模式。

（二）旅游房地产的特点

随着旅游休闲业的蓬勃发展，旅游房地产逐渐成为我国房地产市场的重要分支，有其独特的发展脉络和投资规律，与传统的房地产开发相比具有一定的优势与特点，主要如表 15. 1 所示。

---

① 吴玉兰，中南财经政法大学新闻与文化传播学院教授，博士，主要从事新闻传播实务（经济新闻）与媒介发展研究。陈佩芸，中南财经政法大学新闻与文化传播学院硕士研究生，主要从事经济新闻研究。

② 童登峰，汪婷. 供给侧结构性改革下旅游产业地产融合发展路径研究［J］. 辽宁工业大学学报（社会科学版），2019（6）：31 －34.

表 15.1 旅游房地产与传统房地产对比

	主要功能	物业规划	环境特征	投资特征	经营特征
旅游房地产	集住宅、休闲、娱乐、购物等需求于一体	物业规划特殊复杂，注重满足旅游度假需求	依托于丰富的旅游资源，环境优美多样	投资方式多样灵活，且回报率高	经营模式多样，可进行跨区域经营
传统房地产	主要满足住户日常居住生活等基本需求	物业规划等注重生活住宅需求	局限于小区绿化环境，较为单一	投资方式单一，主要集中于基础建设	经营方式单一，无法跨区域经营

通过对比可以发现，旅游房地产的优势更为明显。典型的旅游房地产主要包括三个层面：第一层是可见的物业，第二层是可感受的体验，第三层是可升值的资产。① 具体而言，我国旅游房地产具有以下几个特点。

第一，旅游房地产开发对现有旅游资源依赖性强。我国现有旅游房地产建设与开发均依赖景区现有旅游资源，主要包括自然景观资源、人文资源及各种人造资源。这些资源是旅游房地产广告宣传的有效保证，吸引投资者并为其提供更为可靠的投资回报。

第二，旅游房地产集住宅、休闲、消费等功能于一体。旅游房地产开发更加注重满足休闲、娱乐、食宿、购物、观景等功能，致力于为游客与投资者提供全方位、多角度的服务。

第三，旅游房地产投资和营销方式多样，为投资者提供灵活的投资方案。旅游房地产本身功能多样，既可为游客提供度假休闲服务，又可以成为旅游投资产品。它既是消费产品，同时也是投资产品。旅游房地产项目为投资者提供复合式盈利和增值模式，除了旅游经营的二次消费还衍生出各种新业态，包括教育培训、文创产品、赛事活动等，为地产项目建设与开发过程中的金融化运作提供了更加多元的增值方式。

（三）旅游房地产近年发展概况

旅游房地产在我国兴起时间较晚，目前正处于蓬勃发展阶段，随着我国

① 袁晓澜．旅游地产进入运营为王时代[N]．华夏时报，2018－10－15(5)．

房地产业及旅游休闲业的不断发展，旅游房地产仍然具有较大的发展空间。2012 年国家旅游局（现文化和旅游部）发布《关于鼓励和引导民间资本投资旅游业的实施意见》①，指出要鼓励企业依法投资旅游业。由于资本力量的加持推动了旅游房地产业经营方式的多样化，我国旅游地产建设及经营模式从最初单纯的销售物业逐渐演变为销售租赁及经营物业并重。

随着“新型城镇化”进程的不断加快，城市群经济也进入了高速发展期，尤其是长三角、珠三角及京津冀三个城市群落的休闲消费市值不断增高。2019 年内“京津冀地区生产总值为 84580 亿元，相较于 2018 年同比增长 6.1%，长江三角洲地区生产总值为 237253 亿元，增长百分比达到 6.4%”。②旅游房地产不仅对旅游资源具有较强的依赖性，对地区休闲消费水平也有一定的依赖性，这使我国旅游房地产建设开发与城市群落发展水平、地区人均可支配收入及旅游资源分布状况息息相关。

受旅游资源、城市发展水平等条件的限制，目前我国大多数旅游地产项目集中在环渤海、珠三角、长三角、海南、西南等旅游资源较为丰富的区域。

以海南为主要代表的海滨城市得益于自然资源的优厚条件，一直是我国旅游业发展的头部城市，也是旅游房地产开发量和分布密度最大的区域，随着近年来对文旅品质的追求，海南也转向注重文化休闲元素的旅游开发模式。

长三角、珠三角等地由于城市化进程的加快，人均可支配收入不断增加，当地居民及游客的度假休闲需求较高，旅游房地产业也迅猛发展。与海南丰富的自然资源不同，长三角、珠三角地区自然资源有限，更多的是人文资源，因此在该地区开发的旅游房地产业更加强调人文元素及精品特色元素的开发。

由于现代社会中“批量生产”式的人造景观大多雷同且无趣，“天然去雕琢”的西南地区成为近几年热门的旅游地，其独特的地理环境和特色民族村落为旅游房地产开发创造了得天独厚的优势。受西南地区交通、地形的限制，旅游房地产主要集中在成都、重庆、昆明等交通网络密集、经济发展较快的大型城市。

---

① 国家旅游局．关于鼓励和引导民间资本投资旅游业的实施意见[EB/OL]．[2012－06－05]．http://www.gov.cn/zhengce/2016－05/23/content_5075926.htm.

② 国家统计局．中华人民共和国 2019 年国民经济和社会发展统计公报[EB/OL]．[2020－02－28]．http://www.stats.gov.cn/tjsj/zxfb/202002/t20200228_1728913.html.

总体来看，我国旅游房地产虽然在全国各地落地开花，但是仍然存在着分布不均的问题。大部分旅游房地产，尤其是大型地产项目仍然集中于东南部及其他大型城市，中部、西部等地的旅游房地产业还有待进一步开发。随着游客对特色化旅游项目愈发青睐，以西部地区为代表的特色民宿、景观等可以为旅游房地产开发提供更加多元的开发创意及特色化的定制选择。

二、2019 年旅游房地产发展现状

2016 年国务院印发的《“十三五”旅游业发展规划》强调：“以推动全域旅游发展为主线，加快推进供给侧结构性改革，到 2020 年旅游市场总规模达到 67 亿人次，旅游投资总额 2 万亿元，旅游业总收入达到 7 万亿元。”① 截至 2019 年年底，我国“国内游客达到 60.1 亿人次，相较 2018 年增长 8.4%；国内旅游总收入高达 57251 亿元，较 2018 年增长 11.7%”。② 数据显示，2019 年我国旅游业发展迅猛，国民旅游需求不断增加，旅游房地产业因此搭上了高速发展的列车。

2019 年，国内核心城市房价从“小阳春”到迅速回落并维持稳定，2019 年地产开发经历了由回升到企稳的稳健转变。“2019 年 2 ~ 4 月，核心城市房价出现被称为‘小阳春’的较快反弹，房价持续上涨。”③ 2019 年 5—7 月，我国国内房市“小阳春”现象逐步消退，房价涨速稍有缓和趋势；同年 8—10 月，整个房地产市场逐渐回稳，房价开始下降并趋于稳定。2019 年 10 月，“核心城市房价同比微涨 0.3%，环比微涨 0.028%。”④ 总体而言，2019 年我国国内旅游业和房地产业均呈现出稳健发展的趋势，旅游房地产在两个产业的共同加持下发展趋势与以往“火箭式”上升的趋势有所不同，整个市场逐渐回归理性，行情较为稳定且偶有回落。总体来说，2019 年我国旅游房地产呈现出以下几个特点。

---

① 中华人民共和国中央人民政府网．国务院关于印发“十三五”旅游业发展规划的通知[EB/OL]．[2016-12-07]．http://www.gov.cn/zhengce/content/2016-12/26/content_5152993.htm.

② 国家统计局．中华人民共和国 2019 年国民经济和社会发展统计公报[EB/OL]．[2020-02-28]．http://www.stats.gov.cn/tjsj/zxfb/202002/t20200228_1728913.html.

③④ 中国社会科学网．中国住房发展报告（2019-2020）在京发布[EB/OL]．[2019-12-17]．http://cssn.cn/jjx_yyjjx/yyjjx_gzf/201912/t20191217_5060652.html？COLLCC=2967305832&.

（一）全域旅游地产逐步成熟

2018 年 3 月，国务院印发《关于促进全域旅游发展的指导意见》指出，“要继续推动旅游业转型升级、提质增效，全面优化旅游发展环境，走全域旅游发展新路子”。[①] 相关文件的贯彻执行使全域旅游成为区域融合发展的新形式，给旅游行业、区域经济及其他产业带来了更加多元化的经营方式和投资渠道，同时也为旅游地产项目提供了更加成熟、完善的开发及建设思路，全域旅游地产也因此得以发展，至 2019 年我国全域旅游地产开发及建设模式逐步成熟。

得益于国家宏观政策鼓励及市场开发需求，大规模的区域性开发成为 2019 年旅游房地产的主要模式。在区域性旅游地产开发中，地产投资已经不再是一项单纯的投资活动，它对社会文化的影响、对生态环境和土地资源等要素的保护与利用问题，逐渐受到社会各方面的重视。要实现区域性的大规模开发，必须借助于多方力量，实现多元联合开发。

区域性的旅游地产开发借助政府力量，通过政府主导进行区域性规划、加强旅游资源整合，推动旅游房地产开发及建设，同时通过旅游地产带动旅游相关产业，提高地区土地价值、带动第三产业发展，进一步反哺地区经济。积极践行“政府 + 区域运营商 + 次级开发商 + 创意创业者”即（G + 1 + X + Y）的开发模式，走“政府扶持、企业主导、文化创意者参与”的科学发展道路。这样多元联合开发的旅游房地产在很多城市建设中都屡见不鲜，如湖北咸宁碧桂园温泉小镇、万达长白山国际旅游度假区等。借助多元主体进行联合开发的案例在城市新区、城市综合体的规划开发中运用越发广泛，如西安的大明宫新区、四川天府新区及湖南盛润锦绣城等。

在区域开发中，旅游地产投资商“不再仅仅充当房产供应商，要注重与城市的结合，成为区域综合开发商、城市运营商和产业运营商”。[②] 借助充足的开发土地、操作性强的自然资源，旅游房地产得到很好的开发机遇，旅游房地产的成功开发又给当地带来极高的经济效益及文化效益，地产项目与区域经济共同稳健发展，实现“多方共赢”。

---

① 新华社．国务院办公厅印发《关于促进全域旅游发展的指导意见》[EB/OL]．[2018 - 03 - 22]．http://www.xinhuanet.com/politics/2018 - 03/22/c_1122576094.htm.

② 林峰．旅游地产的破局重点[J]．中国房地产，2019(26):42 - 45.

(二)综合性旅游房地产开发成主要模式

据统计,2019 年我国居民人均可支配收入达到 30733 元,相较 2018 年增长 8.9%。[①] 人均可支配收入的增加意味着现代居民消费结构的不断优化。易观数据显示,现代消费者消费理念存在五个明显变化趋势,即"生活美学、健康环保、简单环保、自我价值、理性消费"。[②] 其中,"生活美学"是对情怀和艺术精神的不断追求,而"自我价值"则强调"愉悦自我",这两个转变显示出当下居民对于休闲和艺术情怀的需求和对自我愉悦感的追求,因此旅游出行的需求越来越多样,这也决定了旅游房地产开发从"小而精"演变为"大而全"的综合模式。

2019 年,旅游房地产开发更多的是考虑不同层次的产品特点和组合。旅游房地产开发已经不再局限于住宅、绿化、休闲、消费等,文化教育、体育竞技、养老养生等方面同样受到多方关注,只有尽可能地提供全方位、立体化的度假服务,才能更好地抓住客源,吸引投资。

另外,随着土地价值不断提高,开发商在准备建设项目之前往往会先圈地,并且尽可能多地购入土地进行项目开发。开发商借助多年的地产开发经验,在项目体量、功能组合、产品扩充等方面有更加完整全面的考量,这都使 2019 年旅游房地产项目综合程度不断提高,在满足游客度假休闲等需求的同时,为投资者提供更广阔的盈利增值空间。

(三)智慧与生态旅游地产成为新亮点

随着人工智能、VR 及 5G 等科技的逐步兴起与发展,智慧地产成为 2019 年旅游房地产市场的重要卖点。与此同时,"绿水青山就是金山银山"观念的普及使建设"生态友好型"项目成为旅游房地产开发的刚需,"智慧"与"生态"成为 2019 年旅游房地产开发的关键词和新亮点。

一方面,旅游地产在建设开发过程中引进企业资源计划(Enterprise Resource Planning,ERP)、员工帮助计划(Employee Assistance Program,EAP)、办公自动化(Office Automation,OA)等企业一体化管理系统,通过统一的管

---

① 国家统计局.中华人民共和国 2019 年国民经济和社会发展统计公报[EB/OL].[2020-02-28].http://www.stats.gov.cn/tjsj/zxfb/202002/t20200228_1728913.html.

② 易观数据.新消费趋势洞察白皮书 2018[EB/OL].[2018-11-06].http://www.199it.com/archives/832232.html.

理网络实现信息化管理，完善项目施工管理手段，优化施工管理效率，节约项目管理成本及数据处理传输成本。另一方面，将“智能家居”“智能管家”及大数据服务等技术运用到房地产当中，以“智慧地产”作为吸引投资及消费的重要元素。

除“智慧地产”建设外，2019 年旅游房地产的另一个关键词就是“生态”。由于大部分旅游地产依靠自然旅游资源而建立，这些自然资源是旅游地产的“底气”，且一旦受到破坏极难复原。随着社会生态意识及企业责任制的落实，所有地产项目的开发都必须建立在保护生态环境的基础上，充分挖掘生态资源中的吸引元素，为旅游地产“镀金”。

（四）旅游地产专业化程度提高

2019 年，旅游房地产开发模式、运营手段及各项管理操作都已经较为成熟，原有的基本需求得到满足后，旅游房地产开发逐步走向专业化的发展道路。地产项目本身开发程序就较为复杂，尤其在加入了旅游资源分配、资源可持续利用及配套服务设施等相关要素之后，更需要专业化的团队加以规划。这使 2019 年我国旅游房地产项目开发对于专业人才及咨询团队的需求越来越高，进而导致整个行业两极分化现象持续存在，旅游地产专业化程度较之以往有明显提高。

三、2019 年旅游房地产开发及投资要素

旅游房地产的出现是旅游业与房地产业不断发展背景下市场必然的选择，同时也是两种产业相互融合、相互促进的良性结合。“当下旅游房地产消费者主要将所购房产用于出租、度假短期居住、投资、养老及会议接待等，按照目前旅游地产的发展热度，投资是旅游地产项目最主要的购买动机”。[①] 如图 15. 1 所示，2019 年我国国内固定资产投资中大部分资金投入第三产业，第三产业总投资额达到 375775 亿元，相较 2018 年增长 6. 5%，占国内固定资产投资总额的 68. 1%。房地产业投资额较 2018 年增长 9. 1%，文化、体育和娱乐业投资额较 2018 年增长 13. 9%。由此可见，房地产及文娱产业均是 2019 年备受青睐的投资行业，而旅游房地产作为融合了房地产业及旅游、文娱产业

---

① 前瞻产业研究院 . 2019 年中国旅游地产产业全景图［EB/OL］.［2019 - 03 - 06］. https://www. qianzhan. com/analyst/detail/220/190306 - 778656cf. html.

的综合体，其投资热度更是居高不下。

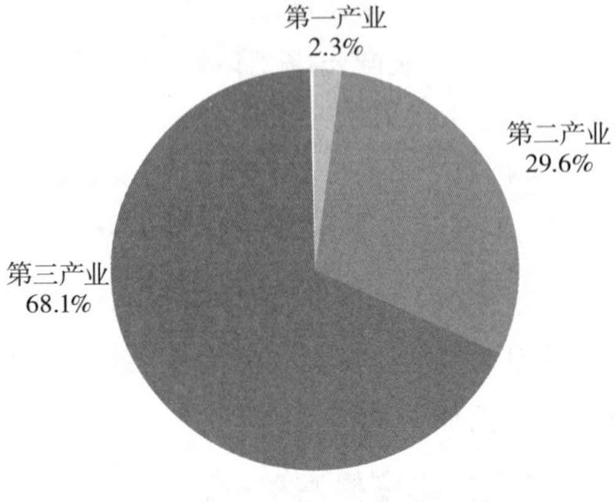

图 15.1　2019 年三种产业投资占固定资产投资比重

资料来源：国家统计局。

相较于单纯的旅游项目及地产项目投资而言，旅游地产投资回报更快、可持续回报时间更长，且回报收益更高，因此旅游房地产项目投资受到了广大投资者的青睐。旅游地产虽然盈利丰厚，但是影响盈利的波动因素较多，如资金、成本、政策、市场、运营等，加之相关政策及市场选择的灵活性与多变性，旅游地产投资要想获得盈利更需规避风险。

（一）开发背景：宏观政策 + 经济环境

旅游房地产项目的建设与开发是一个复杂且庞大的工程，对于国家政策及经济环境的变化高度敏感，只有在充分了解国家宏观政策及市场经济形势的前提下才能理性投资，保障投资有效收回并能够获取可观收益。

《旅游地产行业发展“十三五”规划》明确要求，到 2020 年旅游地产行业增加 30%。各地方为响应国家政策也相继出台了地方政策，提高行业渗透率。2019 年旅游地产行业逐渐成为政策红利的市场，国务院政府报告提出旅游地产行业要有利于提高民众生活质量。

2018 年 3 月，国务院下发《国务院办公厅关于促进全域旅游发展的指导意见》[1]，指出要加强美丽宜居村庄、旅游小镇，支持旅游综合体、主题功能

① 国务院办公厅．国务院办公厅关于促进全域旅游发展的指导意见[EB/OL]．[2018 -03 -22]．http://www.gov.cn/zhengce/content/2018 -03/22/content_5276447.htm.

区建设。正是因为有了国家宏观政策的支持，大量资本进入旅游市场为旅游项目投资提供了丰富的资金，旅游房地产因此搭上了高速发展的列车，同时开启了经营模式的深刻转型与层级分化。

2019 年 12 月，中央经济工作会议指出，“2019 年我国房地产开发投资金额为 132194 亿元，比 2018 年增长 9.9%。其中，住宅投资达 97071 亿元，增长 13.9%；而商业营业用房投资达 13226 亿元，下降 6.7%”。[①] 这也直观显示出国内商品营业用房市场的理性回归。

2019 年，随着供需两侧的共同发力，市场预期已经初步回归理性，市场调控取得了阶段性成果。但总体而言，旅游房地产开发的宏观环境仍然较为复杂，在整个市场保持基本稳定的条件下，国家有关调控政策依然“以稳为主，更强调因城施策、理性施策及结构优化”。[②]与此同时，2019 年政府工作报告提出进一步“促进房地产市场平稳健康发展，严控市场环境”。[③] 随着房地产市场调控的不断推进及市场需求的热情减退，2019 年旅游房地产市场需求与过去几年相比并没有大幅度提升，基本处于“维稳”状态。

（二）项目定位：休闲地产 + 休闲社群

旅游房地产充分依托旅游资源，它不仅为旅游者提供出行住所，还能作为休闲场所，有研究者甚至提议用“休闲房地产”来代替“旅游房地产”，虽然这种提法略带片面，但是也间接揭示了旅游房地产的本质特征。随着社群经济的不断发展及公众社交需求的不断强化，现代化的旅游房地产开发不再局限于休闲地产单一板块，而是注入了“休闲社群”概念。

旅游房地产投资的最大目的是实现回报最大化，通过打造包含旅游度假、游玩观光、购物消费等多功能的综合旅游地产项目，实现“休闲地产”的目标，保障旅游地产项目销售的稳定客源，实现地产楼盘投入资金的快速回收。

“休闲地产”得到充分利用之后，带动“休闲社群”建设，通过社区活动及周边活动设施、景点、商圈等各种场所及资源打造“休闲化”的地产社

---

① 国家统计局．中华人民共和国 2019 年国民经济和社会发展统计公报[EB/OL]．[2020-02-28]．http://www.stats.gov.cn/tjsj/zxfb/202002/t20200228_1728913.html

② 中指研究院．中国房地产 2018 年总结及 2019 展望[EB/OL]．[2019-01-01]．https://fdc.fang.com/report/12204.htm.

③ 国务院．2019 中国政府报告[EB/OL]．[2019-03-05]．http://www.gov.cn/zhuanti/2019qglh/2019lhzfgzbg/.

群，以“休闲”为契机，带动整个社群的“休闲消费”。

最终通过“休闲地产”与“休闲社群”的结合实现整个旅游房地产项目的经营布局，一方面，通过休闲楼盘销售快速回笼资金，保障投资收益；另一方面，通过休闲社群建设创收、增收，两者在项目布局中相互融合，不断增加旅游房地产项目投资回报率。

（三）区域定位：区域空白+资源整合

旅游房地产兴起前期一直处于一种集群式开发的状态，注意力集中于项目本身，随着区域经济的不断发展，一体化开发成了2019年旅游房地产的优中之选。只有充分立足于区域特色，跳出项目本身，将目光转向区域化旅游休闲开发，才能够在大量同质化的集群式地产项目中脱颖而出。要想融入区域旅游休闲集群，就必须充分了解区域特色，抓准区域空白，才能够做好项目定位，避免成为无数同质化地产项目中的一员。

在找准区域空白之后，更为重要的是如何以该空白为切入点充分调动区域资源实现“空白建设”，充分调动区域内经济资源、人文资源、自然资源及政府资源等资源，为旅游房地产项目建设提供充足全面的开发资源，同时通过旅游地产项目建设为区域发展创造经济效益、环境效益及其他社会效益，实现地产项目与区域一体化发展。

例如，绿维文旅在阳宗海的一个旅游综合体规划中，充分利用区域内兼具海岸、森林、湖泊、沟谷等自然资源的优势，打造“山·海·谷·驿·湾”五大主题公园，同时积极建设酒店类项目、运动类项目、休闲类项目、演艺类项目及住宅项目，作为整个地产结构的具体支撑。该项目充分发掘阳宗海区域高端私密旅游地产的空白，并以此为契机，整合区域现有资源，从而占据区域旅游地产开发的制高点，配套其他项目，为该旅游地产项目及区域发展创造了不菲的经济收益。

（四）竞争力：核心基础+特色文化

2019年，我国国内房地产业增加值为69631亿元，增长率为3.0%。[①] 随着旅游房地产市场的不断发展，越来越多的旅游地产项目开始招商引资，准

---

① 国家统计局．中华人民共和国2019年国民经济和社会发展统计公报[EB/OL]．[2020-02-28]．http://www.stats.gov.cn/tjsj/zxfb/202002/t20200228_1728913.html.

备进入市场，因此只有告别千篇一律的“地产＋景点＋消费”的旅游房地产开发模式，打造属于自己的独特竞争力，才能在无数地产项目中脱颖而出，取得可观的投资及收益。

旅游房地产“竞争力形成的关键主要是差异化体验”。[①] 这种差异化的体验取决于项目是否有一个核心基础，也就是吸引核，这是旅游房地产项目吸引投资、人流和相关配套设施入驻的关键。只有正确定位项目的核心基础，才能够突出项目特色，进而吸引旅游人群，促进旅游消费，获取投资回报。

打造项目吸引力核心基础的重要手段就是树立项目特色文化。一方面，特色文化的加持能够在很大程度上提升项目品位，丰富项目内涵；另一方面，文化本身的知名度与传播力对项目推广起到了很好的助力作用。因此，利用特色文化为项目打广告是最为稳妥、有效的方式。

如福建省平潭县海坛古城项目，充分立足于福建八闽文化，深入挖掘八闽文化的建筑风格、风俗传统等特色内涵，并将其融入地产项目的建设与开发当中，借助八闽文化对当地群众的影响力及对外地游客的吸引力为项目推广造势，使海坛古城项目在规划阶段就引起广泛关注，通过该项目率先打响“中国海岛古城”的文化旅游品牌，充分实现海坛古城“旅游产业＋地产产业”的共同突破。

（五）企业运营：项目运营＋组织运营

旅游房地产与传统房地产开发最大的区别在于其经营模式的多样性与灵活性，因此旅游房地产项目需要继续创新运营手段，实现科学化、专业化运营，帮助项目正常、高效地运转并实现收益最大化。

地产项目是旅游房地产运营的主体，要充分发掘旅游房地产跨区域经营、分时经营及多样化经营的优越性，扩展项目收益渠道，首先要做好旅游平台，通过旅游观光、游乐观景休闲购物等服务打造旅游口碑，吸引人流；其次还要做好休闲地产，促进产业融合背景下的消费服务产业发展，构建整合了旅游、文化、体育、健康、教育、养老六大幸福产业的休闲地产项目；最后还要做好旅游房地产项目的物业服务，将“销售型物业与经营型物业相结

---

① 林峰．旅游地产的破局重点[J]．中国房地产，2019(26)：42－45.

合”。[①] 为不同需求的人群提供针对性服务，更好地满足顾客需求，积累口碑，提升项目附加值。

据统计，我国百强房地产企业中，有超过60%的企业涉足旅游房地产，尤其是文化旅游房地产，文旅产业逐渐成为我国房地产企业转型的新方向。旅游房地产项目能否有长远、专业的规划，能否吸引足够的投资，能否充分调动区域现有资源，都与项目的房地产企业有很大的关联。因此，企业经营也是旅游房地产经营中不可或缺的一部分。

要做好企业经营，除企业日常管理之外，更重要的是针对重点项目引进战略合作伙伴，共同开发，切实做好项目各方面保障，降低项目建设与开发风险，促进项目平稳落地。同时，充分利用企业资源做好土地购置与开发工作，通过土地增值与经营收入创造企业经济效益，实现企业长足稳定的发展。

四、旅游房地产投资案例分析

在2018—2019 年度中国设计品牌大会评选上，云南景业・高黎贡小镇项目获得2019 年度最具影响力售楼部空间作品，该项目很好地打响了景业品牌，体现了品牌及项目丰富的文化内涵，实现了旅游资源与地产项目之间相互促进与相互成就。

（一）品牌理念

景业名邦公司成立于2013 年，该企业在广东、海南、云南及湖南都有较多的旅游地产项目。集团“坚持多元化发展，以发展绿色人文旅游地产为目标，倡导有态度、铸品质、志传承的发展理念，以追求更有品质的生活方式为己任”。[②] 总体来说，景业集团内部团队偏向年轻化，管理团队平均年龄在40 岁左右，年轻化的管理团队为旗下项目注入了更多活力，也为项目创新提供了更多的亮点。与此同时，管理团队的年轻化带来进取、务实的管理风格。云南景业・高黎贡小镇项目是2019 年景业名邦的重点项目之一。

（二）产品定位和形态

景业・高黎贡小镇是景业集团在云南省保山腾冲市开发的旅游房地产项

① 林峰. 旅游地产的破局重点[J]. 中国房地产,2019(26):42-45.

② 景业名邦集团. 云采购:景业名邦集团控股有限公司[J/OL]. https://jygrandmark. mycaigou. com/.

目。云南省气候条件温和，自然旅游资源丰富。腾冲市地处云南省西南部，是省级历史文化名城，该市空气清新，风景秀丽，是云南省最受欢迎的旅游城市之一。

景业·高黎贡小镇坐落于云南腾冲曲石镇，曲石镇地处高黎贡山风景区腹地，正对着高黎贡山脉，被当地人称为“腾冲最美观景台”。景业·高黎贡小镇项目所在地四周分布着高黎贡山国际自然保护区、国家地质火山公园、油菜花海等各类风景秀丽的自然景区。同时，还坐拥八十八处天然温泉，四季如春，环境植被覆盖率高达71%，气候宜人。

景业·高黎贡小镇项目充分发挥当地旅游资源优势，根据高黎贡地区多为山坡式地形的格局进行项目空间布局规划，在设计中注重将中国传统式的街道巷弄与住户庭院相结合，打造空间、建筑及园林景观的黄金比例，深刻体现中式庭院之美。

景业·高黎贡小镇项目定位为人文山水生态社区，贯彻“山为德、水为礼、园为境”的设计理念。在整个空间设计中采用中国传统建筑中讲究的“上有天、下有地、独成体系”的围合布局，根据所在街道巷弄的悠久历史进行特色化布局，通过建筑还原式设计重新追溯中国传统的邻里和谐相帮文化，打造一个充满传统色彩的街巷格局。同时，将中式汉文化融入项目设计当中，充分发挥当地民族特色，为项目布局开发增添亮色。

（三）销售和运营模式

景业·高黎贡小镇总体项目规划共有三期：第一期及第二期正在开发中，第三期主要作为未来开发之用，项目占地总面积约为252047平方米。其中，第一期项目正对高黎贡山脉，住宅区内能够直接欣赏到高黎贡山优美的自然景观；第二期项目风格为江南汉风合院，建筑设计很好地传承徽派建筑风格，在各处细节中精雕细琢，并且在院落中加入江南式园林设计，使整个庭院精致自然而不失风格。

项目周边配套有高黎贡书院、超市、公园、商场等纯熟的度假配套资源，能够充分满足游客度假时各项生活及娱乐需求。除此之外，项目周围还有温泉、古镇、湿地等旅游景点，充分满足度假观景需求。景业·高黎贡小镇项目充分调动周边各项生活、旅游、休闲资源，实现项目经营增值及土地增值，创造了可观的经济效益。

五、结语

2019年，中国旅游房地产的转型之路仍任重道远。从整个市场的发展中可以看出，传统的“旅游+地产”理念已经落伍，房地产开发商想要“借助旅游卖房子”的投机心理也难以为继，因此，当下旅游房地产市场更需要进行产业间的融合发展，充分调动一切可利用资源，将项目做大、做全、做强。未来发展中“旅游+地产+X的模式将诠释更多的可能性”①，这里的X指的是多元化产业及跨领域资源，也就是要借助旅游房地产这一平台在区域环境中不断推进产业融合及资源整合，进而形成一个“个性鲜明及具有强大黏性的特色产业集群和主题社区”。② 通过资本聚合、资源共享实现优势互补，不断提升项目核心竞争力，在层出不穷的旅游房地产项目中脱颖而出，进而吸引投资实现项目增值，创造经济收益，增加投资回报。

就整个旅游房地产市场而言，未来发展还需要进一步助推产业结构优化升级，不断促进区域内不同产业结构的协调发展运作，激发投资活力，降低投资风险，提升投资质量和项目投资收益，才能够保证旅游房地产业的协调可持续发展。

就旅游房地产投资主体而言，要实现旅游房地产投资的可观回报及长远回报，必须要在充分了解经济政策、经济环境及项目品质等多方面因素之后进行综合性的考量，避免“头脑发热”式投资，才能保障投资收益，提高抗风险能力。

---

① 邵政．文旅地产迎来新商机[J]．沪港经济，2017(9)．

② 童登峰，汪婷．供给侧结构性改革下旅游产业地产融合发展路径研究[J]．辽宁工业大学学报(社会科学版)，2019(6)：31－34．

第十六章　中国文化主题公园投资报告

罗红①

2020 年的开端注定令世人难以释怀。新冠肺炎疫情席卷全球，并重创了全球经济，全球化背景下各行业的产业链均受到不同程度的冲击。各国为了防止疫情蔓延，推出各种举措，并责令关闭了大部分大型人群聚集场所。覆巢之下安有完卵，旅游业作为高度市场化的产业，无疑是受疫情影响最大行业之一。

2020 年 2 月 20 日，在中国旅游研究院举办线上发布会，推出《中国旅游经济蓝皮书（No. 12）》，并就疫情带来的影响做出研判：2020 年第一季度国内旅游人次负增长 56%，全年可能达到 20.6% 的负增长，相应的是全年旅游行业将减收 1.18 万亿元。此次发布会也发出了一个积极的信号：引导旅游经济发展的产业基本面没有消失，自我修复和研发创新的动能正在集聚。中国旅游研究院针对旅游行业产品提供方进行了专项的调查，调查结果显示，市场对未来旅游行业的发展充满信心，26% 的受访者相信疫情结束后行业会迅速恢复，70% 的供给侧方表示疫情结束后会恢复全面生产与经营，并根据现实状况大力组织市场促销活动，最大限度地弥补疫情带来的损失。针对城乡居民的专项调查结果：20.7% 的受访者出游意愿强烈，表示疫情一结束，就会尽快外出旅游；71.5% 的受访者表达了待疫情结束后，稳定一段时间再出行旅游的意愿。

可见，2020 年依然值得投资者期待，也令沉寂的旅游消费者神往。

文化主题公园是旅游产业的重要组成部分，除满足公众娱乐休闲的需求，实现投资者的商业营收外，作为文化再现与交流的物理空间，还承载着文化

① 罗红，博士，天津财经大学人文学院副教授。

继承与传播，建立文化自信的重要功能。外在的物质文化是主题公园的基础，内在精神文化则是主题公园的灵魂与硬核。实现文化强国战略，提升中国文化软实力，应该是文化主题公园建设与投资的重中之重。文化主题公园若想具备可持续性发展的潜能，必须打造适应时代需求的文化内核与文化外在形式，以顺应人民群众精神追求多元化的需求。

一、文化主题公园行业发展综述

自20世纪80年代以来，中国内地第一个具备文化主题公园雏形的大观园、荣国府落成。随后，主题公园的建设和投资开始进入快车道，并逐步完善投资与经营策略，以趋成熟。早期的文化主题公园以中国古典园林、传统建筑等静态景物形式为主，借助简单的设备和技术，再现文学名著或者某一历史片段，注重传统文化的知识性普及与传播，如最早建在北京的大观园和河北的荣国府，参照《清明上河图》在香港建立的宋城等。第二代文化主题公园以微缩景观为主，用人造静景的形式，以风景名胜或标志性建筑物为对象，加以微缩与复制，如华侨城集团参与投资的深圳锦绣中华园和北京的世界公园。然而，20世纪90年代后期兴建的第三代主题公园则借助先进的技术设备，集游戏、娱乐于一体，摆脱之前静态再现的状态，将单向的文化普及转化为鼓励游客参与其中的游乐式主题公园。进入第四代的主题公园在游乐场的基础上，通过植入故事，凸显出某一文化主题，将娱乐和文化相融合，以特定场景吸引公众参与，如建在深圳的“欢乐谷”。进入21世纪以后，随着中国经济的快速发展，城镇化速度的不断推进，公众出行在休闲娱乐的同时，对文化的需求也不断增高，清明上河园、大唐芙蓉园等历史文化类主体公园成为新宠。2016年6月中旬，上海迪士尼主题公园开园，一时万众瞩目，成为公众游览的热点。

文化主题公园在中国短时间内经历如此快速的发展，说明中国公众对精神文明的需求越来越高，越来越多元化。艾媒咨询的研究表明，中国主题公园对当地经济有明显的拉动作用。在持续拉动内需的发展背景下，主题公园是联动旅游、酒店、餐饮等的重要着力点。另外，主题公园的投资者在完成核心主题的景观设计之后，会相应推出不同种类的、与其文化主题相关的衍生产品，如特色文创商品、特色饮食与住宿、相关个性化体验服务与演出等，以实现附加值变现。

2018 年，国家发展和改革委员会发布《关于规范主题公园建设发展的指导意见》，其中明确规定了主题公园的特性。主题公园是指以营利为目的兴建的，占地、投资达到一定规模，实行封闭式管理，具有一个或多个特定文化旅游主题，为游客有偿提供休闲体验、文化娱乐产品或服务的园区。由各级政府出资兴建的公益性公园，如动植物园、城镇公园等，不属于主题公园。

目前，华侨城集团、华强方特、长隆集团、宋城演艺作为中国文化主题公园主要的投资方，逐渐形成四足鼎立的局势，并将投资延伸到海外市场。同时，国际资本投资的主题公园在中国的比重也不容小觑。

二、文化主题公园的行业发展迅速

近年来，随着全球经济一体化的推进，主题公园在世界各地落地开花，不仅丰富了全球人民的精神文化生活，同时也成为促进各国经济发展不容忽视的一股力量。主题公园的建设离不开经济的快速发展，公众对休闲文化不断增强的需求，也离不开相关文化与产业政策的扶持。

（一）宏观环境有利于主题公园的投资

2019 年的全球局势纷繁复杂。国家间的贸易摩擦不断，地缘冲突时有发生，金融市场频繁动荡，全球经济亮点不多，处于持续低迷的状态。但中国整体投资环境持续向好，国家各个方面的发展战略卓有成效。

1. 经济方面保持增长趋势。

根据世界货币基金组织在 2019 年 10 月的预测，2019 年全球经济增速为 3%，是自 2008 年爆发金融危机以来的最低水平。与全球经济形成对比，2019 年中国经济长期向好的趋势没有变，表现抢眼，不断释放积极信号，为深陷“迷雾”、充满不确定性的世界经济注入了信心。世界银行发布的《全球经济展望》指出，在实际可支配收入增长强劲的支撑下，中国经济增速在全球经济版图中表现亮眼，并将继续保持相对的韧性。

根据中国国家统计局发布的《中华人民共和国 2019 年国民经济和社会发展统计公报》①，全年国内生产总值为 990865 亿元，相较 2018 年增长 6.1%。

① 国家统计局．中华人民共和国 2019 年国民经济和社会发展统计公报[EB/OL]．[2020－02－28]．http://www.stats.gov.cn/tjsj/zxfb/202002/t20200228_1728913.html.

其中，第三产业增加值为534233亿元，增长6.9%，增加值比重为53.9%。全年最终消费支出对国内生产总值增长的贡献率为57.8%。人均国内生产总值为70892元，较2018年增长5.7%。人均GDP首次站上1万美元的新台阶。全国居民人均可支配收入中位数为26523元，增长9.0%。

国家统计局公布的2019年居民消费支出数据显示，居民人均服务性消费支出为9886元，比2018年增长12.6%，占居民人均消费支出的比重为45.9%。从消费支出的构成来看，教育文化娱乐与交通通信占总支出的25%，较2018年增长0.7%，如图16.1所示。

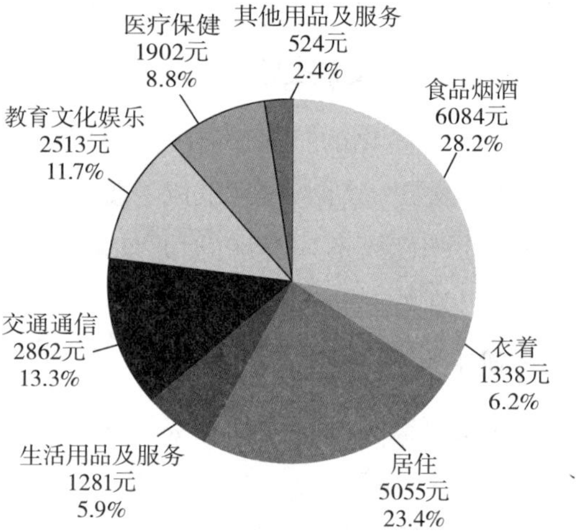

图16.1 2019年全国居民人均消费支出及其构成

资料来源：中国国家统计局。

根据麦肯锡报告，中国经济的重点已逐步转回国内消费市场。中国经济发展拉动力量已逐步转向依靠内需，国内需求消费将会发挥基础性的作用，中国经济增长模式正在经历着根本性的转变。

2. 文化政策推动国家文化公园建设

2019年7月，习近平总书记主持召开中央全面深化改革委员会会议，审议并通过《长城、大运河、长征国家文化公园建设方案》（以下简称《方案》）。《方案》要追溯到2017年国务院印发的《国家“十三五”时期文化发展改革规划纲要》（以下简称《纲要》）。《纲要》明确提出，我国将依托长城、大运河、黄帝陵、孔府、卢沟桥等重大历史文化遗产，规划建设一批国家文化公园，形成中华文化的重要标识。根据《方案》精神，建设国家文化公园，就是要充分挖掘与利用好中国丰富文物和文化资源，“让文物说话、让历史说话、让文化说话”，让优秀的文化资源走进公众，建立围绕长城、大运河、长征为主题的国家文化公园，就是让中华儿女了解我们是谁、我们从哪里来、如何走到今天、我们又将去往何方。其目的是增进优秀传统文化的创造性再现、创新性发展，也是实现革命文化、先进文化传承的重要举措。

围绕长城、大运河、长征为主题的国家文化公园的建设覆盖众多省份地区，涉及广阔区域的文化符号，这就需要中央积极统筹，遵照文化和旅游部《“十三五”时期文化产业发展规划》提出的策略，充分发挥市场在文化资源配置中的积极作用，更好地发挥政府引导、调控和服务职能，建立健全现代文化市场体系。从列出的部分对文化主题公园行业指导的政策可以看出，文化主题公园作为文化产业的一部分，承载着文化建设的重要使命，不仅顺应了人民群众精神追求多元化的时代特征，也是推动中华优秀传统文化不断创新性发展和转化的载体与途径。

3. 公众的文化需求多元化、个性化

世界旅游组织在《马尼拉世界旅游宣言》中明确指出：旅游是人的基本权利，旅游是人类实现自我精神解放的途径之一。发展旅游的根本目的是“提高生活质量并为所有的人创造更好的生活条件”，目标就是让人们通过度假、观光、休闲等方式开阔视野、增长见识、陶冶情操，实现精神上的满足。李克强在2016年的夏季达沃斯论坛致辞中，将旅游列为“旅游、文化、体育、健康、养老”这五大幸福产业之首，称其不仅拉动了经济增长，促进了公众的消费升级，也从整体上提升了国民人文素养和精神文明水平。

2019年，一个新的代际人群开始走进时代的舞台，为世人关注，各个行业都在尝试去认知和解读这个人群，他们认识世界的方法、行为特征、社交方式、消费品位，以及对待世界的态度，一时成为各行各业关注的焦点。这个代际人群就是Z世代（Gen－Z）。

Z世代这一名称近两年在欧美流行起来，同时被国内学者和行业精英所关注，它指代的是1995—2010年内出生的人，他们是真正意义上的数字时代原住民，在社交网络里摸爬滚打长大，熟悉并会使用各种数字产品，对移动媒体有天然的亲近感。Z世代生活在信息时代，对信息的搜索与分析能力强，他们对世界的认知多元化，宽阔的眼界使他们行事不限于条条框框，充满创造力。他们喜欢个性化的表达，不喜欢被定义和贴上标签，对追求真相抱有与生俱来的热情。根据麦肯锡研究报告，Z 世代的群体大多接受过良好的教育，追求个性，喜欢平等对话，关注体验，喜好挖掘最好的价值和服务，并愿意为具有个性化的物品买单。

根据统计数据，中国 Z 世代人口为 2.6 亿，占总人口的 18.5%。IBM 与美国零售联合会（National Retail Federation，NRF）共同发表的报告表明，到 2020 年，全球 Z 世代消费者达到 26 亿。最早的一批 Z 世代刚开始他们的职业生涯，更多的 Z 时代还生活在象牙塔里。尽管这一代际人群自主赚钱能力有限，但是他们的消费潜力巨大。Mob 研究院的调研报告显示，在北上广地区，53.1% 的 Z 世代人群有出行旅游的喜好，而全体 Z 世代有 25.2% 的旅行喜好。

Z 世代作为未来消费市场的潜在力量，他们在个性化追求、文化消费、精神文明方面的需求量会愈发巨大。

（二）行业需求增量巨大

世界旅游城市联合会（World Tourism Cities Federation，WTCF）与中国社会科学院旅游研究中心在北京共同发布的《世界旅游经济趋势报告(2020)》[①] 显示，2019 年，全球旅游总人次（包括国内旅游人次和入境旅游人次）为 123.1 亿人次，较 2018 年增长 4.6%；全球旅游总收入（包括国内旅游收入和入境旅游收入）为 5.8 万亿美元，相当于全球 GDP 的 6.7%，如图 16.2 和图 16.3 所示。

《世界旅游经济趋势报告（2020）》首次提出“T20”概念，即在全球排名前 20 位的国家。报告指出，T20 国家集中了全球旅游经济的 80%，其中，国内游是 T20 国家旅游经济的主要来源，旅游产业稳步的增长促进了这些国家的经济发展。报告将 T20 国家的旅游发展分成不同的趋势类型，中国的旅游产业被归为“减速缓增型”。作为世界最大的国内旅游市场、出境旅游的消费大国、排名全球前 10 位的旅游目的地国家，中国的旅游产业对全球经济和

---

① 凤凰网旅游．世界旅游经济趋势报告(2020)：预计 2020 年全球旅游总人次将达到 128.21 亿人次[EB/OL]．[2020-01-09]．https://travel.ifeng.com/c/7t60z1G0w40.

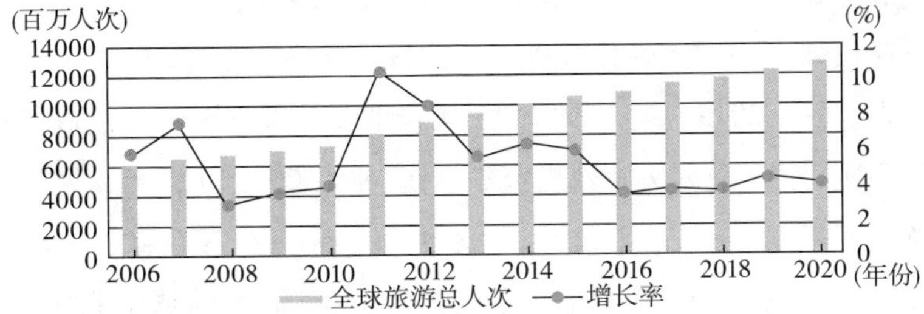

图 16.2　2006—2020 年全球旅游总人次及其增速

资料来源：《世界旅游经济趋势报告（2020）》。

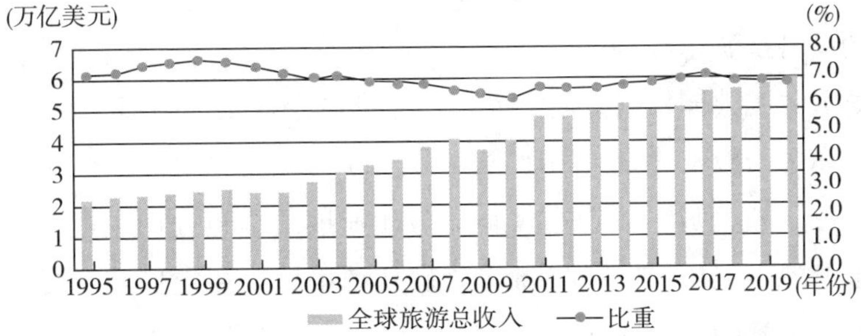

图 16.3　1995—2019 年全球旅游总收入及其相当于全球 GDP 的比重

资料来源：《世界旅游经济趋势报告（2020）》。

社会发展的贡献日益凸显。

世界旅游理事会（World Travel & Tourism Council，WTTC）做出预测，至 2026 年，中国旅游产业总体增加值将达 112250 亿元，GDP 占比达 9.4%，旅游产业对经济的拉动效应愈加显著，中国将超过美国，成为世界上最大的旅游经济体。

文化和旅游部于 2018 年合并成立，此部委的成立顺应了文旅融合的时代潮流，对于打造具有中国文化特色的超级品牌的文旅 IP 意义重大，意味着未来旅游的开发与规划都会围绕一定的文化开展。在这样的环境下，可以预见文化在主题公园的建设与规划中，拥有独特文化 IP 的景点将成为文旅行业发展的新引擎。

（三）国内文化主题公园投资规模日趋庞大、日趋国际化

2019 年，中国内地第一个现代意义的文化主题公园“锦绣中华”开园 30 周年，位于深圳的锦绣中华和中国民俗文化村，名列首批 5A 级中国旅游景

区。在建成的30多年间，锦绣中华接待海内外游客近7000万人次。经过30多年的飞速发展，中国主题公园投资与建设已走在了全球前列。

据业内统计，2019年中国共有35家新主题公园开园，总投资额超过4500亿元。[①] 其中，广州融创文旅城投资额最高，为500亿元；无锡融创文旅城和武汉世贸嘉年华紧随其后，总投资均为400亿元。在其余将建成的主题公园中，半数以上的投资额过100亿元。总投资300亿元的清远长隆也将建成。2019年8月，以成语文化为核心创意元素的高科技“方特国色春秋”主题公园在邯郸开园。这个主题公园以邯郸的地域历史文化为创意基础，结合中国历史文明，融入了邯郸梦文化、女娲文化等多种特色文化，创造了一批以成语为主题的高科技游乐项目。

全球三大主题公园投资方迪士尼、环球影城、六旗已全部登陆中国市场，并加大力度布局与投资建设。2018年4月，以“玩具总动员”为主题的乐园在上海迪士尼乐园开放，成为迄今全球扩建速度最为迅速的主题公园。2019年年初，上海迪士尼乐园宣布将新增“疯狂动物城”主题园区。另外，作为较早抢滩中国市场的迪士尼已决定，“第七个主题公园”也有望落地中国。北京环球影城投资414亿元，建造北京环球主题公园及度假区，2019年年底项目一期主体工程已经全面进场，2020年全面竣工。六旗集团与中国山水文园集团联手，布局浙江、重庆、南京三地，共建11个乐园，计划于2020年、2021年和2024年投入运营，其中重庆六旗乐园的数字体验园已在2018年年底落成并开放。

此外，全球第二大的旅游景点营运公司默林集团也不甘落后，利用旗下的乐高乐园品牌分食中国主题公园市场这一大蛋糕。2019年9月，乐高乐园正式签约四川天府，并于2019年年底开工，计划在2023年开园营业。素有“欧洲迪士尼”的法国达高集团也已布局中国，同上海泫龙集团签订战略合作，拟在上海建设首座达高泫乐园，乐园将分为8个主题区、28个景点。

AECOM（美国主题公园规划公司）2018年发布的报告显示，目前中国拥有主题公园数量已超过2500个，历史文化类的占有率为13%，以此推断历史

① 新旅界. 2019年新开业主题乐园名单出炉　竞争白热化[EB/OL].［2019-02-15］. https://www.sohu.com/a/294869287_476087.

文化主题类公园目前已经超过300个。目前，主要集中在华东、华中、华南与西南地区。东北、华北与西北地区合起来占比刚超过21%。华东地区集中在上海、浙江与江苏，华中地区则主要集中于河南与湖北，华南地区则主要集中于广东。西南地区则集中在以旅游产业占主导、少数民族聚集的云贵川。例如，云南省拥有17个已对外开放或在建的大型主题公园，其中12个在昆明，其中6个大型主题乐园已对外营业。

三、文化主题公园品牌战略与运营分析

华侨城集团、华强方特文化科技集团、长隆集团、杭州宋城集团等经过多年的深耕，在文化公园的投资、建设与运营方面，成为国内主题公园行业的佼佼者。紧随其后的是海昌海洋公园、复星文旅等。作为中国主题公园的主要投资方，这几大品牌运营的主题公园遍布国内各个重要的经济发展区域，也探索出了独具特色的经营模式与品牌战略。

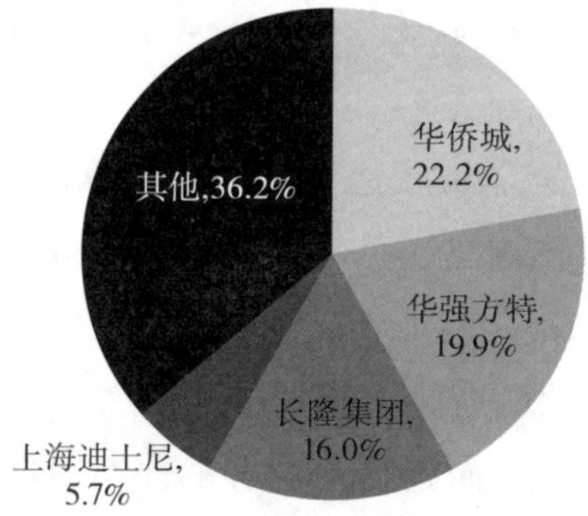

图16.4 国内头部主题文化公园占比

资料来源：MobData①。

（一）打造完整产业链，为游客提供全景式体验

这种文化主题公园的经营模式，就是将主题公园的整个产业链开发出来，为参观者提供进了园区后所需要的全景式服务。上海迪士尼主题公园的经营思路就是围绕推出深受大众熟知和欢迎的IP，打造全方位一条龙的经济消费模式，从IP为创意点装饰的度假酒店、餐饮、服务，到各种演出、互动、游

① MobData研究院.2019主题公园研究报告[EB/OL].[2019-10-08]. https://zhuanlan.zhihu.com/p/85548947.

行，再到售卖的纪念品和提供游乐的硬件设施，无不围绕 IP 设计和展示，为游客营造一个无缝链接式的、童话般的完美体验。正是利用了这种一站式的运营模式，上海迪士尼平均每日吸引游客 2.7 万人，在短短的 15 个月内，就实现了盈利。

由开封市政府投资主导，联合海南置地以历史名画《清明上河图》为蓝本建设的清明上河园，重现了宋朝皇家园林、市井文化、古时娱乐与风情民俗，并充分利用和放大中国人熟悉的历史文化 IP，对产业链上的每个环节进行创意研发，通过全景式的服务，达到为游客提供深度文化穿越体验的目的。2019 年，清明上河园接待人数连续 3 年持续增长，再创历史新高，共接待 351.5 万人次。

长隆集团充分利用这种经营模式，精心打造旗下主题公园的完整产业链，将观赏、游览、乘骑、特技剧场、巡游表演、硬件设施、生态环境、特色住宿与餐饮、主题商店、综合服务等集中起来，以无微不至的态度打磨产业链的每个环节，为游客提供一站式的服务。2018 年，长隆接待游客 3400 万人次，营收 30 亿元。

这种将整个产业链打通的全景式运营模式，依靠品牌知名度吸引游客，并通过售卖具有知识产权的旅游纪念品与相关衍生服务，获得二次盈利，这些区别度高的纪念品与衍生服务的消费又进一步扩大了品牌的影响力，形成良性循环，从而使得主题公园的营收实现“滚雪球”式的增长。另外，深耕主题公园产业链的每一环，一方面延长了游客的停留时间，增加了他们在园区内的总消费；另一方面也会增强游客对主题公园的忠诚度，提高主题公园的竞争力。同时，也提升了园区内单位土地的利用价值，在很大程度上降低了开发的风险。可以说，这是一种最为常见，也最具备生命力的经营方式。

（二）“旅游演艺 + 主题公园”，深度浸染式体验

旅游演艺，顾名思义，是一种围绕旅游产业创作与表演的艺术形式。这种表演艺术一般常驻于旅游目的地，以参观的游客为主要表演对象，运用多种艺术表现形式，巧妙地融合旅游目的地景色风物，利用声光电等技术手段，将当地特有的地区文化、历史故事或民俗风情演绎出来。旅游演艺根据旅游目的地的不同，一般分为实景演艺、剧场演艺和主题公园演艺。主题公园旅游演艺的特征是娱乐性和参与互动性，与公园的特有主题文化互为补充，为

游客提供多维的体验。这种演艺与公园的结合，须将公园诉求的特定文化价值深度而有机地融合进日常的运营之中，即“将区域特有的文化故事进行二次创作与开发，然后用多种演艺方式将再现二次创作内容，从而实现文化附加值的变现”。

1997 年，宋城集团的创始人黄巧玲效仿美国迪士尼的做法，在其投资兴建的以宋朝文化为主题的公园里，首次引入《宋朝千古情》文化艺术表演。这种经营模式随着宋城集团的持续扩张，遍地开花，成为其在竞争中形成的特色经营策略。《宋城千古情》将观赏者拉入由高科技打造的烟雨江南当中，从而达到深度浸染的体验目的。当时，这种新颖的、将经典传统文化植入的体验式演艺取得了巨大成功，吸引了众多游客，使黄巧玲只用了三年时间即收回了投资的 1.8 亿元。同时，也引来众多主题公园纷纷效仿和复制。

2019 年，宋城集团实现营收 26.15 亿元，净利润 13.42 亿元，同比增长 4.28%。宋城集团依托“宋城”和“千古情”两个大 IP，坚持走“主题公园＋旅游演艺”经营模式，已位列全国文化企业三十强，成长为全球主题公园集团十强企业之一。

前瞻产业研究院的报告与分析显示，截至 2018 年，主题公园的文化演艺收入在整个旅游文化演艺收入中占比为 47%，几乎占据了旅游文化演艺收入的半壁江山。可见，这种“主题公园＋旅游文化演艺”的经营模式具有很强的复制拓展潜力。[①]

（三）“文化＋旅游＋”的全域旅游

国务院 2016 年年底发布的《“十三五”旅游业发展规划》中，明确提出“以转型升级、提质增效为主题，以推动全域旅游发展为主线”。2017 年，李克强总理在政府工作报告中提出，要完善旅游设施和服务，大力发展乡村、休闲、全域旅游。全域旅游在于摆脱长期以来形成的单一“景点式”旅游模式。景点景区的封闭式建设与经营，割裂于外部环境，结果带来的是景点内外的“两重天”。全域旅游则要打破这种“两重天”的格局，将一个区域整体作为“功能完整的旅游目的地来建设、运作，实现景点、景区内外一体化，

① “主题公园 ＋ 旅游演艺”模式看好 助推文旅产业向好发展[EB/OL].[2020－01－16]. https://f.qianzhan.com/wenhualvyou/detail/200116－4e24666c.html.

做到人人是旅游形象，处处是旅游环境”①，实现共建共享，促进人文生态环境和谐发展，进而提升区域整体形象。全域旅游就是一种以旅游业为驱动力，促进区域经济社会协调发展的理念和模式。

其实，在全域旅游发展模式提出之前，开创中国现代文化主题公园先河的华侨城集团，就率先尝试实施“文化立区、旅游兴区”策略，布局文化古城西安，整合区域内的优势旅游与文化资源，打造“文化+旅游+”全域式文化旅游模式，先后投资建设了大雁塔北广场、大唐芙蓉园、大明宫遗址等主题公园。同时，针对不同的区域，采用“文化旅游+城镇化”“文化旅游+大遗址”“文化旅游+大秦岭”等经营策略，完善区域内人居、购物、旅游、休闲、娱乐等功能，打造全域式的城市文化景观，构建古都西安独有的文化名片。在提升区域经济发展，优化区域经济结构之外，还让西安独特的历史文化得以价值最大化。

2019年5月，主题娱乐协会（Themed Entertainment Association，TEA）与AECOM联合发布2018年全球主题公园集团排行榜。全年游客数量为4935万人次的华侨城集团名列全球主题公园集团四强，继续领跑亚洲。根据华侨城亚洲发布的业绩公告，2019年华侨城经营收入近21亿元，同比增长30.7%。

2019年6月15日，以南越文化、岭南风格为核心的广州融创主题公园开园，14天后，以吴越文化、江南文化为底蕴的无锡融创主题公园也向公众开放，两个主题公园均融合了文化、旅游、商业、生活等业态，实现全域旅游的运营目标。美国六旗集团在中国投资的项目启用的就是全域旅游模式，如浙江山水主题小镇，就是以“六旗乐园群”为核心，联手派拉蒙、PVCP石头季等具有世界顶级影响力的文旅IP，将文化艺术、生态休闲、游乐、度假村、商业、居住、医疗养生、酒店八大业态体系整合，给人们带来闲适、健康的高品质生活。

全域旅游作为一种新业态，是包括文化主题公园在内的未来文旅产业的主要发展方向。

（四）利用科技，让传统文化酷炫起来

中国是一个具有悠久文化历史的国家，这些文化与历史既是软实力的综

① 李金早．国家旅游局局长：全域旅游大有可为［EB/OL］．［2016－02－06］．http://www.xinhuanet.com/travel/2016－02/09/c_128710701.htm.

合体现，也是文化心理养成的重要内容和载体。“文化兴国运兴，文化强民族强”，没有文化的繁荣与自信，民族的复兴只会流于纸上。特别是对数字原住民的Z世代群体，在享有现代化物质文明成果的同时，对中国传统文化的认知和心理认同也显得分外重要，用Z世代群体熟知的方式讲文化故事势在必行。2011年，中华人民共和国科学技术部提出“推进文化科技创新”，将科技与文化融合看成一种文化发展战略。科技与文化的深度融合方式，让传统文化酷炫起来，不仅适应了Z世代群体的审美特征与接受习惯，也会让传统的历史文化故事焕发新的光彩。

清明上河园采用360°全环绕、全息投影、灯光特效和透视屏幕等技术，将场景与演员表演充分融合，打造出全息环幕演艺秀《游龙戏凤》。横店影视城推出的《梦幻太极》，通过春、夏、秋、冬、初春五大部分，成功地将晦涩难懂、高深莫测的天干地支和日月五行等易学理论巧妙、立体、形象地演绎出来。

“文化+高科技”是华强方特在文化主题乐园运营中常用的手段，通过采用数字三维、数字影像集成等技术的虚拟交互娱乐设备，制作出一系列影响深远的品牌：《九州神韵》《梁祝》《牛郎织女》《千古蝶恋》《女娲补天》《魅力戏曲》《千岛之歌》等。2019年，开园的邯郸成语文化主题乐园，将独具中国语言文化特色、历史悠久的成语用现代科技的方式呈现出来。

宋城集团瞄准线上互联网市场，收购六间房全部股份，进军直播领域，线上线下相结合，形成具有高强度黏性的粉丝群。收购的第一年就实现互联网线上营收10.9亿元，占宋城当年净利润的26.05%。宋城为占领文化领域高科技市场，联手美国高科技公司Spaces，创立了Songcheng Spaces子公司，为其主题公园内的VR/AR/MR+演艺联动铺平了道路。

四、文化主题公园投资建议

2020年，新冠肺炎疫情席卷全球。全球化时代，各行业产业链遍布世界，全球经济受到巨大冲击。旅游产业作为典型的无边界产业，与之相关联的行业有100多个，同全社会的人员流动最具相关性。现在各个国家和地区均建议，减少不必要外出，尽量待在家里，避免公众非必要流动。跨国或跨地区的人员流动和往来，也受到极大的限制。

旅游产业是受新冠肺炎疫情影响最严重的行业之一。旅游业像被按下了暂停键，基本处于停摆状态。世界旅游业理事会预测，亚太地区的旅游业受疫情影响最为严重，大约4500万从业者面临失业，行业将遭受8000亿美元的损失。全球共计7500万从业者的岗位遭受威胁，2020年全球旅游业产值损失达到2.1万亿美元。①

中华人民共和国交通运输部统计数据显示，2020年春节黄金周全国出行人数为15176.6万人次，相较2019年同时期的4.21亿人次下降了63.9%。为最大限度地挽救旅游业的损失，春节过后，从文化旅游部到各级政府，先后推出了免减税、旅游服务质量保证金暂退、对文化事业建设费进行补贴等措施，帮助旅游企业应对困难。在这样严峻的形势下，文化主题公园不能坐以待毙，要直面困难，善于利用时机，整合各种资源，蓄势而发，早日走出因疫情而带来的阴霾。

（一）善用空窗期，优化供给侧结构，提升品牌形象

在主题公园停止营业的空档期，或者客流量急剧下降的情况下，集中力量实施基础建设与项目维修，调整产品结构与布局。遵照产品生命周期规律，淘汰老旧设施，维修存在潜在危险的设备，进行必要翻新、升级和改造，并扩容新设施。剥离不良与亏损项目，去除没有特色和缺乏吸引力的业务。研发新产品，美化园区类的人文与生态环境，通过增强游客的陌生感与新鲜度，消除游客的审美疲劳与体验疲劳。

加强企业文化建设，重塑企业形象。根据员工岗位组织在线学习与研讨，通过继续教育和培训，提升员工的文化修养、业务技能和服务意识，培养员工对企业文化的认同感，身体力行，将企业精神外化。对企业管理和经营进一步标准化和精细化，保证企业现金流正常，完善整合营销策略。

避免单兵作战，打破各种主、客观壁垒，寻求合作。增加行业间的有效交流与沟通，加强全产业链之间不同环节的关系维护与协同合作，积极寻找跨行业的发展机会；发挥企业的社会责任，开展与非营利机构、组织的合作，塑造企业的公益形象。总之，整合企业内外各种资源，全方位提升企业的内

---

① 姜波，林芮．全球旅游业面临疫情大考[EB/OL]．[2020-04-03]．https://economy.gmw.cn/2020-04/03/content_33711003.htm.

在涵养与外在的公共形象。

（二）应用新媒体技术，开拓线上市场

在互联网时代，当面对面交流与直接体验受到阻隔，互联网的线上服务无疑是对其最好的替代。即使在疫情发生之前，宅生活、宅消费也已经成为现代经济生活的组成部分。对于生长在数字时代的Z世代群体来说，在线状态已是他们生活的常态。

文化主题公园需要通过这些新技术补充线下市场的阻隔：一是智能服务。智能机器人逐渐成为各行业的新宠，它不仅可以提高效率，让服务形式多元化，减少人与人直接沟通带来的各种不便和风险，还会给公园内的游客带来新鲜感。二是虚拟现实技术。利用三维特效技术，消费者凭借手机App就能在家体验在现场的感觉。三是直播业务。视频直播已经成为最受消费者欢迎的一种形式，从教育到演出，从服务到卖货，各个行业的各个品牌都纷纷进驻平台直播间，以适应直播时代的需求。

除此之外，建设官方网站、微信公众号、微博、豆瓣兴趣讨论小组、知乎问答，甚至是Facebook与Twitter，积极利用这些平台，通过在这些免费平台上发布信息，吸引新老粉丝群体，进行推广和营销，提高影响力。

（三）组合营销推广策略，维护品牌知名度与忠诚度

自2020年3月以来，各地政府采用向所在地区的居民发放消费券的方式，保民生，促消费。其中，浙江、山东、四川、江苏等省的政府向全社会发放旅游消费券，以扶持旅游业。主题公园运营方要善于利用政府的促销举措，推出相配套的打折、返券、赠票等优惠措施，吸引游客进入园区消费。

善于利用各种新媒体平台上的账号资源，坚持开放、互动、共享、交流的互联网精神，发挥网络社交营销和社群营销、线上与线下的营销组合拳，以增强用户黏度与品牌忠诚度。

由于文化主题公园是一个联动性强的产业，经营方需要积极利用全域旅游、区域协同发展的策略，配合各种大型活动，积极嵌入地方政府的形象建设与区域规划当中，以形成多方联动的营销推广模式，既节约了成本，又提高了媒体出镜率。

（四）强化危机应对与处理能力

文化主题公园的游客聚集量大，一些硬件设施的体验具有一定的风险性

和挑战性，为了确保游客的安全和园区的正常运营，降低经营风险，安全生产与维护成本一般会纳入日常的运营管理当中。

此次新冠肺炎疫情引起的重大公共卫生事件虽不常见，但仍引发了难以预估的严重后果。如果应对处理不当，各种次生灾害会接二连三出现，甚至会导致运营完全瘫痪。这就需要主题公园投资运营方未雨绸缪，同各方精诚合作，建立重大危机应对与处理机制，以应对危机，从而将损失限定在最小范围。

第十七章　中国文化旅游特色小镇投资报告

朱晓辉　梁瑞静①

一、文化旅游特色小镇发展起源及历程

（一）文化旅游特色小镇起源

特色小镇的出现，与中国不断推进乡村建设，以旅游助力乡村振兴的目标紧密相关。从 2005 年党的十六届五中全会提出建设社会主义新农村，到 2008 年浙江安吉“中国美丽乡村计划”，到 2013 年农业部出台“美丽乡村”创建活动，再到之后不断提出的新型城镇化建设等内容，其目的都是推进中国乡村的发展与建设。

特色小镇的建设与发展是我国经济社会转型升级和产业结构调整的重要力量。同时，特色小镇的发展除了依赖特色产业，也离不开文化的融入。因此，可将文化旅游小镇视为集产业、文化、旅游、社区等功能于一体的特色小镇，着重为旅游者提供更加个性化、细致化的旅游产品和服务。以目前特色小镇的建设进程及发展方向来看，90% 的特色小镇策划以旅游产业作为主导产业展开，其中，“文化是旅游的灵魂”，故而在特色小镇的发展过程中，文化和旅游占据重要地位。因此，就目前我国特色小镇的发展进程来看，可以认为我国特色小镇在一定意义上等同于文化旅游小镇。

新时代，大多数人能够满足物质生活，精神生活的富足成为人们当下的又一追求。在物质生活水平相对提高的背景下，人们更加希望走出舒适的生活区，去探寻更为优质的精神生活。文化旅游特色小镇作为旅游发展的新形

---

① 朱晓辉（1972—　），女，云南楚雄人，云南财经大学旅游文化产业研究院副院长、教授、硕士生导师，研究方向：旅游经济与管理；梁瑞静（1996—　），女，河南驻马店人，云南财经大学旅游文化产业研究院，研究方向：旅游经济与管理。

态，不仅丰富了旅游形式，而且其发展前景与当地经济有着密切联系。因此，在全域旅游与新型城镇化建设的大背景下，认清文化旅游特色小镇的内涵及发展模式，并了解如何有序引进投资等问题，以促进文化旅游特色小镇的可持续发展显得至关重要。

（二）旅游特色小镇的文化融入

特色小镇的主要特色在于产业的特色和文化的特色。文化是旅游特色小镇发展的内生动力。特色小镇依靠旅游以更高效的方式获取市场。当下，人们不再仅仅追求走马观花式的旅游，这一改变意味着高质量的优质旅游方式必将受到更多旅游者的青睐。高质量的旅游方式离不开文化的嵌入与融合。这就需要对当地传统文化进行挖掘并合理利用开发。

文化旅游特色小镇的可持续发展，离不开传统文化的延续，更离不开文化的创新。上文所提到的文化，一方面，包括当地人在历史长河中所传承的习惯、习俗；另一方面，包括以人为中心的内在遵循，以及人与自然关系认知上的延续等。旅游特色小镇的建设让人们重新挖掘传统文化。文化与旅游的融合使传统优秀文化在不断创新中以各种形式走向市场，被更多的人所认可，并得到更好的传承。毕竟，我国优秀传统文化不能在简单的复制中被定义，而应该在创新中被凸显并发扬。因此，文化与旅游特色小镇之间是相互促进的关系。

（三）文化旅游特色小镇的发展阶段

1. 观光旅游古镇阶段（2004 年以前）

2004 年以前，以丽江古城、平遥古城及江南古镇、磁器口古镇等为代表的具有自然底蕴、文化魅力、历史气息的古城古镇观光游览，是文化旅游特色小镇的最初形态。

2. 休闲度假小镇阶段（2005—2013 年）

随着城市化的快速发展和人们可自由支配收入的增加，人们对文化旅游小镇的需求逐步升级为休闲度假游，原有的古城古镇观光游转向小镇休闲度假游，因此这个时期出现了彝人古镇、星河温泉小镇、袁家村等新建文化旅游小镇。

3. 文化旅游特色小镇成形阶段（2014—2015 年）

“特色小镇”的概念最早于 2014 年被提出，并在浙江省率先发展建设。

2015年，浙江省出台《加快特色小镇规划建设的指导意见》，以进一步促进特色小镇的发展。随后，习近平总书记在中央经济工作会议上讲述特色小镇并提及梦想小镇和黄酒小镇等。以古北水镇、拈花湾、魏集小镇等为代表的文化旅游特色小镇建成并投入运营。

4. 文化旅游特色小镇成长阶段（2016年至今）

自2016年以来，国家及地方政府公布了培育特色小镇的规划目标。2016年10月，中华人民共和国住房和城乡建设部公布了首批127个全国特色小镇名单，特色小镇的建设进入高速发展期。2017年8月，全国第二批276个特色小镇名单出炉。在前两批国家级特色小镇中，文化旅游类特色小镇占比分别为68%和42%。2018年，随着我国文化旅游特色小镇的迅速发展，众多学者专家已经认识到我国文化旅游特色小镇的发展需要采取各种措施加以调整，以确保文化旅游特色小镇有序、高效、可持续发展。

根据文旅产业在特色小镇中的地位不同，可将文化旅游特色小镇分为两类。一是文旅驱动型，如浙江的乌镇、云南的和顺古镇等。文旅产业占主导地位，在资源方面有独特性和吸引力，其他产业发展不充分，需要以全域化的理念打造，实现从景点旅游到全域旅游的跨越。二是文旅+产业双驱型，如横店影视城。即文旅产业和特色产业叠加融合，旅游功能比较完善，属于复合型特色小镇，该类型需要充分发掘和放大主题特色，拓展要素，延伸功能。

二、文化旅游特色小镇产业链

无论文旅驱动型还是文旅+产业双驱型旅游小镇，其发展都离不开产业，两者之间的差距不过是特有产业的突出程度。文化旅游特色小镇因其产业不同、地域差异，所形成的产业文化也是独有的，故而每一个文化旅游特色小镇所蕴含的文化都具有特有性，具有地域色彩。

中国文化旅游特色小镇产业链结构分为上游、中游、下游三部分。上游主要分为投资与开发。在投资与开发过程中，政府可与企业合作，但企业所占投资比例不得超过30%。其中，开发商主要包括房地产企业、旅游企业、影视公司、生态/产业运营商；投资商主要有商业银行、国有投资公司、投资银行/信托机构、社会资本。中游规划运营包括服务商和运营商。服务商主要指规划公司、承建商；运营商则主要包括旅游企业、特色产业运营商、房地产企业、小镇运营商、景区运营商。下游产品分销包括产品分销商和营销渠道。其中，产品分销商包括旅行社、特色产品分销商、旅游产品分销商、特色产品代理商、旅游产品代理商；营销商则包括社交媒体、用户原创内容（User Generated Content，UGC）、门户网站、搜索引擎、移动应用、其他渠道等。近年来，得益于企业微信公众号的独立运营及微信小程序的普及，使部分中游企业跳开下游代理分销商，直接与用户对接。

三、文化旅游特色小镇投资分析

（一）文化旅游特色小镇投资现状

关于特色小镇的投资特点，张欣等曾于2018年对全国两批次公布的403个特色小镇的投资情况进行分析。截至2018年，特色小镇的投资相对集中，呈现冷热不均的状态。其中，投资额较高的特色小镇主要集中在山东省，其次是东北三省、天津市和江浙地区。投资额最高的是山东省崮山镇，为298亿元，最低的为西藏自治区桑耶镇，仅为71万元。从民间固定资产投资情况来看，投资总额为5466亿元，在全社会9189亿元固定资产投资总额中占比超过50%。民间投资额最大的是黑龙江省阜宁镇，为132亿元，最小的是新疆维吾尔自治区色力布亚镇，仅为58万元。

（二）文化旅游特色小镇投资发展历程

根据特色小镇的投资历程，总结出文化旅游特色小镇的三个投资阶段并结合当时政策及市场分析原因。

1. 投资过热阶段（2016—2017年）

2016年以后，在国务院政策支持下，各省、市地方政府响应国务院号召，支持特色小镇建设。此后，文化旅游特色小镇投资迎来高速增长期，主要有以下三个原因。

首先，2014—2017年以来，三、四线城市房地产周期性上升促使大量房企在三、四线城市投资文化旅游特色小镇。其次，企业家侧重政策预期，待政策出台以实现投资变现。例如，浙江、江苏等省份对文化旅游特色小镇建设有数额明确的财政补贴，前期显著的政策预期，促使企业愿意提前投资特色小镇。最后，政府在文化旅游特色小镇的融资中也发挥了重要作用，以政府为核心，构建政府和社会资本合作（Public - Private Partnership，PPP）融资模式，资金主要来自政府、企业与贷款机构。政府机构的承诺使企业能从银行获得低息贷款，项目开发营运以后，还能得到政府的营业补贴，使大量企业放心大胆地进军文化旅游特色小镇。

2. 投资缓和阶段（2017—2018 年）

2017 年 12 月，四部委联合发布《关于规范推进特色小镇和特色小城镇建设的若干意见》，其主要内容是提醒特色小镇建设要警惕以 PPP 为名的变相地方债，避免举债式发展。防止盲目造镇，贪多求快、一哄而上，绝不能在小镇内搞大规模的房地产开发。政策出台以后，特色小镇建设逐步趋于缓和，主要表现在以下三个方面。

首先，在房地产宏观调控下，倡导构建房地产长效机制，棚改速度放缓，三、四线城市土地价值显著削弱，开发商对特色小镇的投资意愿持续减弱。其次，政企合作的 PPP 融资模式受到阻碍，加之开发商在 2018 年整体融资困难，融资成本高涨。2017 年以后，房企融资渠道受阻，房企的境外融资比例提高。最后，国家政策虽然支持推动，但是很多地方政府债台高筑，虽然响应国家政策号召，但是拿不出具体的落地政策。这导致地区发布的特色小镇政策没有形成体系，没有明确、集中的落地方向、指导方案，对于特色小镇发展没有形成推动力，导致很多地方的特色小镇建设受阻。

3. 投资有序上升（2018 年至今）

2018 年以后，特色小镇在发展中存在概念不清、过度房地产化等一系列问题，针对这一系列问题，小镇建设在国家调控下出现趋冷的态势。但在产业转移的大趋势下，三、四线城市产业基础基本形成，乡村振兴规划允许农业土地从事设施农业、农村土地确权基本完成、农村经营性建设用地全面入市等大环境使特色小镇建设企稳，主要表现在以下三个方面。

首先，2019 年 2 月 21 日，国家发改委在官网公布《关于培育发展现代化都市圈的指导意见》，以促进中心城市与周边城市（镇）同城化发展为方向，以城乡融合发展为重点，培育发展一批现代化都市圈，进一步推动城市群发展。我国目前正处于由“都市圈”向“城市群”发展的阶段。城市群的发展必将推动城市群内的产业向城市群内三、四线城市转移，破解了文化旅游特色小镇建设过程中特色产业匮乏的困境。距离国务院 2014 年提出《国务院确定促进产业转移和重点产业布局调整的政策措施》已经有7年的时间，区域产业转移已经初步成形，在三、四线城市产业园区周边也富集了金融、人口、技术等核心要素，带动城市崛起，引来新一波投资热潮。其次，2018年9月，中共中央、国务院印发《乡村振兴战略规划（2018－2022年）》，允许在符合土地管理法律法规和土地利用总体规划的前提下，利用1%～3%的治理面积从事旅游、康养、体育、设施农业等产业开发，从土地利用层面，破解了土地难获取的困境。最后，2019年2月19号国务院颁布的《2019年中央一号文件》中指出，农村宅基地确权已经基本完成，全面推开农村土地征收制度改革和农村集体经营性建设用地入市改革，加快建立城乡统一的建设用地市场。农村经营性建设用地入市，带来了巨大的土地市场，同时也为文化旅游特色小镇建设开辟了道路。

（三）文化旅游特色小镇投资困境

文化旅游特色小镇建设需要投入大量资金。据初步建成的文化旅游特色小镇来看，平均一个文化旅游特色小镇的投资额为50亿～60亿元，规模较小的约为10亿元，而规模较大的可达到百亿元。按照平均每个文化旅游特色小镇投资50亿元计算，若培育1000个文化旅游特色小镇需高达5万亿元的资金。中央和地方财政虽然给予了一定的奖励补贴，但对于文化旅游特色小镇的建设来说，只能起到引导和鼓励的作用。2016年10月以来，国家开发银行、农业发展银行等金融机构提出对文化旅游特色小镇建设给予支持，这有助于解决部分资金难题，但同时也将导致地方债务攀升，加剧债务风险。一些文化旅游特色小镇尝试通过PPP模式引入社会资本，但目前而言，值得借鉴的成功案例还较少。另一个严峻的问题是，不少文化旅游特色小镇的特色产业不突出且文化融合不到位，导致盈利模式尚不明晰，或过于依赖“出租店面＋配套房产开发销售”等与房地产相关的项目，无法全面拉动当地经济发展，过度商业化在一定程度上不利于文化旅游特色小镇的可持续发展。

四、文化旅游特色小镇开发投资模式

（一）以资产类型为依据的投资模式分类

中国文化旅游强势发展的时代已然到来，吸引了各行各业的资本进入。近几年来，中国国旅、携程集团、中青旅、华侨城集团等多家旅游企业已经投资1500亿元，旅游跨界投资互联网企业前10名中有9家投资旅游业，5年内投资额累计达350亿元。我国旅游业经过40多年的发展，资本市场已经摆脱了“重硬轻软”的传统思维，旅游项目的持续投资已经无法确保旅游项目的成功和投资者的收益。如今，在资本、资源和资产不短缺的背景下，缺少的是高规格的规划理念、资源整合和建设运营，这也在客观上要求投资者选择适合自身发展的投资模式。主要投资模式体现在以下几个方面。

1. 轻资产的旅游IP投资模式

轻资产的旅游IP投资模式是指围绕一个主导功能，打造一个独立的IP资源。其特点在于体量小、轻资产、新内容。主要适用于资金实力一般的投资者或者文化旅游特色小镇开发的启动期。依托投入小、轻资产的旅游项目构建文化旅游特色小镇的核心吸引物，通过定制个性化的旅游产品和内容实现价值的提升，初步集聚休闲娱乐产品，快速引爆人气，实现前期造势、盈亏平衡，陕西袁家村是其典型代表。袁家村以乡村美食为核心，突出关中民俗体验，通过“村委+农户+第三方”协商共管，在春节、国庆期间的游客接待量远远超过世界第八大奇迹——兵马俑。

2. 中资产的单核功能叠加模式

中资产的单核功能叠加模式是指围绕主导功能，完善多种旅游要素配套。其特点是高性价比产品入市，推进项目发展。适用于资金实力较强的投资主体或文化旅游特色小镇的区域价值与配套实质转化期。根据主导功能，引入食、住、行、游、购、娱等消费服务业态，换取现金流，提升文化旅游特色小镇综合价值。该投资模式的典型案例是乌镇。乌镇景区引入市场化战略管理机制，分批开发，形成东栅观光+西栅休闲度假两大片区，以特色购物、餐饮业态、娱乐休闲、文化演艺、主题住宿为主要业态，以重资产+轻资产输出实现景区连锁经营管理。自2017年以来，乌镇游客数量保持15%～77.5%的增长速度，旅游收入保持17%～60%的增长速度，净利润保持22%～103%的增长速度，净利润占收入比重从22.82%提升至35.68%，是目前国内盈利能力最强的水乡景区，成为中国文化旅游特色小镇项目的标杆。

3. 重资产的多核运营模式

重资产的多核运营模式是指搭建一个平台，对多个具有独立运营能力的主体进行整合，形成系列延伸单体产品。该模式具有产品持续发力、区域综合开发、获取高额利润等特点。主要适用于资金实力雄厚的投资主体或文化旅游特色小镇开发的成熟期。联合不同功能和不同品牌的运营主体，促使文化旅游特色小镇土地增值、政策聚焦、资产溢价，最终实现文化旅游特色小镇产业规模化、产品多样化、运营模式专业化，从而达到多方共赢的目的。

该模式在投资开发的过程中强调以文化旅游核心为中心，整合运营平台，通过同行业之间的有效合作及行业之间的跨界合作，形成较大规模的文化旅游特色小镇消费平台和体系，创造多元化的收益路径，从而发挥“1 +1 >2”的效应。但其要求投资规模、体量都比较大，需要强大的平台支持。

（二）以投资主体为依据的投资模式分类

根据投资主体不同可将中国文化旅游特色小镇的开发模式分为三种：政府主导、企业主导、政企共建。政府主导、企业主导模式应用案例较多，是目前文化旅游特色小镇的主流开发模式。

2019 年 3 月 7 日，财政部发布《关于推进政府和社会资本合作规范发展的实施意见》，明确 PPP 项目正负面清单，严格 PPP 项目入库要求，严格控制地方政府假借 PPP 项目名义增加隐性债务，同时强化财政支出责任监管，增加问责机制，对推动 PPP 项目建设规范化具有重大意义。

PPP 模式下的文化旅游特色小镇项目的参与方主要包括政府、开发运营商（社会资本）、金融机构。其中，政府部门负责前期规划引导及财政补贴，招标选择合作方，授予项目公司特许经营权；开发运营商可以是一家企业，也可以是多家企业组成的联合体，与政府合作成立特别项目的公司作为 PPP 项目实施主体；金融机构为项目建设提供融资服务。由于文化旅游特色小镇 PPP 项目缺乏实践经验，可以成立专门服务项目的咨询机构，承担政策咨询、运营管理服务、技术支持等重要职能。

按财政部的口径来计算，特色小镇 PPP 入库项目中处于执行阶段的项目数量为 27 个，整体落地率为 36%（PPP 项目落地率指执行、移交阶段项目数占入库项目数的比值），整体落地率仍然偏低。从建设类型来看，旅游类和城镇综合开发类项目占比最高，分别为 38% 和 39% 。

PPP 项目不仅能够实现最初的建设目标，还能够减轻政府财政压力，为社会企业提供盈利平台，提高人们的生活水平，加速城镇化发展，未来将会成为特色小镇主流开发模式。

五、文化旅游特色小镇投资趋势分析

文旅特色小镇以生态文化保护为前提，其项目本身具有较强的公益性，但是文化、旅游产业项目的开发需要市场化的运作并引进专业的运营商，注重降低项目整体运营成本，体现后端运营收益的规模化，其应该保持产业、文化、旅游三位一体，实现产业和城镇融合发展。

（一）PPP 投资模式呈上升趋势

合适的融资模式对于文化旅游特色小镇的发展至关重要，这关系到文化旅游特色小镇的持续稳定发展。政府和社会资本合作的 PPP 模式在中国各级地方政府已逐步广泛运用，未来将呈现上升趋势。主要表现为：减轻财政压力，开拓融资渠道；降低和分散风险；有力的政策导向；实现投资回报和社会效益的平衡。

（二）文化复合式旅游特色小镇成投资焦点

目前，单一功能的旅游景区已经无法满足人们精神方面的追求和享受。越来越多的投资企业以文化旅游为核心，将文化旅游概念融入整个特色小镇的建设中，深挖特色小镇项目所在地的传统历史文化内涵，选取具有代表性的建筑风貌，满足游客对传统历史文化的向往，满足游客住宿、休闲娱乐等方面的需求。提供一个集住宿、文化、旅游、休闲度假、投资于一体的大型文化复合式旅游特色小镇。

（三）文创产品成特色小镇投资新方向

文化旅游特色小镇的建设为文化产业拓宽了推广渠道，增加了消费市场份额，为文化旅游特色小镇寻求到产品生产的源头。据此，文化企业与旅游企业可以布局产业、生产衍生文化产品。因此，活化文化项目、创造旅游 IP 与文化传承将成为文化旅游特色小镇的重要投资领域。

（四）工业文化旅游特色小镇迎来投资新机遇

随着我国工业化的快速发展及旅游业的蓬勃发展，工业旅游逐渐成为游客出行旅游的最优选择之一。2018 年 11 月印发的《国家工业遗产管理暂行办法》规定：支持利用工业旅游项目，完善旅游基础设施和配套公共服务设施，打造具有地域特色和行业特色的工业旅游线路。随着利好政策的不断出台，工业园区明确产业定位、凸显文化内涵、挖掘旅游特色，以工业文化为主体的特色小镇正快速发展，工业旅游将迎来企业投资新机遇。

(五) 康养旅游成为文化旅游特色小镇投资新领域

康养文化旅游特色小镇的目标客群主要为老年人群和高净值人群。随着我国老龄化人口增速加剧及居民可支配收入增加，大健康、养生产业正逐渐成为社会的新需求，康养小镇也适时地发展起来。在国家政策的引导和游客消费市场需求的驱动下，康养旅游已经成为旅游业的一枝新芽，正蓬勃发展。投资企业瞄准康养文化旅游特色小镇，加大对基础设施、交通、餐饮、住宿及相关配套设施服务的投入，带动当地经济的快速发展，从康养文化旅游小镇投资中获取利益。

专题篇

第十八章　中国传媒上市报告

周立华　邓竹青　朱佳丽　李少如　肖智恩①

一、中国传媒上市公司发展环境分析

（一）政策环境

促进传媒创新发展、深化融合、提质增效，是传媒管理工作与相关政策出台的目标取向。2019 年出台的传媒政策主要包括工业互联网、人工智能、5G、数字乡村、教育信息化、广播电视与网络视听产业、县级融媒体中心建设等领域。

2019 年，国务院《政府工作报告》提出“坚持创新引领发展，培育壮大新动能”的工作任务，要求深化大数据、人工智能等研发应用，在各行业、各领域加快推进“互联网 +”；强化工业基础和技术创新能力，打造工业互联网平台，拓展“智能 +”，为制造业转型升级赋能。早在 2018 年 12 月 29 日，工业和信息化部印发《工业互联网网络建设及推广指南》，提出到 2020 年形成相对完善的工业互联网网络顶层设计，初步建成工业互联网基础设施和技术产业体系。2019 年 1 月 25 日，工业和信息化部印发《工业互联网综合标准化体系建设指南》，要求从工业互联网产业发展实际出发，构建重点突出、协调配套、科学开放、融合创新的工业互联网标准体系，加快基础共性、总体性、安全、应用等重点领域标准的制定和实施，促进工业互联网产业持续、快速、健康发展。2019 年 8 月 1 日，科技部印发《国家新一代人工智能开放创新平台建设工作指引》，鼓励各类通用软件和技术的开源开放，促进人工智能技术成果的扩散与转化应用，使人工智能成为驱动实体经济建设和社会事

① 周立华，江西财经大学 MJC（新闻与传播硕士）中心主任、副教授；邓竹青、朱佳丽、李少如、肖智恩，江西财经大学新闻传播系学生。

业发展的新引擎。2019 年 11 月 19 日，工业和信息化部印发《“5G + 工业互联网”512 工程推进方案》，明确到 2022 年，突破一批面向工业互联网特定需求的5G 关键技术，“5G + 工业互联网”的产业支撑能力显著提升。

2019 年 5 月 16 日，中共中央、办公厅、国务院办公厅印发《数字乡村发展战略纲要》，提出到 2020 年，数字乡村建设取得初步进展，全国行政村 4G 覆盖率超过 98%，农村互联网普及率显著提升，“互联网 + 政务服务”加快向乡村延伸。2019 年 12 月 6 日，农业农村部市场与信息化司发布《中国数字乡村发展报告（2019）》，总结了数字乡村建设的阶段性进展与探索经验，提出了展望前景。12 月 25 日，农业农村部、中央网络安全和信息化委员会办公室印发《数字农业农村发展规划（2019—2025 年）》，旨在全面提升农业农村生产智能化、经营网络化、管理高效化、服务便捷化水平，用数字化引领驱动农业农村现代化，为实现乡村全面振兴提供有力支撑。

2019 年《政府工作报告》明确提出，要发展“互联网 + 教育”，以促进优质资源共享。2 月 27 日，教育部办公厅印发《2019 年教育信息化和网络安全工作要点》，要求加快推动教育信息化转段升级，积极推进“互联网 + 教育”，坚持高质量发展，以教育信息化支撑和引领教育现代化；通过互联网手段弥补乡村教育短板，为偏远地区的青少年通过教育改变命运提供机会，为我国各地区教育均衡发展提供条件。6 月 23 日，中共中央、国务院印发《关于深化教育教学改革全面提高义务教育质量的意见》，提出强化对网络游戏、微视频等的价值引领与管控，创造绿色健康网上空间。

2019 年 2 月 28 日，为满足人民日益增长的美好生活需要、驱动以视频为核心的行业智能化转型、促进我国信息产业和文化产业整体实力提升，工业和信息化部、国家广播电视总局、中央广播电视总台联合印发《超高清视频产业发展行动计划（2019—2022 年）》。8 月 11 日，国家广播电视总局印发《关于推动广播电视和网络视听产业高质量发展的意见》，要求到 2025 年，广播电视和网络视听内容创作生产更加繁荣，作品质量更加精良；广电 5G 网络和智慧广电建设取得重要成果，高新技术深度融合应用，网络综合承载能力和智能化水平显著提升。4 月 19 日，国家新闻出版广电总局发布“出版国产网络游戏作品审批”“出版境外著作权人授权的电子游戏出版物审批”，国产游戏及进口游戏的申报工作重新启动。5 月 1 日，为了持续推进 IPv6 在网络各环节的部署和应用，全面提升用户渗透率和网络流量，加快推动我国互联网 IPv6 发展进程，工业和信息化部发布《推进互联网协议第六版（IPv6）规模部署行动计划》。

2019 年 1 月 15 日，中共中央宣传部、国家广播电视总局联合发布《县级融媒体中心省级技术平台规范要求》《县级融媒体中心建设规范》，对县级融媒体中心业务类型、网络安全、运行维护及监测监管等方面作出总体要求和部署。

2018 年 12 月 18 日，国务院办公厅印发的《文化体制改革中经营性文化事业单位转制为企业的规定》《进一步支持文化企业发展的规定》自 2019 年 1 月 1 日开始执行，继续推进国有经营性文化事业单位转企改制，进一步深化文化体制改革，促进文化企业发展。国家电影局印发的《关于加快电影院建设促进电影市场繁荣发展的意见》（2018 年 12 月 11 日）提出，到 2020 年，全国加入城市电影院线的电影院银幕总数达到 8 万块以上，电影院和银幕分布要与城镇化水平和人口分布更加匹配，大中城市影院建设提质升级，不断深化院线制改革。国家电影局下发的《关于开展点播影院、点播院线试点工作的通知》，要求按《点播影院、点播院线管理规定》，从 2019 年 6 月起开展点播影院、点播院线试点工作，同时发布了《点播影院暂行技术规范》。

（二）社会经济环境

2019 年，我国经济发展外部环境不及上年，外贸增速明显回落。中国海关数据显示，2019 年中美两国贸易额同比下降 14.6%。在这一因素的影响下，2019 年中国外贸进出口总值增速大为放缓。2018 年，中国外贸进出口总值为 30.51 万亿元，同比增长 9.7%；2019 年外贸进出口总值为 31.54 万亿元，同比仅增长 3.4%，增速远低于 2018 年。即便如此，我国经济仍保持“调结构稳增长”的发展态势，继续发展壮大新动能。面对国内外风险挑战明显上升的复杂局面，在以习近平同志为核心的党中央坚强领导下，各地各部门坚持创新发展理念和推动高质量发展，坚持以供给侧结构性改革为主线，着力深化改革，扩大开放，持续打好三大攻坚战，国民经济总体运行平稳，发展质量稳步提升，主要预期目标基本实现。国家统计局发布的《中华人民共和国 2019 年国民经济和社会发展统计公报》显示，2019 年国内生产总值为 990865 亿元，比上年增长 6.1%。其中，第一产业增加值为 70467 亿元（增长3.1%)，占比为7.1%；第二产业增加值为386165亿元（增长5.7%)，占比为39.0%；第三产业增加值为534233亿元（增长6.9%)，占比为53.9%。人均国内生产总值为70892元，比2018年增长5.7%，按年均汇率折算，人均为10276美元，突破1万美元关口，实现新的跨越。国民总收入为988458亿元，比2018年增长6.2%。全国万元国内生产总值能耗同比下降2.6%。全员劳动生产率为115009元/人，比2018年提高6.2%。

2019年，民生保障持续改善，消费结构继续优化。全年全国居民人均可支配收入为30733元，比2018年增长8.9%，忽略价格因素，实际增长5.8%。全年最终消费支出对国内生产总值增长的贡献率为57.8%，全年全国居民人均消费支出为21559元，比2018年增长8.6%，忽略价格因素，实际增长5.5%。全国居民恩格尔系数为28.2%，比2018年下降0.2个百分点，居民消费结构不断优化。旅游行业虽然增速放缓，但2019年仍有国内游客60.1亿人次，比2018年增长8.4%；国内旅游总收入为57251亿元，同比增长11.7%。居民出境旅游16921万人次，同比增长4.5%。文化方面，全年全国规模以上文化及相关产业企业营业收入为86624亿元，按可比口径计算，比2018年增长7.0%；全国票房达到642.66亿元，同比增长5.4%，其中，国产电影票房占比为64.07%。教育方面，2019年共有高校毕业生822.5万人，全年研究生教育招生共91.7万人，普通本专科招生共914.9万人。在学研究生、在校普通本专科生共3317.9万人，中国的在校大学生数量占全世界在校大学生数量的20%以上。

（三）保持平稳较快增长态势的互联网市场

2019年，我国互联网市场规模继续扩大，互联网产业保持快速增长。

CNNIC统计数据显示，截至2019年6月，我国IPv6地址数量已跃居全球第一位，互联网普及率超过六成，移动互联网使用持续深化，网民使用手机上网的比例在99%以上；网络购物市场保持较快发展，网络购物用户规模达6.39亿，占全体网民的74.8%；网络视频运营与内容生产更加专业化，网络视频用户规模达7.59亿，占全体网民的88.8%；在线教育快速发展，用户规模达2.32亿，占全体网民的27.2%。2019年下半年至2020年年初，网络购物、在线教育等领域发展更为迅速。截至2020年3月，网民规模达9.04亿，网络购物用户规模达7.10亿，占全体网民的78.6%；2019年交易规模达

10.63 万亿元，同比增长 16.5%；在线教育规模升至 4.23 亿，相比 2018 年底增长 110.2%，占全体网民的 46.8%。

在人工智能、云计算、大数据等信息技术和资本力量的推动下，我国互联网和相关服务业保持平稳较快的增长态势。快报数据显示，2019 年，规模以上互联网和相关服务企业（以下简称互联网企业）完成业务收入 12061 亿元，同比增长 21.4%；全行业实现营业利润 1024 亿元，同比增长 16.9%，增速比 2018 年提高 13.1 个百分点。互联网企业共完成信息服务（包括网络音乐和视频、网络游戏、新闻信息、网络阅读等服务）收入 7879 亿元，同比增长 22.7%，增速高于互联网业务收入 1.3 个百分点，占比达 65.3%；互联网平台服务企业（以提供生产服务平台、生活服务平台、科技创新平台、公共服务平台等为主）实现业务收入 3193 亿元，同比增长 24.9%，增速高于互联网业务收入 3.5 个百分点，占比达 26.5%；互联网数据服务（含数据中心业务、云计算业务等）实现收入 116.2 亿元，同比增长 25.6%，增速高于互联网业务收入 4.2 个百分点（见表 18.1）。

表 18.1　2013—2019 年互联网业务收入增长情况　单位：亿元，%

年份	互联网业务收入	增速
2013	3317.0	32.1
2014	4229.4	27.5
2015	5443.6	28.7
2016	6650.6	22.2
2017	7901.9	18.8
2018	9796.7	24.0
2019	12061.0	21.4

资料来源：工信部官网。

（四）游戏市场：持续发展、增速回升

随着国内游戏产业链持续升级，游戏直播、电子竞技、云游戏等新技术和新业态催生了更多的新型细分板块，既拉动就业又带动文化消费，为产业发展提供了新的增长引擎。2019 年，我国游戏用户规模持续扩大，达到 6.4 亿，比 2018 年提高 2.5%。游戏市场实际销售收入达 2308.8 亿元，比 2018 年增加 164.4 亿元，同比增长 7.7%，行业发展逐渐回暖。从细分市场情况来

看，移动游戏市场实际销售收入持续上升并占据游戏市场的主要份额，客户端游戏市场和网页游戏市场继续萎缩，实际销售收入和市场占比下降较为明显。移动游戏市场实际销售收入为1581.1亿元，比2018年增长241.5亿元，同比增长18.0%，占比为68.5%；客户端游戏市场实际收入为615.1亿元，比2018年减少4.5亿元，同比下降0.7%，占比为26.6%；网页游戏市场实际销售收入仅98.7亿元，比2018年减少27.8亿元，同比下降22.0%，占比4.3%，呈逐年下降的趋势；此外，家庭游戏主机游戏占0.3%，单机游戏占0.3%。相比较而言，电子竞技游戏实际销售收入为947.3亿元、二次元移动游戏实际销售收入为215.6亿元，同比增速分别为13.5%、12.9%；AR游戏实际销售收入为0.7亿元、VR游戏实际销售收入为26.7亿元，同比增速较快，分别达64.3%、49.3%。

随着国内市场走向成熟，游戏企业通过深耕自主研发，探索新的发展模式和途径取得较快增长。2019年，中国自主研发游戏在国内市场的实际销售收入达到1895.1亿元，比上年增加了251.2亿元，同比增长15.3%；海外市场收入增速高于国内市场，实际销售收入达115.9亿美元，同比增长21.0%。随着游戏企业加大对研发领域的投入，5G、云游戏、VR/AR等前沿技术在游戏领域陆续得以应用，通过技术推动新功能、新玩法、新业态，使游戏产业链更长。总体来讲，2019年国内游戏产业发展势头良好（见表18.2）。

表18.2　2008—2019年我国游戏市场销售收入及增长情况　单位：亿元,%

年份	游戏收入值	增速
2008	185.6	—
2009	262.8	41.6
2010	333.0	26.7
2011	446.1	34.0
2012	602.8	35.1
2013	831.7	38.0
2014	1144.8	37.7
2015	1407	22.9
2016	1655.7	17.7

续表

年份	游戏收入值	增速
2017	2036.1	23.0
2018	2144.4	5.30
2019	2308.8	7.70

资料来源：根据游戏工委、IDC《2019年中国游戏产业报告》及历年报告整理。

（五）广告市场：增长行情，分化格局

2019年，我国广告业总体向好，广告经营单位及从业人员经过结构调整，进入良性发展轨道。一方面，AI、大数据、智能投放等新技术的普及应用，创造了一批独角兽营销平台，大幅拉低广告投放门槛，为小微广告主提供了更大的投放空间，同时也改变了高额广告投放模式，极大地拓展了广告市场空间；另一方面，主要品类投放额总体稳定，部分大品类投放逆市高增，有效填充下滑品类形成的空当，稳定了市场格局。所以，在品牌广告预算削减、传统广告增速放缓、市场信心向下的大环境下，广告业仍保持着良好的增长势头。数据显示，2019年广告市场总体规模为8674亿元，比上年净增682亿元，同比增长8.54%，占国民生产总值的0.88%（见表18.3）。

表18.3　2010—2019年广告市场规模与增速　　单位：亿元,%

年份	广告市场规模	增长率
2010	2341	14.7
2011	3126	33.5
2012	4698	50.3
2013	5020	6.8
2014	5606	11.7
2015	5973	6.6
2016	6489	8.6
2017	6896	6.3
2018	7992	15.9
2019	8674	8.5

资料来源：《现代广告》杂志社历年《中国广告业发展报告》、中关村互动营销实验室《2019中国广告年度数据报告》。

从整体上看，2019 年的广告业是增长行情，不过具体到细分市场，则是分化格局。一方面，互联网持续创新营销，成为引领广告市场发展的主导力量，互联网广告额持续增长，同比增长 18. 21%，不过增速持续减缓，同比下降近 6 个百分点（见表 18. 4）。

表 18. 4　2010—2019 年网络广告市场规模与增速　　单位：亿元,%

年份	网络广告市场规模	增长率
2010	318	58. 1
2011	505	59. 1
2012	769	52. 3
2013	1096	42. 5
2014	1507	37. 5
2015	1897	25. 9
2016	2305	21. 5
2017	2975	29. 1
2018	3694	24. 2
2019	4367	18. 2

资料来源：中关村互动营销实验室《2019 中国互联网广告发展报告》、艾瑞咨询报告。

另一方面，传统媒体整体上既是下行趋势，也是分化格局。传统媒体中，广播电台、电视台经营额都是负增长，分别为 -5. 73%、-14. 26%，电视广告跌幅更是创近十年来的新高；报社和杂志社则出现反弹，增长量大，同比分别增长 19. 49%、14. 95%（见表 18. 5）。

表 18. 5　2015—2019 年传统媒体广告经营额　　单位：%

类别/年份	2015	2016	2017	2018	2019	同比增幅
电视台	1146. 69	1239	1234. 39	1564. 36	1341. 14	-14. 26
广播电台	124. 49	172. 64	136. 68	136. 66	128. 82	-5. 73
报社	501. 12	359. 26	348. 63	312. 57	373. 52	19. 49
杂志社	71. 9	60. 31	64. 95	58. 79	67. 58	14. 95

资料来源：中关村互动营销实验室《2019 中国广告年度数据报告》。

（六）增速放缓的电影产业

近年来，随着院线制改革继续深化，电影技术不断发展，大中城市影院建设提质升级，银幕数量增加，影厅升级，电影消费市场也在持续扩大。不过，自2017年以来，观影人次与电影票房增速下降，缓慢增长，与2010—2017年的快速增长形成鲜明对比。数据显示，2019年电影年观影人次为17.3亿，比2018年微增0.1亿人次，同比增长0.6%；银幕数量为69787张，新增9708张，同比增长16.16%；电影票房收入为642.7亿元，新增34.1亿元，同比增长5.4%，增速比2018年回落3.2个百分点（见表18.6）。

表18.6　2012—2019年我国电影票房及增长情况　　单位：亿元,%

年份	票房	增速
2012	165.6	30.2
2013	214.8	29.7
2014	294.3	37.0
2015	438.8	49.1
2016	455.5	3.8
2017	558.8	22.7
2018	609.7	8.6
2019	642.7	5.4

资料来源：拓普数据《2019年中国影院发展研究报告》。

2019年，在提质升级的电影发展背景下，电影票房能在2018年超600亿元的体量基础上保持有效增长，实属不易。2019年电影市场可圈可点。比如，2019年10月，票房收入达83.2亿元，比上年同期增加46.7亿元，增幅高达128.1%；全年票房收入过亿元的影片有88部，其中国产影片47部，占比为53.4%，足见中国电影发展成效。科幻与动画类电影一直是国产影片的软肋，但在2019年，《哪吒之魔童降世》票房收入突破50亿元，一举拿下年度票房冠军，成为继《战狼2》后第2部破50亿元的国产影片，位列中国电影史票房榜第二名、中国动画电影票房第一名。被进口影片垄断的市场局面逐渐被打破，这是近年来国产影片的一大突破。

二、中国传媒上市公司发展分析

2019年，传媒上市公司共有175家。其中，新增上市公司5家（2018年首发为零),共募资26.10亿元,为传媒上市公司发展增添了活力(见表18.7)。

表18.7 2019年新增传媒上市公司基本情况

上市公司	股票代码	上市时间	发行股份(万股)	发行价格(元)	募资总额(亿元)
电声股份	300805	20191121	4233.00	10.20	4.32
中信出版	300788	20190705	4753.79	14.85	7.06
因赛集团	300781	20190606	2113.54	16.53	3.49
米奥兰特	300795	20191022	2504.10	14.27	3.57
壹网壹创	300792	20190927	2000.00	38.30	7.66

资料来源:根据上市公司财报整理。

此外,有两家传媒上市公司被退市或暂停上市。2019年11月29日,曾经的传媒明星股印纪传媒(002143)被深圳证券交易所摘牌。另外,乐视网因2018年净资产为负,触及暂停上市情形,深交所宣布于2019年5月13日其暂停股票上市。乐视网面临退市的风险。

除退市与暂停上市的两家公司之外,2019年共有传媒上市公司173家。本文按传媒上市公司属性及上市公司主营构成实际,将173家传媒上市公司分成互联网、广告、网络游戏、出版发行、报刊、影视、广电网络、教育服务、营销传播及其他10个板块分类讨论。

(一)互联网上市公司基本情况

2019年,互联网上市公司有11家,财报显示,进入“千亿元俱乐部”的公司数量与2018年持平,仍为3家,分别是阿里巴巴、腾讯与百度。其中,阿里巴巴营业收入为5258.69亿元,同比增长39.55%;腾讯营业收入为3772.89亿元,同比增长20.66%;百度营业收入为1074.13亿元,同比增长5.02%。不过,三者营业收入的增速均低于2018年。除三巨头之外,网易营业收入连续七个季度过百亿元,其中,大部分收入来自在线游戏业务。从净利润来看,阿里巴巴的利润额最高,全年达2071.94亿元,增速快,主要原因是电商行业发展迅猛,用户增速加快。网易由于在线游戏表现不俗,净利润增速更为可观,达245.22%。百度由于营销分流,旗下爱奇艺亏损,并且其在无人驾驶业务上的投入未见明显收益,净利润下滑了92.54%。凤凰新媒体则实现“扭亏为盈”,净利润达7.28亿元,同比增长显著,原因主要为以下几个:一是合并了北京易天新动网络科技有限公司与北京凤凰天博网络技术有限公司，广告收入增加；二是付费服务营收因合并北京易天新动网络科技有限公司大幅增加；三是电子商务和在线房地产相关服务的收入增加（见表 18.8）。

表 18.8　2019 年互联网上市公司发展情况　　单位：亿元,%

序号	公司简称	营业收入			归属于母公司股东的净利润		
		2018 年	2019 年	增速	2018 年	2019 年	增速
1	阿里巴巴	3768.44	5258.69	39.55	876.00	2071.94	136.52
2	腾讯控股	3126.94	3772.89	20.66	787.19	933.10	18.54
3	百度	1022.77	1074.13	5.02	275.73	20.57	-92.54
4	网易	511.79	592.41	15.75	61.52	212.38	245.22
5	新浪	148.03	151.87	2.61	8.82	-4.95	-155.99
6	搜狐	125.90	128.16	1.77	-11.12	-10.37	6.88
7	新浪微博	120.66	124.06	2.79	40.15	34.73	-13.46
8	智度股份	76.74	108.53	41.69	7.13	6.20	-13.14
9	人民网	16.94	21.50	26.95	2.14	3.37	57.48
10	新华网	15.69	15.70	0.04	2.85	2.88	1.69
11	凤凰新媒体	13.77	15.31	11.18	-0.63	7.28	1251.50

注：①阿里巴巴年结日为次年的 3 月 31 日；②阿里巴巴数据根据 2018 年财报与 2019 年前三季度财报测算，其余均根据 2019 年年报整理。

（二）广告上市公司基本情况

2019 年，在 20 家主要广告上市公司中，蓝色光标与分众传媒营业收入和总资产均超过 100 亿元。其中，蓝色光标以营业收入 281.06 亿元位居榜首，分众传媒以 121.36 亿元位列第二，省广集团以 115.36 亿元位列第三。分众传媒市值最高，达 783 亿元。

腾信股份、紫天科技、万润科技、深大通、广博股份、佳云科技的净利润增速都比较快，均在 100% 以上，其中腾信股份增速最快（116.62%），紫天科技紧随其后。紫天科技实现营业收入 8.61 亿元，同比增长 28.83%；净利润为 1.69 亿元，同比增长 115.77%；总资产达 25.27 亿元，同比增长 15.17%。蓝色光标与腾信股份的营业收入、净利润及总资产也都实现喜人的增长，都是广告上市公司中的佼佼者。而新文化、金科文化、龙韵股份、引力传媒、青海春天等则不太乐观。其中，新文化主要受影视行业政策调整、平台购买价格下降、内容调整加剧以及国内经济下行压力、广告主投放预算减少、数字营销预算增速放缓的影响，营业收入同比减少31%，因计提资产减值准备及商誉减值准备导致净利润下滑9.48亿元，同比下滑幅度达3099.70%（见表18.9）。

表18.9　2019年广告类上市公司发展情况　　单位：亿元，%

序号	公司简称	营业收入		归属上市公司股东的净利润		总资产		市值
		收入额	同比增速	净利润额	同比增速	资产额	同比增速	
1	蓝色光标	281.06	21.65	7.10	82.66	190.51	12.31	185
2	分众传媒	121.36	-16.60	18.75	-67.80	186.87	-1.76	783
3	省广集团	115.36	-4.78	1.49	-19.60	87.60	-5.07	50
4	华扬联众	105.07	-2.24	1.92	49.71	60.75	-2.20	66
5	佳云科技	55.29	-1.45	0.08	100.68	24.33	12.95	31
6	北巴传媒	52.28	9.06	0.87	-15.21	49.60	3.18	26
7	万润科技	41.80	-8.68	0.66	105.79	45.98	0.82	40
8	联创互联	35.14	-2.38	-14.74	24.56	32.87	-18.88	33
9	思美传媒	29.97	-43.27	0.46	47.30	45.68	3.80	36
10	引力传媒	30.00	-4.68	-2.11	-472.58	16.17	-8.21	39
11	广博股份	21.65	5.71	0.13	101.89	19.08	-7.47	23
12	金科文化	18.31	-32.83	-27.80	-430.28	79.27	-38.27	145
13	深大通	18.35	-29.20	1.22	104.80	29.17	-3.84	48
14	腾信股份	14.81	11.15	0.34	116.62	16.05	20.20	28
15	紫天科技	8.61	28.83	1.69	115.77	25.27	15.17	39
16	中视传媒	8.56	5.54	0.90	-21.51	16.32	3.04	55
17	新文化	5.56	-31.00	-9.48	-3099.70	32.56	-32.04	44
18	龙韵股份	6.43	-46.19	-0.59	-356.73	11.35	-11.18	13
19	国旅联合	3.55	28.99	-1.90	-127.41	5.59	-25.96	18
20	青海春天	2.34	-29.81	0.06	-91.51	24.09	-1.10	27

注：①数据根据2019年年报整理；②市值为2020年2月29日收市时市值。

（三）网络游戏类上市公司基本情况

2019年，中国游戏产业市场整体保持稳中有升的发展态势，用户规模扩大销售收入增长。但具体到近40家上市公司个股，却呈分化格局。例如，占据中国游戏产业市场半壁江山的腾讯，2017年游戏营收首超千亿元，成为全球第一家当年营收破千亿的游戏公司。2018年由于结构调整，营收有所下降。不过，2019年腾讯稳中有升，游戏营收达1147亿元，同比增长10%，稳坐国内游戏行业老大的宝座。2019年11月21日，腾讯游戏对外发布全新品牌体系，启用新标志，将其沿用九年的品牌主张“用心创造快乐”升级为“SparkMore/去发现，无限可能”，以此改变了腾讯游戏“坑钱”“没情怀”的刻板印象。排名第二的网易表现不俗，游戏营收连续7个季度破百亿元，2019年游戏营收达464.23亿元，同比增长15.51%。畅游公司2019年网络游戏收入为4.55亿美元，同比增长9.38%（见表18.10）。

表18.10　网络游戏类上市公司收入及增速　　单位：亿元，%

公司/年份	2014	2015	2016	2017	2018	2019	2019年增速
腾讯	447.56	565.87	708.44	1179	1040	1147	10
网易	98.15	173.1	279.8	362.8	401.9	464.23	15.51
畅游（美元）	7.55	7.62	5.25	5.80	4.16	4.55	9.38

资料来源：根据上市公司财报整理。

除了腾讯、网易这两大网游产业巨头外，在营业收入方面，37家主要游戏上市公司中的世纪华通、三七互娱、昆仑万维都呈现较大幅度的增长。其中，*ST游久营业收入同比增长97.10%，增速最高；三七互娱同比增长73.30%，位列第二。世纪华通2019年6月起将盛跃网络科技有限公司并入报表范围，其营业收入最高，达151.10亿元。总体上看，营业收入实现同比增长的有16家，占比不到一半（43.24%）；净利润同比增长的有21家，占比为56.76%。净利润额最高的是世纪华通，达25.51亿元，同比增长89.49%。净利润同比增速最快的是美盛文化，达116.06%，实现扭亏为盈；其次是掌趣科技，由于没有受到2018年同期较大资产减值金额损失的影响，实现扭亏为盈，净利润同比增速达111.54%。净利润亏损幅度最大的是祥源文化（-6080.95%），接着依次为盛迅达（-2322.27%）、恺英网络（-1161.26%）、富春股份（-1067.24%）。在总资产方面，世纪华通、完美世界、昆仑万维、三七互娱、浙数文化的总资产都超过了100亿元，*ST游久总资产同比增速最高（87.55%），其次是电魂网络（29.93%）。由于商誉减值，祥源文化与ST天润的净利润都有所下降，其中祥源文化亏损8.53亿元、降幅达6080.95%。大晟文化和晨鑫科技则由于受行业监管的影响而出现亏损；长城动漫因游戏板块经营遇到困难，未完成预计营收和利润，导致亏损。*ST游久通过出售房产、获得银行理财收益和持有的交易性金融资产公允价值变动损益实现扭亏为盈（见表18.11）。

表18.11　2019年网络游戏上市公司发展情况　　单位：亿元，%

序号	公司简称	营业收入		归属上市公司股东的净利润		总资产		市值
		收入额	同比增速	净利润额	同比增速	资产额	同比增速	
1	世纪华通	151.10	20.65	25.51	89.49	328.76	6.59	865
2	三七互娱	132.27	73.30	21.15	109.69	101.45	20.84	811
3	完美世界	80.39	0.07	15.03	-11.92	166.29	4.08	659
4	号百控股	41.78	-8.10	1.42	-45.83	68.23	1.94	185
5	昆仑万维	36.88	3.09	12.95	28.73	102.57	16.17	277
6	游族网络	32.21	-10.07	2.57	-74.58	89.26	21.74	254
7	浙数文化	28.27	47.23	5.08	6.28	111.93	11.02	135
8	奥飞娱乐	27.27	-3.97	1.20	107.37	62.44	-6.62	117
9	星辉娱乐	25.94	-8.01	2.59	8.41	57.40	-3.62	70
10	巨人网络	25.71	-31.96	8.20	-23.94	99.40	-6.94	423
11	宝通科技	24.76	14.28	3.05	12.25	40.20	24.24	89
12	聚力文化	22.46	-35.69	-15.83	45.35	17.16	-45.14	22
13	吉比特	21.70	31.16	8.09	11.93	43.69	9.00	304
14	恺英网络	20.37	-10.81	-18.51	-1161.26	38.45	-36.62	65
15	掌趣科技	16.17	-17.93	3.64	111.54	59.87	2.22	206
16	顺网科技	15.72	-20.78	0.85	-73.50	34.48	-11.26	230
17	美盛文化	13.80	65.09	0.38	116.06	37.33	-4.18	59
18	天神娱乐	13.35	-48.63	-11.98	83.25	63.58	-25.82	25
19	天舟文化	12.40	10.08	0.31	102.88	39.52	3.69	41
20	惠程科技	10.92	-42.45	1.35	-59.87	35.27	-4.72	72

续表

序号	公司简称	营业收入		归属上市公司股东的净利润		总资产		市值
		收入额	同比增速	净利润额	同比增速	资产额	同比增速	
21	ST 富控	9.61	16.85	-1.41	97.44	43.34	-4.72	8
22	瀚叶股份	9.15	-6.85	1.45	1.99	48.28	-4.75	91
23	凯撒文化	8.04	7.93	2.10	-24.64	49.78	3.98	51
24	艾格拉斯	5.54	-33.24	-25.55	-481.53	35.85	-49.79	54
25	电魂网络	6.97	55.39	2.28	75.92	25.10	29.93	81
26	祥源文化	4.22	-41.39	-8.53	-6080.95	12.12	-41.26	26
27	ST 天润	5.96	13.43	-21.49	-469.00	19.48	-30.49	26
28	迅游科技	4.84	-33.83	-11.86	-50.09	16.40	-41.07	48
29	富春股份	4.68	-15.77	-5.61	-1067.24	14.20	-34.99	36
30	冰川网络	4.12	41.57	1.61	61.06	19.29	6.51	58
31	三五互联	2.88	22.79	-2.57	25.62	8.09	-25.39	43
32	盛迅达	2.16	-47.51	-2.26	-2322.27	13.40	-24.43	23
33	大晟文化	1.92	-4.28	-5.68	49.72	6.53	-51.75	28
34	北纬科技	1.72	-25.91	-0.28	-168.02	12.39	-2.72	30
35	晨鑫科技	0.66	-72.86	-9.99	-57.20	7.33	-63.08	39
36	长城动漫	0.42	-44.08	-3.66	18.36	5.48	-35.51	13
37	*ST 游久	1.67	97.10	0.17	101.90	18.47	87.55	20

注：①ST 富控、长城动漫数据根据 2019 年主营业绩报告整理；世纪华通数据根据 2019 年业绩快报整理；瀚叶股份数据根据上年财报与 2019 年前三季度财报测算；其他公司数据根据 2019 年年报整理；②市值为 2020 年 2 月 25 日收市时市值。

（四）出版发行类上市公司基本情况

2019 年，出版发行类上市公司主要有 22 家，与 2018 年相比新增中信出版一家。

受近年来出版行业的持续增长与数字出版、数字教育发展的积极影响，出版发行上市公司总体表现不俗，营业收入增长的有 16 家（占比为 72.73%），其中，平治信息同比增速最高，达 44.29%；净利润增长的有 18 家（占比为 81.82%），其中，保持两位数以上增长率的有 9 家，增速较高的入中文在线、读者传媒、广弘控股等同比增速都超过了40%。中文在线因2019年不存在类似2018年大幅计提商誉减值的情况，其净利润同比增速最高，达60.01%。

凤凰传媒、中文传媒、中南传媒是出版发行上市公司的龙头，营业收入均超过100亿元，其中凤凰传媒以125.85亿元位居榜首，其次是中文传媒(112.58亿元)，中南传媒（102.61亿元）；总资产均超过200亿元，其中，凤凰传媒以238.22亿元位居第一，中文传媒以228.14亿元位居第二，中南传媒以218.06亿元位居第三。此外，中原传媒、山东出版、皖新传媒、新华文轩、长江传媒、南方传媒、中国出版的总资产均超过100亿元。总资产保持增长的有20家，占比为90.91%，同比增速最高的是平治信息，达74.23%；其次是中信出版，为57.96%（见表18.12）。

表18.12　2019年出版发行类上市公司发展情况　　单位：亿元,%

序号	公司简称	营业收入		归属上市公司股东的净利润		总资产		市值
		收入额	同比增速	净利润额	同比增速	资产额	同比增速	
1	凤凰传媒	125.85	6.76	13.44	1.41	238.22	9.46	182
2	中文传媒	112.58	-2.21	16.19	6.57	228.14	-3.84	206
3	中南传媒	102.61	7.16	12.76	3.05	218.06	7.63	210
4	中原传媒	94.98	5.50	8.29	12.29	123.22	6.89	78
5	山东出版	97.67	4.45	15.44	3.98	161.47	10.65	138
6	皖新传媒	88.33	-10.16	5.57	-48.75	140.75	6.87	103
7	新华文轩	88.42	8.01	11.39	22.19	153.25	15.33	154
8	长江传媒	76.71	-25.97	7.86	7.32	108.19	4.46	71
9	南方传媒	65.25	16.58	7.33	11.87	107.45	15.30	100
10	中国出版	63.14	18.36	7.03	16.67	132.13	12.64	116
11	时代出版	64.71	0.54	2.33	-29.34	68.23	0.58	40
12	广弘控股	30.19	20.83	2.46	47.24	25.67	21.77	41
13	出版传媒	27.11	15.62	1.48	-16.57	36.88	9.71	46
14	中国科传	25.08	12.73	4.65	9.56	56.15	13.42	94
15	城市传媒	23.14	6.65	3.75	7.62	40.74	8.26	58

续表

序号	公司简称	营业收入		归属上市公司股东的净利润		总资产		市值
		收入额	同比增速	净利润额	同比增速	资产额	同比增速	
16	中信出版	18.88	15.56	2.51	21.56	27.02	57.96	91
17	掌阅科技	18.82	-1.09	1.40	9.26	19.12	20.12	93
18	平治信息	17.18	44.29	2.13	24.10	22.19	74.23	82
19	新经典	9.25	-0.08	2.40	-0.22	20.94	5.51	75
20	读者传媒	9.72	27.76	0.65	52.21	20.54	2.58	43
21	中文在线	7.05	-20.34	-6.03	60.01	18.03	-30.42	31
22	世纪天鸿	3.86	1.12	0.34	3.67	7.19	11.77	23

注：①数据均根据上市公司2019年年度报告整理；②市值为2020年2月25日收市时市值。

（五）报业上市公司基本情况

由于持续受新媒体冲击及整体经济下行的影响，报刊类上市公司整体业绩不太乐观。在5家报业上市公司中，只有华媒控股一家的营业收入略有增长。营业收入下滑的公司占比为80%，其中北青传媒下滑幅度最大，达36.18%。博瑞传播在2018年亏损8.41亿元的情况下，由于主营业务有明显改善，成本控制加强，扭亏为盈，实现净利润0.66亿元，同比增长107.85%，增速最快。华媒控股2018年营业收入和净利润双双下滑，但在2019年开始增长，营业收入同比增长4.15%，因为对部分投资参股公司减值预估进行计提减值，所以净利润有所下滑。北青传媒虽然营收下滑，但是利润亏损大幅收窄（见表18.13）。

表18.13　2019年报刊类上市公司发展情况　　单位：亿元，%

序号	公司简称	营业收入		归属于上市公司股东的净利润		总资产		市值
		收入额	同比增速	净利润额	同比增速	资产额	同比增速	
1	华媒控股	18.22	4.15	0.18	-82.33	35.62	1.98	48
2	新华传媒	13.47	-3.21	0.21	-35.00	39.78	2.83	53

续表

序号	公司简称	营业收入		归属于上市公司股东的净利润		总资产		市值
		收入额	同比增速	净利润额	同比增速	资产额	同比增速	
3	粤传媒	6.79	-14.87	0.84	53.92	45.50	3.30	64
4	博瑞传播	3.79	-30.57	0.66	107.85	32.44	0.81	43
5	北青传媒	2.20	-36.18	-1.97	29.13	8.95	-22.76	2.23

注：①数据根据2019年年报整理；②市值为2020年2月27日退市时市值。

（六）影视类上市公司基本情况

2019年影视类上市公司共有26家，其中印纪传媒已退市。

印纪传媒在2014年“借壳”上市后发展形势良好，但是从2018年第三季度末出现亏损后陷入困境，2019年11月底，因股票连续20个交易日收盘价低于股票面值1元，被强制退市。

受宏观经济下行、行业发展整体放缓等因素的影响，影视上市公司总体经营状态不佳。营业收入下降的有16家（占比为64%），其中，唐德影视同比下降幅度最大，达-130.92%，下降幅度超过50%的有5家；净利润为负即亏损的有12家，占比为48%，亏损额最高的万达电影达-47.29亿元；净利润下降的有14家（占比为56%），其中，同比增速为负且达三位数以上的有7家。其中，捷成股份受影视内容制作业客观因素与公司战略调整影响，部分影视项目投入收缩，公司营业收入与利润都大幅下滑，净利润同比下滑最大，达-2641.87%；北京文化则受全资子公司经营业绩明显下滑的影响，亏损严重，同比亏损幅度达-832.17%；欢瑞世纪由于外部市场环境变化，公司剧集售卖受到影响，净利润为亏损状态，同比亏损幅度为-269.79%。营收排行第一的万达电影，由于电影票房增速放缓，院线屏幕数增长，单屏产出减少，直接影响到万达的影院业务，虽然营业收入排名第一，但同比下滑5.23%。

积极的方面，营业收入排名第二的芒果超媒，充分发挥可持续内容自制优势与全产业链协同优势，整体业务持续稳健增长，实现营业收入125.01亿元，同比增长29.40%，净利润与总资产同比增长明显，分别为33.59%、

40.01%。光线传媒虽然因电影业务收入大幅增加，营业收入有所增长，但净利润比2018年锐减31%，其原因是在2018年同期出售了投资收益较多的新丽传媒集团有限公司持有的股权。浙江广厦因为确认出售天都实业100%股权，产生投资收益，其净利润同比增速高达939.91%。此外，幸福蓝海与文投控股的营业收入、净利润、总资产都实现了增长，近年来，文投控股积极开拓的“文化+”业务在报告期内取得进展，为公司创造了新的收入与利润，文投控股实现扭亏为盈（见表18.14）。

表18.14　2019年影视类上市公司发展情况

序号	公司简称	营业收入		归属于上市公司股东的净利润		总资产		市值（亿元）
		收入额（亿元）	同比增速（%）	净利润额（亿元）	同比增速（%）	资产额（亿元）	同比增速（%）	
1	万达电影	154.35	-5.23	-47.29	-324.87	264.88	-14.93	336
2	芒果超媒	125.01	29.40	11.56	33.59	170.78	41.01	784
3	中国电影	90.68	0.34	10.61	-28.99	172.59	5.64	238
4	捷成股份	36.05	-28.30	-23.80	-2641.87	127.33	-20.30	119
5	光线传媒	28.29	89.70	9.48	-31.00	109.89	1.32	318
6	横店影视	28.14	3.27	3.10	-3.48	34.50	6.92	91
7	当代明诚	17.82	-33.21	1.05	-40.96	104.02	-2.19	62
8	华策影视	26.31	-54.62	-14.67	-794.55	98.68	-23.34	138
9	华谊兄弟	21.86	-43.81	-39.60	-262.32	110.23	-40.22	103
10	幸福蓝海	21.38	29.20	0.07	101.24	25.59	8.16	22
11	金逸影视	20.69	2.91	1.07	-32.54	31.13	6.52	35
12	文投控股	22.24	6.62	0.13	77.86	110.42	14.23	53
13	慈文传媒	11.71	-18.37	0.17	115.12	24.39	-24.96	47
14	上海电影	11.07	4.79	1.37	-41.63	35.96	13.65	45
15	鼎龙文化	10.64	41.47	-8.39	34.28	13.03	-39.77	23
16	北京文化	9.42	-21.82	-23.86	-832.17	45.65	-31.26	70
17	当代东方	6.28	-19.12	-5.55	65.35	16.86	-20.96	26
18	华录百纳	6.11	-2.87	1.14	103.33	32.84	-2.03	41

续表

序号	公司简称	营业收入		归属于上市公司股东的净利润		总资产		市值（亿元）
		收入额（亿元）	同比增速（%）	净利润额（亿元）	同比增速（%）	资产额（亿元）	同比增速（%）	
19	ST 中南	5.98	-38.41	-17.98	14.40	28.82	-44.04	15
20	长城影视	5.40	-62.64	-11.13	-168.65	13.85	-52.87	13
21	欢瑞世纪	5.40	-59.35	-5.51	-269.79	35.50	-27.93	47
22	中广天择	2.69	-14.18	0.19	-29.34	6.69	7.66	38
23	浙江广厦	1.01	-87.46	12.25	939.91	41.29	-40.91	39
24	暴风集团	1.02	-90.95	-31.02	184.50	1.73	-86.10	9
25	唐德影视	-1.15	-130.92	-1.07	88.49	22.88	-8.93	21

注：①长城影视数据根据2019年主要经营业绩报告整理，暴风集团数据根据2018年财报与2019年前三季度财报测算；其他上市公司数据根据2019年年度报告整理；②市值均为2020年3月1日市值。

（七）广电网络上市公司基本情况

2019年，广电网络上市公司整体表现欠佳。在12家广电网络上市公司中，营业收入下滑的有8家，占比为66.67%，其中下滑最严重的是电广传媒，下滑幅度为32.67%。净利润上，除了电广传媒、东方明珠、华数传媒有所增长之外，其余9家广电网络上市公司均出现下滑。有8家公司的下滑幅度在两位数以上，下滑幅度最大的广电网络甚至下滑了195.16%，原因在于公司处于新旧动能转换时期，有线电视收视、用户安装、卫视落地等传统业务受市场竞争的影响，利润同比减少约2.6亿元。其次是吉视传媒，下滑67.03%。影响吉视传媒业绩与利润的主要因素有两个，一是因为其广播电视传统业务和用户受到同质化产品竞争与分流影响，导致收入下降；二是固定资产折旧持续增长导致经营业绩大幅下降。

在市场表现相对较好的广电网络上市公司中，天威视讯的营业收入增速最高，同比增长8.86%。华数传媒则是唯一实现营业收入、净利润、总资产都有所增长的广电网络上市公司。电广传媒营收减少幅度最大，主要是因亿科思奇股权转让完成，合并报表范围变化导致减少收入约29.16亿元；净利润增加，则是因为其广告业务、游戏业务、酒店业务利润增加，交易性金融资产升值。东方明珠的营业收入最高，为123.45亿元；贵广网络的总资产增幅最大，达20.71%（见表18.15）。

表18.15　2019年广电网络上市公司发展情况

序号	公司简称	营业收入		归属于上市公司股东的净利润		总资产		市值（亿元）
		收入额（亿元）	同比增速（%）	净利润额（亿元）	同比增速（%）	资产额（亿元）	同比增速（%）	
1	东方明珠	123.45	-9.46	20.43	1.37	446.92	17.74	386
2	江苏有线	76.50	-2.98	3.31	-46.97	325.83	1.09	202
3	电广传媒	70.77	-32.67	1.11	26.87	223.98	-3.74	96
4	华数传媒	37.11	7.99	6.46	0.21	157.24	6.66	169
5	贵广网络	34.18	5.79	2.15	-31.18	150.87	20.71	96
6	歌华有线	27.59	1.22	5.82	-16.18	162.84	2.20	144
7	湖北广电	26.25	-4.48	1.03	-43.87	118.64	6.36	68
8	广电网络	26.30	-3.10	-1.00	-195.16	81.98	1.83	73
9	吉视传媒	19.28	-4.19	1.00	-67.03	141.67	5.82	74
10	广西广电	22.30	-8.27	1.10	-11.51	91.07	7.70	67
11	天威视讯	16.99	8.86	1.88	-4.49	38.24	-2.05	59
12	视觉中国	7.22	-26.90	2.19	-31.81	41.17	-2.67	131

注：①数据根据2019年年度报告整理；②市值为2020年2月25日收市时市值。

（八）教育服务上市公司基本情况

2019年，14家教育服务上市公司整体发展状况良好，但是呈分化格局。

中公教育、美吉姆、凯文教育、博通股份表现不俗。中公教育是行业龙头，营业收入、净利润、总资产与市值均居第一位，其营业收入达91.76亿元，同比增长47.12%；净利润为18.05亿元，同比增长56.52%；总资产同比增速居行业第一，达38.30%。美吉姆由于完成重大资产重组，收购了天津美杰姆教育科技有限公司，总资产增加，并取得喜人的业绩，营业收入增长137.35%、净利润同比增长279.40%，均居行业第二。凯文教育的营业收入同比增长228.65%，增速居行业第一，主要是报告期内学生人数及教育服务业务增长所致。博通股份净利润增速最高，达452.38%。

勤上股份和拓维信息为提高办学水平，优化与海外名校的交流与合作，率先探索国际课程，优化教育业务布局，实现“1+1>2”的效果，净利润增速显著，分别达到102.55%和101.61%。科斯伍德虽然营业收入同比略有缩减，但净利润增长显著，达187.56%。科斯伍德利润显著增长的原因主要有三点：一是全封闭业务继续增长，K12业务发展稳健，品牌效力持续显现；二是胶印油墨业务经营稳健，运营效率稳步提高；三是积极拓展融资渠道，进一步降低融资费用。

开元股份、三盛教育、三爱富、全通教育的净利润与2018年相比都呈现负增长。其中，全通教育亏损额最高，开元股份净利润亏损比率最高，亏损率达-744.00%，主要是职业教育板块利润出现下滑以及教育板块计提大额商誉减值所致，具体有三点：一是总体薪酬与管理费用较2018年大幅增加；二是受市场竞争影响获客成本提升，营销推广费大幅增加，总体营收增长低于推广费增速；三是职业教育板块管理与销售费用增加。为应对新冠肺炎疫情，公司大额计提商誉减值（见表18.16）。

表18.16　2019年教育服务上市公司基本情况

序号	公司简称	营业收入		归属于上市公司股东的净利润		总资产		市值（亿元）
		收入额（亿元）	同比增速（%）	净利润额（亿元）	同比增速（%）	资产额（亿元）	同比增速（%）	
1	中公教育	91.76	47.12	18.05	56.52	99.61	38.30	1211
2	紫光学大	29.92	3.43	0.14	7.06	35.96	-1.52	36
3	昂立教育	23.91	14.12	0.54	120.30	27.11	-14.32	59
4	开元股份	14.89	2.44	-6.35	-744.00	21.86	-27.32	31
5	勤上股份	12.85	-0.99	0.32	102.55	48.43	-8.76	47
6	拓维信息	12.40	4.62	0.22	101.61	30.47	-3.68	144
7	三爱富	12.48	-24.97	1.19	-78.01	35.31	1.11	63
8	科斯伍德	9.59	-0.07	0.81	187.56	16.48	1.49	34
9	美吉姆	6.30	137.35	1.20	279.40	42.66	2.15	68
10	凯文教育	7.95	228.65	0.38	138.75	37.05	-2.73	33

续表

序号	公司简称	营业收入		归属于上市公司股东的净利润		总资产		市值（亿元）
		收入额（亿元）	同比增速（%）	净利润额（亿元）	同比增速（%）	资产额（亿元）	同比增速（%）	
11	全通教育	7.18	-14.53	-7.05	-7.28	13.51	-37.32	46
12	三盛教育	6.82	-13.97	0.12	-89.40	29.47	1.20	29
13	创业黑马	2.13	-36.49	0.16	21.55	4.66	-0.60	22
14	博通股份	1.84	2.62	0.17	452.28	7.65	8.86	18

注：①勤上股份数据根据2019年主要经营业绩报告整理，其他上市公司数据根据2019年年度报告整理；②市值为2020年2月25日收市时市值。

（九）营销上市公司基本情况

2019年，营销上市公司主要有22家，比2018年增加4家，即电声股份、因赛集团、米奥兰特和壹网壹创。2019年，营销上市公司总体表现良好，营业收入同比增长的有11家（占比为50%），增速最高的ST慧球达63.47%，其次是元隆雅图，为49.46%。净利润增长的有14家（占比为63.64%），都呈现两位数以上的增长率。其中，利欧股份、天龙集团、浙江富润、华谊嘉信、旗天科技、麦达数字与恒大高新七家同比增速甚至超过了100%，恒大高新最高，达142.75%。总资产同比增长的有14家，占比为63.64%，增速最高的壹网壹创达182.42%，主要是首次公开发行股票募集资金所致。

ST慧球凭借2019年进行重大资产重组、智慧城市和物业管理资产置出、置入新媒体营销资产、合并北京天下秀科技股份有限公司，获得盈利能力较强、发展潜力较大的新媒体营销资产，使公司主营业务从智慧城市及物业管理业务变为大数据技术驱动型的新媒体营销业务。得益于资产重组与主营业务的转变，营业收入、净利润及总资产都显著增长。吉宏股份营业收入、净利润、总资产同比实现较大幅度的增长，主要得益于在客户资源、成本管控、供应链管理、市场规模及业务协同等方面显著的竞争优势，公司互联网精准营销TOB（广告）和TOC（跨境商品）业务规模持续较快扩大。旗天科技由于剥离了树脂镜片业务，增值营销、数字服务等业务业绩增长，收购的江苏欧飞数字商品营销业务业绩表现良好，扭亏为盈，净利润同比增长106.58%。麦达数字虽然营业收入同比有所下降，但其前期投资的公司在2019年度完成新一轮市场化股权融资，估值提升，产生较高的投资收益，净利润同比增长123.74%。

营销上市公司龙头科达股份、利欧股份营业收入均超过100亿元，科达股份以188.83亿元位居榜首，利欧股份以140.33亿元位居第二。但由于受到宏观经济下行、上游客户行业景气度等因素的影响，加之计提商誉减值准备（23亿~27亿元）与应收款项坏账准备（约1.06亿元），科达股份亏损严重，净利润同比增速为-1054.52%（见表18.17）。

表18.17　2019年营销上市公司发展情况

序号	公司简称	营业收入 收入额（亿元）	营业收入 同比增速（%）	归属上市公司股东的净利润 净利润额（亿元）	归属上市公司股东的净利润 同比增速（%）	总资产 资产额（亿元）	总资产 同比增速（%）	市值（亿元）
1	科达股份	188.83	32.89	-25.09	-1054.52	82.75	-19.75	52
2	利欧股份	140.33	14.55	3.08	116.54	133.23	-6.01	261
3	天龙集团	86.74	8.86	0.76	108.41	27.53	9.50	31
4	数知科技	57.21	4.90	5.76	-9.12	146.73	9.62	114
5	联创股份	35.14	-2.38	-14.74	24.56	32.87	-18.88	33
6	浙江富润	31.29	13.09	4.85	123.94	47.62	14.82	56
7	中昌数据	27.87	-7.67	6.28	-70.16	17.75	-52.41	33
8	电声股份	32.36	24.21	2.20	14.64	24.46	53.08	113
9	联建光电	30.14	-25.65	-13.81	52.18	28.00	-39.85	25
10	吉宏股份	30.09	32.63	3.26	53.05	24.39	53.57	85
11	华谊嘉信	22.50	-34.11	0.12	101.51	18.76	-32.94	16
12	元隆雅图	15.72	49.46	1.15	22.79	13.24	31.69	48
13	壹网壹创	14.51	43.25	2.19	34.71	14.22	182.42	178
14	旗天科技	12.33	-46.50	0.52	106.58	35.80	19.32	39
15	麦达数字	7.63	-26.32	0.87	123.74	18.24	7.64	44
16	米奥兰特	4.26	-2.50	0.66	-3.30	6.60	125.41	22
17	恒大高新	3.78	12.85	0.85	142.75	15.30	5.01	26
18	因赛集团	3.93	-7.27	0.53	-19.85	7.09	72.29	23

续表

序号	公司简称	营业收入		归属上市公司股东的净利润		总资产		市值（亿元）
		收入额（亿元）	同比增速（%）	净利润额（亿元）	同比增速（%）	资产额（亿元）	同比增速（%）	
19	宣亚国际	3.54	-4.08	0.10	-50.86	6.10	21.94	24
20	文化长城	2.66	-29.53	0.10	-100.61	22.05	-1.55	14
21	融钰集团	1.55	-63.23	0.07	-79.80	17.66	-5.61	28
22	ST慧球	19.77	63.47	2.59	63.79	19.54	87.34	218

注：①中昌数据、恒大高新、文化长城数据根据2019年主要经营业绩报告整理，其他上市公司数据根据2019年年度报告整理；②市值为2020年3月1日市值。

（十）其他上市公司基本情况

除了经营内容分明、类型明确的传媒上市公司外，还有些业务范围相对较广的传媒上市公司，本报告将其归入“其他”，主要有5家。总体来看，这些公司市场表现欠佳。其中，安妮股份与恒信东方的营业收入、净利润、总资产与2018年相比都出现明显下滑。风语筑是其中市场表现较好的，其营业收入、利润都有两位数的增长，总资产也有明显增长。华闻集团则在2018年亏损严重的情况下，一面挖潜，一面尝试从传统媒体向文化旅游等领域转型，在没有上年同期大额投资损失、不计提大额减值准备的情况下，加上部分子公司业绩增加，实现扭亏为盈（见表18.18）。

表18.18　2019年其他上市公司基本情况

序号	公司简称	营业收入		归属上市公司股东的净利润		总资产		市值（亿元）
		收入额（亿元）	同比增速（%）	净利润额（亿元）	同比增速（%）	资产额（亿元）	同比增速（%）	
1	华闻集团	39.20	3.58	1.05	102.1	128.74	-0.93	67
2	风语筑	20.30	18.82	2.62	24.29	37.41	8.83	42
3	恒信东方	5.46	-21.69	0.56	-71.60	31.54	-2.28	77
4	力盛赛车	4.40	17.34	0.25	-36.00	7.39	25.75	17
5	安妮股份	4.33	-39.46	0.24	-68.15	22.56	-10.56	66

注：①上市公司数据根据2019年年度报告整理；②市值为2020年2月25日收市时市值。

三、传媒上市公司发展特点与趋势

（一）市场扩容，监管趋严

2019 年，A 股市场具有以下主要特点：一是 IPO 节奏加快，二是破发、退市趋于常态，三是二级市场整体波动率下降，市场趋向成熟。普华永道数据显示，全年共有 201 只新股上市，融资总额达 2533 亿元，IPO 数量和融资金额均有大幅增长，且为近三年最高。其中，IPO 数量同比增长 81%，过会率同比提升 19.62%；IPO 融资金额同比增长 82%，更是创下 2012 年以来的新高（见表 18.19）。

表 18.19　2017—2019 年 IPO 增长与融资情况　　单位：亿元，%

	2017 年	2018 年	2019 年	同比增长
IPO 过会率	77.43	64.53	84.15	19.62
融资	2304	1303	2533	94.40

资料来源：根据中国证监会、媒至酷、新浪财经等数据整理。

A 股市场的气候反映到传媒行业，即 2019 年的传媒行业上市公司有首发也有退市，但总体情况是实现市场扩容。一方面，印纪传媒于 2019 年 11 月退市，乐视网也在同年 5 月被暂停上市；另一方面，由于 IPO 增速快，新增了 5 家传媒上市公司，打破了 2018 年 IPO 为零的局面，增量可观。新增的电声股份、中信出版、因赛集团、米奥兰特、壹网壹创 5 家上市公司，一共募资 26.10 亿元。

在增速加快的背景下，2019 年的证券市场监管趋严，凡上市公司信息披露涉嫌违规违法的，均予立案调查。2019 年共有 72 家 A 股上市公司被立案调查，占 A 股上市公司总数的 1.95%。其中，传媒行业有 11 家，占同行业上市公司总数的 6.51%，相对偏高。

2019 年 12 月 28 日，第四次修订的《中华人民共和国证券法》（以下简称《证券法》）（2019 年修订）审议通过，于 2020 年 3 月 1 日起实施。新修订的《证券法》规定，“取消暂停上市环节，触发条件的直接退市”。这意味着上市要求更严，退市将成为常态；“实施注册制，取消发审委”则意味着将全面推行注册制。注册制是 2019 年 IPO “明星”科创板的一个重大改革，《证券法》的这一规定，使注册制从试点进入全面推行。在全面推行注册制的同时，新修订的《证券法》还加大了证券市场监管部门对违规违法行为的处罚力度，违规违法成本上升。另外，新增了投资者保护专章、强化信息披露要求等规定。这些规定对于证券市场的规范发展起到了推动作用，所以，从新修订的《证券法》来看，证券市场的发展必然是规范扩容，监管趋严。这是影响传媒上市公司未来发展的政策环境，又因其带给A股市场的实际影响而成为影响传媒上市公司发展趋势的现实环境因素。

（二）市场增速放缓，分化格局加剧

2019年，受宏观经济调整、外部经济环境变化、国家传媒政策改革和内容规制的影响，传媒市场增速持续放缓。从本文统计的173家传媒上市公司情况来看，营业收入实现增长的有87家，占比为50.29%，刚过半数；保持盈利的有130家，占比为75.14%；净利润同比增长的有99家，占比为57.23%。总体上看，传媒上市公司保持着增长势头，不过增速明显放缓，且有不少上市公司面临困境，如净利润负增长幅度在100%以上的有23家（占比为13.29%），其中有7家上市公司负增长幅度达1000%以上。

在传媒市场增速放缓的同时，分化格局持续深化，甚至出现多重分化的格局。首先，表现出明显的两极分化格局。一方面，有近30%的上市公司业绩增长明显，有50家上市公司（占比为28.90%）业绩增速在两位数以上，其中增幅超过30%的有20家（占比为11.56%），增幅超过50%的有8家（占比为4.62%）。另一方面，超过30%的上市公司业绩明显下滑，有57家上市公司（占比为32.95%）业绩下滑幅度在两位数以上，其中降幅超过30%的有31家（占比为17.92%），降幅超过50%的有10家（占比为5.78%）。两相比较，增长极的上市公司明显少于下滑极的上市公司。其次，板块分化。从传媒上市公司的各个板块来看，出版发行、互联网、教育服务等板块市场表现良好，网络游戏与营销传播板块保持稳中有升的势头，广告板块表现一般，报刊、广电网络、影视等板块则表现不佳。同时，细分板块也有分化。比如，在广告板块中，互联网广告持续增长，而传统媒体广告则整体下滑；在传统媒体广告中也有分化，广播电视广告是负增长，而报纸期刊广告则有所反弹，且增长可观。

（三）创新整合，破局发展

改革开放40多年来，经过长时间高速发展之后，中国经济进入转型发展

阶段，由速度优先转向质量优先，“调结构稳增长，发展新动能”是当前经济发展的基本态势。转型发展及如中美贸易战等因素带来的外部挑战，给中国经济带来一定的下行压力，从而在宏观环境上，使传媒产业的发展具有很大的不确定性，而仍在进行中的全球抗疫所带来的经济发展压力，加剧了这种不确定性。与此同时，为加强党对意识形态工作的领导，推进传媒深度融合、下沉基层、高质量发展，国家推出了教育信息化、网络安全与网络信息内容生态治理、县级融媒体中心建设、高清视频产业、数字乡村、5G 等领域的传媒新政与法律法规，规范、引导、服务传媒产业发展，促使传媒市场向健康、规范的方向发展。

第 45 次中国互联网发展统计报告显示，我国网民规模有 9.04 亿，互联网普及率达 64.5%，使用手机上网的比例为 99.3%，移动互联网使用持续深化。一方面，庞大的网民规模构成了蓬勃发展的消费市场，为数字经济发展打下坚实的用户基础，而区块链、IPv6、5G、人工智能、大数据等技术领域的快速发展与深度融合形成的产业互联网将成为推动数字经济发展的新动能。另一方面，从近年数据来看，网民数量增幅不大，日趋稳定，“人口红利”或将消失，从而使互联网相关产业的获客成本上升，盈利空间下降。但是，随着传媒产业融合由“型”到“质”的发展，传媒服务功能凸显，将颠覆现有的媒体商业模式。这种发展，不但催生了直播带货、工厂电商等零售模式，而且将使我国逐步进入知识付费时代，这一商业模式将成为继广告之后传媒产业盈利的重要来源。

2019 年，虽然存在内外经济环境带来的压力，但在科技研发投入加大、推进传媒融合与高质量发展新政出台等的合力推动下，传媒上市公司整体上依然保持增长的发展态势。其中，出版发行与互联网、教育服务上市公司表现突出。在人工智能、云计算、大数据等信息技术和资本力量的助推下，互联网及其相关服务业保持平稳较快的增长态势，业务收入和利润保持较快增长。而由于数字出版与数字教育、教育信息化的发展，出版发行与教育服务上市公司表现不俗。如我国图书零售市场连续六年保持两位数增长，2019 年码洋更是突破千亿元规模。不过，在宏观经济增速持续放缓态势及传媒生态变化的影响下，不少传媒上市公司甚至一些细分板块都面临发展困境。如报刊上市公司整体业绩不太乐观，广电网络与影视板块上市公司表现欠佳。营销、广告两板块增速明显放缓，困难不小。前几年快速增长的游戏板块，也面临创新破局的考验，国内游戏企业纷纷深耕自主研发，探索发展新模式。无论从传媒市场的积极面，还是寻求破局的个股或细分板块发展模式的探索来看，创新整合都成为当前传媒上市公司的必然选择。

第十九章　中国传媒产业并购报告

向志强　马艺菲[1]

2019 年，中国传媒业并购活跃度持续走低，具体表现为：板块业绩亏损严重，子行业间出现两极分化；影视游戏下滑明显，互联网渠道加持效应减弱；并购监管常态化提高了盈利回报和业绩对赌的不确定性，多元化收购危机四伏。特别是在产业规范化和行业精细化的背景下，传媒业并购在政策利好机遇和技术红利释放下重整前行。

一、传媒业并购态势

（一）总体态势

2019 年中国传媒并购市场持续降温，并购数量和并购金额双双走低。根据 Choice 金融终端数据，2019 年中国传媒产业并购重组事件共 324 起，相比 2018 年中国传媒产业并购重组事件 352 起，缩减了 8%，但下跌幅度小于 2017 年；2019 年中国传媒产业并购金额为 547. 72 亿元，显著低于 2018 年传媒产业并购金额的 929 亿元和 2017 年的 1840 亿元。

从 2019 年中国传媒产业并购市场各季度交易数量来看（见表 19. 1），第一季度并购事件为 85 起，交易金额创年度最高，为 324. 44 亿元；第二季度上升至 95 起，交易金额达 129. 57 亿元；第三季度并购事件 71 起，交易金额为四季度最低，仅 22. 22 亿元；第四季度为 73 起，交易金额为 72. 48 亿元。

---

① 向志强，湖南大学新闻传播与影视艺术学院副院长、教授；马艺菲，湖南大学新闻传播与影视艺术学院。

表 19.1　2019 年传媒产业各季度并购规模

季度	交易额（亿元）
第一季度	324.44
第二季度	129.57
第三季度	22.22
第四季度	72.48

资料来源：Choice 数据库。

从披露的交易金额来看，2019 年度并购前三名分别是世纪华通并购盛大游戏、万达集团并购万达影视，宋城演艺收购宋城演艺谷。2019 年 2 月 20 日，世纪华通以大约 298 亿元收购盛大游戏，创下游戏行业并购新纪录。同月，万达电影重组获批；根据预案，万达电影以 105 亿元的价格收购万达影视 95.77% 的股权，此举是万达电影布局影视全产业链的关键一环，也是万达电影构建泛娱乐全平台的重要转折点。2019 年 10 月，宋城演艺投资 30 亿元建设宋城演艺谷，成为 2019 年度文旅行业的代表性并购案件。除上述三件重大案例外，星期六股份有限公司以大约 17.88 亿元并购 MCN 公司遥望科技，成功抢占短视频营销风口；姚记科技以大约 1.59 亿元收购大鱼竞技 26% 股权；盛天网络作价 4.2 亿元收购天戏互娱 70% 股权也是代表性案例。2019 年中国传媒行业重大并购事件如表 19.2 所示。

表 19.2　2019 年中国传媒行业重大并购案例　　单位：万元，%

标的企业	CV 行业	买方企业	交易金额	交易股权
盛大游戏	互联网和相关服务	世纪华通	2980300.00	100.00
万达影视传媒有限公司	广播、电视、影视业	万达电影股份有限公司	1050000.00	95.77
珠海宋城演艺谷有限责任公司	文化艺术和娱乐业	宋城演艺发展股份有限公司（300144.SZ 宋城演艺）	300000.00	—
杭州遥望网络股份有限公司	互联网和相关服务	星期六股份有限公司（002291.SZ 星期六）	178795.89	95.1

续表

标的企业	CV 行业	买方企业	交易金额	交易股权
上海新文化传媒集团舟山科技有限公司	文化艺术和娱乐业	上海新文化传媒集团股份有限公司（300336. SZ 新文化）	50000. 00	—
世纪互联科技发展（苏州）有限公司	互联网和相关服务	启迪设计集团股份有限公司（300500. SZ 启迪设计）、世纪互联集团有限公司	6000. 00（美元）	—
上海天戏互娱网络技术有限公司	互联网和相关服务	湖北盛天网络技术股份有限公司（300494. SZ 盛天网络）	42000. 00	70. 00
浙江天意影视有限公司	广播、电视、影视业	新余上善若水资产管理有限公司	40890. 00	47. 00
诸暨长城国际影视创意园有限公司	文化艺术和娱乐业	绍兴优创健康管理合伙企业（有限合伙）	30000. 00	100. 00
厦门游动网络科技有限公司	互联网和相关服务	杭州电魂网络科技股份有限公司（603258. SH 电魂网络）	28997. 37	80. 00
大鱼竞技（北京）网络科技有限公司	互联网和相关服务	上海姚记科技股份有限公司（002605. SZ 姚记科技）	15860. 00	26. 00

资料来源：Choice 数据库。

从并购目的来看，2019 年传媒业横向整合达 136 起，多元化战略达 55 起，垂直整合为 45 起，如图 19. 1 所示。与 2017 年、2018 年相比，2019 年度垂直整合的比例强势上扬，达 14%，横向整合和多元化战略比例同比回落。受行业景气度降低和投资信任度下滑趋势影响，各大 A 股和新三板传媒企业从“跨越式扩张”转向“求生式整合”，纷纷放慢了横向兼并和多元化战略的步伐，将并购重心重新转移至主导产业链的上下游，并以此谋求行业寒冬下的自我革命。

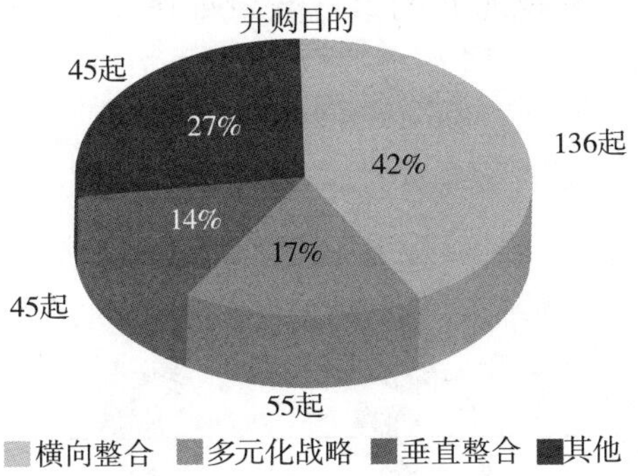

图 19.1　2019 年并购目的交易统计

资料来源：Choice 数据库。

从并购进度来看，2019 年与 2018 年、2017 年相比差异较大，如图 19.2 所示，其中已完成交易的比例大幅降低，较 2018 年下滑 144%，同时交易失败和正在进行交易的比例也有明显上升，资本退出成为本年度的主基调。

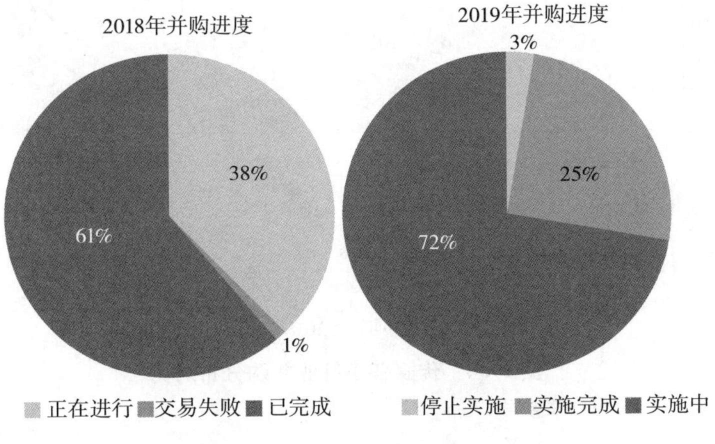

图 19.2　并购进度交易统计

资料来源：Choice 数据库。

（二）各传媒业并购态势

2019 年，各传媒业并购态势二八效应显著，其中互联网和相关服务业并购事件数量最多，达 173 件；文化艺术和娱乐业紧随其后，以 92 件位居第二；广播、电视和影视业并购数量为 51 件，位居第三；新闻出版业并购事件共8件，位列第四，如图19.3所示。与2018年相比，传媒业核心层——新闻出版业和广播、电视、影视业并购事件数量如图19.4所示，并购金额如表19.3所示，都有所提升。

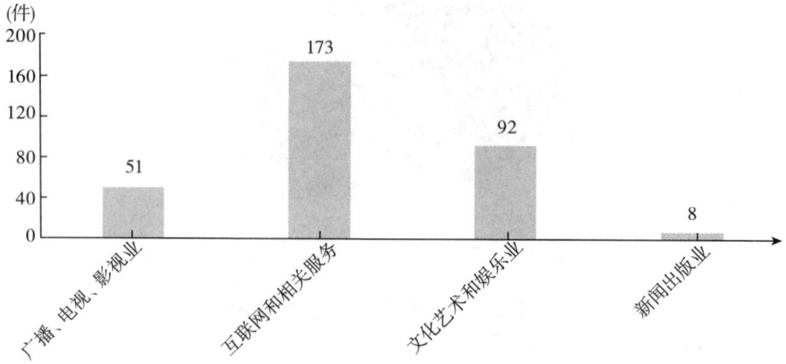

图19.3　2019年传媒各子行业并购分布

资料来源：Choice数据库。

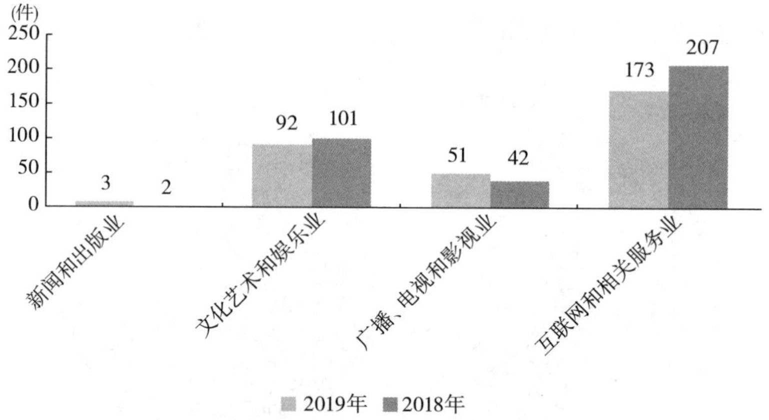

图19.4　传媒各子行业并购分布对比

资料来源：Choice数据库。

表19.3　传媒各子行业并购金额年度对比　　单位：亿元

子行业／年份	新闻和出版业	文化艺术和娱乐业	广播、电视和影视业	互联网和相关服务业
2019	1.36	53.82	145.87	345.71
2018	0.31	187.65	143.88	597.16

资料来源：Choice数据库。

1. 影视业持续低迷，业绩困局凸显

2019 年广播、电视和影视业低迷情绪持续蔓延，高估值风险频出，结构化改革持续深化。2019 年有 1884 家影视公司关停，18 家上市影视公司中盈利的仅有 6 家，且有 5 家影视公司已连续两年出现亏损。在行业遭遇整体性困境下，广播、电视和影视业业绩状况呈冰与火的态势：在电影股方面，光线传媒凭卖座电影加持，以 9.53 亿元净利润位居行业龙头，华谊兄弟 2019 年亏损 39 亿元，同比 2018 年增加约 260%；在电视剧股方面，行业去泡沫化进程持续加快，华策影视 2019 年亏损 12.95 亿元，其中商誉减值约占 70%。

受行业景气度下滑影响，影视业并购进行“去产能”“去库存”的结构化调整。综观 2019 年中国广播、电视和影视行业部分并购案例，如表 19.4 所示，东方投资、盛唐文娱和广西投资集团纷纷暂停或终止对永乐影视、风筝影业和广西广播电视信息网络股份有限公司的收购。部分头部公司加快对行业上下游的布局，也交出亮眼成绩单，2019 年最受业界关注的是万达电影的产业重组。根据预案，万达电影以 105 亿元的价格收购万达影视 95.77% 的股权，至此，万达电影长达三年的并购预案终于成功获批；文化产业成为万达集团的核心支柱之一，而电影产业则是万达文化集团的核心产业，此番重组预示着万达打造影视全产业链、稳居行业龙头的决心。

表 19.4　2019 年中国广播、电视和影视行业部分并购案例

首次披露日	交易标的	交易买方	标的方所在行业	交易总价值（万元）	最新进度
2019－03－05	浙江永乐影视制作有限公司	当代东方投资股份有限公司（000673. SZ ＊ST 当代）	广播、电视、影视业	255000.00	停止实施
2019－03－19	上海软众广告传媒有限公司	福建省软众数字科技股份有限公司（839824. OC 软众科技）	广播、电视、影视业	5000.00	实施完成
2019－03－21	北讯电信（上海）有限公司	上海北信瑞丰资产管理有限公司	广播、电视、影视业	30752.00	实施中

续表

首次披露日	交易标的	交易买方	标的方所在行业	交易总价值（万元）	最新进度
2019-04-19	广州海格天腾传媒有限公司	北京海格资产管理有限公司	广播、电视、影视业	4950.00	实施中
2019-04-30	平潭方金影视有限公司	方金影视文化传播（北京）股份有限公司（837500.OC 方金影视）	广播、电视、影视业	5000.00	股东大会通过
2019-05-10	万达影视传媒有限公司	万达电影股份有限公司（002739.SZ 万达电影）	广播、电视、影视业	1050，000.00	实施完成
2019-06-21	新疆愚恒影业集团有限公司	上海龙韵广告传播股份有限公司（603729.SH 龙韵股份）	广播、电视、影视业	11116.56	实施完成
2019-07-01	中大英才（北京）网络教育科技有限公司	长沙开元仪器股份有限公司（300338.SZ 开元股份）	广播、电视、影视业	14400.00	实施完成
2019-09-28	北京二六三企业通信有限公司	二六三网络通信股份有限公司（002467.SZ 二六三）	广播、电视、影视业	7572.00	实施中
2019-12-14	浙江天意影视有限公司	新余上善若水资产管理有限公司	广播、电视、影视业	40890.00	董事会预案

资料来源：Choice 数据库。

2. 新闻出版业异军突起，行业链条纵向拓展

随着移动互联网终端的普及和网络新闻资讯平台的兴起，新闻出版上市公司盈利速度放慢，运营难度增加，成长压力加重。在“国家队”的带领下，

2019 年省市级媒体也在加快转型，报台合并整合以缩减集团规模，全媒体平台化布局成为新常态。内容付费风口下，版权产业迅猛发展，高质量、高水平出版物成为优质标的。

2019 年出版行业并购市场呈现以下两大亮点，如表 19. 5 所示：首先，传统报业集团深耕主业，抢占产业上游，收购精品刊物。6 月 21 日，厦门报业传媒集团通过收购厦门台海杂志的董事会预案；12 月 24 日，广州日报传媒股份有限公司成功完成对先锋报业的收购；上报印务对解放传媒印刷公司的收购也在同步进行中。

其次，头部公司拓展产业链，版权产业发展迅速。中文传媒旗下子公司江西红星传媒集团拟以 3316. 3 万元收购江西省报刊传媒、江西中文传媒网络科技、江西晨报 100% 股权，出版传媒拟以 243. 47 万元收购北方国家版权交易中心 41. 43% 股权。

表 19. 5　2019 年中国新闻和出版行业部分并购案例

首次披露日	交易标的	交易买方	标的方所在行业	交易总价值（万元）	最新进度
2019 - 04 - 27	江西省报刊传媒有限责任公司、江西中文传媒网络科技有限公司、江西晨报经营有限责任公司	江西红星传媒集团有限公司	新闻和出版业	2094. 89	实施中
2019 - 06 - 21	厦门台海杂志有限公司	厦门报业传媒集团有限公司	新闻和出版业	—	董事会预案
2019 - 07 - 31	北方国家版权交易中心有限公司	北方联合出版传媒（集团）股份有限公司（601999. SH 出版传媒）	新闻和出版业	243. 47	实施中
2019 - 10 - 12	上海解放传媒印刷有限公司	上报印务有限公司	新闻和出版业	1057. 20	实施中

续表

首次披露日	交易标的	交易买方	标的方所在行业	交易总价值（万元）	最新进度
2019－10－14	广西金鼎盛联文化传媒有限公司	北京宣亿元文化传媒有限公司	新闻和出版业	97.57	实施中
2019－12－24	广州先锋报业有限公司	广东广州日报传媒股份有限公司（002181.SZ 粤传媒）	新闻和出版业	7945.37	实施完成

资料来源：Choice 数据库。

3. 文旅市场日益壮大，精品内容价值显现

近十年来，文旅产业和演艺业发展如火如荼，国民旅游和演出观看需求日益旺盛，反映在并购市场中则是并购数量和规模较前五年都有所攀升。2019 年，文化艺术和娱乐业并购事件为 92 件，并购金额达 53.82 亿元。其中，在文旅业方面，优质文旅公司成为热门标的，呈现跨界收购的趋势；1 月 16 日，湖南电广传媒以 1 亿元收购芒果文旅投资；10 月 12 日，四川旅投航空旅游和峨眉山旅游以大约 2.2 亿元收购峨眉山云上旅游；12 月 24 日，华闻集团收购了三亚辉途文化旅游投资发展有限公司。

在演艺业方面，演出内容的精品度和受欢迎度影响主营业务的效益和公司成长能力与品牌影响力。5 月 15 日，长恨歌演艺文化股东大会通过以大约 1.16 亿元收购瑶光阁演艺文化 51% 股权的决议；10 月 1 日，宋城演艺以 30 亿元收购珠海宋城演艺谷；12 月 31 日，好看传媒以 280 万美元收购好莱坞国际艺术交流有限公司（见表 19.6）。并购成功与否最终要靠市场检验，长城影视在连续用现金跨界收购企业维持业绩后，也陷入高商誉和高风险的尴尬境地；2018 年，长城净亏损 3.5 亿元，2019 年 1 月 22 日，长城影视股东大会通过以 3 亿元出让主体业务诸暨长城国际影视创意园 100% 股权的决议，此举被外界看作是商誉爆雷后的无奈之举。

表 19.6　2019 年中国文化艺术和娱乐行业部分并购案例

首次披露日	交易标的	交易买方	标的方所在行业	交易总价值（万元）	最新进度
2019－01－15	平阳县大丰文化发展有限公司	杭州大丰文化传媒有限公司、平阳县城市建设投资有限公司、浙江大丰建筑装饰工程有限公司、浙江大丰实业股份有限公司（603081.SH 大丰实业）	文化艺术和娱乐业	8574.84（美元）	实施中
2019－01－16	湖南芒果文旅投资有限公司	湖南电广传媒股份有限公司（000917.SZ 电广传媒）	文化艺术和娱乐业	10000.00	实施中
2019－01－22	诸暨长城国际影视创意园有限公司	绍兴优创健康管理合伙企业（有限合伙）	文化艺术和娱乐业	30000.00	股东大会通过
2019－05－15	陕西瑶光阁演艺文化有限公司	陕西长恨歌演艺文化有限公司	文化艺术和娱乐业	11628.00	股东大会通过
2019－10－01	珠海宋城演艺谷有限责任公司（暂定名）	宋城演艺发展股份有限公司（300144.SZ 宋城演艺）	文化艺术和娱乐业	300000.00	实施中
2019－10－12	峨眉山云上旅游投资有限公司	四川旅投航空旅游有限责任公司、峨眉山旅游股份有限公司（000888.SZ 峨眉山 A）	文化艺术和娱乐业	22330.00	股东大会通过

资料来源：Choice 数据库。

4. 互联网业持续结构优化，细分行业表现突出

2019 年并购主体仍是互联网和相关服务行业，互联网与游戏、广告业的战略合作也逐渐加快。与 2018 年度不同的是，互联网行业头部公司在 2019 年度发力趋缓，鲜有传媒行业的并购案例。由于受到新用户数量红利殆尽、游戏版号停发等政策性因素的影响，游戏行业在 2018 年估值回落，投资显著下滑，利润增速趋缓。2018 年 12 月底，广电总局重启游戏版号审批，游戏行业的并购迎来恢复期。2019 年 2 月 20 日，世纪华通以大约 298 亿元收购盛大游戏 100% 股权；3 月 5 日，电魂网络以近 2.9 亿元收购游动网络 80% 股权；8 月 16 日，盛天网络以 4.2 亿元收购天戏互娱 70% 股权；10 月 10 日，乐蜀网络股东大会通过以 1000 万元人民币收购逗游网络 100% 股权的决议。如表 19.7 所示。在短视频和直播风口下，互联网公司以兼并收购的方式进行网络营销和电商变现已成为主要趋势，星期六股份有限公司以近 17.88 亿元并购 MCN 公司遥望科技是 2019 年度互联网行业并购的一大亮点。

表 19.7　2019 年中国互联网和相关服务行业部分并购案例

首次披露日	交易标的	交易买方	标的方所在行业	交易总价值（万元）	最新进度
2019-02-20	盛大游戏	世纪华通	互联网和相关服务	2980300.00	实施中
2019-03-05	厦门游动网络科技有限公司	杭州电魂网络科技股份有限公司（603258.SH 电魂网络）	互联网和相关服务	28997.37	实施完成
2019-03-14	世纪互联科技发展（苏州）有限公司	启迪设计集团股份有限公司（300500.SZ 启迪设计）、世纪互联集团有限公司	互联网和相关服务	6000.00（美元）	实施完成
2019-03-27	杭州遥望网络股份有限公司	星期六股份有限公司（002291.SZ 星期六）	互联网和相关服务	178795.89	实施完成

续表

首次披露日	交易标的	交易买方	标的方所在行业	交易总价值（万元）	最新进度
2019-06-01	舟山盛都技术咨询有限公司（暂定名）	宋都基业投资股份有限公司（600077.SH 宋都股份）	互联网和相关服务	54000.00	实施中
2019-08-16	上海天戏互娱网络技术有限公司	湖北盛天网络技术股份有限公司（300494.SZ 盛天网络）	互联网和相关服务	42000.00	实施完成
2019-10-10	北京逗游网络技术有限公司	上海乐蜀网络科技股份有限公司（836002.OC 乐蜀网络）	互联网和相关服务	1000.00	股东大会通过
2019-11-23	北京风行在线技术有限公司	深圳市兆驰股份有限公司（002429.SZ 兆驰股份）	互联网和相关服务	35000.00	实施中
2019-12-10	北京环球国广媒体科技有限公司	华闻传媒投资集团股份有限公司（000793.SZ 华闻集团）	互联网和相关服务	23000.00	股东大会通过

资料来源：Choice 数据库。

二、传媒业并购特征

（一）政策“组合拳”持续加码，资本市场难掩颓势

2019 年监管审批较 2018 年有所放松，证监会新规不断出台：1 月，放宽准入条件并扩大投资范围；9 月，召开全面深化资本市场改革工作座谈会；10 月，颁布《重大资产重组管理办法》，包括简化重组上市认证标准、丰富业绩补偿协议和配套监管措施、推进创业板重组上市改革等（见表 19.8），这些新规的出台为并购市场注入一针强心剂。在传统媒体方面，11 月国资委发布了《中央企业混合所有制改革操作指引》，国有资本的整合和运作也成为并购

市场焦点。随着政策的进一步落地和推行，2019 年传媒业并购市场在资质审核、合同复议、资格批复三个环节提高活跃度，审核通过率和并购成功率大大提升。

表 19.8 《关于修改上市公司重大资产重组管理办法的决定》部分内容

新规重点内容	历史规则	重要影响解读
取消重组上市认定中的“净利润”指标	2014 年无净利润指标，2016 年修订时加入	原规则下，亏损或微利上市公司注入任何资产都会构成重组上市，新规则更有利于上市公司收购优质资产
“累计首次原则”计算期间从 60 个月缩短至 36 个月	2014 年的计算期间为无限制：2016 年修订为 60 个月	进一步解放上市公司新股东手脚，引导其加速注入优质资产，有利于盘活上市公司壳资源
在限定产业定位的前提下，松绑创业板借壳	2013 年证监会明令禁止创业板借壳	在增加壳资源供给的同时，大大扩大了创业板重组的想象空间，有利于提升创业板上市公司质量股东价值
恢复重组上市配套融资	2014 年允许重组配套融资，2016 年修订时禁止	拓宽了重组双方的选择范围，并大幅提升了借壳方的积极性，改善重组后的公司现金流
加强业绩承诺监管	以前版本没有，为新增条款	提高了业绩承诺的严肃性，加大了中小投资者权益的保护力度

资料来源：https：//mp. weixin. qq. com/s/ –6RSuK6Do –sD6sCiR_ XU1w.

重组新规为低迷的资本市场活跃提供了良好的外部环境，但政策解绑在短时间内无法改变资本市场的寂静之势。2019 年度传媒行业业绩承压明显，并购高开低走，上半年并购规模是下半年的 2 倍，大型并购停滞，交易单价显著低于往年，10 亿元并购交易数额以上案例仅 6 件，50 亿元并购交易数额以上案例仅 2 件，国内传媒业并购市场仍处于资本冷静期。

（二）泛娱乐业布局明显，商誉爆雷潮来临

2019年度影视和游戏行业处于下行周期，全国影视公司注销数量达到3313家，17家影视上市公司中市值平均下跌72%，其中业绩亏损的公司数量达11家，24家游戏上市公司中有一半亏损。在严格监管和去泡沫化形势下，影视游戏等泛娱乐行业依赖高杠杆融资形成的发展模式不再奏效。影视公司受经济下行的影响最为显著；在资本寒冬下，扩张式并购和跨界交易风险较大，只有深耕主业链条，持续产出优质影视作品才能继续活跃在并购市场中。2019年度传媒业最大并购案例是万达电影并购万达影视，万达电影并购意图是实现从院线下游端到制作上游端的升级。2月20日，世纪华通以298亿元并购盛大游戏重组方案也获得证监会的审批通过。

与此形成鲜明对比的是，当代东方宣布停止收购永乐影视和鹿港文化，并以4.09亿元出让天意影视47%的股权。天意影视历经华谊兄弟、鹿港文化两任东家，在未完成鹿港文化所规定的业绩对赌目标后，被出售给上善若水资产管理有限公司。高估值和高溢价是近五年传媒业投融资的关键词，受高业绩承诺的影响，商誉往往在多次估值和多重并购后暴涨，然而在商誉暴增背后也往往蕴藏着巨大的爆雷风险，一旦业绩承诺不达标，商誉就有可能大幅下跌，从而影响收购方的净利润与股价。在“钱荒”背景下，与其说是“阵痛”，不如说是“镇静”，影视和游戏业的并购将迎来漫长的调整期。

（三）版权产业前景广阔，MCN表现亮眼

在内容付费浪潮下，版权保护工作成效明显，版权产业发展迅猛。国家版权局网络版权产业研究基地发布的《中国网络版权产业发展报告（2018）》显示，2018年我国网络版权产业市场规模达7423亿元，同比增长16.6%。在阅文集团以155亿元收购新丽传媒100%股权后，其版权业务同比增长341%。随着内容付费和广告投放相结合的商业模式进一步成熟，优质版权公司也将成为热门优质标的。7月31日，出版传媒以243.47万元收购北方国家版权交易中心41.43%的股权，这将助力出版传媒集聚优势版权资源，推动主业加快发展。

受益于自媒体的发展，MCN从2012年开始萌芽，自2018年进入井喷期，截至2019年，国内MCN机构共有6500家，市场规模约为108亿元。伴随电商行业的快速发展，运用自媒体矩阵打造KOL，借助短视频和直播平台进行

电商变现和网络营销成为 MCN 的主流发展模式。2019 年 3 月 27 日，星期六股份有限公司以 17.88 亿元收购 MCN 公司遥望科技 100% 股权，收购完成后星期六股份有限公司净利暴增 15 倍。在经济疲软期间，稳定的营收能力和变现能力是资本涌入的选择标准之一，未来 MCN 公司将凭借高流量、高曝光率、稳定的供货体系在并购市场占有一席之地。

（四）互联网头部公司投资与收购步伐趋缓，技术红利驱动增长

近三年来，互联网“大厂”和“中厂”并购步伐加快，投融资热情高涨，跨界收割火热。随着 2019 年并购市场的降温，互联网龙头公司在资本市场的活跃度也有所降低。2019 年 BAT 投资数量均创三年新低，分别为 41 件、42 件、62 件，其中传媒领域中的投资数量均为 10 件以下，且无并购事件。互联网头部公司纷纷放缓投资脚步与经济大环境和行业回报率有关，传媒行业的并购大都依靠商誉提高估值，因此在商誉爆雷风波下，传媒行业的投资回报率和对赌完成能力降低，成长能力和现金流存疑。可见互联网头部公司放缓对传媒领域公司的投资和收购也在情理之中。

5G、VR/AR、AI 等技术的普及为传媒业并购带来一缕春风，5G 将大幅增强网络视频业务和传媒行业的对接，云存储、云游戏等也将成为热门场景；VR/AR 将提高影视业和游戏业的观赏性、趣味度和体验感；AI 和传媒各子行业的结合也将成为内容渠道创新的重要驱动力量。纵观近三年传媒业子行业并购的事件表，互联网和相关服务业数量维持高比重和高产值，未来也将凭借技术加持开拓更大的成长空间。

三、结语

2019 年是传媒行业的资本静冷期和战略调整期，供给侧改革和行业洗牌进程加快，传媒业并购也由扩张式并购转向内生式成长，跨界并购降至冰点，跨国并购规模萎缩，未来传媒并购市场将继续呈现出低迷常态化、波动长期化的特征。新政频出、审批提速，逐渐挣脱传媒业并购的政策性束缚，释放创新活力；营收复苏、技术升级，业绩对赌困局有望纾解，评估程序科学性得到保障。负重前行下也有热烈生长，对于传媒企业来说，市场将逐渐回归理性，优质标的仍一案难求，打造内容精品和注重渠道运营仍是获得竞争优势的重要手段。

第二十章　中国海外传媒投资报告

陈秋云　倪然①

一、中国海外传媒投资的特点

2019 年，世界正经历百年未有之大变局，国内外投资环境日趋复杂，但在各方努力下，我国海外投资保持了平稳有序健康发展。中国企业对外投资趋于理性、专业，防范风险的意识也逐步增强。商务部数据显示，2019 年中国全行业对外直接投资 1171.2 亿美元，同比下降 9.8%；企业对外投资并购活跃，在全球 52 个国家（地区）实施完成并购项目 294 起，实际交易总额 294 亿美元，对外投资结构进一步优化。2019 年以来尽管中国经济下行压力加大，但主要指标仍保持总体平稳，经济持续运行在合理区间。

2019 年中国海外传媒投资呈现以下几个特点：

（一）对外投资向高质量发展

2019 年《财富》杂志世界 500 强排行榜显示，上榜的中国企业数量多达 129 家，历史上首次超过美国。在对外投资规模增长的同时，中国企业对外投资结构也不断优化，非理性投资得到有效遏制。有专家表示，中国对外投资正从高速增长向高质量发展转变。中国企业海外传媒投资也逐渐趋于理性，投资结构进一步优化。

（二）欧美发达国家持续吸引国内投资者

欧美发达国家以相对完善的法律法规、较完备的市场环境，持续吸引着国内企业。2017—2019 年美国已连续三年成为受资最多、最受国内投资者青

---

① 陈秋云，北京大学新闻与传播学院博士生，北京中医药大学人文学院讲师；倪然，北京中医药大学人文学院。

睐的国家。与2018年相比，2019年中国企业在美国和英国等发达国家的传媒投资均有明显的增长。

（三）与“一带一路”沿线国家的合作进一步深化

根据商务部网站信息，2019年，我国企业在“一带一路”沿线对56个国家非金融类直接投资150.4亿美元，同比下降3.8%，占同期总额的13.6%，主要投向新加坡、越南、老挝、印度尼西亚、巴基斯坦、泰国、马来西亚、阿联酋、柬埔寨和哈萨克斯坦等国家。印度及东南亚地区作为“一带一路”沿线国家的重要组成部分，市场发展潜力巨大。中国与“一带一路”沿线国家的投资合作有序开展，示范效应不断增强。

二、中国海外传媒投资领域分析

2019年中国海外传媒投资事件主要有85件，总金额超过81亿美元。投资事件数相较2018年的82件有小幅度上升，总投资金额则较2018年的109亿美元有所收紧。投资领域主要涉及企业服务、电子商务、游戏动漫、泛娱乐、影视、出版、VR/AR、新媒体等行业。

（一）企业服务/技术领域

由表20.1得知2019年企业服务/技术领域的投资事件有25件，总金额超过15亿美元。较2018年该领域的投资事件数大幅上涨，其中腾讯、阿里巴巴和极豆资本投资事件数最多。投资金额最大的是腾讯对巴西数字银行服务商Nubank 4亿美元的战略投资。从投资对象来看，2019年，“一带一路”沿线国家如印度、新加坡、菲律宾等市场仍较受国内投资集团青睐。

表20.1　2019年企业服务/技术领域投资事件一览表

序号	投资方	标的方	地区	时间	金额	轮次	其他投资方
1	阿里巴巴	DataArtisans	德国	2019年1月	1.03亿美元	收购	
2	阿里巴巴	QEDIT	以色列	2019年5月	1000万美元	A轮	MizMaa Ventures，RGAX等
3	极豆资本	OnlyChain	美国	2019年1月	未披露	战略投资	

续表

序号	投资方	标的方	地区	时间	金额	轮次	其他投资方
4	极豆资本	YottaBytes	印度	2019 年 7 月	未披露	战略投资	链杉资本
5	明势资本	Inteluck	菲律宾	2019 年 3 月	数百万美元	A + 轮	
6	高特佳投资	Mighty Networks	美国	2019 年 4 月	未披露	A 轮	BBG ventures，英特尔投资等
7	小米	Chalo	印度	2019 年 4 月	未披露	战略投资	顺为资本
8	凯泰资本	Paradromics	美国	2019 年 5 月	数百万美元	Pre – A 轮	
9	TCL 资本	Kai Technologies	美国	2019 年 5 月	5000 万美元	B 轮	Google Ventures，Cathay Innovation
10	华为	Vokord	俄罗斯	2019 年 6 月	5000 万美元	收购	
11	创世资本	PledgeCamp	英国	2019 年 8 月	未披露	战略投资	
12	共识实验室	DAppLinks	美国	2019 年 6 月	未披露	战略投资	
13	腾讯	TrueLayer	英国	2019 年 6 月	4000 万美元	战略投资	
14	腾讯	N26	德国	2019 年 7 月	1.7 亿美元	D + 轮	Valar Ventures，GIC
15	腾讯	Nubank	巴西	2019 年 7 月	4 亿美元	战略投资	Sequoia Capital，Rabbit Capital 等
16	腾讯	NiYo Solutions	印度	2019 年 7 月	3500 万美元	B 轮	维港投资，JS Capital
17	腾讯	Everledger	英国	2019 年 9 月	4000 万美元	A 轮	乐天，Graphene Ventures 等

续表

序号	投资方	标的方	地区	时间	金额	轮次	其他投资方
18	腾讯	MyGate Premium	印度	2019 年 10 月	5600 万美元	B 轮	老虎环球，JS Capital 等
19	腾讯	Policybazaar	印度	2019 年 11 月	1.5 亿美元	战略投资	
20	大陆集团	Leia	美国	2019 年 7 月	未披露	战略投资	
21	中国加速	GetKno	英国	2019 年 7 月	40 万美元	种子轮	
22	方广资本	ZenLayer	美国	2019 年 8 月	3000 万美元	B 轮	火山石资本
23	高瓴资本	Udaan	印度	2019 年 8 月	3 亿美元	D 轮	Altimeter Capital，纪源资本等
24	海航资本	CoinCase	美国	2019 年 9 月	未披露	战略投资	
25	红杉中国	Culture AMP	澳大利亚	2019 年 9 月	8200 万美元	E 轮	

资料来源：根据 IT 桔子等网站的数据整理而成。

同时，随着互联网金融科技的持续发展，对区块链及比特币相关企业的关注显著提升。如阿里巴巴斥资 1000 万美元投资的以色列公司 QEDIT，海航集团投资的美国公司 CoinCase，极豆资本投资的美国公司 OnlyChain 和印度公司 YottaBytes，均属于该领域。

（二）电子商务领域

由表 20.2 可以得知，2019 年度电子商务领域海外投资共有 11 件，总金额超过 7.5 亿美元。其中顺为资本的投资件数最多，共有 3 件。投资金额最大的是海尔以 5.14 亿美元收购意大利企业 Candy。据海尔介绍，此次交易与海尔在全球各个市场实现引领的战略紧密契合，为全球特别是欧洲用户提供可持续的生活解决方案。另外，2019 年复星集团以 8500 万美元收购了德国公司 Tom Tailor，早在 2015 年 11 月左右，Tom Tailor 就在复星集团的支持下开设了售价中国旗舰店。近年来，Tom Tailor 也在逐渐将其战略重点从欧洲转移到中国，抢占中国市场。从投资对象来看，印度、印度尼西亚等“一带一路”沿线国家的电子商务领域持续吸引中国投资企业的目光，如顺为资本在电子商务领域的三项投资皆是投向“一带一路”沿线国家，分别是印度企业

WMall、Simsim 和印度尼西亚企业 Evermos。从轮次上来看，本年度该领域的投资更多集中在早期项目，其中种子轮投资有 1 件，A 轮投资有 4 件。

表 20.2　2019 年电子商务领域投资事件一览表

序号	投资方	标的方	地区	时间	金额	轮次	其他投资方
1	海尔	Candy	意大利	2019 年 1 月	5.14 亿美元	收购	
2	曼图资本	Chronicled	美国	2019 年 1 月	1600 万美元	A 轮	
3	顺为资本	WMall	印度	2019 年 2 月	200 万美元	A 轮	Accel India, Good Capital
4	顺为资本	Simsim	印度	2019 年 11 月	600 万美元	A 轮	
5	顺为资本	Evermos	印度尼西亚	2019 年 12 月	825 万美元	A 轮	
6	鼎晖投资	GlowRoad	美国	2019 年 3 月	1150 万美元	B 轮	
7	阿里巴巴	BigBasket	印度	2019 年 4 月	5000 万美元	战略投资	
8	峰瑞资本	JUNOCo.	美国	2019 年 4 月	数千万美元	种子轮	
9	复星集团	Tom Tailor	德国	2019 年 4 月	8500 万美元	收购	
10	复星集团	Tom Tailor	德国	2019 年 7 月	未透露	收购	
11	红杉中国	KurlyD	韩国	2019 年 4 月	8800 万美元	D 轮	

资料来源：根据 IT 桔子等网站的数据整理而成。

（三）文化艺术及相关服务领域（游戏、广告等）

由表 20.3 可以得知，2019 年文化艺术及相关服务领域投资共有 24 件，其中游戏及动漫领域共有 13 件，总投资额超过 18 亿美元，其中网易与腾讯依然占据该领域的投资领头羊位置。2019 年，网易在该领域共有 4 项投资，分别投向美国游戏公司 Second Dinner，Bossa Studios、法国游戏公司 Quantic Dream 以及加拿大游戏公司 Behavior Interactive（BHVR），总金额超过 6000 万美元。而腾讯在 2019 年度则斥资超 8500 万美元进行了 4 项投资，有报道称最近几年游戏市场越来越追求玩法和创新，腾讯也将其投资视野转移到了单机和主机领域，投资标的也由一些具备一定规模的公司转变为初创团队和小公司。在游戏领域投资数额较大的还有巨人网络斥资 15 亿美元投资以色列休闲游戏厂商 Playtika。对于此次投资，巨人网络表示，双方的进一步合作将在未来对公司营收和利润增长产生重要意义。

其他泛娱乐行业投资共 11 件，包括音乐、虚拟社区服务等，总额近 35 亿美元，其中泛娱乐行业投资领跑者腾讯斥资 33 亿美元收购美国环球音乐集团 UMG 10% 的股份。对于此次投资，腾讯方面表示，将由其旗下一家全资子公司，通过加入由腾讯控股牵头的财团，来参与此次收购 Vivendi SA 集团旗下企业价值 300 亿欧元的环球音乐集团的少数股权。这也是 2019 年泛娱乐领域单笔投资金额最大的投资事件。泛娱乐行业相较 2018 年投资总额的大幅上涨，体现了近年来随着全球范围内新媒体技术的逐步成熟和改善以及相关产业的蓬勃发展，中国的企业传媒投资也更多地将目光转向了音乐软件、游戏休闲、语言社交、知识共享及新闻咨询等领域的相关对象。

表 20.3　2019 年文化艺术及相关服务等领域投资事件一览表

序号	投资方	标的方	地区	时间	金额	轮次	其他投资方
1	网易	Second Dinner	美国	2019 年 1 月	3000 万美元	战略投资	
2	网易	Quantic Dream	法国	2019 年 1 月	未透露	战略投资	
3	网易	Behavior Interactive (BHVR)	加拿大	2019 年 7 月	未透露	战略投资	
4	网易	Bossa Studios	美国	2019 年 11 月	3000 万美元	B 轮	Atomico, Makers Fund
5	腾讯	Fatshark	瑞典	2019 年 1 月	5630 万美元	收购	
6	腾讯	SharkMob	瑞典	2019 年 5 月	未透露	收购	
7	腾讯	Antstream Arcade	英国	2019 年 7 月	未透露	战略投资	Hambro Perks
8	腾讯	Sumo Group	英国	2019 年 11 月	2984 万美元	战略投资	
9	阿里巴巴	Vdooly	印度	2019 年 2 月	210 万美元	B 轮	Times Internet Limited
10	阿里巴巴	VMate	印度	2019 年 5 月	1 亿美元	战略投资	
11	中国加速 Chinaccelerator SOSV	Esports Charts	美国	2019 年 3 月	50 万美元	种子轮	

续表

序号	投资方	标的方	地区	时间	金额	轮次	其他投资方
12	万链资本	Myou	日本	2019 年 5 月	未透露	天使轮	SoftBank capital 软银海外、科银资本等
13	巨人网络	Playtika	以色列	2019 年 7 月	15 亿美元	战略投资	
14	麦星投资	Boomplay	尼日利亚	2019 年 3 月	2000 万美元	A 轮	云时资本及其他
15	戈壁创投	爱思国际	菲律宾	2019 年 3 月	数百万美元	Pre - A 轮	
16	中信资本	Cityneon	新加坡	2019 年 5 月	未透露	战略投资	
17	启明创投	Pratilipi	印度	2019 年 6 月	1500 万美元	战略投资	Nexus Venture Partners、顺为资本等
18	抖音	JuckDeck	英国	2019 年 7 月	未披露	收购	
19	复星锐正资本	Headfone	印度	2019 年 7 月	未透露	战略投资	
20	腾讯	MX Player	印度	2019 年 10 月	1.11 亿美元	战略投资	Times Internet
21	腾讯	环球音乐集团 UMG	美国	2019 年 12 月	33.22 亿美元	战略投资	
22	QunQun	JOYTUBE	澳大利亚	2019 年 9 月	未透露	战略投资	
23	阅文集团	OBU	泰国	2019 年 9 月	1051 万美元	战略投资	
24	顺为资本	Kuku FM	印度	2019 年 11 月	未透露	Pre - A 轮	India Quotient, 3One4 Capital

资料来源：根据 IT 桔子等网站的数据整理而成。

(四) 影视领域

由表 20.4 可以得知 2019 年影视领域海外投资，除去电影投资外仅有中国加速投资新加坡流媒体网站 allrites 一件，较 2018 年没有太大改变，依然处于保守状态。而电影方面的投资则较为丰富，共投资 8 部电影，总投资额超过 6 亿美元。2019 年中国资本参投的好莱坞大片，仅有《大黄蜂》和《好莱坞往事》实现了票房盈利。《星际探索》《双子杀手》《终结者：黑暗命运》《决战中途岛》等影片均未能收回投资。这也让该年投资三部好莱坞影片的博纳影业 2019 年出品项目的市场表现显得两极化，《烈火英雄》《中国机长》等国产影片，票房均超过了 15 亿元，获利巨大。但本年度投资的好莱坞影片却屡屡受挫，《决战中途岛》《好莱坞往事》《星际探索》均遭遇巨额亏损。2019 年，博纳影业、腾讯影业、复星影业、阿里影业对好莱坞大片的投资都有亏损。好莱坞大片正在中美同时遭遇挑战，观众的审美疲劳和国产高质影片的诞生均是影响好莱坞影片遭遇滑铁卢的因素。

表 20.4　2019 年影视投资事件一览表

序号	投资方	标的方	地区	时间	金额	其他投资方
1	中国加速	allrites	新加坡	2019 年 3 月	未透露	
2	博纳影业集团	索尼电影娱乐公司、盛日影业公司等	美国	未透露	9000 万美元	
3	博纳影业集团	二十世纪福克斯电影公司、New Regency Pictures 等	美国	未透露	8700 万美元	
4	博纳影业集团	美国中心城邦影片公司	美国	未透露	1 亿美元	狮门影业
5	复星影业、阿里影业	杰瑞·布鲁克海默电影公司	美国	未透露	1.38 亿美元	派拉蒙、天空舞影业

续表

序号	投资方	标的方	地区	时间	金额	其他投资方
6	阿里影业	美国胜图娱乐公司 STX Entertainment	美国	未透露		华夏电影发行有限责任公司、美国胜图娱乐公司
7	腾讯影业	派拉蒙影业公司、Allspark Pictures 等	美国	未透露	1.35 亿美元	
8	腾讯影业	美国三星影片公司	美国	未透露		
9	腾讯影业	天空之舞制片公司、二十世纪福斯电影公司等	美国	未透露	1.85 亿美元	

资料来源：根据 IT 桔子、36 氪等网站的数据整理而成。

这一结果与上年的影视投资形成鲜明对比。2018 年腾讯联合出品的《毒液：致命守护》在中国获得 18.70 亿元票房、全球票房为 8.56 亿美元；2019 年第一季度上映的《大黄蜂》在中国获得 11.48 亿元票房、全球票房为 4.67 亿美元。阿里影业 2018 年联合出品的《碟中谍 6：全面瓦解》在中国的票房为 12.45 亿元，全球票房为 7.91 亿美元。腾讯和阿里的这几个海外投资项目已然成为影视领域海外投资的经典案例。

（五）出版领域

2019 年我国出版领域“走出去”联盟持续稳定发展（见表 20.5）。自 2017 年中国图书进出口总公司发起成立中国出版“走出去”联盟以来，截至 2019 年年底联盟成员单位已有 22 家。其中由五洲出版社、中国图书进出口总公司等集团联合打造的“中国书架 THAT’ S CHINA”项目在 2019 年也先后在希腊、伊朗、肯尼亚、英国等地设立“中国书架”项目。该项目自 2015 年启动以来，与国内多方资本联手，通过推进国内图书进入外国市场来推广中国文化，增进国内外人民的理解与交流。同时，自 2018 年与秘鲁、匈牙利、法国、波兰等国出版社合作共建国际编辑部后，2019 年国内各大出版商与世界各国合作共建国际编辑部的工作持续平稳发展：2019 年 8 月，外研社—印度中国主题编辑部、外研社—加拿大中国主题编辑部成立。促成此次合作的印度皇家柯林斯董事会主席莫罕·卡尔诗表示，希望双方由此在北美与南亚地区携手打造一批中国主题和文化类畅销图书。同期浙江出版传媒股份有限公司罗马尼亚中国主题编辑中心成立，双方表示将在中国主题图书海外发行、文创用品开发等方面进一步尝试合作，以追求更大的发展空间，促进更广泛的文化交流。新世界出版社与阿尔巴尼亚凡·诺利出版社、黎巴嫩阿拉伯科学出版社分别签约成立了中国主题图书海外编辑部。朝华出版社马来西亚中国主题图书编辑部项目签约仪式也于 2019 年 8 月 22 日举行，首批签约的《中国故事绘》系列中国原创儿童图画书计划于 2020 年在马来西亚出版。

表 20.5　2019 年出版领域投资事件一览表

序号	投资方	标的方	地区	时间	金额	轮次	其他投资方
1	中国出版传媒股份有限公司	中国书架 THAT’S CHINA	希腊	2019 年 3 月			
2	中国图书进出口（集团）总公司	中国书架 THAT’S CHINA	伊朗	2019 年 4 月			
3	外研社	外研社—印度中国主题编辑部	印度	2019 年 8 月			
4	外研社	外研社—加拿大中国主题编辑部	加拿大	2019 年 8 月			
5	新世界出版社	新世界出版社与阿尔巴尼亚中国主题图书海外编辑部	阿尔巴尼亚	2019 年 8 月			凡·诺利出版社

续表

序号	投资方	标的方	地区	时间	金额	轮次	其他投资方
6	新世界出版社	新世界出版社黎巴嫩中国主题图书海外编辑部	黎巴嫩	2019 年 8 月			黎巴嫩阿拉伯科学出版社
7	浙江出版传媒股份有限公司	浙江出版传媒股份有限公司罗马尼亚中国主题编辑中心	罗马尼亚	2019 年 8 月			
8	朝华出版社	朝华出版社马来西亚中国主题图书编辑部	马来西亚	2019 年 8 月			
9	湖北长江出版传媒集团有限公司 湖北长江传媒英爵意文化发展有限公司	中国书架 THAT' S CHINA	肯尼亚	2019 年 9 月			
10	中国青年出版总社	中国书架 THAT' S CHINA	英国	2019 年 10 月			

资料来源：根据 IT 桔子等网站的数据整理而成。

总体来看，当前中国出版行业覆盖面广、受众广泛，投资前景向好，受到各国的重视，也将会越来越受到资本和企业的青睐。正如国际出版商协会主席雨果·塞泽在 2019 国际出版企业高层论坛致辞时指出的：中国出版业依然在国际出版业中发挥着非常重要的作用，未来也必将与全球出版业一道，通过开展更多的合作来为未来出版业的发展繁荣保驾护航。

(六)新媒体领域(互联网/AR/VR)

表 20.6　2019 年新媒体等领域投资事件一览表

序号	投资方	标的方	地区	时间	金额	轮次	其他投资方
1	想象力基金创世资本	ALY	英国	2019 年 1 月	未透露	种子轮	科银资本 Collinstar Capital
2	腾讯	Reddit	美国	2019 年 2 月	3 亿美元	D 轮	Sequoia Capital(红杉海外) 富达投资等
3	中国加速 Chinaccelerator	Try&Buy Fashion	印度	2019 年 3 月	数十万美元	种子轮	
4	挚信资本 顺为资本 晨兴资本	ShareChat	印度	2019 年 8 月	1 亿美元	D 轮	印度赛富投资基金 India Quotient 等
5	共识实验室(火星生态基金)	TenzShield	美国	2019 年 9 月	500 万美元	天使轮	QRC GROUP 链兴资本等
6	网易	HaptX	美国	2019 年 12 月	1200 万美元	A 轮	Keiretsu Forum Votiv Capital

资料来源:根据 IT 桔子等网站的数据整理而成。

由表 20. 6 可以得知，2019 年互联网/VR/AR 领域的相关投资持续降温，仅有 2 件，总投资额超过 1200 万美元。其中网易自 2018 年与英国 VR 公司 Improbable 达成战略合作后，2019 年继续投资美国的 VR 公司 HaptX，相关投资将用于下一代 HaptX 体感手套的研发工作。此外中国加速为印度虚拟试衣间软件 Try&Buy 投资数十万美元。

新媒体领域与 2018 年相比吸引了更多的国内资本。2019 年新媒体领域海外投资共有 4 件，总金额超过 4 亿美元，投资对象包括社交媒体平台 Reddit、隐私社交项目 TenzShield、印度社交平台 ShareChat 以及全匿名社交平台 ALY。其中社交媒体平台 Reddit 获得由腾讯领投、红杉海外、富达投资等跟投的 3 亿美元 D 轮投资，是 2019 年金额最大的新媒体领域海外投资事件。新媒体技术的更新和发展是该领域投资的助推力，使其行业发展得更加成熟，并且推动了多维商业模式的发展。但也使得其领域内竞争日趋激烈。例如，对于腾讯此次大额注资 Reddit，有观点认为腾讯参与融资是为了在海外市场与今日头条母公司字节跳动相抗衡。从 Reddit 的角度来看，腾讯作为投资者满足了其对未来发展潜力和股票价值的要求。腾讯此举也消除了近年来逐渐发展壮大且估值达到 750 亿美元的字节跳动再度提出并购 Reddit 的可能。但就目前融资情况来看，腾讯本次的投资从很大程度上起到对字节跳动的阻击作用，但在产品竞争方面，在海外还很难威胁到字节跳动的产品。

总体而言，随着新媒体技术的不断升级，新媒体市场资本热情不减。而新媒体领域产品市场为多元化、个性化的需求提供舞台，长尾效应逐渐显现，未来投资对象或许将朝着更为多元化的方向延伸。而互联网/VR/AR 领域投融资理性增长态势也越发显著，市场成熟度提升，而这也使得 VR 市场经历了从“爆火”到投资数量和金额的双双下滑。而随着 5G 等新基建技术的发展，在良好的应用前景下，VR 和 AR 领域投资或有回温的现象。

三、中国海外传媒投资领域和区域分布

2019 年中国海外传媒投资事件共 85 件，其中企业服务/技术领域 25 件，电子商务领域 11 件，游戏动漫领域 13 件，泛娱乐领域 11 件，影视领域 9 件，出版领域 10 件，互联网/VR/AR 领域 2 件，新媒体领域 4 件。用百分比表示如图 20. 1 所示。

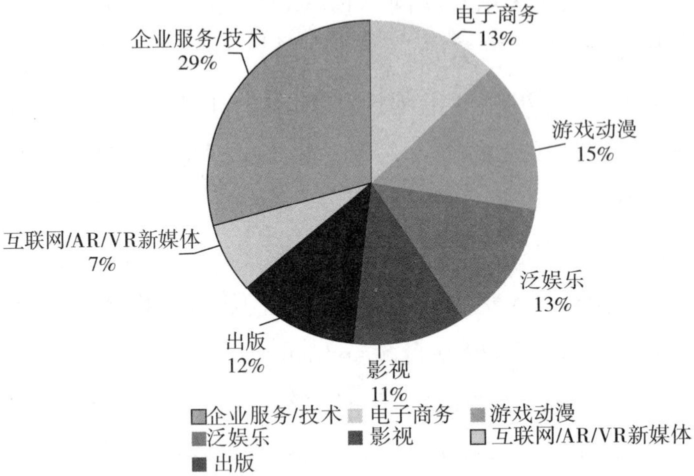

图 20.1　2019 年中国海外传媒投资领域分布（按投资事件数）

由图 20.1 可知，企业服务/技术领域是 2019 年海外投资或合作事件占比最大的领域，相较 2018 年，企业服务/技术领域提升了 11%。这反映出近年来，国内企业为突破欧美投资保护障碍，加强了对高技术领域海外投资的前端布局。欧美国家近几年企业服务/技术领域创业环境蓬勃发展，初创公司数量较多。其中，人工智能、大数据、物联网等高科技领域更受风险投资方青睐。值得注意的是，2019 年影视领域相较 2018 年的 3% 与 2017 年的 2% 有很大回升，但仍不及 2016 年的 22%。此外，电子商务领域投资有所收紧，较上年下降 8%。泛娱乐与游戏动漫领域较 2018 年占比整体有小幅度上涨。

尽管有些投资事件我们无法获知具体金额，但依据掌握的公开投资数据，我们依然可以从总体上把握各个领域的大致投资总额。具体如图 20.2 所示。

由图 20.2 可以看出，企业服务/技术和泛娱乐领域投资总额相当，且远大于其他领域投资总额。2018 年投资总额最大的企业服务/技术领域在 2019 年投资额大幅缩减，减少了约 24 亿美元。泛娱乐领域则有巨大提升，较上年增长了约 32 亿美元，体现了 2019 年国内资本对海外泛娱乐相关产业的关注。此外，电子商务领域投资总额同样缩水严重，由 2018 年的约 39 亿美元缩减至约 7.5 亿美元，大约缩水至 2018 年交易总额的 1/5。

2019 年中国海外传媒投资共涉及 26 个国家，具体如图 20.3 所示。

由图 20.3 可以看出，2019 年在所梳理的 85 件投资事件中，美国依然是

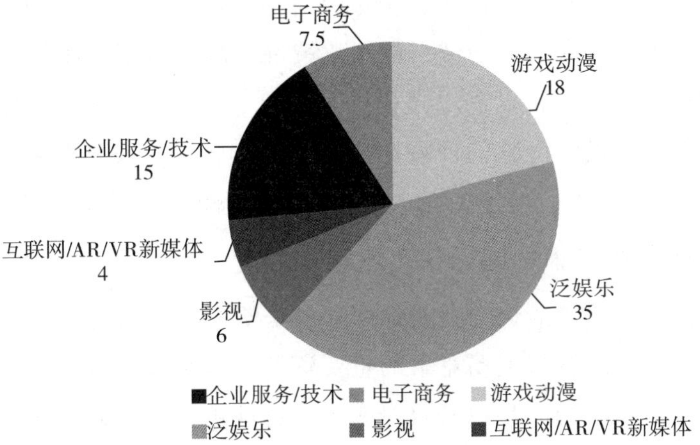

图 20.2　2019 年中国海外传媒投资各领域投资总额（单位：亿美元）

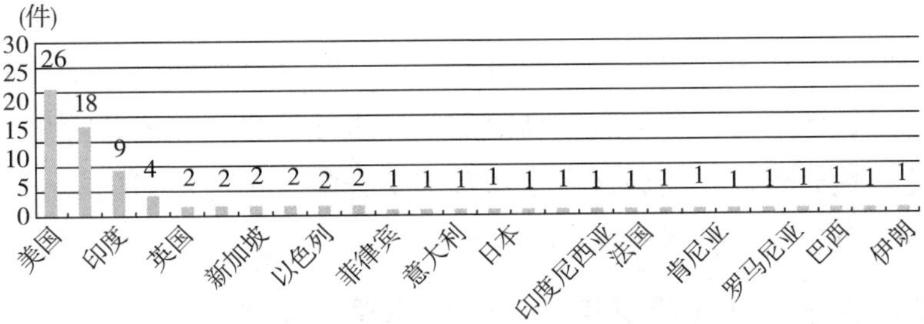

图 20.3　2019 年中国海外传媒投资地域分布

排名第一的受资地域，共有 26 件投资，相较 2018 年的 21 件有所上升，体现出随着 2019 年中美关系的缓和，相关跨国投资贸易重新活跃了起来。排名第二的是印度，共有受资事件 18 件，较 2018 年有大幅度提升，这个人口数和互联网用户数都仅次于中国的国家正在逐渐吸引更多国内投资方的目光。第三名则是获 9 件投资的英国。虽然 2019 年投资目的国的数量不及 2018 年，但随着“一带一路”倡议的持续实施，“一带一路”沿线国家与中国的贸易交流必会在未来变得更加密切。

四、中国海外传媒投资建议

2019 年，国际贸易壁垒的增加和地缘政治的不确定性等因素对全球的商业信心和经济活动造成了一系列影响。同时，近年来国际贸易保护主义势力有所抬头，国际市场竞争日益激烈，全球经济治理面临着新的挑战。从机遇角度来看，近年来，国家的“一带一路”政策进一步促进了中国与“一带一路”沿线国家的深度合作，投资规模和行业领域不断扩大，展现了巨大的国际市场前景。但海外投资面临的严峻挑战依然不容忽视，若要在未来的国际投资舞台上稳步前行，中资企业在海外投资的过程中仍需注意以下几点。

（一）提升企业品牌的国际认可度和知名度

品牌是质量、服务与信誉的重要标志，也是塑造企业自身竞争力和认知度的重要符号，是企业参与市场竞争的重要资源。面对跨国投资的诸多不利因素，企业首先需要做的应是提升自身实力，打铁更需自身硬，从而在国际上塑造良好的企业口碑。为此企业应在产品质量上从严把关，以提高品牌在国际市场上的认可度；同时应当组建优良的海外投资管理队伍，学习借鉴海外优秀企业管理文化，逐步完善跨国投资方式方法。同时，要培养和提高自身的生态圈思维和全球化思维，在日趋复杂、瞬息万变的市场竞争中赢得主导权，通过创新塑造自身具有较高附加值的边际优势，并将其转化为国际市场上的竞争优势和合作优势，在全球范围整合配置资源，强化对全球供应链和品牌的组合管理，提高自身品牌的知名度和竞争力。

（二）谋求多元化投资道路，避免非理性投资

随着“一带一路”政策的继续推进，越来越广阔的海外市场前景展现在中企的面前。同时随着监管部门对于非理性海外投资的整顿，整体海外投资呈现理性的趋势，但是中企对于海外投资风险的认知还有待提升。在海外投资区域、产品项目等方面，中企应寻求更加多元化的组合方式，以避免投资领域过早饱和。企业在投资过程中需要评估潜在的风险，充分考量目的国的国情、市场等情况以及企业间文化、经营理念和发展模式是否存在分歧或矛盾。而盲目投资的结果是企业的资产负债越来越多，一旦遇到经营风险，则可能使企业陷入困境，甚至引发银行不良贷款。所以企业在海外的投资应趋于理性，同时寻求多元化的投资方式，确保有效投资的持续发展。

（三）准确把握国际投资大环境

国际投资环境近年来暗潮涌动，随着欧美经济的复苏，发达国家针对全球事务及全球治理的态度日趋强硬，大国之间的矛盾和竞争也日益激烈。与

此同时，世界经济也掀开了新旧动能转换的篇章，新兴市场国家和发展中国家群体性崛起正在改变全球政治经济版图，一方面使得发达国家与发展中国家的矛盾升级，另一方面使得国际市场不稳定、不确定的因素明显增多。在投资过程中，把握投资大环境，除了增强对国家间的政治、经济等关系的认识外，充分了解本国和东道国的相关政策、法律法规同样必不可少。同时，对于投资过程中可能体现出的文化差异、价值观差异、政治风险、法律差异等也要做好准备工作，防止在投资过程中触及误区。对于国内企业来说，未来在海外投资之前，充分考虑各种影响投资的因素，做到未雨绸缪，方能在国际贸易舞台上大显身手。

第二十一章　中国传媒投资舆情报告

王亚敏①

一、中国传媒投资促进媒体融合发展成效凸显

（一）国家级主流媒体加大资源投入，为媒体融合发展谋新篇

2019 年 1 月 25 日，习近平总书记在中央政治局第十二次集体学习时指出：全媒体不断发展，出现了全程媒体、全息媒体、全员媒体、全效媒体，信息无处不在、无所不及、无人不用，导致舆论生态、媒体格局、传播方式发生深刻变化，新闻舆论工作面临新的挑战。

2019 年，中国主流媒体普遍加大了资源投入。无论是中央还是地方，主流媒体都十分重视新技术、新应用在传播中的作用，充分运用信息革命成果，创新媒体融合传播手段，打造新型主流媒体格局。

1. 主流媒体进入各类用户终端，奋力占领移动舆论场

习近平总书记要求：对新媒体，我们不能停留在管控上，必须参与进去、深入进去、运用起来。推动党的声音直接进入各类用户终端，努力占领新的舆论场。

以《人民日报》为例，《人民日报》的“中央厨房”作为业内的“样板间”，实现了全媒体平台新闻生产策划、采集、编辑、发布流程一体化。《人民日报》组建了“一本政经”“麻辣财经”“大江东”等 45 个融媒体工作室。在新媒体平台上，每月产生一两个浏览量过亿的“网红”产品，如今出现了“中国一点都不能少”图解新闻、“军装照” H5、“两会夜归人”短视频等一批现象级、标杆性产品。《人民日报》客户端累计下载量超过 2. 48 亿，法人

---

① 王亚敏，人民网舆情监测室、人民在线副总编辑。

微博总粉丝数近1.1亿，微信公号关注人数超2000万。

人民日报社与中国联通签署战略合作协议，双方联合建设5G媒体应用实验室，聚焦5G环境下媒体应用和产品创新。在人民网与东航牵手打造的“人民网号”飞机首航时，乘客不仅可以通过手机等电子设备浏览人民网及人民视频，还可以通过人民视频客户端AR（增强现实）功能扫描首航纪念行李牌，观看飞机喷绘延时短视频等。以前这可能就是一个品牌宣传，现在人民网则是让飞机也成为媒体，这是建设全息媒体、全效媒体的一个创新举措。

在2019年世界移动大会上，中央广播电视总台央视财经频道、上海总站在现场设置超高清互动体验区，实现我国首次5G+8K电视节目信号传输测试。

新华社的媒体大脑、AI合成主播、卫星新闻、时政动漫自动生成系统、AR智能眼镜开始在智能化采编流程中发挥重要作用。

人工智能+“云”，秒级生产短视频。新华社运用“现场云”移动采编平台，媒体记者可边走边拍边发素材。这些丰富的现场报道资源可以实时进入MAGIC智能生产平台，经过人脸识别、语音识别、数据处理等AI工具，自动或人机协作批量生产短视频内容。再经过审稿人对批量内容集中审核，稿件签发后完成第二轮传播。如此即完成了“秒级生成、海量生产、受众喜欢”的预定目标。

新华社自主研发的人工智能视频生产加工系统，又称“现场云”移动采编平台+“媒体大脑Magic系统平台”。新华社的媒体大脑Magic系统平台3.0版本，采用的人工智能技术主要包括人脸识别、语音分析、自动标注、视觉分析、自动合成、机器配音等，可运用人工智能技术对这些视频进行再加工，通过对视频画面逐帧拆解和再组合，又生产出全新的视频。在语音识别上，目前普通话的识别准确率已达97%~98%，同时具备英语识别能力。

《光明日报》联合专家学者的优势，提出“智库化办报”“智库化办融媒体”，强调媒体智库在融媒体建设中的作用。《光明日报》策划了“智库答问”专版，以网友提问、智库答卷的方式，体现了开门办报、专家办报和网友互动的特点。

随着各大主流媒体在内容、渠道、手段、运营等方面进行大刀阔斧的改革，融合质变的新生态正在形成。在庆祝新中国成立70周年各项活动期间，人民日报社、新华社、中央广播电视总台的官方公众号累计阅读量超过17亿次。在企鹅号平台，三家主流媒体国庆期间发布的文章，阅读量在百万次以上的达50多篇，最高单篇阅读量超过3000万次。“爆款”频出的背后是新技术的深度应用。

全媒体时代，5G、大数据、云计算、物联网、人工智能等技术蓬勃发展，技术更新周期变短，技术因子影响力上升。构建全媒体传播体系，需要建立全国性的规范化技术标准。以融媒体平台为例，规范好平台接口，有助于在全国范围推动主流媒体生产的内容流通，增强协同效应。2019年11月，科技部批准建设媒体融合与传播等4个国家重点实验室，内容涵盖媒体融合与传播、传播内容认知、媒体融合生产技术与系统、超高清视音频制播呈现。

2. 大数据推进新闻生产与媒体融合

习近平总书记在中共中央政治局在人民日报社就全媒体时代和媒体融合发展举行第十二次集体学习上指出：“媒体融合发展不仅仅是新闻单位的事，要把我们掌握的社会思想文化公共资源、社会治理大数据、政策制定权的制度优势转化为巩固壮大主流思想舆论的综合优势。”

当前，大数据已经成为重要战略资源，对新闻生产与媒体融合发展发挥着巨大作用。一方面，互联网时代每个人不仅是数据的接收者，更是数据的传播者、制造者。每个网民利用互联网阅读新闻、即时通信、搜索信息、游戏、社交、支付、购物、外卖、打车、旅行、预订等均在贡献数据，从而形成一个巨大的互联网数据池。这些互联网大数据，能反映一个人的喜好、习惯、知识，甚至社会情绪、心态。另一方面，互联网数据的产生也越来越自动化、多元化。以前，数据基本上是通过手工产生的，而如今将互联网文字、视频、声音、图像等所有信息都变成数据，用一个手机就可以实现。

随着产业互联网的发展，物联网方兴未艾，未来互联网大数据将迎来更大、更快的发展，必将对我国经济发展、社会进步、人民生活带来重大而深远的影响。

大数据不仅为新闻报道提供丰富的资源与支撑，也是改变新闻报道方式、推动新闻变革的重要手段。大数据已经成为媒体资源的一个重要组成部分，加速了媒体融合的步伐。大数据在加快推动媒体融合发展、构建全媒体传播格局方面作用显著。

第一，大数据为新闻报道提供丰富的资源与支撑，增加新闻报道的厚度，催生新的新闻文本。从新闻生产看，当前，数据新闻已成为一种新的新闻生产方式。各传统媒体均在打造“中央厨房”，将内容生产、内容制作、内容传播进行无缝整合，用数据来驱动新闻媒体业务发展。2019 年全国两会期间，人民日报“中央厨房”推出的《看看这份 2019 年度 KPI 账单》《全息 3D 强影！这有一份“立体”报告等你看》等大数据新闻，以政府工作报告为核心数据分析，让民众读懂《政府工作报告》，实现良好的传播效果。中国网通过抓取网络数据，推出“两会大数据日报”报道，以可视化图表报道网民关注的热点、重点及关切点，直观反映网民两会期待。

第二，用数据为受众画像，让内容的生产与传播更有针对性，全面提升新闻宣传与舆论引导的精准度。从传播看，通过大数据对受众画像，再通过“智能算法”实现精准推送，实现内容分发“千人千面”。这一技术手段改变了传统媒体运用编辑推荐的内容分发模式，提高了内容的精准到达率。主流媒体可通过媒体、论坛、博客、微博、微信、短视频、音频等各个网络平台数据的全面抓取和挖掘，再通过语义分析、关联分析等，为当前各社会阶层、群体进行大数据画像，从而精准把握社会各阶层、群体的阅读兴趣爱好、意见诉求及心态变化进行报道，提高新闻宣传与引导的精准度。

比如，人民日报新媒体中心的“人民号”，不断优化算法推荐技术，推出用主流价值导向驾驭的“党媒算法”，打造良性传播生态。再如主流媒体通过与大数据深度融合，可实时抓取网民在微博、微信等社交平台公开发布的信息形成新闻素材与新闻线索，这样既丰富了新闻报道，又把大众最感兴趣的内容报道出来，实现新闻报道有效传播。

第三，大数据提升新闻宣传时效性，提高新闻生产率。大数据不但刷新了新闻生产与传播，也重新定义了新闻报道的速度与数量。利用大数据往往能让主流媒体在舆论场的反应加快，首发定调、先声夺人。比如，在全国两会期间，人民日报通过热词分析确定选题，当天组织成稿，宣传引导时效性显著。新华社推出人工智能项目“媒体大脑”，15 秒钟就从 5 亿个网页中梳理出两会舆情热词，自动生成相关视频，迅速占领舆论场。

第四，大数据媒体融合防范和化解重大风险。大数据时代，互联网所有信息皆为数据。舆论动向、群体行为、社会态度、公众情绪、社会认知等，都能借助大数据得到准确的、可视化的测量和呈现。如微信、微博等网民互动、内容数据，反映出社会对该领域、话题的价值判断与心态变化。主流媒体通过与互联网大数据行业的融合，实现对大数据的挖掘整合与交叉分析，可为防范重大风险，以及为政府决策科学化、社会治理精准化、公共服务高效化提供有力的数据支撑。比如，在一些突发舆情事件中，主流媒体通过大数据模型预判发展趋势及相关风险，实现提前介入，从而为舆情风险源头研判提供数据支撑，增强报道与引导的针对性，坚持正确的舆论导向。

第五，媒体融合的潜力在于新闻＋政务信息、便民服务，用政务数据打造体制内自主平台，增强用户黏性。2018 年 8 月，习近平总书记在全国宣传思想工作会议上强调，要扎实抓好县级融媒体中心建设，更好引导群众、服务群众。媒体融合新阶段将是媒体与政府以及媒体与一切产业的深度融合。因此，推动媒体融合向纵深发展，应利用好政务大数据，将当地政府便民服务，如当地信息发布、医疗教育、社区服务等信息以及政务办事、投诉互动、登记缴费等功能融入媒体，打造智慧政府服务平台，与人民群众的需求形成有效链接，增强主流媒体的贴近性，不断提升用户黏性。

（二）各地党委、政府扶持，县级融媒体中心建设开新路

推动媒体融合发展，加快构建融为一体、合而为一的全媒体传播格局，是党中央着眼巩固宣传思想文化阵地、壮大主流思想舆论作出的战略部署，是宣传思想战线面临的改革要求，具有重要的现实意义。面对传播格局的深刻变革、舆论生态的巨大变化和数字技术的快速发展，主流媒体应通过理念、内容、形式、方法、手段等创新，让正能量更强劲、主旋律更高昂，提高正面宣传质量和水平。因此，我们一定要做好县级融媒体中心建设工作。

据不完全统计，目前全国至少有 9 个省份已实现全省县级融媒体中心建设全覆盖。2018 年 7 月 21 日，北京 16 个区级融媒体中心全部挂牌，率先成为全国实现融媒体中心全覆盖的省级行政区；12 月 17 日，福建省 84 个县（市、区）融媒体中心全部挂牌成立，实现县级融媒体中心全覆盖。

2019 年，县级融媒体在全国范围内系统性、广泛性展开。截至 2019 年 3 月底，天津全市 16 个区级融媒体中心全部挂牌成立，甘肃全省 69 个县（市）融媒体中心全部挂牌，10 个市辖区融媒体中心挂牌，贵州 88 个县（市、区）融媒体中心全部挂牌，并于 5 月底投入实际运行；6 月 28 日，都昌县融媒体中心正式成立，标志着江西省 100 个县（市、区）融媒体中心全部挂牌成立；

截至7月，新疆已有85个县级融媒体中心挂牌成立；9月中旬，上海第二批6个区级融媒体中心成立，6个区级融媒体客户端上线运营，全市16个区级融媒体中心全部建成并挂牌。7月15日，河南省县级融媒体中心通过国家广播电视总局专家组的实地验收，成为国内首家通过国家标准验收的省级技术平台。

（三）社会化商业新媒体投资加大，攻城略地，各领风骚

1. 头部视频网站、互联网巨头纷纷投入短视频竞争

2019年5月，QuestMobile公布了移动视频月度日均活跃用户数前五名，爱奇艺和腾讯以1.22亿、1.09亿的数量位列前两名，而短视频平台快速崛起，抖音和快手分别以1.07亿和1.03亿的微小差距紧随其后，优酷则以7742万的数量位居最末。

随着短视频用户群体的不断壮大，BAT也纷纷加快在短视频领域的投入步伐，互联网巨头们的加入让短视频领域的争夺更为激烈。腾讯实现将微视与QQ浏览器、天天快报、腾讯新闻、腾讯视频、QQ看点、QQ空间等QQ旗下的平台打通，扩大了短视频的分发范围。如在QQ上，微视拥有两个入口，除了下拉消息栏可以看到微视中的精选视频以外，还在动态栏中将小视频列为第二个入口，仅位于QQ游戏之后，排列高于QQ看点、京东购物、企鹅电竞等。

阿里巴巴和百度也先后宣布进军短视频市场。百度旗下短视频App好看视频上线后，基于百家号的丰富内容，好看视频担当了其短视频分发的重任，手机百度App底部专门给好看视频开通了频道页面。好看视频用户规模突破1亿，活跃用户数超过1.2千万。2019年9月，百度领投百度视频近1亿美元B轮融资，将加速布局PGC短视频内容。百度宣布已进入“全面拥抱视频时代”，同时，视频也是落地百度AI的重要载体，未来百度在视频的布局可能会更为多元。

阿里巴巴旗下的视频网站土豆网宣布全面转型为短视频平台，并推出了一款短视频App“鹿刻”，这是一款生活消费类短视频社区App，致力于用户购物以后的真实分享，是淘宝内容生态团队为了更好地满足消费需求而推出的尝试性产品。但短视频对用户的吸引还是在“内容”与“社交”方面，这两项都是阿里生态中的短板，“鹿刻”当前并不好看的用户数据也印证了这一

点，如何利用自己的优势和海量用户积累拓展短视频领域，对于阿里来说还需要很长时间的探索。

目前国内短视频用户规模已突破4.1亿人，随着5G时代的到来，用户对方便、快捷、形式新颖的信息获取方式的需求将更加迫切，时长短、轻量化、娱乐化的短视频将迎来新的发展机遇。预计2020年短视频市场规模将超过350亿元。

2. 社交电商类产品竞争白热化，电商直播成为风口

社交，是绝对的刚需，与他人社交，是人类基因中应有的属性，也是人类社会繁华多变的基础。各大头部互联网公司都想从中分得一杯羹。

2019年6月，搜狐宣布社交产品狐友App正式版上线，张朝阳随后表示狐友是“搜狐的未来”。2019年9月，京东数科测试大学生校园社交产品“梨喔喔”的消息传开。同月，阿里钉钉事业部重启“来往”项目，推出社交产品“Real如我”。2019年11月，百度推出针对在校大学生的匿名社交产品“听筒”。2019年12月，坐拥10亿微信用户的腾讯也推出了匿名社交产品“灯遇交友”。

同时，电商市场也精彩纷呈。随着获客成本日益高涨，一、二线城市流量红利几乎消失殆尽，下沉市场已然成为新的增量市场。对此，阿里巴巴、苏宁和京东等大公司纷纷进军下沉市场，引发了三、四、五线城市的电商战。由腾讯参股支持的拼多多，从项目上线到上市只用了3年多时间。而完成这个过程，阿里巴巴用了8年时间、京东用了16年时间。拼多多的成长速度快得令人惊叹。拼多多的成功，既间接证明了一、二线城市市场几近饱和，必须开拓更大的市场；又让很多大公司看到了下沉市场的潜力。截至2019年12月，三线及以下城市移动端网民数量占比约为53%，领先于一、二线城市且超过半数。

艾媒咨询统计数据显示，2019年中国在线直播用户规模已超过5亿，超四成受访直播用户表示会选择购买明星或网红电商直播推荐的商品。

进入2019年之后，行业内电商行业迎来了全面爆发，各平台对于电商直播不断加码，包括小红书、知乎和考拉海购（前网易考拉）都相继在其App内开通了电商直播的功能。抖音和快手等短视频平台凭借短视频+直播的模式，也加强和加大了对于电商直播内容的合作和投入，以便在这个市场上抢

占一席之地。腾讯看点直播在 12 月 16 日推出“引力播”计划，旨在助力微信平台上 10 万个商家更好地获取用户并完成商业变现，扶持超过 1000 家商家通过直播电商模式突破 1000 万元的年成交额。

二、传媒投资舆情反映出需要着力关注的问题

（一）在媒体融合发展中存在的舆情重点

1. 媒体融合需突破“有爆款没用户”“有传播无资源”的瓶颈

当前媒体融合主要精力仍然放在内容生产的创新上，没有把足够的精力和资源放在用户关系的建立和培育上。比如有爆款的网红产品，有流量，但是并没有真实稳定的用户关系。有现象级的产品，有现象级的传播运动，但没有沉淀下来可持续自生成的传播资源。当前媒体融合内容有了，流量有了，但稳定的用户关系仍没有形成。值得借鉴的是，像腾讯、今日头条这样的商业化平台，建立真实的用户关系，用心维护、管理、经营、改善，是企业战略运营的重心所在。而主流媒体的新媒体平台，虽然下载量、装机量有八千万，甚至超过了一两个亿，但是这些主流媒体所依托的新兴平台，如微博、微信、头条号、抖音号等，和这些用户之间并没有凝结为可互动的、融合共创的价值关系。新媒体平台的确是很好的语态变革的探索，有很多新媒体刷屏的产品。但是，仍未积淀形成稳定的用户关系以及可持续生产变现的资源，传播效果仍需进一步检验。比如每年全国两会期间的新媒体作品，可能都是“现象级”的，像“两会喊你加入群聊”等，我们觉得很好，但是 95 后、00 后学生可能觉得尴尬。有些全媒体作品，看上去很吸引人，但是大家并没有完全记住里面的内容。传播效果的研究，要更加关注传递的信息有多少被我们的用户接收了、记住了。

2. 媒体融合话语上“语法融合不够”“话语转化不稳定”

如今主流媒体话语体系和语法结构有所改变，但是实际上内容并没有与百姓真正融通。内容的融通，其实就是上游资源的全媒体并列，还是受众自己掌握的这套资源，老百姓的线下资源，供给侧、需求侧并没有达到高度一致。话语体系的改变，实际上句子没变，词没变，词里面包含的含义也没有变。语法体系上的融合太多了，而供与需之间的内容匹配不是特别明显。传统的媒体现在也学会卖萌了，互联网上刚流行的东西，主流媒体也拿过来用。

这些话语平台的改变做得比较好，但是不稳定。一会儿特别可爱，特别萌，一会儿又恢复到要教育全世界的状况。

3. 坚持“专业性”及“可对话内容”，提升主流媒体话语权

社会大的变化趋势是越来越走向多元化，走向碎片化，因而内容必然会碎片化。事实上，这样一个社会很难再用过去的传统思维完成统领和引导。在这样一个时代，我们如果还想重新再建立自己的话语权，首先要做的仍然是坚持自己的专业性，这是我们拥有话语权的最核心的基础。不仅仅是学会卖萌，学会和网民对话，更重要的是在重大问题上有专业的发声、专业的坚持。

媒体融合不能仅停留在一个卖萌的阶段。主流媒体需要用对话的方式、平等的方式，深入用户当中，传播到用户当中，让他们认同我们的观点，觉得这不是居高临下的教训，也不是说大话、说空话，而是读了以后有真真切切的、深入人心的、深入骨髓的感觉。用户很愿意主动接触它，而且愿意把这些话语传播给亲人或者熟悉的朋友。媒介融合后内容生产的全部产品，进入公共空间应该是能与多元主体进行对话的，而不是简单的覆盖。公共传播时代，时间与空间都变得没有边界，应适应新形势发展，生产能够与社会各方、核心用户群体对话的内容。凡是不能够引起对话的信息，这个传播就是徒劳的，甚至可能还会有负外部性。

（二）制约媒体融合深度发展的体制机制障碍

1. 当前媒体管理政策制约媒体融合向纵深发展

媒体融合要获致内容创新、人才涌流的可持续发展，离不开传统的新闻媒体、网络平台和网民自媒体管理的政策创新。

当前，媒体分业管理政策还没有打通，媒体管理观念和手段滞后，没有支持媒体融合发展的政策体系，这些都制约了媒体深度融合进一步发展。而互联网时代依靠人工封堵、过滤、删帖、拉黑等做法和政策性规定，对媒体融合效果往往适得其反。

分业管理的制度导致每一个媒体都有一套制度和管理政策。媒体分为党媒、国有资本和混合资本为主的社会化媒体，以及民营资本为主的网络媒体。三套政策造成三类媒体没有统一的法规、统一的标准、统一的评价以及统一的政策尺度，准入市场资质、经济运行规则也不同，媒体融合的进一步发展存在阻碍。

2. 媒体生态新结构急需配套新政策调节

全媒体时代监管部门权责不清，有时候出现“九龙治水”的困境。从治理手段来讲，监管技术水平落后，违法行为认定难。

在全媒体时代，网络媒体新的结构当中，有国有网络、民营网络和个体网络。过去只有国有媒体，民营媒体基本没有，而现在既有人民网这样强大的国有媒体，更有民营媒体，还有个体媒体，也就是自媒体。如何监管民营媒体、个体媒体，需要进一步思考。民营媒体凭借其强大雄厚的财力、先进的技术和灵活的机制，搭建平台，国有媒体只能望其项背。它们在市场的占有率、传播力和影响力方面把国有媒体远远甩在后面。在这样的情况下，这三者之间的关系应该如何处理？一个尖锐的问题就是国家采取何种政策对待民营媒体，对待自媒体？我们不能靠行政手段压制这些民营媒体，进而把国有网站做强。但是如果任其发展下去，民营媒体、自媒体会越来越强大。因此，采取何种政策来调节当前媒体新的结构，是推进媒体融合向纵深发展亟须解决的问题。

3. 主流媒体要做强平台，做畅渠道

主流媒体要因势而谋，应势而动，顺势而为，“因”政策机制之变而谋，“应”流程管理创新而动，“顺”加快媒体融合而为。总之，必须以新时代眼光，以第四次工业革命的视野，审视新闻舆论工作的方方面面，不被陈旧过时的制度理念所羁绊。只有这样，才能把握工作主动权、主导权。

渠道和平台一直是媒体的痛点和难点，对于主流媒体来说这点尤为明显，不掌握渠道和平台，主流媒体就不能占领舆论主阵地。所以，主流媒体在这方面也要敢于作为，充分利用政策支持、借助市场和资本的力量，与商业网站有效合作协同，做大规模、做强平台、做畅渠道，打造自主可控的全媒体传播平台。

4. 加强县级融媒体建设的顶层设计

县级融媒体中心建设，是党和国家实践群众路线、加强基层治理、完成“最后一公里”的需要。要进一步明确县级融媒体中心建设的定位和目标，要加强县级融媒体中心建设的“顶层设计”，推动县级融媒体朝着引导群众、服务群众的正确方向发展，使它成为开展媒体服务、党建服务、政务服务、公共服务、增值服务等业务的融合媒体平台。建设县级融媒体中心，要在主流媒体全面推进“互联网+”的基础上，形成各种新型媒体平台纵横交错、立体多样的现代全媒体传播体系。

县级媒体处于“四级办台”最基层，党中央从顶层设计出发做出战略部署，推进工作的重点已从省级以上媒体延展到基层媒体，从主干媒体扩展到支系媒体。县级媒体作为上情下达、下情上报的桥梁，在新闻宣传工作中最接近基层，一方面传递党和国家的声音，另一方面反映人民的呼声，肩负引导群众、服务群众的重要责任，在坚守基层舆论阵地中发挥着不可估量的作用。

（三）推进制度创新，加大传媒制度供给侧改革力度

1. 深化改革，创新主流媒体与商业媒体管理政策

要推进媒体融合进一步发展，一是必须继续深化改革，打通媒体、行业与政策，为深度融合创造条件。如果没有政策支持，媒体融合很难更向前一步。二是要以法治为基础，以制度设计和政策调节为手段，统一发送、统一标准、统一政策规范，探索传统媒体、市场化媒体和互联网新兴媒体统一标准和一体化管理的新手段。

党管媒体，这是一个基本原则。党管媒体，不但管媒体的运作，也管媒体经营利润与企业存活。而民营媒体的管理则不涉及民营媒体的经营利润与企业存活。因此，管理好民营媒体，要有新的管理方法，有新的政策。当前党的部门统筹管理治理民营媒体，只是一种临场发挥，即一旦出现问题便谈话、约谈、处分。制度性、政策性的安排现在还没有。国家要尽快制定出相关的政策条例。主流媒体管理应进行组织机制创新。第一，组织结构和管理更加扁平化，减少管理层级，便于信息更快速高效地传播；第二，注重传播效果评估和用户反馈；第三，注重市场研究；第四，进一步深化传媒市场化。

媒体融合要因势而谋、应势而动、顺势而为。所谓“因”，是政策机制之变，不是一家独大，不是只有一家国营商店。当前媒体管理政策已很难适应一网天下、人人发声、海量传播、遍地开花的信息传播态势。智能传播已经开始，智能记者、智能发言人已经上岗，机器编码、算法编程、人机共创的信息传播时代已经开始。中国社会正面临着知识传播的大革命，因此我们必须跟上这种变化，改进和加强传媒管理。

2. 加快制定网络直播、短视频电商的监管制度

习近平总书记在2018年4月20—21日全国网络安全和信息化工作会议上强调："推进网上宣传理念、内容、形式、方法、手段等创新，把握好时度效，构建网上网下同心圆，更好凝聚社会共识，巩固全党全国人民团结奋斗的共同思想基础。"

对于政府执法部门而言，应重视新媒体变化，以及新传播手段对网络舆论和网络空间的影响。及时划定快手、抖音这类大量用户的短视频平台的言行边界，制定行为规范，运用好、管理好短视频平台。同时密切关注新传播平台动向，不断加强对短视频行业、对内容的监管与指引。

2019年4月，国家网信办、广电总局开始对多家短视频平台违规视频进行约谈整治。抖音、火山小视频等平台立即回应称将全面整改，并下架多个违法违规视频，封禁上万个账号。这一系列行动不但是总书记全国网络安全和信息化工作会议上"要压实互联网企业的主体责任，决不能让互联网成为传播有害信息、造谣生事的平台"指示的践行，也是主管部门从行政层面对短视频进行约束。

三、中国传媒投资未来发展趋势展望

（一）拥抱5G时代，实现传媒产业的迭代创新发展

由于5G具有高速率、高容量、低时延、低能耗等特点，因此5G时代从某种意义上说，就是视频"大行其道"的时代。在5G技术的推动下，无时不有、无处不在、万物互联正在成为现实。视频已经远远超越传统娱乐方式担当的角色，成为主流传播及人们社会性认知的重要媒介表达形式。

中国正在跨入5G时代。5G不是一门"弯道超车"的技术，而是一门"换道行驶"的技术，或将成为传媒行业发展的决定性"拐点"，也为全媒体时代的真正到来创造了更多机会。

相较于文字，视频是表达方式更加泛众化的传播媒介。从4G时代开始，视频为普罗大众赋能，人们可以用视频这种最简单、直观的形式与他人和社会分享。5G为短视频发展提供了一个更为宽广和富有想象力的空间，这是一种具有革命性意义的改变。

短视频成为5G时代"天时地利人和"交集之下的"骄子"——这种集

技术的魅力、市场的力量和时代的光芒于一体的互联网产物一经问世几乎每个人都感受到它，“让每一种生活都可以被看见”的理念在社会传播舞台上活色生香地展现其魅力和价值。

在5G时代，在视频备受关注的当下，我们需要通过创造，通过制度创新、规则创新，利用全新的市场机会，开辟与社会一起大有作为的新天地。

（二）数字文化产业爆发成为新的风口

数字文化产业以文化创意内容为核心，依托数字技术进行创作、生产、传播和服务，呈现出技术更迭快、生产数字化、传播网络化和消费个性化等特点。数字流、科技流、信息流也带来了文化产业线上与线下的跨界融合。

随着5G时代的到来，生活方式将发生巨大变化，数字技术催生新产业、新业态可概括为数字技术对传统文化产业的产业化运作和改造，必将为人们在阅读、游戏、视频等产业链领域形成新的颠覆性场景，融入人们生活的各个领域。

我国数字文化产业正处于新一轮爆发性增长的前夜。5G时代的文化产业将推动万物互联带来的大规模物联网业务，手机屏以及未来汽车和地铁里的各种屏都可能成为交互中心，数字文化不仅提供文化消费品，未来还将成为生产、生活的助手。

第二十二章　中国文化产业园区投资报告

王擎　魏祯　刘华擘　梁舒婷[①]

一、2019年中国文化产业园区投资基本研判

自党的十八大以来，建设社会主义文化强国成为我国发展的主要目标。在“十三五”规划中，明确提出“让文化成为国民经济性支柱产业”，鼓励对文化产业的投资。党的十九大报告也进一步阐明了文化产业建设的重要性，指出文化建设是满足人民的精神需求与日益增长的美好生活需要的重要内容。2019年是“十三五”规划的第四年，中国文化产业规模、投资及收入仍处于稳步上升的状态。

2019年我国GDP达99.0865万亿元，同比增长了6.1%。其中文化娱乐产业的固定资产投资比上年增长13.9%，增幅大大高于当年全社会固定资产投资的5.4%，位于国家统计局统计的19个行业中的第五名。其中虽包括体育与娱乐业，但也可将文化行业认定为投资中相对热门的行业。从营业收入看，2019年规模以上文化相关企业5.8万家，实现营业收入8624亿元，比上年增长7.0%。尽管2019年营业收入增长率低于2018年的8.2%，[②]且低于2019年规模以上服务业企业营业收入的9.4%，但高于工业、建筑业企业利润和全社会固定资产投资等行业的同年增长率，增长率处于各行业中的中间位置。[③]《文化及相关产业分类（2018）》的九个文化相关产业中，涵盖文化

---

① 王擎，北京工商大学传媒与设计学院院长、教授，魏祯、刘华擘、梁舒婷，北京工商大学传媒与设计学院。

② 国家统计局．2018年全国规模以上文化及相关产业企业营业收入增长8.2%［EB/OL］．http://www.stats.gov.cn/tjsj/zxfb/201901/t20190131_1647735.html．2019-1-31.

③ 国家统计局．中华人民共和国2019年国民经济和社会发展统计公报［EB/OL］．http://www.stats.gov.cn/tjsj/zxfb/202002/t20200228_1728913.html．2020-2-28.

产业园区管理的文化投资运营行业在2019年营业收入达221亿元，比上年增长13.8%，是三个增长率超过10%的行业之一，其余两个行业为新闻信息服务与创意设计服务。①

(一) 国家级文化产业示范园区发挥引领作用

文化与旅游部于2007年对首批国家级文化产业示范园区进行了认定，已审核通过五批国家级文化产业示范园区，最新一批的申报工作正在进行中。根据《关于进一步完善国家级文化产业示范园区创建工作的通知》，2017年评选出第一批国家级文化产业示范园区，涉及10家园区。近两年，为支持园区建设专业运营机构和搭建服务平台，文化和旅游部实施了“国家级文化产业园区服务能力提升计划”。2018年支持了15家园区、2019年支持了8家园区的服务能力提升项目，并上线运行了国家级文化产业园区电子档案管理系统。目前，国家级文化产业示范园区、试验园区和创建园区共容纳了6.5万家中小文旅企业，提供了137.5万个工作岗位。据统计，2018年年末，共有31.82万个纳入统计范围的全国各类文旅单位，有相关从业人员375.07万人。营业收入方面，30家园区在2019年前三季度达到3373.6亿元，② 占全年纳入统计范围的5.8万家文化产业及相关企业的3.89%。由此可见，无论是在经济效益方面，还是在解决就业问题上，国家级文化产业示范园区均起到了模范带头作用。

西安曲江新区是国家级文化产业示范园区，截至2019年6月，曲江新区共入驻文创企业2.2万户，净增民营文化企业超500户。其中，规模以上文化企业共147家，创造营业收入94.5亿元，增长23.0%。③ 曲江新区除规模大、企业多、营业收入增速快外，更是在2017年大力发展电竞这一新兴产业，为其他产业园区发展做示范。2018年8月，曲江新区为大力扶持电竞产业发布优惠政策，针对入驻的电竞企业办公用房、财税奖励、宽带费用等十余项内容进行资金支持，吸引了电竞行业领头企业香蕉游戏传媒、量子体育

---

① 国家统计局．2019年全国规模以上文化及相关产业企业营业收入增长7.0%[EB/OL]．http://www.stats.gov.cn/tjsj/zxfb/202002/t20200214_1726365.html.2020-2-14.

② 中国文化报．文化和旅游部召开第四季度例行新闻发布会[EB/OL]．https://www.mct.gov.cn/whzx/whyw/201912/t20191225_849877.htm.2019-12-25.

③ 曲江新区打造文旅融合发展新示范[EB/OL]．西安新闻网．http://www.xiancn.com/content/2019-11/07/content_3517661.htm.2019-11-7.

VSPN 等企业入驻曲江新区。2019 年曲江新区先后举办了 KPL 春季总决赛、WCG 世界总决赛等比赛，目前正规划建设综合体育馆和专业电竞馆，目的是将体育、文创等不同类型的产业融合在一起，打造一个庞大的电竞主题产业园。①

（二）省级文化产业园区稳步发展

1. 各省对建设文化产业园区的重视程度有所提升

除了国家级文化产业示范园，各省级文化产业示范园的评选工作也正在积极推进。但各省评选进度不一，评选项目发生变化，对文化产业园区建设的重视程度也各不相同。如浙江省文化产业示范园区的评选仍停留在 2014 年的首批，截至 2019 年重庆市、河南省分别评选五批、六批文化产业示范园。而内蒙古自治区虽然省级文化产业示范园区评选工作也停留在首批且仅有几个，但其将文化产业园区的建设细化到各市政府工作报告中，并及时关注该项目进展情况。

除评选省级文化产业示范园区外，陕西省以“在 2019 年至 2021 年间，以文化产业为核心，创建 10 家示范园区和扶持 100 家重点园区（含示范基地），创建 10 家领军型文化企业和扶持 100 家骨干型文化企业，培育 1000 家高成长型文化企业”为目标，进行了首批“陕西省文化产业‘十百千’工程”评比工作，共选出 4 家“文化产业示范园区”，16 家“文化产业重点园区”。② 此外还有河北省评选 2019 年度河北省“十大文化产业项目”，山东省评选“山东省级示范区创建单位”等。各省在原有省级文化产业示范园上新增评选项目，促进了文化产业园的建设与发展，致力于提升全省文化产业发展水平，朝着更加专业的方向迈进。

2. 直辖市文化产业园区数量较多

截至 2019 年，通过各省、市、自治区政府官网、文化与旅游局网站及各省新闻中可收集到的 31 个省级行政区（其中不包含中国台湾、中国香港和中

① 西安曲江新区管理委员会．WE2：0 战胜 EDG，达成 LPL300 胜成就，曲江新区电竞一往无前［EB/OL］．http://qjxq. xa. gov. cn/info/egovinfo/xxgk/xxgk_content/H1625731 –4 –/2019 –0625009. htm. 2019 –6 –25.

② 陕西省委宣传部．陕西省首批文化产业“十百千”工程重点文化产业园区（基地）和企业认定名单公布［EB/OL］. http://wlj. xa. gov. cn/wlxw/wlzx/5e646ece65cbd81235a42830. html. 2020 –3 –8.

国澳门）认定的省级文化产业园共有609家（见表22.1），平均每省约有18家。上海、重庆、北京、天津共有214家市级认定文化产业园，占全国省级文化产业园的1/3多。而新疆、广西、宁夏、西藏与内蒙古共有文化产业园41家，占全国省级文化产业园的6.7%。其余25省的文化产业园虽然占整体的58%，超过一半的数量，但因其包含的省份多，平均到各省及直辖市，仍是直辖市文化产业园区建设数量多，建设成就突出。

其中上海有137家市级文化产业园，数量居31省区之首。河北、广东、北京拥有省级认定的文化产业园数量超过30家。浙江、山西、甘肃、宁夏、内蒙古、西藏的省级文化产业园均为个位数，分别为5、1、3、5、7、3家。而青海、黑龙江因未找到省级认定文化产业园数据，所以未列于表中。

表22.1　2019年各省、自治区、直辖市认定文化产业园区数量

省份	数量	省份	数量
河北省	35	四川省	11
湖北省	29	重庆市	21
山东省	19	上海市	137
广东省	39	北京市	33
浙江省	5	天津市	23
江苏省	18	安徽省	10
吉林省	15	福建省	27
辽宁省	11	江西省	22
河南省	13	湖南省	27
甘肃省	3	海南省	12
陕西省	22	云南省	25
贵州省	10	山西省	1
广西壮族自治区	12	宁夏回族自治区	5
内蒙古自治区	7	西藏自治区	3
新疆维吾尔自治区	14		

注：青海省、黑龙江省未找到数据。

3. 东部地区文化产业园区建设突出

从区域分布来看，2019年我国东部地区GDP达511161亿元，是最发达

的地区；中、西部地区的 GDP 比较接近，分别为 218738 亿元、205185 亿元，较为落后；东北地区的 GDP 则为 50249 亿元。[①] 2019 年四个地区的文化及相关产业营业收入分别为：东部地区 63702 亿元，分别占全国文化及相关产业营业收入的 73.5%；中部、西部和东北地区为 13620 亿元、8393 亿元和 909 亿元，分别占全国文化及相关产业营业收入的 15.7%、9.7% 和 1.0%。[②] 就文化产业园区数量而言，全国 609 家中的 348 家、约 57% 的省级产业园区集中在东部地区，其次分别为西部、中部与东北地区（见图 22.1）。由此可见，四个地区文化产业园的数量、文化及相关产业的营业收入与各地区 GDP 基本匹配，经济最为发达的东部地区不仅聚集了全国过半的文化产业园，而且所创造的营业收入最高。其中上海市 2018 年度的文化创意产业增长 4227.72 亿元，占全市 GDP 的 12.9%。[③]

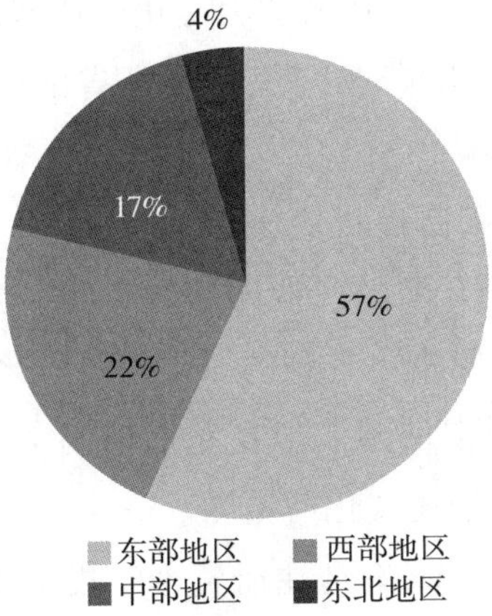

图 22.1　2019 年东部、西部、中部、东北地区文化产业园区比重

4. 各省（区、市）文化产业园区数量稳步增长

2019 年河南、广东、山西、重庆、陕西、江西、宁夏共有新增省级产业园区 31 家，占全国省级文化产业园区的 5.0%，各省区分别增加 2、3、1、4、

① 国家统计局．中华人民共和国 2019 年国民经济和社会发展统计公报[EB/OL]．http://www.stats.gov.cn/tjsj/zxfb/202002/t20200228_1728913.html. 2020－2－28.

② 国家统计局．2019 年全国规模以上文化及相关产业企业营业收入增长 7.0%[EB/OL]．http://www.stats.gov.cn/tjsj/zxfb/202002/t20200214_1726365.html. 2020－2－14.

③ 上海文化创意产业推进领导小组办公室．电竞、演艺、时尚、手工艺……上海认定 137 家市级文创园区[EB/OL]．http://www.shccio.com/gzdt/1981.jhtml. 2019－7－25.

15、5、1家。其中河南、广东与重庆延续每一年或间隔一年的文化产业示范区认定。陕西省于2019年7月出台《陕西省文化产业"十百千"工程实施方案》，并于8月正式开始申报工作，2020年3月7日经过公示确定名单：文化产业示范园区4家，包括首批国家文化产业示范园区"曲江新区"与陕西省首批文化产业示范园区"石鼓文化城产业示范园区"；16家文化产业重点园区中有3家为省级首批文化产业示范园。因此通过"十百千工程"认定，陕西省新增省级园区15家。江西省则于2019年认定5家单位为首批文化产业园，宁夏回族自治区则将"宁夏龙冠信鸽文化产业园"认定为"2019年特色文化产业园"。而山西省省级文化产业园实现了零的突破，作为省级重点项目，山西省文化产业园于2019年正式开园，是山西省加快把文旅产业培养成支柱性产业的重要标志。

其余各省2019年虽未出现新增省级文化产业园，但每省基本都有签订的文化产业园项目与在建文化产业园工程，各省的文化产业园数量也在逐步增长。

5. 省级在建文化产业园规模庞大

2019年各省在建与新开园的产业园数量可观，其中在各省政府网站、文化与旅游局网站及各省新闻中可查到的属于省级文化产业园区的在建数量为4个，分别为重庆大足石刻文创园、宁夏龙冠信鸽文化产业园、贵阳·智谷科技文化创意产业园、甘肃华夏文化博览园。

四个产业园规模庞大，无论是注册资金、投资规模还是占用面积都体现了各省对文化建设的投资力度与重视。位于宁夏的龙冠信鸽文化产业园，其注册资金为1.26亿元，是目前我国投资力度最大的信鸽事业工程。① 重庆大足石刻文创园涉及的3个项目用地125亩，总投资约为3.65亿元，全部投产后预计年产值将达6亿元，可提供300余个就业岗位。② 其中四川美术学院已签约，将在园区内建设雕刻产业研究院等。作为国家文化部及省"十三五"规划中确定的特色文化产业项目，甘肃华夏文化博览园规模庞大，其建筑面

① 中信网．西部新星：宁夏龙冠信鸽文化产业园迅速崛起［EB/OL］．http://news.chinaxinge.com/ashownews.asp？id＝162076．2019－10－28．

② 大足文旅．大足石刻文创园再签3个项目，总投资3.65亿元［EB/OL］．https://baijiahao.baidu.com/s？id＝1641174305888479835&wfr＝spider&for＝pc．2019－8－7．

积达 19 万平方米，占地 40.736 亩，共投资 18 亿元。[①] 2019 年 9 月，贵阳·智谷科技文化创意产业园启动一期建设，目前已与云岩区的文学艺术界联合会、贵州宝仑体育文化发展有限公司等 21 家企业签订合作协议，签约面积在 4 万平方米以上。该产业园建成后将入驻 450 家企业，可提供 5000 余个工作岗位，预计年产值将达 30 亿元，可缴税 3 亿元。[②]

（三）结合非遗文化与工业遗产成为文化产业园区建设新热点

我国现有文化产业园中大部分是文旅融合的体验式产业园，以将其打造成为当地新地标、促进整体文化发展为目标。非物质文化遗产能够吸引游客，目前多省市在宣传非物质文化遗产、工业遗产方面加大投入，并且已经将其与文化产业园建设紧密结合起来。如重庆市 AAA 级非遗文旅景区和文化产业示范园区——荣昌夏布小镇，就是以非物质文化遗产夏布为中心，聚合夏布的研发、展示售卖等环节，将其打造成为体验式旅游产业园。重庆大足石刻文创区在世界文化遗产观光体验中也已深耕多年。而位于贵州的 1964 文化创意园则开发利用遵义工业文化遗产，使贵州三线建设遗存遗迹得以保留。广西百益·上河城智慧型文创科创孵化产业园把旧厂房打造为融合城市工业进程的文化产业园区，将信息技术加持文创产业、高科技公司孵化等六大功能集为一个整体。

此外，伴随着“一带一路”的发展与推进，中外交流文化产业园区也逐渐兴起。如四川省为准确把握 2019 年意大利加入“一带一路”倡议，以中意全面战略合作关系建立 15 周年和 2020 年中意建交 50 周年为契机，与意大利驻重庆总领事馆共同启动了“天府文创城”项目。该项目包含建筑设计、文化艺术、招商引资、文旅产业等多方面，目前已与华谊兄弟、意大利 GEO 投资咨询有限公司等中意企业或单位签订了项目合作协议。其中华谊兄弟计划投资 100 亿元打造国际艺术小镇，其负责打造的“松”主题美术馆也力争于 2020 年正式开业。

---

① 大西北官网．甘肃华夏文化博览园项目开工奠基仪式 9 月 26 日隆重举行[EB/OL]. https://baijiahao.baidu.com/s?id=1645809898650830016&wfr=spider&for=pc. 2019-9-27.

② 贵州省人民政府．21 家企业签约云岩区贵阳·智谷科技文化创意产业园[EB/OL]. http://www.guizhou.gov.cn/xwdt/dt_22/df/gy/201909/t20190924_6804500.html. 2019-9-24.

二、当前我国文化产业园区面临的现实困境

(一)园区建设重量不重质,缺乏精品意识

国家级文化产业示范园区、试验园区,相比省、市级园区不论是在硬件设施还是在软件政策方面都拥有更多的资源支持,发展前景也更为可观。然而不少省市一味追求数字上可观的文化产业园区,进行"大跃进"式的园区建设,忽视了对园区进行长期科学合理的规划。前期缺乏科学规划导致建设完成的园区无法实现可持续发展,有的文化产业园甚至遭遇空置危机。"有园无业"的困境背后是部分园区精品意识的缺乏。目前我国文化产业园以政府主导型为主,部分园区在设计之初便缺乏完整的顶层设计,前瞻性不足,为利用政策红利而盲目建园。在实际招商引资及经营过程中又过度依赖政府补贴和既有文化资源,缺乏创新意识,园区间的趋同现象严重,精品创意园区严重匮乏。

悠久的重工业发展历史为东北地区沉淀了极具特色的工业文化,在每一座城市中都留存有大量的工业遗迹,其中旧厂房成为不少城市中的空间资源,一时间"工业遗存+文创园"的文化产业园模式在东北地区屡试不爽,但与此同时多家产业园在商业模式及定位上存在严重趋同现象。号称"中国重型工业摇篮"的沈阳市铁西区留存有大量的工业遗迹,截至2019年沈阳市铁西区利用"工业遗存+文创园"的文化产业园模式建立了中国工业博物馆、沈阳朝鲜族民俗文化产业园等11个文创园,迈开了由"工业铁西"向"文化铁西"转变的步伐,但由于缺少特色鲜明的主导产业定位、缺少龙头企业入驻,大部分创意园以休闲娱乐为主,注重商业谋利,忽视了自身创意品牌的建设。1905文化创意园、奉天记忆铁西印象、沈阳朝鲜族民俗文化产业园,均通过构建"展览+演出+消费+文化体验"的商业模式打造了具有不同文化特色的生活场景,园区内主要包括娱乐购物、休闲餐饮等业态,打造了很多同质化的文化风情商业区,而真正知名的文化创意品牌少之又少。

(二)政府粗放式管理与园区健康有序发展不相适应

我国文化产业园的规范发展离不开政府的宏观指导和调控,然而受现行体制框架的束缚,政府未能有效履行其职能,呈现粗放式管理的状态。目前我国文化产业园区发展中存在着政府缺位越位、园区制度缺失、政策失配等

制度方面的现实障碍。[①] 例如，在文化产业示范园和示范基地的评选及审核方面，各省文化厅均须依据文化和旅游部先后出台的相关评选、管理办法，并结合本省实际情况进行评选和审核。文件要求各省每两年评选、命名一次园区，并每隔一年考核一次。但是青海、吉林、宁夏、贵州、西藏、新疆的文化产业示范园评选、考核工作并未持续，不利于园区的健康有序发展。对比而言，山东、广东、河南对示范园和示范基地实行动态管理，不定期对其进行巡检，强化退出机制，有效推动了文化产业园区的转型升级。

我国政府职能部门缺乏面向市场管理文化产业的经验，导致在文化产业园区的管理设计中忽视了园区和社会、市场间的互动需求。且产业目标与园区中的人事任免均由上级行政部门负责，各园区相关部门之间又缺乏沟通与交流，因此文化产业园时常会面临相关政府部门滞后甚至无效的行政回应。这不仅降低了园区部门间的办事效率，还阻碍了文化产业园与市场信息的有效对接，致使文化产业园错失发展良机。同时，部分地方政府对文化产业园的总体规划缺乏科学专业性。在规划时部分地方政府主要以经济效益作为财政投入的依据，忽视了地方特色文化资源的保护及当地市场的容量而盲目招商引资，导致部分文化产业园出现产业发展定位不突出、园区管理混乱等问题，严重影响了发展效益，阻碍文化产业园的可持续发展。

此外，园区的配套政策措施仍待完善，具体优惠政策还没能完全落实，如投资融资政策、税收政策、社会评价与鼓励机制等。一方面，入驻园区的企业大部分为中小型创业公司，面临资金周转的巨大压力。目前我国文化产业园在融资过程中存在着政府投资比例过高、对中小型企业支持力度不够的问题。政府应该加快我国文化产业园融资的体制机制创新速度，进一步改善入驻企业的融资环境。另一方面园区未引进公平竞争机制，导致园区内各企业间产生严重的恶性竞争。这些因素都会降低创意人才的工作热情。

（三）人才瓶颈限制园区创造性发展

发展文化产业关键在于留住人才。目前，我国文化产业园仍面临着专业人才匮乏、大量人才流失的严峻问题，尤其经济欠发达地区在文化产业专业领域严重缺乏经营、营销以及企业管理人才。究其原因，一方面，当地教育

① 傅振宗．创新驱动文化产业园区发展路径分析[J]．哈尔滨学院学报，2018，39(3)：119－123.

主管部门忽视了对文化产业人才培养的顶层设计，导致文化产业专业人才满足不了市场发展的需求，同时缺乏对人才培养的统筹与规划，出现了人才管理漏洞。另一方面，部分产业园没有重视与各高校的产教融合，缺少与国内外高校互动聚合，无法形成自身产业园的定向人才；行业领军人才的培养需要制度方面的支持和保障，然而园区企业未能建立奖赏机制。

以江西省为例，由于江西文化产业环境不明朗，政府未能实施有效的人才引进政策，从外地引进高层次人才的难度较大，加之文化产业园经营管理与创意设计等方面的高层次人才短时间内难以培养，导致江西省文化产业园出现了专业人才流失与匮乏的共性问题。经济欠发达地区特别是县级文化产业园由于地理位置、薪资水平、发展平台的限制在人才引进方面的问题会更突出。

（四）知识产权保护力度不足

作为一种无形资产，知识产权对于文化产业园长远发展的重要性不言而喻。虽然我国加大了对知识产权的保护，民众的产权意识也在逐步提升，但知识产权保护体制仍存在诸多不健全之处。比如，长效监管措施无法落到实处，基层的公正取证难问题仍然存在，知识产权违法成本低导致盗版侵权行为屡禁不止。在文化产业园中恶意竞争带来的剽窃侵权行为时有发生，严重影响了文化产业园中的创意氛围与发展活力。

完善知识产权保护体系需要政府、企业、社会大众的通力合作，但当前部分地方政府在品牌和知识产权保护方面未给予足够的重视，仅追求经济利益，不重视对我国优秀传统文化的保护。例如，河北省的中国蔚县剪纸文化产业园以其世界非物质文化遗产“蔚县剪纸”为开发重点，致力于向世界塑造中国剪纸第一品牌。但在实际经营过程中许多厂家着眼于眼前一时的经济效益对市场销量领先的剪纸题材一哄而上，园区内的抄袭现象严重，厂区间形成恶性竞争，严重拉低了蔚县剪纸的美誉度，对当地文化产业的可持续发展造成不良影响。

三、提升我国文化产业园区综合水平的发展路径

（一）追求高品质发展，打造精品创意园区

宏观层面，园区要合理利用地区资源，明确自身发展定位。城市政府要根据内容生产、分层管理、产业链培育等原则，制定本地文化产业园区总体

规划，实现园区内容生产与功能培养协同发展，促进地区文化产业园区的均衡有效分配。如北京市在合理利用不同城区间的资源优势的基础上，对北京市的文化产业园实施了总体空间规划，具体用地布局为：东西城区是以名胜古迹旅游和艺术品交易为主的历史文化型园区，而海淀区有着中关村等科技类创意产业园，朝阳区、顺义区、通州区形成以新闻传媒和行业设计为代表的对外贸易产业园区，大兴区、怀柔区、房山区等则是以新媒体运作、影视工厂为核心的文化传媒内容制作基地，形成了分区管理、多极发展的良好布局。

微观层面，园区自身要科学规划、注重园区特色、创建知名品牌。在具体园区建设规划前，应进行充分的市场调研、遵循市场体制机制，根据区域发展优势，在掌握各地资源优势及产业发展布局的基础上，打造一批富有地区个性和品牌特色的精品文化产业园。如羊城晚报报业集团曾于2007年涉足文化产业园领域投资并建造了羊城创意产业园，随后又在主园区的基础上，利用羊城晚报自身的产业影响力及当地市场资源，布局了东风东园区、南沙星海艺术产业园区、广州东园区、沙洛园区四个园区，形成了“一园多区”整体格局。其中，东风东园区位于广州市南沙区，致力于打造新型移动互联网孵化器和创业综合体。南沙星海艺术产业园区位于广州市荔湾区，集音乐教育、文体培训、少儿艺术于一体，主打艺术与文化。广州东园区位于广州增城区，以原创时尚品牌设计为主导，而位于越秀区的沙洛园区则以健康产业专业化为特色。不同园区基于主园区的产业板块，实现了各分区差异化发展，既各具特色又相互补充，发挥了产业集聚的优势，将企业利益最大化。

（二）发挥政府管理职能，创造良好营商环境

文化产业园区的有效管理离不开政府的监管，只有充分发挥政府职能，才能合理规范文化产业园的发展。在这一方面，各地可以参考北京市针对发展文化创意产业而采用的管理思路，在规划制定、方向引导、资源统筹、公共设施、中介服务等方面应充分发挥政府的引导作用，在园区的整体规划发展过程中，坚持“硬”投资与“软”管理相结合的管理方式，拓展政府资金投入方式和完善政府管理手段，发挥市场调配资源的基础性功能，为园区内企业创造良好的营商环境。

文化产业园区的发展离不开政府强有力的政策支持，北京市政府先后推进了一系列推动文化产业园规范有序发展的政策。其中《关于保护利用老旧

厂房拓展文化空间的指导意见》鼓励盘活现有文化产业园区与传统工业用地，在老旧厂房、仓库乃至传统四合院、历史文化街区的基础上兴办文化创意产业园，实现传统资源向现代化建设转型。[①] 由此，北京市建成了以798艺术区、首钢工业区为代表的集休闲娱乐、艺术展览、购物办公等不同功能于一体的文化创意产业园区，解决了城六区文化空间资源缺乏的问题。

此外，政府还要注重基础设施建设、环境保护、能源供应等方面的工作，力图在税费优惠、投融资服务、创业培训教育等方面建立完善的产业政策体系。另外，营造文化氛围以激发创意创新活力同样重要，如完善艺术馆、博物馆等文化基础设施，定时推出创意主题活动等措施以焕发园区活力。

（三）健全人才培养机制，加强人才队伍建设

文化产业园区发展的活力源泉是创新，而创新的主体是人才，因而人才资源是创意园区发展的首要资源。在新时代发展的背景下，有创意、懂运营、擅管理的创新型综合人才才是我国文化产业园区发展的中流砥柱。

首先，吸引人才进入园区。一方面，地方政府相关管理部门和文化产业园区依据当地人才市场的总体情况在薪资、住房、发展空间等方面出台关于文化产业专业人才的引进政策，从政策上为人才引进开拓道路。优惠政策优先针对在文化创意、投融资运作、企业孵化管理及地产经营等方面积累了丰富实践经验的人群，以培养其成为行业领军人才。另一方面，充分利用当地高校资源与文化产业园区的市场主体优势，推进高校与企业实施长效合作机制，实施产教融合。鼓励高校直接为园区企业培养和输送专业复合型人才，探索“高校 + 园区”人才培训基地，打造产教学研一体化的人才培养模式。如山东泉城国际文化创意产业园园区先后与济南大学、山东创新管理研究院等高校、科研机构开展合作，建立“山东省博士实践团实践基地”“济南大学实践教学基地”[②]，利用当地优质高校资源，以及城市发展机遇建立自己的人才孵化基地，真正实现了产教融合。

其次，留住人才建设园区。良好的工作环境对人才的培养至关重要，一方面要优化园区管理人才队伍结构，对园区企业内部员工实施激励机制，鼓励

---

① 左迎年．北京市文化创意产业政策分析研究[D]．北京交通大学,2014.

② 济南日报．韩国动画协会山东代表处落户泉城国际文化创意产业园[EB/OL]．http://news.e23.cn/jnnews/2019-09-21/2019092100009.html．2019-9-21.

创新人才成为队伍的中坚力量。另一方面要优化文化产业园区的竞争机制，不仅激发专业人才的创作灵感，而且能培养团队精神，促使专业人才在竞争与合作的氛围中逐渐形成对文化产业园区发展前景的认同、对企业文化的认同。

（四）完善文化专利保护，激发企业创新活力

知识产权是文化产业的核心竞争力，是企业创新活力和长久发展的源泉，文化产业园区要“走出去”，面向世界，参与到世界文化产业的竞争之中，离不开对知识产权管理的有效把控。具体而言，需要做到以下几点：

第一，提高全国对文化产业知识产权及其管理的舆论宣传力度。以多种形式开展国内外专利法、著作权法、商标法等知识产权法律法规的普法工作、宣传工作、培训工作，力争在全国范围内增强企业的知识产权管理意识，特别要对小微企业加大宣传培训力度。增强文化产业企业和文化产业从业人员的知识产权维权意识，政府部门、司法机关和园区管理者应对园区企业或个人的知识产权申诉给予足够重视，从而形成良好的知识产权保护氛围，为企业的创新创造、产品的开发流转销售提供强有力的保障。

第二，在我国现有法律框架内制定文化产业园区知识产权管理相关的规定或园区企业公约性文件，为园区文化产业成果的产生、管理、流转、输出制定较为完善的知识产权政策保障体系。在公权力层面，应加强知识产权的立法工作，尽快出台较为详尽、平衡持重的知识产权法规文件以应对日趋复杂的知识产权纠纷，政府部门和司法部门建立有效的联动机制和应对机制，从日常监督管理到联动办案到问责，加大对盗版侵权、恶意抢注商标、专利流氓等侵权行为的打击力度，建立绿色通道以保证园区企业及时得到维权帮助，切实降低园区企业的知识产权维权成本。

第三，尝试设立知识产权投融资专项基金，支持园区企业知识产权融资，实现知识产权与优质资本的转化。[①] 各地区在制定知识产权融资的政策措施时要因地制宜，可根据不同文化产业园的实际情况尝试采用财政补贴、税费减免、专项资金补贴等不同方法对园区企业的知识产权融资项目进行有效帮扶。同时也应提高园区企业知识产权融资业务风险防控能力。风险防控是知识产

---

① 詹双晖．我国文化产业园区建设亟需破解的难题及其对策——以珠三角地区为例[J]．新经济，2017(5)：19－23.

权融资的重要环节，相关部门可以帮扶园区企业建立风险评估体系和知识产权保险机制，提高园区企业的风险防控能力与风险应急水平，保证知识产权融资业务的顺利开展。

四、未来我国文化产业园区发展方向

（一）园区线上线下融合 实现数字化转型升级

在万物皆媒时代背景下，利用“互联网+实体园”模式来运营线上的虚拟园区成为当下及未来文化产业园区进一步探索的发展模式。首先，结合实体园区，打造基础信息库、传感网络设备及云数据中心硬件基础设施，发挥信息采集、传输和存储的一体化功能。其次，创建园区应用支撑平台，实现信息资源的高效流转，包括建设虚拟园区和打造智慧物业等。①

数字化管理和数字化运营成为园区发展新趋势，数字化的运营体系使整条价值链的协调运作和完全透明化成为可能，能够有效提高园区管理效率。要实现文化产业园的O2O结合，除了建造虚拟园区路径，还要打通园区线上线下一体化的产业服务平台，具体包括技术支持、信息提供、培训咨询、投融资服务和产权交易等平台。一体化平台减少了中间环节，实现不同端口的资源融合，可以减少企业的运营成本。

（二）搭建资源共享网络 发挥园区聚集效应

未来，我国应积极探索协同发展、开放共享的文化产业园区建设模式，引导资本、技术、人才等优质资源的有效聚集，保持文化产业的高质量产出。一方面，可以以建设全省园区共享的公共服务平台与中介服务体系为突破口，搭建区域内外资源的共享网络，形成园区及文化产业发展的合力，通过共享东部文化产业园区的优质资源、成功经验推动欠发达地区园区的发展建设。

另一方面，建立产业发展联盟，完善企业运行的资金、技术、设计、管理、营销等方面促进机制，鼓励通过合股等方式实现不同企业在生产、销售等环节的合作，做到强强联合。另外，建立不同文化产业的中介服务联盟，通过共享网络搭建园区“创意生产—创意孵化—成果转化”产业发展体系，实现与周边人才、资本、技术、市场的有效衔接与协同发展。

---

① 谢俊. 信息化视角下的智慧园区运营管理系统构建和模式研究[D]. 华东理工大学,2016.

（三）增强品牌园区国际竞争力

随着国家文化软实力和对外开放程度的提高，我国文化产业真正迎来了将“引进来”与“走出去”相结合的最佳时机，同时文化产业园也成为国家间贸易往来、文化交流合作的重要载体。例如，中国武强国际乐器文化产业园于2019年经过层层选拔被认定为河北省国际合作重点产业园，将在音乐人才培养、创意创作、交流活动、休闲旅游等方面与国内外相关产业深度交流，提升了该园区的影响力、竞争力。而由丹东市主要领导带队的日韩招商团不断创新方式方法，拓展新渠道有效推动了大孤山唐城文化产业园等项目。

我国特色文化产业园区“走出去”是步步推进的过程，因而需要层级化的发展思路和系统化的培养方案。根据目前我国文化产业园区的状况，需要从政府和企业两条路径同步推进。政府层面，需要建立健全文化产业园区的发展体制机制，通过打造我国特色文化产业集群、增强国家级示范园区建设，尝试建设具有国际影响力的品牌园区；企业层面，则需要优化企业自身发展结构，完善内容生产链条、扩大龙头企业规模，引进高素质文化创意人才以及增强文化产业知识产权管理意识。通过制定有效的政策和企业运营管理引导我国文化产业园区“走出去”，着重创造具有国际品牌特色的文化产业园区（见图22.2）。

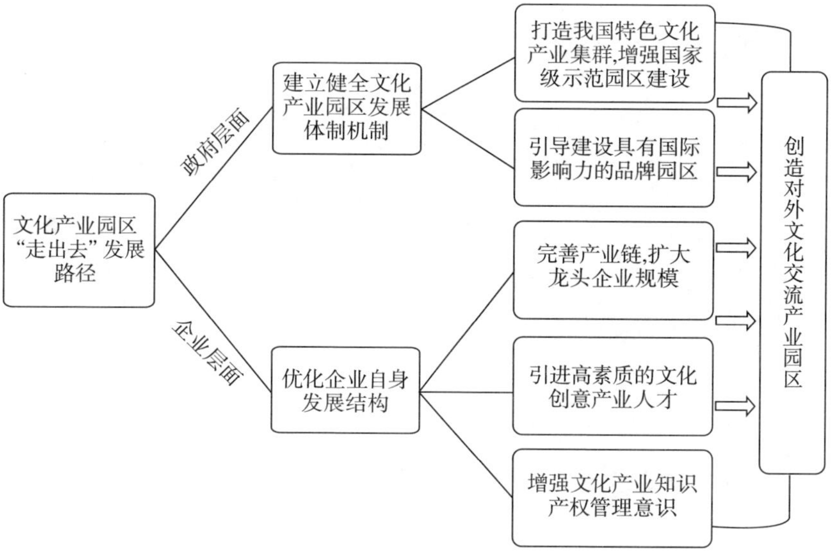

图22.2　我国文化产业园区“走出去”发展路径

五、结语

作为文化产业发展的新生模式，文化产业园区面临诸多问题与挑战。如千篇一律的园区定位导致精品创意园区严重匮乏、政府监管呈现粗放式、人才瓶颈成为阻碍园区创新的主要因素、知识产权未能得到足够保护等问题。然而，只要我们正确认识到这些问题，努力去解决问题，就能够实现可持续发展。

总之，无论是省级还是地市级文化产业园区的建设，都要因地制宜、遵循市场经济规律，克服盲目的逐利意识和非理性的投资冲动，以免陷入创新思路受限、园区定位不明、产业结构雷同等困境。伴随着相关问题的不断出现和解决，对于文化产业园区的发展研究会催生新的课题，数字化转型升级、打造资源共享平台、鼓励园区“走出去”，打响国际品牌等都是新时代背景下的发展方向。我们应满怀信心地去继续摸索、前进和见证。

附　录

2019 年中国文旅传媒大事记

1 月

1 月 1 日，“学习强国”学习平台正式上线。

1 月 2 日，教育部官网公布了《关于严禁有害 App 进入中小学校园的通知》（以下简称《通知》）。《通知》要求，未经学校和教育行政部门审查同意，教师不得随意向学生推荐使用任何 App。《通知》强调，要开展全面排查，凡发现包含色情暴力、网络游戏、商业广告及违背教育教学规律等内容的 App 要立即停止使用，采用多种方式提醒家长慎重安装使用面向中小学生的 App。同时，《通知》要求，各地要建立学习类 App 进校园备案审查制度，按照“凡进必审”“谁选用谁负责”“谁主管谁负责”的原则建立“双审查”责任制，学校要对 App 的内容、链接、应用功能、信息安全等进行严格审查，并报上级教育主管部门备案审查同意。进入校园的学习类 App 不得向学生收费或由学生支付相关费用。要保障学生信息和数据安全，防止泄露学生隐私。

1 月 2 日，文化和旅游部印发《旅游市场黑名单管理办法（试行）》（以下简称《办法》），以维护旅游市场秩序，加快旅游领域信用体系建设，促进旅游业高质量发展。《办法》针对旅游市场秩序出现的新情况、新问题和市场监管的新要求，立足文化和旅游行业管理职能，明确了适用范围、分级管理和联合惩戒等相关事项，建立了列入、告知、发布、惩戒、信用修复、移出等一整套管理流程。内容包括：线上线下同步纳入黑名单管理；旅游市场黑名单实行分级管理；《办法》与“备忘录”实现有效衔接。

1 月 4 日，财政部、中宣部联合发布《国有文化企业改革发展报告

(2018)》(以下简称《报告》),此《报告》已连续发布7年。《报告》显示,国有文化企业资产规模不断扩大,利润持续增长,总体保持了稳健发展态势。截至2017年年底,全国国有文化企业资产总额45662.2亿元,同比增长23.6%;全年实现利润总额1481.2亿元,同比增长7.8%;净利润1287.8亿元,同比增长7.6%。《报告》同时显示,截至2017年年底,中央文化企业共计3878户,同比增长7.4%;资产总额11585.7亿元,同比增长24.4%;全年实现利润总额579.6亿元,同比增长11.7%。同期,地方国有文化企业共计12136户,同比增长8.1%;资产总额34076.5亿元,同比增长23.4%;实现利润总额901.6亿元,同比增长5.5%。

1月6日,全国宣传部长会议在京召开。中共中央政治局常委、中央书记处书记王沪宁出席会议并讲话。他表示,要坚持以习近平新时代中国特色社会主义思想为指导,增强"四个意识"、坚定"四个自信"、做到"两个维护",承担起举旗帜、聚民心、育新人、兴文化、展形象的使命任务,推动宣传思想工作守正创新,为党和国家事业发展提供有力的思想保证和强大精神力量。

1月9日,中国网络视听节目服务协会的官网上发布了《网络短视频平台管理规范》和《网络短视频内容审核标准细则》,进一步规范短视频传播秩序。文件提出网络短视频平台实行节目内容先审后播制度。平台上播出的所有短视频均应经内容审核后方可播出,包括节目的标题、简介、弹幕、评论等内容。

1月9日,国家企业信用信息公示系统显示,浙江东阳阿里巴巴影业有限公司入股上海亭东影业有限公司。亭东影业是知名作家韩寒创办的公司,是一家原创影视制作公司,曾出品《天空制造》《三重门》《乘风破浪》等影视作品。

1月10日,国家互联网信息办公室发布《区块链信息服务管理规定》,自2019年2月15日起施行,为区块链信息服务的提供、使用、管理等提供有效的法律依据。

1月15日,《县级融媒体中心省级技术平台规范要求》和《县级融媒体中心建设规范》开始实施。《县级融媒体中心省级技术平台规范要求》规定了对县级融媒体中心提供业务和技术支撑的省级技术平台规范要求,适用于支撑县级融媒体中心的省级技术平台的设计、建设和运行维护。《县级融媒体中心建设规范》则基于县级融媒体中心的业务类型，规定了其总体架构、功能要求、基础设施配套要求、关键技术指标及验收要求等内容。

1 月 16 日，中国记协向全国新闻工作者发出倡议，号召广大新闻工作者牢记习近平总书记提出的增强“脚力、眼力、脑力、笔力”要求，锻造过硬素质、过硬本领、过硬作风，书写新时代的精彩答卷。

1 月 16 日，联合国贸易和发展会议发布题为《创意经济展望：创意产业国际贸易趋势》的研究报告。报告中称，尽管全球贸易增长放缓，但创意经济逆势而上，中国在创意产品及服务贸易方面持续占据全球主导地位。报告研究了 130 个国家和地区的创意经济概况，其中中国创意产品贸易增长显著，表现优异。目前，中国是全球最大的创意产品及服务出口国和进口国，在过去 13 年里，中国一直是推动全球创意经济繁荣的主要力量，并持续在全球创意经济中处于领先地位。报告显示，亚洲创意产品出口额超过了全球其他地区，中国和东南亚地区创意产品出口总额达到 2280 亿美元，几乎是欧洲的 2 倍。由于出口强劲，中国创意产品贸易顺差高达 1540 亿美元，居世界首位。

1 月 25 日，中共中央政治局在人民日报社就全媒体时代和媒体融合发展举行第十二次集体学习。中共中央总书记习近平在主持学习时强调，推动媒体融合发展、建设全媒体成为我们面临的一项紧迫课题。要运用信息革命成果，推动媒体融合向纵深发展，做大做强主流舆论，巩固全党全国人民团结奋斗的共同思想基础，为实现“两个一百年”奋斗目标、实现中华民族伟大复兴的中国梦提供强大精神力量和舆论支持。

1 月 28 日，湖北省标准化学会和武汉市软件行业协会在武汉联合发布了《网络直播平台管理规范》以及《网络直播主播管理规范》，包含直播平台的主播监控、账号监管、平台巡查等多个方面的内容，并对主播的着装要求、准入标准、直播内容等进行了规范。这是我国正式出台的首批网络直播团体标准。

1 月 29 日，广电总局印发《关于做好 2019 年度〈广播电视节目制作经营许可证〉和〈电视剧制作许可证（甲种）〉换证工作的通知》，通知指出，对于存在两年内未开展节目制作经营活动，参与违规买卖收视率或参与收视率造假，未按要求规范、及时缴纳税款等情况不予换发新许可证。

1 月 31 日，根据国家统计局发布的最新消息：对全国 6.0 万家规模以上文化及相关产业企业调查发现，2018 年，上述企业实现营业收入 89257 亿元，比上年增长 8.2%。分产业类型看，文化制造业营业收入 38074 亿元，比上年增长 4.0%；文化批发和零售业营业收入 16728 亿元，增长 4.5%；文化服务业营业收入 34454 亿元，增长 15.4%。分行业类别看，文化及相关产业 9 个行业中，有 7 个行业的营业收入实现增长。其中，增速超过 10% 的行业有 3 个，分别是：新闻信息服务营业收入 8099 亿元，比上年增长 24.0%；创意设计服务营业收入收入 11069 亿元，增长 16.5%；文化传播渠道营业收入 10193 亿元，增长 12.0% 上。增速为负的行业有 2 个，分别是：文化娱乐休闲服务营业收入 1489 亿元，下降 1.9%；文化投资运营营业收入 412 亿元，下降 0.2%。

2 月

2 月 4 日，猫眼娱乐正式在香港联交所主板挂牌上市，股票代码 1896. HK，成为香港资本市场“互联网娱乐服务第一股”。

2 月 11 日，国家统计局公布，据对全国 6 万家规模以上文化及相关产业企业调查，2018 年，上述企业实现营业收入 89257 亿元，比上年增长 8.2%。文化及相关产业是指为社会公众提供文化产品和文化相关产品的生产活动的集合，包括新闻信息服务、内容创作生产、创意设计服务等 9 个大类。

2 月 12 日，文化和旅游部发布 2018 年旅游市场基本情况。数据显示，2018 年，国内旅游人数 55.39 亿人次，比上年同期增长 10.8%；出入境旅游总人数 2.91 亿人次，同比增长 7.8%；全年实现旅游总收入 5.97 万亿元，同比增长 10.5%。初步测算，全年全国旅游业对 GDP 的综合贡献为 9.94 万亿元，占 GDP 总量的 11.04%。旅游直接就业 2826 万人，旅游直接和间接就业 7991 万人，占全国就业总人口的 10.29%。

2 月 12 日，有数据显示，在刚刚过去的春节黄金周，国内接待游客 4.15 亿人次，实现旅游收入 5139 亿元，全国电影票房超过 50 亿元，零售餐饮消费首破万亿元，这份成绩单显示出我国强大的内需潜力，也是我国消费升级的一个缩影。在这份成绩单中，三、四线城市“逆袭”赶超，核心消费人群年轻化趋势明显，春节消费凸显新亮点，为我国消费市场培育新的增长点提供了更多可能。

2 月 14 日，抖音海外版 TikTok 日前公布了在日本的发展计划。2019 年，TikTok 将于日本推出“育成计划”，对来自时尚、美妆、美食等 20 个垂直领域的 1000 余名优质创作者进行重点扶持。TikTok 将为他们提供短视频创作和技术支持，提供互联网、电视、户外广告等渠道的露面机会，以及品牌合作等变现机会。

2 月 14 日晚间，阿里巴巴向美国证券交易委员会提交报告，宣布通过全资子公司淘宝中国入股 B 站近 2400 万股，股份占 B 站总股本约 8%。从 12 月淘宝与 B 站达成广泛业务合作，到现在的入股和情人节官宣，阿里巴巴与 B 站的合作升级反映了双方合作的不断深化和对未来潜力的持续看好。

2 月 18 日，从国家版权局获悉：针对各类网络电影侵权盗版行为，国家版权局、国家电影局等部门采取多种有效措施，不断加强对春节档院线电影的版权保护，严厉打击各类网络侵权盗版活动。截至 2 月 17 日晚，相关部门累计处理侵权链接 7699 条，日均监测到的侵权链接大幅减少。下一步，国家版权局将会同国家电影局、公安部、工信部等相关部门，深挖盗版源头，加大对影院偷拍盗录的打击力度；严厉查处销售、传播盗版影片的网站、App、微信公众号、电商经营者等，情节严重的将移交公安部门刑事处理。

2 月 18 日，虎嗅科技公告称，2019 年第一次临时股东大会审议通过《关于申请公司股票在全国中小企业股份转让系统终止挂牌的议案》，议案显示，因公司自身业务发展和战略规划调整的需要，经慎重考虑，公司拟向全国中小企业股份转让系统有限责任公司申请终止挂牌。2 月 18 日，虎嗅处于停牌状态，市值 1.91 亿元。

2 月 19 日，北京冬奥组委发布了《2022 年北京冬奥会和冬残奥会遗产战略计划》（以下简称《遗产战略计划》）。《遗产战略计划》将努力创造体育、经济、社会、文化、环境、城市发展和区域发展 7 个方面的丰厚遗产。

2 月 19 日，国家发改委、文化和旅游部等 18 个部门联合印发《加大力度推动社会领域公共服务补短板强弱项提质量 促进形成强大国内市场的行动方案》（以下简称《方案》）。《方案》部署了补齐基本公共服务短板，加快实现基本公共服务均等化；补强非基本公共服务弱项，着力增加人民群众公共服务供给；充分发挥有效市场和有为政府作用，提升公共服务质量水平等三方面行动任务。《方案》明确提出：到 2020 年，现代公共文化服务体系基本建成，文化产业成为国民经济支柱性产业；旅游经济稳步增长，对国民经济的综合贡献度达到 12%。

2 月 19 日，中央一号文件《中共中央 国务院关于坚持农业农村优先发展做好“三农”工作的若干意见》（以下简称《意见》）发布。《意见》共分为八个方面，其中多处涉及农村文化建设和文旅发展，有 9 次提及“文化”，8 次提及“创新创业”，5 次提及“文明”，3 次提及“旅游”等。

2 月 19 日，北京电影学院发布关于“翟天临涉嫌学术不端等问题的调查进展情况说明”，认定翟天临博士研究生在学期间发表的论文存在较为突出的学术不规范、不严谨，学术不端的情况，撤销 2018 届博士研究生翟天临博士学位，取消陈浥的博士研究生导师资格。至此，春季以来不断发酵的翟天临学术造假事件有了结果。

2 月 20 日报道称，故宫博物院院长单霁翔近日首次透露：2017 年，故宫文创的销售收入达到 15 亿元——超过 1500 家 A 股上市公司的收入。“故宫是差额拨款单位，国家每年提供 54% 的经费，46% 靠自己来挣。”单霁翔表示。

2 月 20 日，DNV 音乐集团旗下音乐流媒体产品豆瓣 FM 宣布，已于近日获得腾讯音乐娱乐集团（NYSE：TME）和挚信资本的战略投资。

2 月 25 日，媒体深度融合工作推进会在北京召开。会议指出，要深入学习贯彻习近平总书记关于推动媒体融合发展、做大做强主流舆论的重要论述，积极适应全媒体时代发展大势，推进媒体融合向纵深发展，牢牢掌握新闻舆论工作的战略主动权。中央广播电视总台已经同北京联通联合开展部分城市的著名景点 4K 高清图像回传，天安门广场作为北京的著名景点已通过联通 5G 网络开展回传工作。

2 月 25 日报道称，国务院日前发布了关于《全面推进北京市服务业扩大开放综合试点工作方案》（以下简称《工作方案》）的批复，原则上同意该方案。《工作方案》明确了 9 方面近 180 项试点任务，以及 6 个领域的 14 项开放措施。在文化方面，《工作方案》提出要“立足文化中心建设，提升文化软实力和国际影响力”。

2 月 26 日，新华社报道，中央宣传部、中央文明办等十部门联合印发《农家书屋深化改革创新 提升服务效能实施方案》（以下简称《方案》），推动农家书屋提质增效，助力乡村振兴战略实施。《方案》提出了系列措施，一是推动共建共享，解决资源闲置问题；二是开展主题性和常态化阅读活动，提高书屋使用效能；三是优化内容供给，有效对接群众需求。农家书屋工程开展十多年来，部分地区一直面临着供需不对位、资源闲置、使用效能不高等问题。《方案》的发布旨在通过深化改革，调整并优化内容供给，有效对接群众的真正需求，使农家书屋真正落地，“有书读，有人管，有活动吸引”。

3 月

3 月 1 日，工业和信息化部、国家广播电视总局、中央广播电视总台发布了《超高清视频产业发展行动计划（2019—2022 年）》（以下简称《计划》）。《计划》要求，突破超高清成像、高带宽实时传输、超高速存储、HDR 显示兼容与动态适配、三维声编解码与渲染、三维声采集、视频人脸识别、行为动态分析、医学影像诊断等关键技术；支持面向超高清视频的 SoC 核心芯片、音视频处理芯片、编解码芯片、存储芯片、图像传感器、新型显示器件等的开发和量产；加强 4K/8K 显示面板创新，发展高精密光学镜头等关键配套器件。制定按照“4K 先行、兼顾 8K”的总体技术路线，到 2022 年，我国 4K 超高清视频用户预计将达到 2 亿，超高清视频产业总体规模将达到 4 万亿。

3 月 3 日，新华社推出的全球首个 AI（人工智能）合成女主播“新小萌”正式上岗。两会期间新华社还亮出智能 AR 直播眼镜。由科大讯飞打造的央视 AI 记者助理“小白”也现身两会新闻中心。

3 月 5 日，直播社交平台公司 YY 欢聚时代宣布完成对海外视频社交平台 BIGO 的全资收购。本次交易中，YY 收购 BIGO 余下约 68. 3% 的所有已发行和在外流通的、由其他股东持有的股份，其中也包括欢聚时代董事长兼代理 CEO 李学凌持有的 BIGO 股份，总交易额约 14. 5 亿美元，其中包括 3. 43 亿美元现金。

3 月 6 日，2019 年政府工作报告中两处直接谈到文化产业：一处是要加快发展“旅游产业”，另一处是要“推动文化事业和文化产业改革发展”。

3 月 8 日，游戏直播行业“老三”的熊猫直播正式关停服务器。7 日深夜，熊猫直播 COO（首席运营官）张菊元正式确认破产传闻，他表示“被迫选择了这样的结束方式”，做出遣散员工的决定。熊猫直播表示，对于破产原因，已经22个月没有任何外部资金注入，管理层极尽努力寻找潜在投资方，没有解决掉资金的缺口。直播平台的运营需要负担高昂的带宽以及众多主播的高额工资，为了收支平衡已不断缩小自身，坚持成了某种程度的消耗。

3月12日，国家知识产权局局长申长雨在人民大会堂“部长通道”上表示：我国将探索建立海外知识产权维权援助中心，加大海外维权力度，使中国的知识产权在国外也能得到有效保护；国家知识产权局将积极配合全国人大做好专利法修改工作，建立侵权惩罚性赔偿制度，大幅提高侵权违法成本；我国还启动了新一轮商标法修改的准备工作，引导企业更加注重品牌培育，助推品牌经济发展；国家知识产权局还将再建设一批知识产权保护中心，形成集快速授权、快速确权、快速维权为一体的协调联动机制，为社会公众提供更加便捷、更为高效、成本更低的维权渠道。

3月13日，猫眼娱乐发布公告宣布与欢喜传媒达成战略合作，猫眼将投入3.9亿港元（约3.327亿元人民币），以每股1.65港元的价格认购欢喜传媒8.11%的股份。认购价较于认购协议日前在联交所所报欢喜传媒收市价每股股份1.56港元溢价约5.81%。此次交易达成后，猫眼娱乐将成为欢喜传媒的重要股东。

3月14日报道称，财政部近日印发《关于推进政府和社会资本合作规范发展的实施意见》（以下简称《实施意见》）。《实施意见》提出，聚焦重点领域，优先支持基础设施补短板，以及健康、养老、文化、体育、旅游等基本公共服务均等化领域有一定收益的公益性项目。《实施意见》指出，在公共服务领域推广运用政府和社会资本合作（PPP）模式，引入社会力量参与公共服务供给，提高供给质量和效率，是党中央、国务院作出的一项重大决策部署。

3月18日，国家发改委正式发布《关于2018年国民经济和社会发展计划执行情况与2019年国民经济和社会发展计划草案的报告》（以下简称《报告》）。《报告》系统总结了2018年国民经济和社会发展计划执行情况，明确2019年国民经济和社会发展计划的主要任务，其中共梳理文化与旅游发展的25项重点任务与10大工程。25项重点任务主要分为5个方面：深化“旅游+”农业供给侧结构性改革；积极培育旅游消费惠民新增长点；推进“一带一路”文化与旅游对外合作；推进公共服务补短板、强弱项、提质量；鼓励对港澳台文化交流与合作。10 大工程为：重点城市步行街建设；海南国际旅游消费中心、平潭国际旅游岛和横琴国际休闲旅游岛建设；“三区三州”等深度贫困地区旅游基础设施改造升级行动计划（2018—2020 年）；重点旅游景区快速交通、步行道、停车场等基础设施和公共服务设施建设；第二届“一带一路”国际合作高峰论坛；大运河文化带建设，平安故宫、国家美术馆、中国工艺美术馆、国家图书馆国家文献战略储备库等重大文化项目建设；全国红色旅游经典景区三期总体建设方案；冬奥会场馆建设；2019 年北京世界园艺博览会；粤港澳大湾区规划建设。

3 月 21 日，全国有线电视网络融合发展战略合作签约活动在中国国际展览中心举行。此次战略合作协议的签订，标志着有线电视网络“全国一网”融合发展向前迈进了重要一步。按照合作协议，中国广播电视网络有限公司与中国中信集团和阿里巴巴集团将在全国有线电视网络整合发展、改造升级、产品开发和运营管理中形成战略联盟，各自投入优势资源，共同进行规划设计，积极谋划探索，共同努力将中国广播电视网络打造成新型的媒体融合传输网、数字文化传播网、数字经济基础网和国家战略资源网。

3 月 29 日，开心麻花发布了一则拟摘牌新三板的公告，称：“为进一步配合公司发展战略规划需要，提高经营决策效率，降低公司运营成本，经审慎考虑，公司拟向全国中小企业股份转让系统申请公司股票终止挂牌。”摘牌新三板之后，开心麻花获取资本的方式主要在转板和投靠资本巨头两个方面。

4 月

4 月 2 日，上市公司 B 站（哔哩哔哩）发布公告，通过可转换债券发行和后续股票发行筹资 6 亿美元左右。这笔融资主要将用于两部分：一部分是丰富内容，包括收购、投资和制作优质内容，以及支持内容创作者；另一部分用于研发投入。

4 月 2—3 日，文化和旅游部 2019 年全国产业发展工作会议在山东省青岛市召开。会议研究部署了 2019 年重点工作，将推动文化产业和旅游产业高质量发展。会议指出，文化和旅游系统产业发展工作要紧紧围绕“提供优秀文化产品和服务、优质旅游产品和服务”这一中心环节，站在思想认识的新起点和发展实践的新台阶上，要强化产业思维，把握产业趋势，遵循市场规律，坚持融合发展，守住政治底线和安全底线；要从完善政策法规、建立统筹机制、推动园区升级、健全投融资体系、培育消费市场、鼓励产品业态创新、壮大市场主体、深化国际合作等方面采取务实举措，加快健全现代产业体系，通过高质量文化和旅游供给增强人民群众的获得感和幸福感。

4 月 3 日，国家广播电视总局在官网发布《未成年人节目管理规定》（国家广播电视总局令第 3 号）（以下简称《规定》），对未成年人作为主要参与者或者以未成年人为主要接收对象的广播电视节目和网络视听节目做出管理。《规定》中提出要防止未成年人节目出现商业化、成人化和过度娱乐化的倾向；不得宣扬童星效应或者包装、炒作明星子女，等等。

4 月 3 日，中国“第一网红电商股”如涵控股登陆纳斯达克证券市场挂牌交易，其旗下拥有淘宝直播头牌带货王张大奕，还有大金、左娇娇、管阿姨等几十位网红。

4 月 8 日，国家发展改革委发布了《2019 年新型城镇化建设重点任务》（以下简称《重点任务》）。《重点任务》指出，培育发展现代化都市圈，推进大城市精细化管理，支持特色小镇有序发展，加快推动城乡融合发展，为保持经济持续健康发展和社会大局稳定提供有力支撑，为决胜全面建成小康社会提供有力保障。《重点任务》公布的 19 项重点任务中有多项涉及文化和旅游，如支持特色小镇有序发展；提升城市品质和魅力；缩小城乡基本公共服务差距；促进乡村经济多元化发展等。

4 月 11 日，广电总局发布《县级融媒体中心网络安全规范》《县级融媒体中心运行维护规范》《县级融媒体中心监测监管规范》。至此，县级融媒体中心 5 项标准规范全部发布实施，县级融媒体中心标准体系基本建立，为指导全国县级融媒体中心建设，提供了关键性、基础性技术支撑。

4 月 12 日，国家版权局发文称，视觉中国近日引起的“黑洞图片”版权问题引发关注，国家版权局重视图片版权保护，依法维护著作权人的合法权益。各图片公司要健全版权管理机制，规范版权运营，合法合理维权，不得滥用权力。国家版权局将把图片版权保护纳入即将开展的“剑网 2019”专项行动，以进一步规范图片市场版权秩序。

4 月 12 日，广电总局发出通知，要求各广播电视播出机构、网络视听节目服务机构立即停止播出以投资影视剧项目名义宣传非法集资活动的广告，并全面清查所有在播和拟播广告，凡存在类似问题的，一律停止播出。通报指出，近期一些机构通过互联网、电视等媒介，涉嫌以投资影视剧项目等名义，面向公众开展非法集资活动，严重扰乱经济金融秩序和影响社会稳定。通知要求，各级广播电视行政部门要切实履行属地管理职责，进一步加强日常监管，对本通知印发后，继续播出影视剧项目非法集资类广告的机构，要依据相关法律法规规定和要求，给予严肃查处。

4 月 16 日，国家电影局出台措施支持港澳电影业在内地进一步发展，具体措施包括：港澳人士参与内地电影制作不做数量限制，对内地与港澳合拍片在演员比例、内地元素上不做限制，取消收取内地与港澳合拍片立项申报费用，港澳电影和电影工作者可报名参评华表奖、金鸡百花奖等内地电影奖项，港澳企业在港澳台地区和境外发行推广优秀国产影片可申请奖励。有关措施将纳入内地与香港、澳门《关于建立更紧密经贸关系的安排》（CEPA）框架下实施。

4 月 17 日，阿里影业宣布正式启动针对影院的三个“100 计划”，凤凰云智将面向全国影院落地 100 个超级样板间、100 个无人超市，以及 100 个无人货柜等，帮助影院探索商业模式，也为用户创造全新的消费场景。凤凰云智是阿里影业旗下的影院数字化经营管理开放平台，其面向影院端，用新技术、新零售的手段提供一整套云化智能解决方案。

4 月 23 日，文化和旅游部印发《公共数字文化工程融合创新发展实施方案》（以下简称《实施方案》），推动公共数字文化工程融合创新发展。《实施方案》指出，到 2019 年年底，要实现公共数字文化工程的统筹管理，初步形成公共数字文化资源服务总目录，做好公共数字文化工程平台、资源、服务的融合创新发展试点工作。

4 月 23 日，“一带一路”新闻合作联盟首届理事会议在北京举行。会议由来自 25 个国家的 40 家主流媒体组成。中共中央政治局委员、中宣部部长黄坤明出席开幕式，宣读习近平主席贺信并致辞。会议就推进联盟有关工作达成共识，并发表联合宣言。目前，已有来自全球 86 国的 182 家媒体加入“一带一路”新闻合作联盟。

4 月 23 日，阿里巴巴正式启动“视频版权保护计划”，《复仇者联盟 4：终局之战》为首部受益影片。该计划以打假技术为依托，联合电影公司、发行方等社会各界力量,用“技术赋能 + 多元共治”的数字经济治理体系,防控和打击盗版视频,保护知识产权。

4 月 26 日,在 2019 中国网络版权保护与发展大会上,国家版权局、国家互联网信息办公室、工业和信息化部、公安部四部门联合启动打击网络侵权盗版“剑网 2019”专项行动。此次专项行动自 4 月底开始到 10 月底结束,将利用 6 个月的时间开展 5 项重点整治工作:一是深化媒体融合发展版权专题保护;二是严格院线电影网络版权专项整治;三是加强流媒体软硬件版权重点监管;四是规范图片市场版权保护运营秩序;五是巩固网络重点领域版权治理成果。

4 月 30 日,国家广播电视总局办公厅发布《关于建立“国家广播电视总局媒体融合发展专家库”的通知》(以下简称《通知》)。《通知》提出:通过建立“国家广播电视总局媒体融合发展专家库”,凝聚最广泛力量,汇集全行业智慧,贯彻落实好中央“推动媒体融合发展、构建全媒体传播格局”重大战略部署,为总局推进媒体融合发展决策提供重要参考,提升总局广播电视行业治理体系和治理能力现代化水平。

5 月

5 月 15 日,亚洲文明对话大会在北京隆重召开。中国国家主席习近平在开幕式上发表题为“深化文明交流互鉴,共建亚洲命运共同体”的主旨演讲,获得海外政界人士、专家学者的普遍认同。本次大会包括开幕式、“文化旅游与人民交往”在内的 6 场平行分论坛、亚洲文化嘉年华、亚洲文明周活动四大板块,涉及相关活动达 110 多项。

5 月 20 日,漫威执行副总裁、游戏主管与亚洲战略领导人 Jay Ong 在 2019 网易互动娱乐产品发布会上宣布,漫威和网易已达成合作,双方将共同开发超级英雄游戏。Jay Ong 在会上表示,网易与漫威的团队已经密切合作数月,双方在游戏领域的首次合作是《漫威:超级争霸战》,双方将建立广泛的长期合作关系,以独家游戏合作伙伴关系为开端,陆续推出漫威漫画和影视作品等多个激动人心的项目,更多细节将在今年内公布。

5 月 21 日,在 IEEE 网络游戏未成年人守护标准工作组第一次会议上,腾讯牵头启动了《网络游戏未成年人守护指南》的制定工作,这将是国际上首个针对未成年人的网络保护标准。参会企事业单位包括电子四院、广东游戏产业协会、深圳互文协会、华为、OPPO、小米、恒安嘉新、深圳电通、深识科技等。

5 月 21 日晚，开心麻花发布公告称，从 5 月 22 日起终止挂牌。早在 3 月 29 日，开心麻花就发公告称，为进一步配合公司发展战略规划，提高经营决策效率，降低公司运营成本，拟向新三板申请终止挂牌。公告披露，开心麻花董事会审议通过了《关于申请公司股票在全国中小企业股份转让系统终止挂牌的议案》，随后，又在股东大会上审议通过。同日，开心麻花发布了 2019 年第二次临时股东大会决议公告，会议审议通过了开心麻花申请终止挂牌新三板的议案。

5 月 28 日，国家互联网信息办公室发布《数据安全管理办法（征求意见稿)》(以下简称《意见稿》)，对公众关注的个人敏感信息收集方式、广告精准推送、App 过度索权、账户注销难等问题进行了直接回应。《意见稿》提出在中华人民共和国境内利用网络开展数据收集、存储、传输、处理、使用等活动，以及数据安全的保护和监督管理，适用本办法。在细化个人信息保护规定的同时，对如“爬虫”等网络行为首次进行了法律界定，该《意见稿》或将成为相关个人信息保护法律出台的参考。

5 月 28 日，国家网信办统筹指导西瓜视频、哔哩哔哩、秒拍、A 站、美拍、梨视频、微博等 14 家短视频平台，以及腾讯视频、爱奇艺、优酷、PP 视频等 4 家网络视频平台，在“六一”儿童节到来之前，统一上线“青少年防沉迷系统”，加上此前试点的抖音、快手、火山小视频平台，国内已有 21 家主要网络视频平台上线了“青少年防沉迷系统”。

5 月 28 日，芒果超媒发布公告称，中国移动通信集团有限公司全资子公司中移资本控股有限责任公司，参与芒果超媒股份有限公司募集配套资金非公开发行股份项目，投资 16 亿元，本次发行后其持股 4. 58 万股，持股比例为 4. 37%，成为芒果超媒的第二大股东。芒果超媒是湖南广电的新媒体平台公司，旗下芒果 TV 为国内排名第四的互联网视频平台。

6 月

6 月 5 日，《文化和旅游规划管理办法》（以下简称《办法》）发布。《办法》旨在推进文化和旅游规划体系有机融合，更好地实现统一、规范、有序的工作目标。

6月6日，工信部正式宣布发放5G商用牌照。中国广电与中国移动、中国电信和中国联通等三大通信运营商同时获得5G牌照。

6月6日，中央广播电视总台中央电视台社会与法频道《夜线》栏目副制片人周泉泉在带队前往广东珠海担杆岛海防一线采访中，被落石击中，不幸因公殉职，年仅46岁。7月31日中国记协追授周泉泉同志“全国优秀新闻工作者”荣誉称号，指出周泉泉同志是新闻战线践行“脚力、眼力、脑力、笔力”的先进代表，是新闻工作者的优秀典型。

6月11日至8月18日，中央宣传部组织开展“壮丽70年·奋斗新时代——记者再走长征路”主题采访活动。先后有1300余名记者追随当年红军长征步伐，深入13个省（区、市）实地采访，累计行程达1.6万余公里，推出了1万余篇鲜活生动、形式多样的报道，网上总阅读量近20亿次。

6月17日，国务院知识产权战略实施工作部际联席会议办公室印发《2019年深入实施国家知识产权战略加快建设知识产权强国推进计划》，明确2019年推进国家知识产权战略实施的6大重点任务、106项具体措施。其中明确提出加大对非遗的知识产权保护力度。

6月18日，阿里巴巴集团CEO张勇通过全员信宣布了阿里新一轮组织升级。阿里巴巴将重组阿里创新业务事业群，朱顺炎担任总裁。盒马升级为独立事业群，侯毅继续担任盒马总裁。钉钉进入阿里云智能事业群。同时，阿里巴巴集团CFO武卫兼任集团战略投资部负责人。这次升级也明确了阿里大文娱事业群的一号位。樊路远担任阿里大文娱事业群总裁，负责优酷、阿里影业、大麦等业务。

6月19日，腾讯影业日前宣布与猫眼娱乐、腾讯音乐娱乐集团、大白小黑、华录百纳、江苏广电集团幸福蓝海等5家行业伙伴达成战略合作，并启动了新文创新人计划，与亦星文化、同人星光开启创新选角合作。腾讯集团首席运营官任宇昕表示，未来，腾讯将继续加大在影视内容上的投入。

6月19日，百度旅游发布公告称，百度旅游将在2019年6月30日全面停止服务。届时用户将无法访问其他页面，也将无法使用其他任何功能。

6月26日，国家广播电视总局发布《关于推动国家广播电视和网络视听产业基地（园区）建设发展》的通知。文件提出基地（园区）可以集中在广播电视和网络视听产业某一领域或某一方向，也可以涵盖产业多个环节多个领域，一般要在产业创新发展方面具备一定基础、规模和特色，以集聚特色产业高端要素为核心，能够对本地区和周边区域产业的发展发挥示范引领和辐射带动作用。

6 月 26 日，北京文创四板挂牌孵化培育基地在国家文化产业创新实验区启动，标志着北京“文创四板”正式投入运营。“文创四板”将为全市文化企业提供股债融资、培训辅导、股权管理、四板挂牌、转板上市等专业服务，畅通文化企业的融资渠道。

6 月 27 日，在“2019 世界移动大会”举行期间，中央广播电视总台实现了我国首次 8K 超高清内容的 5G 远程传输测试。该传输测试实现了最高在 320 兆每秒速率下的 8K 视频传输。

7 月

7 月 1 日实施《上海市生活垃圾管理条例》（以下简称《条例》），“你是什么垃圾”成为当月点击率最高的话题。

7 月初，在阿塞拜疆首都巴库举行的联合国教科文组织第 43 届世界遗产委员会上，我国世界文化遗产提名项目良渚古城遗址、世界自然遗产提名项目中国黄（渤）海候鸟栖息地（第一期）正式列入《世界遗产名录》。本版策划了《江苏盐城黄（渤）海候鸟栖息地：放大“世遗”效应做强文旅品牌》《浙江良渚古城遗址公园：打磨好产品传承古文明》两处世界遗产地相关报道，让业界既深入了解了它们的魅力，又在管理和运营方面借鉴了经验。

7 月 15 日，人民日报社与中国联通在京签署 5G 媒体应用战略合作协议。

7 月 15 日，变衣科技完成 A 轮 5000 万元人民币融资，物联网广告平台“变衣科技”完成 A 轮 5000 万元人民币融资，由广州日报领投，德同资本和真成投资跟投。本轮融资将主要用于技术研发和线下点位拓展。

7 月 22 日，情感自媒体“HUGO”自主注销。HUGO 以打造女性形象为主要内容，拥有 560 万粉丝，被冠以“咪蒙 2. 0”之名。

就在各地实体书店获得政府扶持，自身也不断转型升级之际，7 月 24 日，教育部下发指导意见，支持高校校园实体书店的发展，要求各高校应至少有一所校园实体书店，没有的应尽快补建。2019 年实体书店如何迎接高校“蓝海”成为业界热题，各高校与出版发行企业、实体书店携手，加快推动高校校园实体书店的发展。

7 月 24 日，中国广播电视网络有限公司河北雄安分公司作为中国广播电视网络有限公司的第一家分公司正式成立。

7 月 26 日，中央广播电视总台技术局成立。中宣部副部长，中央广播电视总台台长、党组书记慎海雄，中央广播电视总台副台长阎晓明，中央广播电视总台原分党组成员姜文波，中央广播电视总台原央广总工程师钱岳林，中央广播电视总台原国广总工程师王联出席了大会。中央广播电视总台技术局召集人为徐进。

7 月 29 日，中央广播电视总台在京举行的 CCTV－17 农业农村频道试验播出新闻发布会上宣布，CCTV－17 农业农村频道将于 8 月 1 日试验播出，并计划在 9 月 23 日第二届中国农民丰收节当天正式开播。

7 月 29 日，以“融合与变革：中国网络媒体发展新跨越”为主题的 2019 中国网络媒体论坛在天津开幕。

7 月 30 日，在第四届丝绸之路（敦煌）国际文化博览会第九届敦煌行·丝绸之路国际旅游节“推进智慧广电建设”高峰论坛上，国家广播电视总局与甘肃省人民政府在甘南州签署《加快智慧广电建设推动广播电视公共服务转型升级高质量发展合作备忘录》。

7 月 30 日，微信公众平台新上线“常读用户”数据分析功能，可查看性别、年龄、城市、终端的数据分布状况。

7 月 31 日，中央广播电视总台国际传播规划局成立。国际传播规划局下设综合处、项目统筹处、海外品牌推广处、亚洲处、西亚非洲处、欧洲拉美处、美洲大洋洲处、汉语推广处、海外评估核查处等 9 个处级部门。

8 月

8 月 1 日，中央广播电视总台 CCTV－7 国防军事频道正式开播。CCTV－7 国防军事频道将取代现有的 CCTV－7 军事·农业频道，成为全新的“央视七套”。

8 月 1 日消息，国家广播电视总局电视剧司发布《关于做好庆祝新中国成立70周年电视剧展播工作的通知》。该通知要求，8月起不得播出娱乐性较强的古装剧、偶像剧，确保编排播出剧目与宣传期整体氛围相协调，圆满完成“百日展播”活动。

8月7日，中央广播电视总台影视翻译制作中心正式成立。影视翻译制作中心下设综合部、财务部、翻译事务部、制作部、联络推广部和发展规划部等6个处级部门。

8月8日，京东宣布战略投资新潮传媒，此轮融资近10亿元。新潮传媒本轮融资近10亿元人民币，由京东集团领投。在达成深度战略合作之后，京东集团与新潮传媒将借助大数据、AIoT等技术，细化线下广告投放颗粒度，实现线下广告“人、货、场、时”的精准匹配，以期进一步增强线下广告触达的效果，并不断优化和赋能合作品牌及商家生态。华兴资本担任新潮传媒的独家财务顾问。

8月14日，中国记协就在香港国际机场发生的部分暴徒围殴《环球时报》记者付国豪一事发表声明，强烈谴责围殴与非法禁锢记者的严重暴力行径。8月21日，中国记协就少数香港媒体记者肆意围堵、恶意阻挠广东广播电视台香港记者站站长陈晓前在香港警察总部新闻发布会现场正常采访工作发表声明，并进行强烈谴责。11月3日，中国记协发表声明，强烈谴责暴徒打砸新华社亚太总分社办公大楼并纵火的野蛮行径，呼吁香港有关方面营造一个公平、公正、自由、民主的新闻从业环境。

8月14日，广电总局广科院与中国广电将在北京开展5G广播现场试验，由罗德与施瓦茨公司为实验网提供发射机和核心网络组件。该试验是双方追求的长期战略的第一步，其中包括到2022年5G广播商业部署北京冬奥会，随后到2025年进一步全国扩张。

8月15日，账号主体属于中央数字电视传媒有限公司的微信公众号“中数传媒技术服务”公开发布了一则《关于CCTV－13新闻频道调整为高标清同播的函》，落款日期正是8月15日。该函指出，根据中央广播电视总台频道播出计划，拟于2019年8月底将CCTV－13新闻频道调整为高标清同播。

8月16日，京东数科正式宣布对公路客运场景运营头部企业玖众传媒进行战略投资。京东数科宣布对公路客运场景运营头部企业玖众传媒进行战略投资，涉及投资额数千万元。双方将在下沉市场用户拉新、线上线下营销、客运站内新零售改造、线上支付、小件物流、无界零售、钼媒业务等方面展开全方位合作。

8 月 20 日，庆祝新中国成立 70 周年精品网络视听节目展播季启动。

8 月 22 日至 23 日，2019 科睿国际创新节在北京新云南皇冠假日酒店隆重举办。该节目由北京市市场监督管理局、中国广告协会、北京广告协会、香港广告业联合会、澳门广告商会、上海市广告协会、广东省广告协会指导，AD + 广告之家网、科睿国际创新节组委会主办、中央广播电视总台总经理室协办、广告之家信息科技（北京）有限公司承办。

8 月 23 日，国家互联网信息办公室发布《儿童个人信息网络保护规定》。

人民网报道，2019 年 8 月 24 日，《新闻联播》正式入驻抖音、快手短视频平台。在快手的粉丝数瞬间破千万；在抖音上发布四条视频后，粉丝超过 1600 多万。

8 月 26 日，目前国内最大的媒体机器人生产商和服务商新华智云正式对外发布了其自主研发的 25 款媒体机器人。

8 月 29 日，“学习强国”与梨视频签署正能量内容传播战略合作协议，首次引入市场化互联网平台短视频。

8 月 30 日，中国互联网络信息中心（CNNIC）在京发布第 44 次《中国互联网络发展状况统计报告》。

8 月 30 日，AI 变脸软件 ZAO 引发用户隐私争议。

8 月，国务院办公厅印发《关于进一步激发文化和旅游消费潜力的意见》（以下简称《意见》）。《意见》指出，要顺应文化和旅游消费提质转型升级新趋势，深化文化和旅游领域供给侧结构性改革，提升文化和旅游消费质量水平，不断激发文化和旅游消费潜力，以高质量文化和旅游供给增强人民群众的获得感、幸福感，并提出 9 项激发文化和旅游消费潜力的政策举措。本版策划了《激发消费潜力 景区在行动》相关报道，介绍了近年来桂林洋国家热带农业公园、山东台儿庄古城、安徽芜湖方特、福建武夷山、海南槟榔谷黎苗文化旅游区等国内多家知名景区在丰富产品供给、搭建智慧景区、挖掘夜间经济等方面做出的有益尝试。

8 月，国务院办公厅印发《关于进一步激发文化和旅游消费潜力的意见》中明确提出大力发展夜间文旅经济，提出了 9 项激发文化和旅游消费潜力的政策举措。其中包括鼓励有条件的旅游景区在保证安全、避免扰民的情况下开展夜间游览服务。丰富夜间文化演出市场，改善文化和旅游场所的夜间餐饮、购物、演艺等服务，鼓励建设24小时书店。到2022年，建设200个以上国家级夜间文旅消费集聚区，夜间文旅消费规模持续扩大。

8月，知名5A级旅游景区乔家大院因为严重商业化、管理混乱等问题，被文化和旅游部取消了5A级旅游景区称号，此举不仅引发舆论反响，还引起了持续性的业界“地震”。据不完全统计，自乔家大院景区被摘牌以来，各省市的文化和旅游部门开展了暗访和复核行动，处理了1186家A级旅游景区，其中取消等级的有405家。

8月21日，在甘肃考察的习近平总书记来到读者出版集团有限公司，指出要提倡多读书，建设书香社会，不断提升人民思想境界、增强人民精神力量，中华民族的精神世界就能更加厚重深邃。为人民提供更多优秀精神文化产品，要始终把握正确导向，在坚守主业基础上推动经营多元化，努力实现社会效益和经济效益双丰收。全国出版界反响强烈，纷纷表示要牢记习近平总书记的殷殷嘱托，担负起新时代的出版使命。

8月30日，中国互联网络信息中心（CNNIC）在《中国互联网络发展状况统计报告》中指出，截至2019年6月，我国网络视频用户规模达7.59亿，较2018年年底增长3391万，占网民整体的88.8%。其中，长视频用户规模为6.39亿，占网民整体的74.7%；短视频用户规模为6.48亿，占网民整体的75.8%。

8月底，国务院新闻办公室举行国务院政策例行吹风会，文化和旅游部相关负责人表示，到2022年，5A级国有景区将全面实行门票预约制度；《关于进一步激发文化和旅游消费潜力的意见》中也进一步明确了“推广景区门票预约制度，合理确定并严格执行最高日接待游客人数规模”。

8月31日，在2019年国际篮联篮球世界杯北京赛场上，我国首次实现“5G+8K”技术在国际重大赛事示范应用。

9月

9月1日，中央广播电视总台粤港澳大湾区之声正式开播。

9月2日，新浪微博推出移动端时尚社交应用软件“绿洲”。

据人民网报道，2019 年 9 月 4 日，习近平总书记向中国外文局成立 70 周年致贺信。习近平在贺信中指出，70 年来，中国外文局对外全面宣传中国发展变化，积极促进中外友好文化交流，为讲好中国故事、传播好中国声音发挥了重要作用。

9 月 5 日消息，国家广电总局广科院正在北京建设 5G 广播试验网，已在安装调试，并将联合中国广电进行广电 5G 传输测试，一是通过试验，评估技术，推进 5G 广播标准制定；二是通过演示，号召各方参与，促进产业链形成。

9 月 10 日，办公室小野针对模仿“易拉罐自制爆米花”发生爆炸一事发表道歉声明，对账号内容进行全面整改。

9 月 11 日，中央广播电视总台三网共建的“人工智能编辑部”首批重点产品《课本里的新中国》和与百度智能云合作打造的“AI 帮你找”在第十六届国际影视节目展上率先亮相。

华东政法大学学生起诉上海迪士尼禁带食品入园一案持续发酵，引发网友强烈抗议。9 月 12 日，原被告双方达成调解协议，上海迪士尼乐园补偿原告 50 元（当庭给付），案件至此落幕。虽然上海迪士尼以妥协方式换来了这场争论的偃旗息鼓，但由此引发的业界关于景区如何合理、有效地改善“餐饮消费”“二次消费”的讨论仍在继续。关于如何改善“餐饮消费”和“二次消费”，国内多家主题乐园拥有丰富经验。北京欢乐谷和宋城演艺旗下主题乐园均不限制游客带食品入园，为了改善二次消费，园区不断完善基础设施，提供个性化餐饮和配套服务，带给游客独特的体验，在尊重游客消费选择的同时，在价格上做出适当“让步”。

9 月 19 日，人民日报社推出短视频聚合平台“人民日报 +”，成为中央媒体首个上线的短视频聚合平台。“人民日报 +”正式亮相，由普通用户、专业用户生产内容，以“人民问政”为主要特点，致力构建兼具主流价值和创新活力的短视频内容生态，为主流媒体建立自主可控的短视频平台迈出创新探索的第一步。

9 月 20 日，中国广电 5G 试验网建设总体方案中 16 个城市的选择，是结合各地现网条件、对 5G 试验的积极性和支持力度、清频的难易度、是否具有示范意义等方面进行的综合考虑。在覆盖范围上，计划每城市部署 700MHz、

4.9GHz 和室内 3.3～3.4GHz 等多频段 5G 试验基站共约 200 个，既充分保证所定范围的连续覆盖效果，也能体现叠加组网的技术优势在投资计划上，据说 16 个城市试验网总投资约 25 亿元。

9 月 23 日，设立在北京梅地亚宾馆的庆祝新中国成立 70 周年活动新闻中心正式启动对外接待服务。新闻中心首次设立了融媒体体验室，为记者提供 5G 条件下高品质、强互动、智能化的融媒体体验服务。这是国家大型庆典活动新闻中心首次开设融媒体体验室，也是新闻中心为记者提供服务的一个亮点。

9 月 23 日，广电总局网络司组织召开重点视听网站协调会，提出了三大要求：一是做好重大活动的网上转播工作；二是加强网络安全管理；三是做好查处防范工作。

9 月 24 日，“给我一面国旗@微信官方”在朋友圈刷屏，活动由腾讯发起。

9 月 25 日，新世界七大奇迹之一的大兴机场正式运行。而在这之前，各大航空公司已经进行了一次转场方案的博弈。未来航空公司如何借大兴机场之力实现运营上的大兴，为其他城市的第二机场落地运营做出示范。

9 月，百年旅行社 Thomas Cook 宣布破产重组，即刻执行。传统旅行社和代理商转型挑战重重，旅游业务重运营、低毛利，线上线下均遭遇 OTA 挤压（事件回顾《百年老牌 Thomas Cook 宣告破产，OTA 转型之梦成往事》）。

9 月 25 日，中央广播电视总台发布《关于加强版权资产保护的声明》。该声明指出，总台总经理室是总台版权资产的归口管理机构。未经总台总经理室或总经理室指定单位书面授权，任何机构不得通过互联网、移动通讯网、IPTV、互联网电视、移动媒体电视、各类应用软件及其他任何传播平台，以直播、延播、点播、轮播、公开放映等方式使用总台版权资产，亦不得通过复制、编辑、改编、翻译等方式开发、利用前述版权资产。

9 月 26 日，中央广播电视总台首个区域总部和地方总站——长三角总部暨上海总站启用。此外，新版央视新闻标志正式亮相，“央视频” App 的官方微博和微信推送了第一条消息。在习近平总书记向中央电视台建台暨新中国电视事业诞生 60 周年致贺信一周年之际，中央广播电视总台全面启动高质量发展改版工作。此次全面改版涉及总台 19 个电视频道、17 套对内广播频率、

44 种语言对外广播和主要新媒体平台、3 个中央重点新闻网站以及央视新闻客户端等各新媒体。改版突出“台网并重、先网后台、移动优先”理念，努力在“5G + 4K/8K + AI”全新战略布局下推进内容供给侧结构性改革，实现高质量发展。

9 月 27 日上午，中央广播电视总台与国家电影局联合在北京丰台万达影城举办 4K 超高清直播电影《此时此刻——共庆新中国 70 华诞》启动仪式。中宣部副部长、中央广播电视总台台长慎海雄，国家电影局、国家广播电视总局及全国十多家主要院线负责人出席仪式。由中央广播电视总台“央视频”出品、我国首部进入电影院线的“直播大片”《此时此刻——共庆新中国 70 华诞》将于“十·一”国庆节在全国 70 家影院同步播出。这是我国历史上首次将 4K 超高清信号引入院线。

9 月 27 日，吴晓波 15 亿交易失败，巴九灵借道上市梦破碎。

人民网报道，2019 年 9 月，2019 年国际篮联篮球世界杯激战正酣，由我国主导设计、集成建造的全球首台“5G + 8K”转播车对北京赛区约 9 场赛事进行试播。

9 月 27 日，中国广电在上海虹口启动了首批 5G 测试基站部署。本次测试选择在虹口足球场、5G 全球创新港等区域，利用 SA 独立组网方式开展网络建设，测试基站采用 4. 9G 频段，将为中国广电在上海的 5G 网络大规模建设奠定基础。

9 月 30 日，国家广播电视总局发布了《AVS2 4K 超高清编码器技术要求和测量方法》《AVS2 4K 超高清专业卫星综合接收解码器技术要求和测量方法》两项广播电视行业标准，AVS2 正式登场。

9 月，文化和旅游部发布了自驾游营地的《LBT 077 – 2019 自驾游目的地等级划分》和《LBT 078 – 2019 自驾车旅居车营地质量等级划分》两个行业标准。该版策划了《安徽：发力自驾游培育新业态》《广西：自驾营地建设势头正劲》《福建：自驾游 做大做强正当时》《自驾营地成为重庆旅游产业新热点》《自驾游新时代呼唤景区转型升级》等报道，以案例分析的形式介绍了多个省市景区发展房车露营的情况及各自特色。我国房车露营产业虽然仍在起步阶段，但各地因地制宜、开拓创新，积累了许多有益经验。

10 月

为庆祝新中国成立 70 周年，出版界推出了一批精品出版物。组织出版《中华人民共和国大事记》、《新中国 70 年》、《新中国发展面对面》、《如何看中国》、“读懂中国”丛书、《细节的力量：新中国的伟大实践》、《账本里的中国》“中华人物故事汇”丛书等大批主题图书，举办“书影中的 70 年·新中国图书版本展”等重点活动，多角度、全方位地展示新中国成立 70 年的光辉历程、伟大成就和宝贵经验，突出展示党的十八大以来党和国家事业取得的历史性成就、发生的历史性变革，让 2019 年主题图书分量格外厚重，市场格外火热。

10 月 14 日，《县级融媒体中心管理与服务规范》湖州市地方标准新闻发布会在浙江省湖州市召开，全国首家县域全媒体机构发布管理与服务规范。

10 月 14 日晚，下架 77 天的小红书 App 正式恢复上架。“审核团队已经扩招了两三批，现在每一条用户发布的笔记都会进入审核流程，先机器审核，再人工审核”。

10 月 15 日，罗辑思维筹备科创板上市，有望成为知识付费第一股。

通众传媒获得 58 同城数千万投资。在 10 月 17 日召开的“中国户外广告创新大会”的晚宴上，专注电梯公告栏媒体的通众传媒的 CEO 骆飞现场宣布通众传媒完成了来自 58 同城的数千万投资。

10 月 17 日，备受行业瞩目的第十二届金投赏国际创意节（ROI Festival）在上海隆重开场。金投赏国际创意节 2008 年创建于中国上海，目前是亚洲规模最大的创意盛典之一，同时也是全球最具影响力的中国本土奖项。2019 年金投赏国际创意节，有超过 600 家专业品牌主、广告代理、媒体平台、产品设计等公司参加，总计 3310 件优秀创意营销和产品创意设计案例参赛。

10 月 18 日，江西日报社利用 AR 技术制作的全国首张 AR 直播报纸出版。

10 月 21 日，第六届世界互联网大会媒体融合论坛在浙江乌镇举行。

10 月 25 日，国家新闻出版署印发《图书、期刊、音像制品、电子出版物重大选题备案办法》，对涉及国家安全、社会稳定等 12 个方面的重大选题备案提出明确要求；11 月下发通知，明确出版单位落实“三审三校”制度的基本要求，要求从制度落实、人员资质、主管主办职责落实、新媒体内容把关等方面进行自查自纠。两个文件对提高出版物质量，保障出版单位正确“航向”具有重要意义。国家新闻出版署开展出版物质量管理2019专项行动，重点围绕文艺、教材、教辅和科普类图书展开，并于11月公布了编校质量不合格图书名单，总体合格率为87%。

10月25日，承载一代人青春的人人网在AppStore上线，软件开发者就是2018年出价6000万美元收购人人网社交及直播等业务全部的多牛传媒。新版“人人”里，依旧保留着大家当年的“黑历史”。

10月25日，新文化与京东数字科技正式签署战略合作协议，未来双方将借助各自优势全方位支持客户实现线上线下整合营销，推动品牌数字化营销转型升级。

10月27日，第26届中国国际广告节“2019广告主年度盛典”在江西南昌隆重举行。该届中国国际广告节由中国广告协会、南昌市人民政府共同主办，得到了国家市场监督管理总局、中国贸促会和江西省委省政府、南昌市委市政府的高度重视和鼎力支持。该届广告节的主题是“英雄城汇八方广告豪杰、红土地展四海创意硕果”。

10月28日，微信安全中心发布《微信外链违规内容打击公示》，正式执行新的外部链接内容管理规范。当晚，官方公布了第一批名单（被封杀的链接按从多到少排序）：拼多多、京东、腾讯新闻、美团、云集、萌推、微视、粉象生活、腾讯游戏、小米有品等公司。被封禁的拉新玩法有砍价、利益诱导下载、违规拼团、好友助力等。

10月，广东省高级人民法院知识产权审判庭关于印发《涉图片类著作权纠纷案件若干问题的解答》的通知表明：关于图片维权，图库需更多举证，水印一般不管用。

10月29日，“梯影传媒”对外公布已完成B轮融资，融资金额未透露。本轮融资由腾讯领投，深创投、猫眼娱乐、远望资本、创世伙伴资本（CCV）、Ares Management（锐盛投资）、蓝图创投跟投，博将资本及老股东IDG资本也参与了融资。

10月29日，2019媒体融合发展论坛在深圳举行，本次论坛的主题是“全媒体时代：挑战与机遇”。

据人民网报道，2019年是新中国成立70周年，相关活动受到了国内外媒体的广泛关注。各大主流媒体纷纷策划推出形式多样、主题鲜明的融媒体报道。来自125个国家和地区、400多家媒体机构的4700余名中外记者和直播技术人员参与到采访报道庆祝中华人民共和国成立70周年大会的重大事项中来。

据人民网报道，国家新闻出版署2019年10月下发《关于开展2019年新闻采编人员岗位培训考试的通知》。考试内容包括习近平新时代中国特色社会主义思想、马克思主义新闻观、新闻伦理与政策法规、新闻采编业务等。线上考试通过“学习强国”手机客户端进行。

11月

11月1日，第二十九届中国新闻奖评选结果揭晓，众多新媒体与融媒体爆款表现突出。在346件获奖作品中，共有91件融媒体产品获奖。央视网设计的“伟大的变革——庆祝改革开放40周年大型展览”网上展馆、人民日报客户端发布的“中国一分钟”系列短视频获特别奖，新华社新媒体创意互动《父亲·我们·时代》等获一等奖。

11月1日，国家烟草专卖局、国家市场监督管理总局发布《关于进一步保护未成年人免受电子烟侵害的通告》，文中提到“自媒体不可再接电子烟推广”。

11月7日，中央广播电视总台粤港澳大湾区中心正式启用，大湾区之声手机新媒体平台同步上线。

11月8日，杭州平治信息发布公告称，拟收购网易云阅读业务全部核心资产，以及网易文漫100%股权。

11月9日，36氪传媒正式在美国纳斯达克挂牌上市。

央视新闻开始在微博、哔哩哔哩等平台发布央视主持人康辉#康辉在大会外交最前线#的视频。

11月13日，2020年度党报党刊发行工作视频会议在京召开。会议强调，要从党和国家工作全局高度，充分认识新形势下做好党报党刊发行工作的特殊重要性，切实做好《人民日报》、《求是》杂志以及《光明日报》、《经济日报》等中央重点党报党刊发行工作，不断提高党报党刊的传播力、引导力、影响力、公信力。会议要求，各地各部门要采取切实有效的措施，落实订阅任务，保障订阅经费，探索建立长效工作机制，确保党报党刊稳定发行。

11月14日，“中国高铁第一股”京沪高速铁路股份有限公司将在上海证券交易所主板上市。截至目前，京沪高铁已安全运营超过8年，累计发送旅客11亿人次。

11月16日，中国新闻史学会2019年学术年会在北京开幕。

11月18日，国家互联网信息办公室、文化和旅游部、国家广播电视总局联合印发了《网络音视频信息服务管理规定》，自2020年1月1日起施行。

11月18日，国家互联网信息办公室、文化和旅游部、国家广播电视总局联合印发了《网络音视频信息服务管理规定》（以下简称《规定》），自2020年1月1日起施行。出台《规定》旨在促进网络音视频信息服务健康有序发展，保护公民、法人和其他组织的合法权益，维护国家安全和公共利益。

11月20日，我国首个国家级5G新媒体平台——中央广播电视总台“央视频”5G新媒体平台正式上线，这是中央广播电视总台利用“5G+4K/8K+AI”等新技术全新打造的综合性视听新媒体旗舰。

11月25日，据界面新闻报道，日前，滴滴在上海的部分快车上加装车载屏幕。据了解，滴滴此举主要是用来为其他企业投放广告，进行流量分发，每块屏幕的成本约为1000元。

11月26日，新华智云发布“媒体大脑3.0融媒中心智能化解决方案”，以区块链技术和AI内容风控方向为特色功能，提供一套完整的融媒中心智能化解决方案。

11月28日，2019中国广告主大会暨70年中国品牌高峰论坛于杭州举办。本次大会暨高峰论坛由中国广告主协会主办，中国广告主协会广告反欺诈专业委员会、合规咨询专业委员会，以及浙江华治数聚科技股份有限公司联合承办。本次大会回顾了新中国成立70年来品牌建设的伟大成就，探讨新时代营销传播新路径，展望未来发展前景，把握品牌发展新趋势，倡导广告传播正确导向。

11月29日，《中国新媒体年鉴2018》在2019中国新媒体大会上正式发布。

11月30日，2019中国应用新闻传播论坛暨“应用新闻传播十大创新案例”颁奖大会在广州举行。

11 月，科技部批准建设“媒体融合与传播国家重点实验室”“传播内容认知国家重点实验室”“媒体融合生产技术与系统国家重点实验室”“超高清视音频制播呈现国家重点实验室”等 4 个实验室。4 个国家重点实验室依托单位分别为：中国传媒大学、人民日报社人民网、新华通讯社新媒体中心、中央广播电视总台。

据人民网报道，截至 2019 年 11 月，人民日报抖音粉丝数超过 5000 万，央视新闻快手粉丝数 2791 万、西瓜视频粉丝数 7264 万、好看粉丝数 759 万，人民网微视粉丝数 317 万，在媒体中名列第一。

由中国记协新媒体专业委员会组织编写的《2019 中国新媒体研究报告》（以下简称《报告》），11 月 29 日在湖南长沙举办的 2019 中国新媒体大会上正式发布。编撰《报告》，是中国记协加强新媒体服务引导的重点项目。该报告是关于媒体融合和新媒体发展的前瞻性、研究性智库报告，客观分析全媒体时代新闻舆论工作面临的挑战和机遇，聚焦全国主流媒体贯彻落实媒体融合发展战略部署的实践探索，梳理媒体融合和新媒体创新规律，为媒体多出融合精品、壮大主流声音提供切实入理的研究成果，为培养践行“四力”的全媒型人才队伍提供可学可用专门教材，为各级新闻宣传部门建好用好管好新媒体提供有效有益的参考借鉴。

11 月是被直播带货承包的一个月。有媒体报道，在双十一期间，李佳琦基本上一天一个微博热搜，比如#李佳琦直播#、#李佳琦 敬业#等话题。他的一句“所有女生”就可以让上万货品被瞬间秒空。

有热度就会有争议。11 月 1 日，新华网发文称，必须对网红欺骗性带货说不！起因是 10 月底，李佳琦在直播不粘锅时出现突发状况，视频显示，其助理在给鸡蛋翻面时，整块鸡蛋都粘在锅内。随后，国家市场监督管理总局表示，将严查网红带货。

11 月 2 日，李佳琦就该事件做出回应：直播不粘锅时出现突发状况是因为没按说明书操作，也欢迎有关部门监管电商直播行业。

2019 年 11 月，国家新闻出版署下发《关于 2019 年全国统一换发新闻记者证的通知》，决定从 2019 年 12 月 2 日至 2020 年 3 月 31 日，统一换发全国新闻单位的新闻记者证。通知明确，报纸出版单位、新闻性期刊出版单位、通讯社、广播电台、电视台、新闻电影制片厂、纳入新闻记者证核发范围的

14 家中央主要新闻网站等具有新闻采编资质的新闻单位，可按程序为 2019 年新闻采编人员岗位培训考试成绩合格或具有新闻、播音主持专业副高级及以上职称的新闻记者申请换发新版新闻记者证。待换证工作结束后，再按程序为符合条件的新闻采编人员申领新版新闻记者证。

12 月

12 月 4 日，一篇名为《李子柒怎么就不是文化输出了?》的文章在网上传播，引发了一场关于“文化输出”的大讨论。推文迅速达到 10 万 +，且被人民日报等多家媒体转载。这一结论遭到部分大 V 的反驳，认为她镜头里展示的不是真实的中国。

话题逐渐发酵后，央视新闻发表评价，“过高评价或过低质疑都不一定对，微笑着鼓掌是最好的。现在我们的问题不是李子柒有多少问题，而是李子柒太少了”。12 月 18 日，李子柒在《新周刊》杂志 2019 中国年度新锐榜中获得新势力榜“年度文化出海”奖项。12 月 23—24 日，在北京举行的中国农村青年致富带头人协会第三届会员代表大会上，李子柒受邀担任“中国农村青年致富带头人推广大使”。

人民日报报道，2019 年 12 月 4 日，以“媒体与科技”为主题的 CGTN 第三届全球媒体峰会暨第九届全球视频媒体论坛在北京举行，CGTN 智库成立。

中宣部副部长、中央广播电视总台台长慎海雄表示，中央广播电视总台正努力抓住科技发展给媒体带来的历史机遇，提出了“5G + 4K/8K + AI”的发展战略。2018 年 10 月 1 日，总台 4K 超高清频道开播；2019 年 11 月 20 日，5G 视听新媒体旗舰平台央视频正式上线。中央广播电视总台有望在北京冬奥会前夕，开通 8K 超高清试验频道。

峰会上，慎海雄与国家创新与发展战略研究会会长郑必坚、比利时前首相伊夫·莱特姆等共同启动了 CGTN 智库。目前，CGTN 智库已经与世界上 50 家著名智库和机构建立了合作关系。CGTN 入驻亚马逊流媒体平台 Fire TV，还与微软新闻签署了合作协议。央视国际视频通讯社发布了《全球传播生态发展报告（2019）》。

中国新闻出版广电报报道，2019 年 12 月 7 日，在第四届中国产经媒体融合发展高峰论坛上，“学习强国”学习平台与中国财经媒体版权保护联盟举行战略合作签约仪式。“学习强国”与中国财经媒体版权保护联盟签订的《战略合作备忘录》，涉及内容版权保护和内容推广两方面，即“学习强国”与联盟达成先授权后使用的协议，联盟协调成员单位将其公开刊发的新闻作品及其他相关作品（包括文字、图片、音频、视频），授权“学习强国”免费转载使用，而“学习强国”将以适当方式为转载的联盟成员单位所刊发作品提供免费展示和推广服务。同时，在联盟的推动下，20 家联盟成员单位与“学习强国”达成先授权后使用的共识，将在资讯共享、内容授权、媒体报道等方面开展合作。

新华社报道，2019 年 12 月 7 日，第 31 届中国经济新闻奖正式揭晓。164 件作品分别获得事件报道奖、深度报道奖、新闻评论奖、监督报道奖、融合报道奖。

其中，人民日报系列评论员文章“十评中美贸易战”、经济日报评论“外资撤离论实属危言耸听”、财新传媒的深度报道“中国芯事”获得特别奖。健康时报社《急！急！急救药涨价缺货》、界面新闻《安翰科技的谎言》、经济日报《六问“特斯拉自燃”：亟待完善的电动车安全链》、新华社新媒体中心《后厨藏着怎样的秘密？——北京致美斋饭庄打工记》等 4 篇报道获得监督报道类一等奖。

中国经济新闻奖是中央批准保留的评比表彰达标项目，是唯一的全国性经济新闻奖项。

人民日报报道，2019 年 12 月 7 日，人民日报社传播内容认知国家重点实验室在京举行学术委员会首次会议，这标志着实验室正式启动运行。实验室由人民日报社主管、依托人民网建设，将以人工智能研究为核心，围绕主流价值观精准传播理论科学与计算、内容智能审核和风控评级、以内容传播为重点的国家网络空间治理等 3 个重点方向，开展传播内容认知的应用基础研究，旨在推动我国媒体融合研究和应用水平的跨越式发展，为媒体深度融合提供技术支撑、理论依据、发展指引和决策参考。

人民网报道，2019 年 12 月 12 日，2019 中国融媒体发展论坛在昆明举行。来自全国近百家传媒研究机构、信息技术企业的专家学者、主流媒体负责人和一线记者齐聚春城昆明，纵论 5G 技术发展趋势，分享智媒体发展经验。会上揭晓了“2019 年度中国融媒体创新产品”名单。

本次活动由中国新闻出版研究院、中国新闻技术工作者联合会、中国报业协会全媒体发展研究中心指导，中国新闻出版研究院传媒杂志社、昆明市委宣传部主办。中国记协党组成员、书记处书记吴兢，中国新闻技术工作者联合会副理事长、秘书长杨真等出席论坛并向获奖单位授牌。

2019 年 12 月 12 日，新华社首个智能化编辑部正式建成并投入使用，开启了一场新闻生产与传播的智慧革命。智能化编辑部以人工智能技术为基础，以人机协作为特征，对新闻生产进行全环节、全流程、全系统再造，通过一次采集、N 次加工、多元分发，让新闻生产通过智能化创新，提速、提量、提质、提效，打通了在线新闻生产的“最后一公里”。

2019 年 12 月 15 日，《网络信息内容生态治理规定》（以下简称《规定》）正式发布，自 2020 年 3 月 1 日起施行。《规定》以网络信息内容为主要治理对象，以营造文明健康的良好生态为目标，突出“政府、企业、社会、网民”等多元主体参与网络生态治理的主观能动性，对网络信息内容生产者、网络信息内容服务平台、网络信息内容服务使用者等都提出明确要求。

人民日报报道，2019 年 12 月 15 日，人民日报社研究部和新闻战线杂志社共同主办的“构建全媒体传播的舆论引导工作机制”研讨会在京举行。

与会者表示，完善坚持正确导向的舆论引导工作机制，是坚持和完善繁荣发展社会主义先进文化的制度、巩固全体人民团结奋斗的共同思想基础的重要内容。要认真学习贯彻党的十九届四中全会精神，把握全媒体传播这一重要特征，始终把坚持正确导向落实到舆论引导工作实践中去。

2019 年 12 月 15 日，新修订的《中国新闻工作者职业道德准则》（以下简称《准则》）向社会公布。准则共 7 条 31 款。立足新时代的新形势新任务新要求，本次修订突出指导性、实践性、时代性原则，以更好地发挥《准则》在引领新闻工作者坚定正确政治方向、正确舆论导向、正确新闻志向、正确工作取向方面的作用。

中国记协网报道，2019 年 12 月 17 日，中国记协在京举办 2020 年中外新闻界新春联谊会。280 余名来自中央和首都主要新闻单位以及中央有关部委负责人，境内外记者以及部分驻华使节参加了联谊活动，大家互致问候，共叙友情。中国记协主席张研农致辞。

新华社 2019 年 12 月 20 日报道，国家互联网信息办公室近日发布《网络信息内容生态治理规定》。根据规定，网络信息内容服务使用者和生产者、平台不得开展网络暴力、人肉搜索、深度伪造、流量造假、操纵账号等违法活动。

规定所称网络信息内容生态治理，是指政府、企业、社会、网民等主体，以培育和践行社会主义核心价值观为根本，以网络信息内容为主要治理对象，以建立健全网络综合治理体系、营造清朗的网络空间、建设良好的网络生态为目标，开展的弘扬正能量、处置违法和不良信息等相关活动。规定自2020年3月1日起施行。

12月25日快手宣布成为“2020年央视春晚”独家互动互联网公司。

中国新闻出版广电报报道，2019年12月27日，《传媒》杂志举办创刊20周年专家座谈会。中国记协党组书记、常务副主席胡孝汉，中国期刊协会原会长石峰，中国新闻文化促进会理事长李东东，中国期刊协会会长吴尚之出席活动。

中央广播电视总台央视网“人工智能编辑部”发布系列创新产品，打造引领主流媒体“智慧+”变革的新引擎。

人民网报道，2019年12月30日，南京大学紫金传媒研究院（北京）与社会科学文献出版社联合发布网络评论蓝皮书《中国网络评论发展报告(2019)》。

《中国网络评论发展报告（2019)》总结了2018年度中国网络评论发展报告的经验，全面、系统地分析了网络评论传播规律，深入解读了网络评论的研究前沿、传播路径、传播议题、传播渠道、传播效果等，综合运用知识图谱、社交网络大数据分析、问卷调查等方法开展研究，全面呈现2018—2019年网络评论的发展现状和趋势，为广大读者提供较为全面的网络评论发展立体图景，为网络内容建设提供理论支撑和实践参考。

后　记

突如其来的新冠肺炎疫情，打乱了人们的正常生活和工作节奏，《中国文旅传媒投资发展报告（2020—2021）》的出版也因此受到影响，尽管如此，这本书还是如愿付梓刊印了，作为本书主编自然有些释然并甚感欣喜。

《中国文旅传媒投资发展报告（2020—2021）》书名直接标注了“文旅传媒”，即“文化 + 旅游 + 传媒”，不仅是《中国文化传媒投资发展报告（2019）》的升级版，也是连续出版了四年的《中国传媒投资发展报告》的拓展版。早在 2015 年，我和中建投华文传媒公司副董事长张向东先生主编了国内第一部全面反映中国传媒业投融资的报告——《中国传媒投资发展报告（2015）》，随后每年出版一本“传媒投资”报告，直至 2018 年。当初的投资报告由单纯关注“传媒”投资，到 2019 年开始关注“文化 + 传媒”投资，再到现在关注“文化 + 旅游 + 传媒”投资，这不仅标志着我们的投资发展报告关注的“面”在不断扩大，同时也表明这些年来，文化、旅游和传媒的融合发展在不断加深，因此，其投资呈现出融合、多元的新变化。

不过本报告在关注“变化”的同时，也保持了一定程度的“不变”。一是本报告继续选择在中国经济出版社出版，二是本报告保持了《中国文化传媒投资报告（2019）》基本框架，即除未设案例篇外，全书总体还是分为总论篇、传媒篇、文旅篇、专题篇 4 篇，共计 22 章，报告既有对过往年度文旅传媒投资现象、现状，全面、深入的描述和分析，也有对未来年度的预测，希望投资者从中把握机遇。本报告依然像历年报告一样，采取主编负责、各章节分别由不同作者撰写的分工合作制，全书的具体分工情况如下：

第一章中国文化类投资现状与前瞻报告由戴俊骋、李睿玲、肖婕撰写；

第二章中国传媒类投资现状与前瞻报告由陈端撰写；

第三章中国报刊业投资发展报告由周根红撰写；

第四章中国广播电视网络视听产业投资报告由朱新梅、卢凯撰写；

第五章中国出版业投资报告由刘建华、郝天韵、李文竹撰写；

第六章中国网络媒体投资报告由谭云明、柯些妮撰写；

第七章中国移动媒体投资报告由邓倩、董银娥撰写；

第八章互联网金融投资发展报告由欧阳日辉、孟红霞撰写；

第九章中国电视剧投资报告由谭云明、黄瑜娜撰写；

第十章中国电影业投资报告由王欣悦撰写；

第十一章中国游戏产业投资报告由陈京炜、陈耀宗撰写；

第十二章中国书店零售业投资报告由潘佳宝撰写；

第十三章中国文化创意产业投资报告由谭云明、刘雨枝撰写；

第十四章中国文博产业投资报告由吴玉兰、罗欢撰写；

第十五章中国旅游房地产投资报告由吴玉兰、陈佩芸撰写；

第十六章中国文化主题公园投资报告由罗红撰写；

第十七章中国文化旅游特色小镇投资报告由朱晓辉、梁瑞静撰写；

第十八章中国传媒上市报告由周立华、邓竹青、朱佳丽、李少如、肖智恩撰写；

第十九章中国传媒产业并购报告由向志强、马艺菲撰写；

第二十章中国海外传媒投资报告由陈秋云、倪然撰写；

第二十一章中国传媒投资舆情报告由王亚敏撰写；

第二十二章中国文化产业园区投资报告由王擎、魏祯、刘华擘、梁舒婷撰写；

附录 2019 年中国文旅传媒大事记由万宇航、关乐宁整理；英文摘要由杨丽校对。

在稿件统筹过程中，由于作者的数据来源和统计方法不同，同一投资现象的数字或许有出入，但本着文责自负的精神，我们尊重作者的劳动成果，并未统一数字口径，请读者在阅读和引用过程中注意斟酌。

至此，作为主编，要真诚地感谢上述专家学者对本报告撰写的大力支持和帮助！正是他们的辛勤努力和智慧思考，才成就了《中国文旅传媒投资发展报告（2020—2021）》的顺利出版。同时，还要特别感谢中国经济出版社中国经济图书进出口有限公司伏建全总经理、中国经济出版社孙喆浩、王西琨编辑，他们用心策划、精心编校、倾心设计，其敬业精神和工匠意识令人敬佩。

2020 年是我国全面建成小康社会和“十三五”规划收官之年，2021 年是中国共产党成立 100 周年，全面建成小康社会的第一个百年奋斗目标得以实现。面对世界百年未有之大变局，在当前单边主义和贸易保护主义盛行、经济全球化遭遇逆风和回头浪的背景下，在新冠肺炎疫情常态化防控条件下，做大做强中国文旅传媒产业的目标任务是艰巨的，其投资必将任重而道远。创新也是投资界永远关注的话题，衷心期待大家不断开拓，积极进取，共克时艰，走新路、育新机、开新局。

谭云明